Bill McDermott
MEIN WEG ZU SAP

Bill McDermott

gemeinsam mit Joanne Gordon

MEIN WEG ZU SAP

Die Autobiographie

Aus dem Amerikanischen
von Stephan Gebauer

Econ

Die Originalausgabe erschien 2014
unter dem Titel *Winners Dream:
A Journey from Corner Store to Corner Office*
bei Simon & Schuster, New York

Econ ist ein Verlag
der Ullstein Buchverlage GmbH

ISBN 978-3-430-20190-2

© 2014 by Winning Dream, LLC
© der deutschsprachigen Ausgabe
Ullstein Buchverlage GmbH, Berlin 2015
© der deutschen Übersetzung von Konstantinos Kavafis'
»Ithaka« durch Wolf Josing: Romiosini Verlag, Köln 2009
Alle Rechte vorbehalten
Gesetzt aus der Caslon
Satz: LVD GmbH, Berlin
Druck und Bindearbeiten: Druckerei Pustet, Regensburg
Printed in Germany

Für meine Mutter Kathy McDermott.
Alles was ich war, bin und je sein werde,
verdanke ich Dir.

Manche Leute sehen Dinge, die sind,
und fragen: Warum?
Ich träume von Dingen, die nicht sind,
und frage: Warum nicht?

ROBERT F. KENNEDY ZITIERT GEORGE BERNARD SHAW,
UNIVERSITY OF KANSAS, 1968

Inhalt

Teil 1

ERFOLGSHUNGRIG

1

Zuversicht

Großartiges vollbringen nur jene, die mutig genug sind
zu glauben, dass in ihnen etwas schlummert, das den
Umständen überlegen ist.

BRUCE BARTON

Ich höre meinen kleinen Bruder schreien. Ich drehe mich um und sehe Rauch durch das Treppenhaus quellen. Kevin ist oben und macht sich für das Zubettgehen bereit. Unsere kleine Schwester Gennifer, die noch ein Baby ist, schläft im angrenzenden Raum. Ihr Zimmer befindet sich an der Rückseite unseres kleinen Hauses. Mom und ich waschen in der Küche das Geschirr ab. Mein Vater, der bei Con Edison arbeitet, hat Nachtschicht.

Meine Mutter läuft die Treppe hinauf, ich folge ihr. Oben angekommen, sehen wir die Flammen.

Das passiert tatsächlich, denke ich. Ich bin zwölf Jahre alt, und unser Haus brennt. *Wir müssen hier raus.*

Ich packe Kevin an der Hand, während meine Mutter durch den dichter werdenden Qualm in Gennifers Zimmer stürmt, um die Kleine aus ihrer Wiege zu holen. Wir springen die Treppe hinab und rennen aus dem Haus. Wir retten uns auf die Straße und warten auf die Löschwagen.

Wenn ich an diese Augenblicke zurückdenke, höre ich weniger das näher kommende Heulen der Sirenen, sondern vor allem die ruhige Stimme meiner Mutter. Ich erinnere mich noch genau daran, was sie uns sagte, als wir auf dem Gehweg standen und in die Flammen starrten, die das Obergeschoss unseres Hauses verschlangen. »Alles in Ordnung, alles in Ordnung«, sagte sie immer wieder. Auf dem einen Arm hielt sie Gennifer, den anderen hatte sie um meinen Bruder und mich gelegt. »Das ist kein trauriger Moment. Es ist ein wunderbarer Moment. Wir sind unversehrt herausgekommen. Wir haben schon Schlimmeres durchgemacht, wir werden es überstehen.« Dieses Versprechen wiederholte sie wieder und wieder, so als wäre es ein Schlaflied. Und ich glaubte ihr, weil sie es glaubte. Mom hatte Recht: Wir hatten schon Schlimmeres überstanden.

Home Base

Ich wurde im Jahr 1961 in Flushing geboren, einem Stadtteil des Bezirks Queens in New York. Meine ersten zehn Lebensjahre verbrachte ich mit meinen Eltern, meinen zwei Brüdern und meiner Schwester auf Long Island, wo wir in Mietwohnungen in den Arbeitervierteln College Point, Hicksville, Babylon und Brentwood lebten. Schließlich landeten wir in einem kleinen Haus an der Meadow Lane in dem Küstenstädtchen Amityville im Bundesstaat New York. Als wir dorthin zogen, kannte noch niemand jenes im holländischen Kolonialstil gebaute Haus in der Ocean Avenue, das durch den Film *Amityville Horror* berühmt werden sollte. Zu jener Zeit kannten die Einwohner von Amityville dieses Haus noch nicht als »Haus des Schreckens«, und es kamen noch keine Touristen in den Ort, um es zu besichtigen.

Unser Haus war nur ein Viertel so groß wie das Horrorhaus, aber es war geräumiger als alle Wohnungen, in denen wir bis dahin gelebt hatten. Meine Eltern mieteten es mit einer Kaufoption. Das Haus stand in einem Arbeiterviertel und war von seinen früheren Bewohnern, die es schließlich durch eine Zwangsversteigerung verloren hatten, vollkommen vernachlässigt worden.

Als wir begannen, es instandzusetzen, stießen wir in den Wänden auf tote Eichhörnchen und Ratten. Wir brachten das Haus in Schuss, während wir schon darin lebten; es war, als würde man den Keilriemen seines Autos während der Fahrt austauschen. Aber wir hatten keine andere Wahl. Wir waren froh, ein Haus gefunden zu haben, das wir uns leisten konnten, und empfanden es als Privileg, diesen Ort gemeinsam wieder bewohnbar machen zu dürfen.

An den Wochenenden tauchten auf unserem schmalen Grundstück Verwandte und Freunde auf, die Hämmer, Leitern und Hilfsbereitschaft im Gepäck hatten. Manchmal brachten meine Großeltern aus Queens meine Lieblingskrapfen mit Marmeladenfüllung mit, die sie bei der deutschen Bäckerei Stork's kauften. Gemeinsam verstärkten sie Tragebalken, tauschten Gipskartonplatten aus und verkleideten das Haus mit einer Aluminiumfassade. Als ich Jahre später den Film *Witness** sah, in dem eine amische Gemeinde zusammen ein Haus baut, erinnerte ich mich an die Stimmung emsiger Kameradschaft, die an jenen Tagen bei uns herrschte. Mein Vater stellte Schecks für den Kauf des Baumaterials aus, wann immer genug Geld hereinkam, und dank der Großzügigkeit von Freunden und Verwandten war ein Großteil der Arbeitszeit kostenlos. Mein Großvater war Bauunternehmer und arbeitete als Bauleiter bei jenen Hochhäusern, die auf der nahegelegenen Halbinsel Rockaway in den Himmel schossen. Für spezielle Arbeiten rief er einen guten Elektriker oder Installateur, der diese für einen kleinen Zusatzverdienst erledigte.

Die Renovierung erhöhte den Wert unseres Hauses, und schließlich gelang es meinen Eltern, genug Geld für eine Anzahlung auf eine 30 Jahre laufende Festzinshypothek über 18 000 Dollar aufzutreiben. Der Hausbesitz war für meine stolzen Eltern gleichbedeutend mit sozialem Aufstieg. Ich hatte nun ein richti-

---

* Deutscher Titel: *Der einzige Zeuge.*

ges Zuhause, und trotz all seiner Mängel war ich dort so glücklich wie an keinem anderen Ort auf der Welt.

Selbst als wir es wieder in Schuss gebracht hatten, war dies eines der Häuser, an denen man hunderte Male vorbeifahren konnte, ohne sie zu bemerken. Und dann waren da die Überschwemmungen, die immer wieder Reparaturen nötig machten. Das Haus stand auf einem unebenen Betonfundament, das an einen hinter dem Haus verlaufenden Kanal grenzte. Jedes Mal, wenn es stark regnete, lief Wasser in unser Erdgeschoss. Der Kanal lief so zuverlässig über, dass meine Mutter immer, wenn im Wetterbericht heftige Regenfälle angekündigt wurden, vor dem Haus eine kleine Statue des Heiligen Judas aufstellte. Sie dachte, wenn jemand die Flut aufhalten könne, dann der Fürsprecher in ausweglosen Notlagen! Am Ende stand auch die 60 Zentimeter hohe Statuette bis zum Hals im Wasser.

Die wiederholten Überschwemmungen setzten die Wände und das Fundament unter Druck und verursachten Risse. Schließlich fand das Wasser auch seinen Weg ins Haus, ohne dass der Kanal überlief. Schon bei leichtem Regen musste einer von uns zur Eisenwarenhandlung laufen, um einen Nasssauger zu mieten. Das Aufsaugen von Pfützen im Wohnzimmer war für uns so normal wie Schneeschaufeln für andere Leute.

Verlust

Als die Ärzte meinen Eltern eröffneten, dass ihr neugeborener Sohn, mein kleiner Bruder James Michael, unter Umständen nur wenige Tage leben würde, bestand meine Mutter darauf, Jamie mit nach Hause zu nehmen und ihn selbst zu pflegen. In den folgenden fünf Jahren musste der arme kleine Kerl mehrere schwierige Operationen über sich ergehen lassen, darunter eine Kolostomie. Trotz seiner gesundheitlichen Probleme schenkte er der Familie viel Freude. Wir liebten den kleinen Jamie mit seinem gewellten hellbraunen Haar und seinen hellblauen Augen so sehr. Ich schwöre, dass er all das Leid lächelnd durchstand. Für uns war er ein Engel.

Ich war sieben Jahre alt, als Jamie uns im Schlaf verließ. Er war fünf Jahre alt. An dem Tag, an dem er auf einer Bahre aus unserer Wohnung in Babylon getragen wurde, sammelte meine Mutter all ihre Kraft, um die Familie aufzurichten und ihre Trauer zu besiegen. Sie sagte uns, Jamies Tod sei Gottes Wille, weil Jamie als Engel im Himmel viel Arbeit vor sich habe. Sie wiederholte das ein ums andere Mal, so lange, bis sich dieser Refrain in meinem Kopf und meinem Herzen festsetzte und sich in die Wahrheit verwandelte.

Meine Mutter hatte die Gabe, sich selbst in Zeiten tiefer Traurigkeit oder Unsicherheit nicht verflucht, sondern gesegnet zu fühlen. Sie verstand es, die Mühsal des Lebens von den Geschenken zu trennen, die diese Mühsal mit sich brachte. Nachdem sie Jamie all die Jahre liebevoll umhegt und für ihn gebetet hatte, brachte sie sogar an dem Tag, an dem wir ihn verloren, genug Kraft auf, um den Schmerz der Familie zurückzudrängen, indem sie uns eine Idee schenkte: *Unser süßer Engel Jamie war nun an einem besseren Ort, und für uns war die Welt ein besserer Ort, weil wir ihn gekannt hatten.* Nun war er an der Reihe, über uns zu wachen.

Als fünf Jahre nach Jamies Tod unser Haus in Flammen aufging, kam die unerschütterliche Zuversicht meiner Mutter erneut zum Vorschein: »Wir werden es wieder aufbauen. Wir haben es in der Vergangenheit geschafft, und wir werden es wieder schaffen.« Ich stand an ihrer Seite und wusste, dass sie nicht nur versuchte, uns aufzumuntern. Sie ließ ihren Zauber wirken und weigerte sich, vor dem tragischen Augenblick zu kapitulieren. Stattdessen erhob sie sich wieder und sagte mit absoluter Überzeugung: In diesem Haus gibt es nichts, was wichtiger wäre als uns, die wir hier draußen stehen.

Selbst in dieser finsteren Nacht, in der sich die Sterne hinter

schwarzen Rauchwolken verbargen, überzeugte mich meine
Mutter, dass der Himmel blau und grenzenlos war.

Opfer

Es geschah einige Jahre vor unserem Umzug nach Amityville.
Mein Bruder Kevin und ich saßen auf der Rückbank unseres grünen Chevrolet Impala. Unsere Eltern brachten uns nach Bay-
shore auf Long Island. Dad bog in eine schöne Straße ein und
fuhr ganz langsam an einem eingeschossigen Ranch-Style-Haus
vorbei. Häuser dieser Art gab es auf Long Island wie Sand am
Meer – nur musste man sie sich leisten können. Meine Mutter
verliebte sich sofort in dieses Haus, aber mein Vater bekam keinen Kredit, obwohl er sein Einkommen durch einen nächtlichen
Zweitjob als Wachmann aufbesserte und obendrein Taxi fuhr. Sogar der Neunjährige auf dem Rücksitz begriff, wie enttäuscht die
beiden waren. Als wir mit zehn Stundenkilometern an dem Haus
vorüberrollten, konnte ich die Traurigkeit meiner Mutter spüren.
Sie sagte immer: »Das Geld ist nur so viel wert wie das Glück, das
du dir und denen, die du liebst, damit kaufen kannst.« Es tat mir
im Herzen weh, dass sich meine Eltern dieses Glück nicht leisten
konnten. Als ich Jahre später ein eigenes Auto besaß, brachte ich
meine kleine Schwester in die wohlhabenden Gegenden von
Long Island und fuhr ebenfalls langsam durch die malerischen
Straßen. »Eines Tages werden wir in einem dieser Häuser leben«,
sagte ich zu ihr. Aber obwohl mir diese schönen, großen Häuser
sehr gefielen, war ich glücklich in unserem bescheidenen Häus-
chen. Für mich war es das Taj Mahal. Ich war meinem Vater
dankbar dafür, dass er es geschafft hatte, uns dieses Zuhause zu
bieten.

Mein Vater Bill McDermott war ein fleißiger Mann. Für ihn
bedeutete Erfolg, jeden Tag zur Arbeit zu gehen, weil er gebraucht wurde. Er war beim New Yorker Stromversorger Con

Edison dafür verantwortlich, technische Probleme in den Hochspannungsleitungen zu lösen. Sein Arbeitsplatz waren die dunklen Tunnel unter dem Boden von Queens und Manhattan. Manchmal stieg er in Löcher hinab, in denen es nach einer unterirdischen Explosion immer noch brannte. Er erklärte mir seine Arbeit so: Um die gewaltigen Zubringerleitungen der Stadt instandzuhalten, schmolz er mit einem Schweißbrenner Kupfer, um die Leitungen damit zu isolieren, so dass kein Wasser oder andere Stoffe in den Stromkreislauf eindringen konnten. Für seine Kollegen war er nur »die Spinne«, weil er im unterirdischen Kabelnetz New Yorks zu Hause war, aber auch, weil er sich beim Aufbringen von heißem flüssigem Kupfer auf dicken Stromleitungen so geschickt bewegte wie Spiderman, der aus seinen Handgelenken Netze schießt, um Bösewichte einzufangen. Mein Dad war sehr stolz auf sein Können beim Schweißen und Kabelspleißen. Für mich war er ein Superheld im wirklichen Leben.

Aber seine Arbeitszeiten waren so wenig vorhersehbar wie Stromausfälle. Manchmal klingelte um 1 Uhr morgens das Telefon, und Dad stieg aus dem Bett, zog Hose und T-Shirt an, schlüpfte in einen Blaumann und ging hinaus, um das Eis von der Windschutzscheibe zu schaben und sich auf den Weg nach Manhattan zu machen, um die Stromversorgung wiederherzustellen, bevor am Morgen in der New Yorker Börse die Glocke geläutet wurde. Seine Arbeit war anstrengend und gefährlich. Einmal landete er im Krankenhaus, weil ein betrunkener Autofahrer eine Sicherheitsabsperrung durchbrochen und in einen oberirdischen Transformator gerast war, den mein Vater gerade reparierte. Als wir im Krankenhaus eintrafen, hatten sie ihn schon mit 65 Stichen zusammengenäht.

»Wie geht's dir, Dad?«

»Alles bestens«, antwortete er im Tonfall eines Mannes, der abends von der Arbeit heimkehrt. »Wie war eure Fahrt hierher?« Genau wie meine Mutter hielt sich auch mein Vater nicht mit Gejammer auf.

Aber so hart er auch arbeitete, finanzielle Stabilität blieb unerreichbar für uns. Er versuchte, mit dem Einkommen eines Kabelmonteurs eine Familie mit vier Kindern und Hunden zu ernähren, die Hypothekenraten und den Kredit für das Auto pünktlich zu zahlen und all die unerwarteten Ausgaben zu bestreiten, die im Lauf der Jahre anfielen. Er führte ein typisches Leben in der Arbeitertretmühle. Während seiner 37 Jahre bei Con Edison schraubte er seinen Einsatz niemals zurück und erhielt so Beförderungen, die ihm letztlich einen gut bezahlten, gewerkschaftlich abgesicherten Posten verschafften. Und trotzdem, den unaufhörlich neu auftauchenden Ausgaben war nicht vollends beizukommen.

Meine Familie war nicht arm. Es ging uns besser als vielen anderen Familien, die trotz aller Anstrengungen auf Lebensmittelmarken oder Sozialhilfe angewiesen waren. Aber der Lohn meines Vaters war immer schnell aufgezehrt. In manchen Monaten reichte das Geld einfach nicht, um alle Rechnungen zu bezahlen.

All das verstand ich, denn ich sah aus nächster Nähe, welchem Druck Menschen ausgesetzt sind, die von Gehaltsscheck zu Gehaltsscheck leben, und erlebte am eigenen Leib, welche Herausforderungen eine junge Familie bewältigen muss. Als ich zur Welt kam, war meine Mutter 18 und mein Vater 21 Jahre alt, weshalb wir drei in gewissem Sinn gemeinsam aufwuchsen. Deshalb viel es mir leicht, ihre Lebenssituation zu verstehen, und das war vermutlich der Grund dafür, dass ich an jenem Tag, als sie durch das Autofenster einen Blick auf ihr Traumhaus warfen, von derselben Sehnsucht ergriffen wurde wie sie. Wie sehr ich mir wünschte, dass sie dieses Haus bekämen!

Es war kein Geheimnis, dass das Geld bei uns knapp war. In unseren kleinen Häusern und Wohnungen war ich den realen Problemen des Lebens ausgesetzt: Ich hörte Gespräche, die die meisten Kinder nicht hören, und machte mir meine Gedanken über das, was ich erfuhr. Ich glaube, dass ich sehr viel neugieriger und reifer war als die meisten Gleichaltrigen. Ich hörte mehr zu als ich selbst sprach. Meine Eltern jammerten nicht über ihre Schwierigkeiten und gaben niemandem die Schuld an ihrer Geldnot, aber sie bemühten sich nicht, ihren ältesten Sohn von der Realität abzuschirmen. Ich wurde nicht auf die Straße geschickt oder vor das Fernsehgerät gesetzt, sondern blieb am Küchentisch sitzen und war dabei, als meine Eltern nach Wegen suchten, um die Rechnungen zu begleichen und den Alltag zu bewältigen.

Der ungefilterte Blick auf die Lebensumstände meiner Familie lehrte mich, dass sich harte Arbeit nicht immer auszahlt. Ich begriff auch, dass man alles, was man erwirbt oder geschenkt bekommt, wieder verlieren kann – ein Haus, eine Arbeit, einen Bruder. Ich entwickelte eine Vorliebe für die Wahrheit, vor allem für Nachrichten, die niemand hören wollte, denn je mehr ich über ein Problem in Erfahrung brachte, desto schneller konnte ich eine Lösung dafür finden, anstatt mich ewig damit herumzuschlagen.

Freude

Mein Vater schaffte es, jedes Jahr genug Geld zurückzulegen, um mit der Familie im Sommer ein oder zwei Wochen nach New Jersey ans Meer zu fahren. Wir mieteten im Küstenort Stone Harbor einen Bungalow und verbrachten die Tage am Strand. Dad liebte es, mir den Gehaltsscheck zu zeigen, der zusätzlich zu seinem normalen Wochenlohn den Urlaubszuschlag enthielt. Die Zahl auf dem Scheck wirkte so groß! Selbst wenn wir kaum genug Benzin im Tank hatten, um es nach dem Urlaub zurück nach Amityville zu schaffen, waren wir begeistert darüber, dass Dad die Familie ans Meer brachte.

Die schönen Erinnerungen sind zahlreicher als die bedrückenden. Ich sehe noch vor mir, wie mein Vater freitagabends heimkehrt und »I'm Busted« von Ray Charles auflegt, während meine Mutter das Abendessen zubereitet. Wie ich mir mit meinen El-

tern die Wiederholungen von *The Honeymooners* ansehe und hysterisch lache, weil sie lachen, obwohl ich nicht verstehe, was daran so lustig sein soll. Wie mein Vater, Kevin und ich nach einer
weiteren Überschwemmung im leeren Wohnzimmer vor dem
Fernseher sitzen, den wir auf einen Picknicktisch gestellt haben,
weil die Möbel zum Trocknen im Vorgarten stehen: Wir schauen
Football und jubeln den New York Jets zu. Wie die ganze Familie
eine filetierte Flunder verzehrt, die ich gefangen habe – mein
dreieinhalb Meter langes Gamefisher-Boot mit seinem 7,5-PS-
Motor hat mich nur mit Müh und Not vom Kanal in die Great
South Bay hinaus und zurück gebracht. Wie ich vor dem Haus,
wo Dad einen Korb aufgehängt hat, mit Kevin Basketball spiele.
Wie ich mit meiner Schwester Gennifer im Kino sitze und zum
ersten Mal sehe, wie Rocky Balboa die 72 Stufen zum Philadelphia Museum of Art hinaufläuft. Wie mich meine Mutter anstößt
und sagt:»Bill, der beste Teil von dir bist du.«

Wir lachten viel. Meine Oma erzählte bei jedem Familientreffen die Geschichte von einem ihrer Besuche in Amityville. Sie
hatte sich mit Gennifer ein Bett geteilt und war mitten in der
Nacht von einem Trippelgeräusch in der Wand geweckt worden.

»Was ist das?!«, fragte meine Großmutter.

»Alles in Ordnung, Oma«, antwortete ihr meine Schwester in
gelassenem Tonfall.»Das sind nur die Ratten.«

Amityville war ein guter Ort für Ratten, vor allem in der Nähe
des Wassers. Unsere Ratten waren groß. Und wenn sich diese Nager mit einem Ort einmal angefreundet hatten, beispielsweise mit
einem verlassenen Haus, dann konnte man sich darauf verlassen,
dass sie zurückkehren würden, selbst wenn wieder menschliche
Bewohner in das Haus einzogen. Wir stolperten nicht über Ratten, aber einige tollten in unseren Wänden umher. Die Familie
fand sich mit der Gegenwart der ungebetenen Gäste ab. Meine
Schwester hasste Ratten, aber in jener Nacht verbarg sie ihre
Furcht heldenhaft hinter einer Fassade der Gelassenheit, um ihre
Oma zu beruhigen. Unsere Großmutter nahm an, eine tapfere

kleine Soldatin an ihrer Seite zu haben. »Alles in Ordnung, Oma. Das sind nur die Ratten.« Diese Pointe wiederholte sie jahrelang. Wenn es etwas zu feiern gab, hauten wir richtig auf den Putz. Zu Neujahr tanzte und aß die ganze Familie bis in die frühen Morgenstunden. Oft verbrachten wir diesen Abend im Haus einer befreundeten Familie, die das bekannte italienische Restaurant Angelo's in der Mulberry Street in New York besaß; nur etwa eine Meile entfernt von unserem Haus veranstalteten sie die unglaublichsten Partys. Zu besonderen Anlässen zog meine Familie alle Register. Wenn die Kinder am Heiligen Abend im Bett waren, schlich Dad sich hinaus und warf Murmeln auf das Dach, um die Landung von Santas Rentieren zu simulieren. Er hatte uns eingeschärft, dass Santa keinesfalls gesehen werden wollte und unverrichteter Dinge wieder verschwinden würde, sollten wir aus dem Bett steigen, um nachzusehen, was er im Haus tat. Wenn am Weihnachtsmorgen das Geschenk, das ich mir gewünscht hatte, nicht unter dem Baum lag, setzte mein Vater die Inszenierung fort, die er am Vorabend begonnen hatte. »Komm mit, Bill«, sagte er und führte mich in einen Winkel des Hauses, wo eine neue Angelrute oder ein Fahrrad auf mich wartete. Die Feiertage bedeuteten zweifellos weitere Schulden für meine Eltern, aber sie ließen nie zu, dass die Weihnachtsstimmung darunter litt. Für uns Kinder waren es Tage voller Zauber.

Es wird besser

Sogar mein Bruder Kevin, der aus härterem Holz geschnitzt war als ich, teilte meine Meinung, dass meine Familie genug Liebe erzeugte, um eine große Villa damit zu füllen. Anstatt mich darüber zu ärgern, dass mich meine Eltern in Turnschuhe aus dem Discountladen steckten, statt mir die tollen Puma-Schuhe zu kaufen, dachte ich darüber nach, wie ich mich in ihrer Lage verhalten würde. Ich glaubte, dass sie ein besseres Leben verdient hatten. Damit meine ich nicht mehr materiellen Besitz – obwohl sich meine Eltern noch mehr nach den Pumas für mich sehnten als ich selbst –, sondern mehr Sicherheit. Ich sah, wie viel meine Eltern gaben und wie wenig sie zurückbekamen, und war fest entschlossen, nicht zuzulassen, dass das in der nächsten Generation so weiterging.

Dass ich mich in die Lage meiner Eltern versetzen konnte, lag wohl daran, dass ich ihr ältestes Kind war. Vielleicht war ich auch einfach so gestrickt. Und großen Einfluss auf mein Denken hatte meine Mutter, die wieder und wieder – oft im selben Atemzug – zu mir sagte:»Nichts Wertvolles kommt von allein.« Und:»Du kannst alles erreichen, was du dir vornimmst.« Was auch immer der Grund war: Ich wollte mich für meine Familie durchsetzen, ich wollte imstande sein, sie zu schützen, wenn sie mit einer Krise kämpfte. Und ich besaß genug Selbstvertrauen, um zu glauben, dass ich dazu in der Lage war – vielleicht war mir diese Gewissheit sogar in die Wiege gelegt. Ich hungerte nicht, und meine Eltern baten nicht um finanzielle Unterstützung. Aber ich sah im Geld eine Möglichkeit, mich finanziell unabhängig zu machen und meinen Eltern die Sicherheit zu geben, die sie mir mit ihrer Liebe gegeben hatten. Ich wollte ihr Heiliger Judas sein.

2

Der Underdog

Es gibt keinen bequemen Weg, der von der Erde zu den Sternen führt.

LUCIUS ANNAEUS SENECA

Ich besuchte die erste Klasse der St. Ignatius Elementary School, als Schwester Jean Agnes am Elternabend an meinen Vater und meine Mutter herantrat. Schwester Jean war eine Lehrerin, die nie zögerte, ein Lineal auf meine Finger herabsausen zu lassen, um mich für meine schlechte Handschrift zu bestrafen. Ich stand neben meinem Vater, als er meine Lehrerin fragte, wie ich mich in der Schule machte.

»Nun ja, Mr. McDermott«, sagte sie, ohne sich darum zu kümmern, dass der sechsjährige Gesprächsgegenstand anwesend war, »Bill ist ein guter Junge und benimmt sich ordentlich, aber Sie sollten nicht zu viel von ihm erwarten. Er wird wohl Mechaniker oder vielleicht Lastwagenfahrer werden.« Meine Eltern hatten nichts gegen Mechaniker oder Lastwagenfahrer, aber einige Wochen später nahmen sie mich von dieser Schule.

Doch ich hatte die düstere Prognose gehört. Obwohl meine Eltern die Einschätzung von Schwester Jean Agnes offenkundig nicht teilten, blieben die Worte der Lehrerin wie ein Dorn mit Widerhaken in meinem Bewusstsein hängen.

Straßenkämpfer

Ich erinnere mich noch an das Datum. Es war der 8. März 1971.
An diesem Tag kämpften Muhammad Ali und Joe Frazier im
Madison Square Garden um den Weltmeistertitel im Schwerge-
wicht. Alle Welt sprach vom »Kampf des Jahrhunderts«. In der
Nachbarschaft gab es kein anderes Thema, und die Auseinandersetzung faszinierte Menschen in aller Welt. In den Vereinigten Staaten wurde dieser Boxkampf zu einem Ventil, durch das
der Druck abgelassen werden konnte, den die gesellschaftlichen
Spannungen zu Beginn der siebziger Jahre erzeugt hatten. Der
Vietnamkrieg. Die Rassenkonflikte. Die Emanzipation der Frau.
Aber in meinem Leben spielten diese gesellschaftlichen Kon-
flikte keine Rolle. Meine Eltern diskutierten nicht über den Vietnamkrieg oder über Präsident Nixons Politik, und die Welt jenseits meiner eigenen beschäftigte meinen zehnjährigen Verstand
nicht allzu sehr.

Am Nachmittag vor dem Duell zwischen Ali und Frazier war
ich im Schulbus auf dem Heimweg nach Brentwood auf Long Island. Wir hatten kurz zuvor in einem von vielen identischen
zweigeschossigen Ziegelhäusern, die in Brentwood im Rahmen
einer Neubausiedlung errichtet worden waren, eine Wohnung im
ersten Stock bezogen. Unser Wohnblock war so neu, dass es dort
noch keine Grünanlagen gab, sondern nur Freiflächen, die mit
einem Gemisch aus Schotter und Betonbrocken bedeckt waren.
Ich kannte noch nicht viele Kinder in der Nachbarschaft, aber
wir waren schon so oft umgezogen, dass mein sozialer Sinn ge-
schärft war: Ich brauchte auf einem neuen Schulhof nicht lange,
um herauszufinden, wer das Sagen hatte. An jenem Nachmittag
im Bus hatte ein Elfjähriger namens Angelo das Sagen.

Ich freute mich darauf, mich mit meinem Vater vor das Radio-
gerät zu setzen und mir die Übertragung des Boxkampfes anzu-
hören, und alle Kinder im Bus redeten über das große Ereignis am
Abend. Wie überall im Land hatte Ali auch in diesem Schulbus

die Mehrheit auf seiner Seite. Insgeheim war auch ich ein Fan von ihm. Er war körperlich imposanter als Frazier, und er war eine faszinierende Figur. Aber mein Dad drückte Smokin' Joe die Daumen, also tat ich es auch.

»Für wen bist du?«, fragte mich Angelo, als wir aus dem Bus stiegen. Ich sagte ihm, dass ich zu Joe Frazier hielt. Das war die falsche Antwort.

»Ich bin für Ali. Kämpfen wir.« Um seinen Standpunkt klar zu machen, versetzte er mir gleich einen rechten Haken aufs Kinn.

Mein Vater, der bei den Marines gewesen war, hatte mir beigebracht, wie man kämpft, aber richtig geprügelt hatte ich mich noch nie. Ich hatte kein aufbrausendes Wesen und erhob ungern die Stimme. Natürlich wetteiferte ich mit anderen, aber ich legte es nicht auf Ärger an.

Anders als ich war dieser Junge ein Straßenkämpfer. Er gehörte zu der Art von Kindern, die wahrscheinlich den Großteil ihrer Zeit auf der Straße verbrachten. Auch war er älter und kräftiger als ich. Ich war groß für mein Alter und sportlich, und als Leichtgewicht konnte man mich nicht bezeichnen, aber ein Joe Frazier war ich nicht.

Der Schulbus fuhr weiter und ließ Angelo und mich auf dem mit Schotter bedeckten Platz zurück. Als wir begannen, aufeinander einzuschlagen, bildeten die anderen Kinder einen Kreis um uns. Einige Erwachsene gesellten sich dazu. Es war wie ein Vorprogramm des großen Kampfes. Angelo zeigte keine Gnade und bearbeitete mich unablässig mit seinen Fäusten. Ich wehrte mich, so gut ich konnte, aber er war im Vorteil – und er hatte die Zuschauer auf seiner Seite. Die Kinder kannten ihn und skandierten seinen Namen: »Angelo! Angelo!«

Er zog sich für einen Augenblick zurück, bückte sich und hob einen der Betonklumpen hoch, die von den Bauarbeiten übrig geblieben waren. Er sprang auf mich, warf mich zu Boden und begann, mit dem Klumpen auf mich einzuschlagen. Ich schmeckte Blut auf meinen Lippen. Niemand rief ihm zu, er solle aufhören.

Die Anfeuerungsrufe wurden nur noch lauter. Ich begriff, dass ich allein war und viel mehr als eine blutige Lippe riskierte. Ich wollte nicht in diesem Hahnenkampf ein Auge verlieren oder sterben. Meine Angst verwandelte sich in Entschlossenheit. Angelo hatte als Erster Blut vergossen. Daher durfte ich mich nach den Regeln des Straßenkampfs nun mit allen erdenklichen Mitteln verteidigen.

Der kantige Betonklumpen traf erneut mein Gesicht, und mein Überlebensinstinkt erwachte. Ich griff in meine Hosentasche und holte den ersten Gegenstand hervor, den ich zu fassen bekam: einen Bleistift. Es war ein ganz normaler Bleistift, mit dem ich jetzt wild nach Angelos Gesicht stieß. Ich traf ihn unter dem rechten Auge. Die Spitze des Stifts durchbohrte seine Haut, und als ich ihn wieder herauszog, verursachte ich einen 5 Zentimeter langen Riss in seiner Wange, aus dem sofort Blut zu fließen begann. Angelo sprang auf und ließ von mir ab. Er ließ den Betonklumpen fallen und griff sich an die Wange. Ich trat einen Schritt zurück, und die Erleichterung mischte sich mit Schock, angesichts der Wunde, die ich ihm zugefügt hatte. Aber mit dem Betonklumpen war er zu weit gegangen. Er hatte mir keine andere Wahl gelassen.

Ich musste dort weg, aber ich lief nicht sofort los. Wie Michael Corleone, der in *Der Pate* in Louies Restaurant die Waffe auf den Boden wirft, nachdem er zwei Rivalen niedergeschossen hat, und durch den Vordereingang hinausgeht, ließ ich den Bleistift fallen, zog mich zurück, ohne jemanden direkt anzusehen, und ging bis zur nächsten Straßenecke. Dann begann ich zu laufen. Ich blieb erst stehen, als sich unsere Wohnungstür hinter mir geschlossen hatte. Als meine Mutter mich sah, war ich mit einer klebrigen Schicht aus Schweiß, Staub, Blut und Tränen überzogen.

»Mom, ich dachte: Entweder er oder ich! Ich konnte nichts anderes tun als mich mit dem Bleistift zu wehren. Du musst das wissen, weil ich glaube, dass sie kommen werden, um uns zu töten. Ich weiß nicht, was ich tun soll!«

»Bill, mach dir darüber keine Gedanken«, sagte sie. »Du bist in Sicherheit.« Sie brachte mich ins Bad, um mich zu waschen. Sie war nicht böse auf mich. Sie wusste, dass ich nur aus Notwehr jemanden verletzen würde, nicht, weil ich beweisen wollte, wie hart ich war. »Wenn sie es wagen, in unser Haus zu kommen, werde ich mich darum kümmern.« Sie wischte mir das Gesicht mit einem nassen Tuch ab und küsste mich auf die Stirn.

Am Abend hörte ich mir mit meinem Vater im Radio an, wie Muhammad Ali seinen Gegner drei Runden lang beherrschte, bis Joe Frazier ihn voll am Kinn traf. Joe ließ nicht locker und malträtierte Alis Körper bis zum Ende des Kampfes. Schließlich behielt Frazier in einem extrem harten Kampf, der die großen Erwartungen erfüllte, die Oberhand.

Der Weg zur Bushaltestelle am nächsten Morgen war nach dem Kampf mit Angelo die beängstigendste Erfahrung meines Lebens. *Würden er und seine Freunde mich angreifen? Würden sie mich noch härter schlagen?* Ich wollte nicht ein zweites Mal gegen ihn kämpfen. Dann sah ich Angelo: Ein Gazeverband bedeckte seine Wange. Er sagte kein Wort und tat ebenfalls so, als wäre nichts gewesen. Vielleicht hatte ihm jemand erklärt, dass ich das Recht gehabt hatte, mich mit dem Bleistift zu verteidigen, da er mich mit einem Stein attackiert hatte. Vielleicht hatten er und die anderen Kinder auch einfach begriffen, dass ich mich zu wehren verstand. Wie dem auch sei, zwischen uns war alles geklärt. Ich war erleichtert, obwohl ich nicht stolz darauf war, dass ich den Streit nur hatte beenden können, indem ich einen Menschen verletzte. Ich geriet nie wieder mit Angelo oder einem anderen Jungen in diesem Viertel aneinander. Und ich hatte festgestellt, dass ich mich allein behaupten konnte. Der Underdog konnte gewinnen.

Der erste Job

Es war meinen Eltern recht, dass ich große Träume hatte, und
sie bestärkten mich in der Überzeugung, dass ich alles erreichen
konnte, was ich mir vornahm. Als ich mich entschloss, selbst
Geld verdienen zu gehen, hatte ich Großes vor – besonders für
einen Zeitungsjungen.

Mit elf Jahren war ich noch sehr jung für diese Arbeit, trotzdem meldete ich mich auf eine Annonce, in der ein Zeitungsaus-
träger für die größte Zeitung Long Islands gesucht wurde. Bald
wurden jeden Morgen mehrere Zeitungsstapel von einem Last-
wagen auf die Straße vor unserem Haus geworfen. Nachdem ich
die Beilagen in die Zeitungen gesteckt hatte, lud ich möglichst
viele in den großen Metallkorb, den ich vorne an meinem blauen
Schwinn-Fahrrad angebracht hatte, und in die beiden Körbe an
den Seiten des Hinterrads. Die übrigen Zeitungen steckte ich in
meinen Rucksack. Ich musste um 6 Uhr losfahren, um die rund
150 Häuser auf meiner Route vor Schulbeginn um 9 Uhr abzu-
klappern.

Je mehr Zeitungen ich austrug, desto mehr Trinkgeld konnte
ich verdienen. Es dauerte nicht lange, da ging ich von Tür zu Tür,
um neue Abonnenten zu werben. Ich hatte meine Masche einstudiert:

»Guten Morgen. Mein Name ist Bill McDermott, ich trage die
Zeitung in der Nachbarschaft aus, und mir ist aufgefallen, dass
Sie die Zeitung derzeit nicht ins Haus geliefert bekommen. Ich
möchte Sie über meinen Service informieren.«

Ich hatte gründlich studiert, wie man Zeitungen richtig aus-
trägt. Manche Zeitungsjungen waren nachlässig und warfen die
Zeitungen bei jedem Wetter einfach auf den Rasen. Ein leichter
Nieselregen genügte, um die Zeitung unlesbar zu machen. Ich
machte den Leuten klar, dass ich meine Aufgabe ernst nahm,
und tat alles, um meine Kunden gut zu betreuen.

»Ma'am, ich bin flexibel und werde die Zeitung so liefern, wie

Sie möchten. Ich stecke sie durch den Türschlitz oder in den Briefkasten. Ich packe sie in eine Plastikfolie, damit sie nicht nass wird. Und ich stecke die Coupons immer dort hinein, wo sie hingehören, damit Ihnen nie etwas entgeht.« Es gelang mir, die Zahl der Abonnenten auf meiner Route zu verdoppeln.

Wenn ich gute Trinkgelder verdienen wollte, musste ich dafür sorgen, dass die Leute ihre Zeitungen so bekamen, wie sie sie wollten. Den meisten war es am liebsten, dass ich die Zeitung in den Briefkasten steckte, aber viele ältere Leute zogen es vor, dass ich sie zwischen das Fliegengitter und die Eingangstür legte. Zu jener Zeit verlangte kaum jemand die Zeitung in einer Plastiktüte, weshalb es genügte, immer nur ein paar Tüten dabeizuhaben.

Meine Aufgabe wurde schwieriger, als die Zahl der Häuser auf meiner Route stieg, denn ich hatte weiterhin nur zwei Stunden Zeit für das Austragen. Irgendwann war es nicht mehr möglich, alle Zeitungen auf einmal mitzunehmen, weshalb ich die Tour aufteilen und zwischendurch nach Hause zurückkehren musste, um die Körbe erneut zu füllen. Damit alle Abonnenten ihre Zeitung bekamen, bevor sie zur Arbeit aufbrachen und bevor mein Schultag begann, musste ich meine Route neu planen. Geschwindigkeit allein war nicht genug, denn irgendwann konnte ich nicht mehr schneller fahren. Also entwickelte ich eine Methode, um die Zeit optimal zu nutzen: Ich plante die Route so, dass ich die Gegend rasch durchqueren, zum Nachladen nach Hause zurückkehren und die ganze Tour innerhalb von anderthalb Stunden erledigen konnte.

Sodann musste ich einen Plan machen, um das Geld zu kassieren. Die meisten Leute steckten meine wöchentliche Gebühr – und hoffentlich ein großzügiges Trinkgeld – in einen von mir hinterlassenen weißen Umschlag. Manche schrieben »Danke« oder malten einen Smiley auf den Umschlag. Ich sammelte alle Umschläge in einem Sack, den ich daheim auf dem Küchentisch ausleerte, um nachzuzählen, wer mir wie viel gezahlt hatte. Ich

verfolgte aufmerksam, wie viel jeder Kunde gab, und hielt diese
Daten in einem kleinen grünen Notizbuch fest. Die Namen der
großzügigen Abonnenten kringelte ich ein, und diese Kunden
behandelte ich besonders zuvorkommend: So legte ich ihnen
spezielle wöchentliche Flyer *auf* die Zeitung und wies sie in einer
Notiz darauf hin, damit sie ihn keinesfalls übersahen.

Leider ignorierten manche Leute den Umschlag und legten
mir überhaupt kein Geld hin. Die Folge war ein Problem mit
dem Cashflow, denn ich musste dem Verlag die Zeitungen im
Voraus bezahlen. Um an das Geld zu kommen, das ich vorge-
schossen hatte, musste ich bei den säumigen Kunden anklopfen,
und sie an die Zahlung erinnern. Das tat ich nur ungern, aber
darum kam ich nicht herum. Normalerweise trieb ich die Schulden am Wochenende ein, wenn ich mehr Zeit hatte und die
Abonnenten eher zu Hause waren. Aber bei manchen Leuten
klopfte ich wochenlang an, ohne dass sie an die Tür kamen. Ich
hätte leicht den Überblick darüber verlieren können, wer mir wie
viel schuldete, aber da ich sorgfältig Buch führte, konnte ich
mich stets verteidigen, wenn jemand, der mir 7,50 Dollar schuldete, behauptete, bezahlt zu haben.

»Was redest du da, Junge! Die Zeitung kostet doch nur
1,50 Dollar in der Woche.«

»Ich weiß, Sir«, antwortete ich und holte mein kleines grünes
Notizbuch hervor. »Aber meine Aufzeichnungen zeigen, dass Sie
seit fünf Wochen nicht bezahlt haben.« Ich lächelte freundlich,
und da meine Aufzeichnungen so genau waren, bekam ich mein
Geld immer. Es gab ein bisschen Ärger, aber oft rückten die säumigen Zahler schließlich ein sehr viel höheres Trinkgeld heraus,
weil es ihnen ein wenig peinlich war, den wohlerzogenen Zeitungsjungen hinters Licht geführt zu haben. »Das Wechselgeld
kannst du behalten, Junge«, sagten sie und drückten mir einen
gefalteten 10-Dollar-Schein in die Hand.

Mir wurde rasch bewusst, dass ein enger Zusammenhang zwischen meinem Verdienst und der Zufriedenheit meiner Kunden

bestand. Ich bekam mehr Geld, wenn ich den Zeitungsabonnenten gab, was sie wollten, und zwar so, wie sie es wollten. Das war eine bedeutsame Erkenntnis für einen Jungen, der Geld verdienen wollte. Abgesehen vom Verdienst empfand ich es als befriedigend, wenn mich die Leute mochten. Ich fühlte mich wohl, wenn ein mürrischer Mann, den ich beim Footballschauen unterbrach, trotzdem ein nettes Wort für mich hatte oder wenn mir die Mutter eines Schulkameraden für meine gute Arbeit dankte und mich auf ein Glas Limonade einlud.

Im Lauf der Zeit weitete ich mein Geschäft aus: »Ich habe übrigens auch Grußkarten, wenn Sie welche brauchen.« Damals pflegten amerikanische Haushalte schachtelweise Grußkarten für besondere Anlässe zu kaufen, und an den Tagen, an denen ich von Tür zu Tür ging, nahm ich solche Karten mit. Ich dachte mir, dass ich durch ein zusätzliches Produkt mehr aus der Gelegenheit machen konnte, die sich bot, wenn ich Kunden gegenüberstand, die mit Geld in der Hand vor die Tür traten.

Als Nächstes ging ich dazu über, auch Kekse anzubieten. Ich liebte die Vorfreude, die mich jedes Mal durchströmte, wenn ich an der Tür eines Fremden klingelte, und das Gefühl der Begeisterung, wenn dieser Fremde »Ja« sagte. Noch befriedigender war das Erlebnis, wenn wir ein freundliches Gespräch führten. Ein unwirsches »Nein« oder eine Tür, die mir krachend vor der Nase zugeschlagen wurde, entmutigte mich nicht. Dann ging ich einfach schneller zur nächsten Tür weiter, wo die nächste Chance auf ein »Ja« auf mich wartete.

Das Geldverdienen machte mir mehr Spaß als meinen Verdienst zu zählen oder auszugegeben. Der *Prozess* war das Reizvolle: Zeitungsabonnenten auch Weihnachtskarten verkaufen. Zahlungsunwillige Kunden aufsuchen, um liquide zu bleiben. Mit einer Hausfrau bei einer Limonade über ihre neue Couch plaudern.

Am Ende jeder Woche sammelte ich meine Einnahmen und zog Gummibänder um die eingerollten Bündel abgenutzter Geldscheine. Anschließend steckte ich diese Rollen in das hohle Kruzifix, das über meinem Bett hing. Während andere Kinder nur für Baseballkarten sparten, hatte ich etwas anderes vor, etwas Größeres. Es machte mich glücklich, meinen Eltern eine Freude machen zu können, indem ich ein Schmuckstück für meine Mutter kaufte oder nach einem Familienabendessen im Howard Johnson die Rechnung übernahm. Ein fester Job und Ersparnisse gaben mir das Gefühl, mein Schicksal in dieser unvorhersehbaren Welt selbst bestimmen zu können.

Respektiere deine Arbeit

Die meisten Leute in der Nachbarschaft wussten, dass ich mir etwas dazuverdienen wollte, weshalb ich oft Angebote erhielt, auf Kinder aufzupassen oder Gelegenheitsarbeiten zu verrichten.

Einmal fragte mich ein junges Paar, das einige Häuser weiter in unserer Straße wohnte, ob ich für 20 Dollar einen riesigen Haufen Erde in ihrem Garten verteilen wolle. Unsere Nachbarn planten, einen neuen Rasen zu pflanzen. Es waren nette Leute, und 20 Dollar mehr konnten nicht schaden. Leider hatte ich den Arbeitsaufwand falsch eingeschätzt. Ich hatte keine Handschuhe, und bald schabte mir der Holzgriff der Schaufel die Hände wund. Es war schwere körperliche Arbeit, aber obwohl aus dem eingeplanten Nachmittag erst zwei und dann drei Nachmittage wurden, gab ich nicht auf. Es gab Augenblicke, da war ich kurz davor, die Schaufel in den Kanal hinter dem Haus zu werfen, aber ich wollte mich nicht geschlagen geben. Nachdem ich oft genug gesehen hatte, wie mein Vater mitten in der Nacht aufgestanden war, wusste ich, dass Arbeit manchmal bedeutet, Dinge zu tun, die man nicht tun will. Ich hielt es für wichtig, die versprochene Arbeit zu erledigen. Also schaufelte ich weiter.

Obwohl ich viel mehr gearbeitet hatte als vorgesehen, schien es mir nicht richtig, die Nachbarn um mehr Geld zu bitten. Wir hatten eine Vereinbarung geschlossen, und ich wollte die Beziehung zu dem Ehepaar nicht ruinieren, weil ich die beiden mochte. Es war mir gleich, ob ihnen bewusst war, dass sie mit mir ein sehr gutes Geschäft gemacht hatten. Abgesehen davon hätte die Forderung nach mehr Geld schwere Schuldgefühle bei mir geweckt, jene Art von moralischer Qual, die das Ergebnis einer katholischen Schulbildung ist. Wann immer ich jemandem einen Grund gab, zu glauben, ich übervorteile ihn oder bringe die versprochene Leistung nicht, wurde ich von Schuldgefühlen überwältigt.

Die erste Chance auf eine besser bezahlte Arbeit bekam ich kurz vor meinem 15. Geburtstag, als die Supermarktkette Finast eine Filiale in unserem Viertel eröffnete. Als ich erfuhr, dass sie Personal suchten, fasste ich den Entschluss, mich um eine Stelle zu bewerben. Da ich minderjährig war, unterschrieb meine Mutter die Bewerbung, und am angegebenen Tag stellte ich mich vor der Finast-Filiale mit hunderten anderen Bewerbern in einer Schlange an, die sich über zwei Häuserblocks erstreckte. Ich stellte fest, dass ich zweifellos der Jüngste und Unerfahrenste in dieser Warteschlange war, weshalb ich kaum eine Chance auf einen der wenigen Jobs hatte. *Warum ein Kind einstellen?*, würden sie denken.

Die Schlange bewegte sich langsam voran, und schließlich sah ich eine Frau, die an einem Kartentisch die Bewerbungen entgegennahm. Als ich vortrat und ihr meine Unterlagen aushändigte, legte sie sie auf einen Stapel weißer Formulare, die nicht voneinander zu unterscheiden waren. In diesem Augenblick bemerkte ich einen Mann in einem grünen Sakko, der ein paar Schritte entfernt stand. *Schicke Jacke*, dachte ich. *Das muss der Chef sein.* Die Frau am Tisch sagte mir, der Filialleiter werde meine Bewerbung prüfen und sich mit mir in Verbindung setzen. Ich dankte ihr und ging geradewegs auf den Mann in der grünen Jacke zu. Auf der Brusttasche war der Name aufgenäht: Jack Kelly.

»Hallo, Mr. Kelly, ich bin Bill McDermott«, sagte ich und

streckte ihm die Hand entgegen. »Ich wollte Ihnen nur sagen, dass ich die letzten Stunden in der Schlange gestanden habe, um meine Bewerbung abzugeben, weil ich unbedingt hier arbeiten möchte.« Er schüttelte meine Hand und sah mit hochgezogener Augenbraue auf mich herab. »Sir, ich kann Ihnen garantieren, dass ich sehr hart für Sie arbeiten werde, wenn Sie mir diesen Job geben. Ich brauche nur eine Chance.«

Kelly sah zu seiner Mitarbeiterin hinüber, die in Hörweite saß, und beide dankten mir für mein Interesse. Als ich die Filiale verließ, reichte die Schlange der Bewerber immer noch bis zum Ende des Blocks.

Der neue Supermarkt war weniger als eine Meile von unserem Haus entfernt. In dem Augenblick, als ich die Haustür hinter mir schloss, rief mir meine Mutter zu: »Bill, da ist ein Mr. Kelly am Telefon, der mit dir sprechen möchte. Und ein Mr. Finnegan ist ebenfalls in der Leitung. Sie sind von Finast.« Sie lächelte, als ich den Hörer nahm.

»Hallo, Mr. Kelly, Mr. Finnegan. Wie geht es Ihnen?«

»Bill, wir denken, dass du sehr viel Energie hast«, sagte Kelly. »Du kannst morgen anfangen.« Einfach so. »Ziehe bitte eine ordentliche Hose und ein Hemd mit Kragen an. Deine Schicht beginnt um 4 Uhr. Sei bitte zehn Minuten vorher am Arbeitsplatz. Ich bin sehr pingelig, was die Pünktlichkeit betrifft. Verstanden, Junge?«

»Ja, Mr. Kelly, ich werde dort sein!« Natürlich war ich eine halbe Stunde früher da.

Die Arbeit war nicht spektakulär, aber ich war glücklich, ein richtiges Gehalt zu beziehen. Anfangs sammelte ich auf dem Parkplatz die Einkaufswagen ein. Ich achtete darauf, die Karren nicht ineinander zu rammen und nicht an den Mauern anzustoßen. Ich behandelte diese Einkaufswagen wie Porzellangeschirr. Wenn ich auf dem Parkplatz eine Kundin sah, die Mühe hatte, ihre Einkaufstaschen in den Kofferraum zu laden, lief ich hinüber, um ihr zu helfen. Trinkgeld nahm ich nie an. »Nein danke,

Ma'am, das ist mein Job, ich mache das gerne.« Das war nicht ge-
logen. Ich liebte meine Arbeit.

Bald wurde ich zum Regalbetreuer befördert. Einmal schnitt
ich mir beim Öffnen eines mit Konservendosen gefüllten Kartons
mit einem Teppichmesser die Hand auf. Ein Kollege fuhr mich
ins Krankenhaus und wartete, während sie mich nähten. Nach
weniger als zwei Stunden war ich wieder am Arbeitsplatz. So wie
ich es sah, schuldete ich Finast mindestens 90 Minuten Arbeitszeit. Und ich wollte beweisen, dass mich die Verletzung nicht davon abhalten würde, meine Arbeit gut zu machen. Ich wollte
nicht zurück auf den Parkplatz.

Ich nahm jede Arbeit ernst. Gleichgültig, ob ich Konservendosen in ein Supermarktregal schichtete, in verdreckten Shorts Erde
schaufelte oder in Schulkleidung Zeitungen austrug: Ich begann,
grundlegende Arbeitsgewohnheiten zu entwickeln. Indem ich
meine Zeit so gut wie möglich nutzte, höflich und gewissenhaft
war, Zusagen einhielt, pünktlich war und mich selbst zur Rechenschaft zog, verhielt ich mich professionell, bevor ich professionell
aussehen musste. Ich »trug das Sakko«, lange bevor ich ein Sakko
brauchte oder mir eines leisten konnte. Mir war klar, dass man allein durch professionelles Verhalten nicht aufsteigen konnte, egal
ob man stundenweise entlohnt wurde oder ein Monatsgehalt bezog, ob man Arbeiter oder Angestellter war. Aber ich begriff, dass
man ohne Professionalität überhaupt nichts erreichen konnte.
Daher gab ich auch in kleinen Jobs mein Bestes.

Ich denke, dass Mr. Kelly, der ein guter Mann war und sich
sein grünes Sakko wahrlich verdient hatte, nicht viele Jungen wie
mich beschäftigte. »Er wird es weit bringen«, sagte er einmal zu
meinem Vater. Das war eine sehr viel günstigere Vorhersage als
die von Schwester Jean Agnes.

Noch besser

Ich war 15 Jahre alt und verdiente den Mindestlohn von 2,35 Dollar pro Stunde, aber ich wurde nach Tarif bezahlt, weshalb ich wie mein Vater jede Überstunde gerne annahm, da es dafür einen Zuschlag von 50 Prozent gab. An Feiertagen bekam ich das Doppelte für zusätzliche Stunden. Da ich den Job als Zeitungsjunge aufgegeben hatte, blieb mir neben der Arbeit bei Finast, der Schule und dem Basketball noch Zeit für zwei weitere Jobs. Zum einen erledigte ich Gelegenheitsarbeiten für die Stadtverwaltung von Amityville – ich strich Zäune an oder sammelte Abfälle ein. Aber ich hatte noch eine andere Arbeit, die mir viel besser gefiel: Ich arbeitete in einem italienischen Restaurant als Tellerwäscher und Aushilfskellner. Das Amato's war so schick, dass man dort mit American Express bezahlen konnte. In diesem Restaurant trugen sogar die Aushilfskellner einen Smoking – eine Uniform, die mehr Respekt verlangte als der Job an sich. Ich liebte meinen Smoking.

Im Amato's verdiente ich in einer Fünf-Stunden-Schicht 10 Dollar. Dazu kam das Geld, das mir die Kellner dafür gaben, dass ich das schmutzige Geschirr abdeckte und den Gästen den Kaffee eingoss. Wenn die Kellner nach einer Schicht ihre Trinkgelder zählten, betete ich darum, dass sie nicht vergaßen, wie sehr ich mich bemüht hatte, ihre Gäste gut zu behandeln. Ich fragte die Gäste immer, ob ihnen das Essen geschmeckt habe, und schlug ihnen die Cannoli oder Spumoni als Dessert vor.

Ich war mittlerweile 16 Jahre alt. Wenn ich nicht in der Schule war, war ich damit beschäftigt, zu verladen, zu verpacken, zu schleppen und zu putzen. Für eine Weile übernahm ich sogar die Nachtschicht in einer Tankstelle – allein wach zu bleiben, war Schwerstarbeit. Zwischen Mitternacht und 8 Uhr morgens hatte ich höchstens 20 Autos zu betanken. Für diese Tätigkeit brauchte man keinerlei Fähigkeiten. Die Langeweile war quälend.

Aber ich hatte mehr Geld als je zuvor. Mittlerweile war es zu viel, um es noch im Kruzifix über meinem Bett aufzubewahren, und genug, um mir den einen oder anderen Luxus leisten zu können. Mein bester Kauf war ein Schaffellmantel mit Kunstpelz, wie sie in den siebziger Jahren in Mode waren. Ich erstand ihn für etwa 200 Dollar bei einem Mode-Outlet, das Kleidung verkaufte, die nicht ganz so hohen Ansprüchen genügte wie die von Macy's. Als ich den Mantel sah, musste ich ihn haben. In diesem Mantel, der mein Markenzeichen wurde, durch die Straßen von Amityville zu schlendern, gab mir das Gefühl, so cool zu sein wie der Basketballer Walt »Clyde« Frazier von den New York Knicks.

Ich war dankbar für die Arbeit, und ich war Männern wie Mr. Kelly dankbar, der mir eine Chance gab. Aber obwohl ich die Arbeit und das Geld liebte, hatte ich den Verdacht, dass ich mit einem Sammelsurium von Mindestlohnjobs nicht so viel Geld verdienen konnte, wie mir aufgrund meines Zeitaufwands und meines Einsatzes eigentlich zustand.

An einem Nachmittag war ich in meinem Kellnersmoking auf dem Heimweg, als ich an der Ecke Bayview Avenue und Merrick Road im Schaufenster von Amityville Country Delicatessen ein Schild mit der Aufschrift »Help wanted« sah. Ich ging hinein. Das Deli war ein winziges, einfaches Lokal: Ein Münztelefon, Regale mit Chips, Bier, Limonaden und Haushaltsartikeln, dazu eine Feinkosttheke.

»Was für eine Arbeitskraft suchen Sie?«, fragte ich den Mann an der Kasse.

»Ich suche jemanden, der bereit ist, hart zu arbeiten und viele Stunden zu investieren.« Ich lächelte ihn an, und ich lächelte innerlich. Hart arbeiten? Der Mann hatte keine Ahnung, mit wem er es zu tun hatte.

3

Der Beste aller Trainer

Dein Charakter sollte dir wichtiger sein als dein Ansehen. Dein Charakter verrät, wer du wirklich bist, während dein Ansehen lediglich verrät, für wen andere dich halten.

JOHN WOODEN

»Bill, ich weiß, dass du gerne Körbe wirfst«, sagte mein Vater vor einem meiner wichtigsten Basketballspiele, »aber heute Abend musst du dich nicht auf das Werfen, sondern nur auf die Verteidigung konzentrieren.« Ich war überrascht, denn in manchen Spielen gelangen mir 20 Punkte, und an diesem Tag ging es um die Meisterschaft. »Heute erwarte ich nur eines von dir«, erklärte er mir. »Du musst diesen Chase stoppen.«

Ich war im fünften Schuljahr, und Chase war der beste Werfer in der Liga der Catholic Youth Organization (CYO). Und er war unwahrscheinlich groß, 15 Zentimeter größer als ich. »Wenn er keinen einzigen Punkt wirft, gewinnen wir das Spiel. Wir gewinnen sogar, wenn er weniger als zehn Punkte macht. Aber wenn du versuchst, mehr Körbe zu werfen als er, werden wir verlieren. Daher musst du heute Abend deine eigene Wurfquote opfern. Sorge einfach dafür, dass Chase nicht trifft.« Ich widersprach ihm nicht.

So hart mein Vater arbeitete, er nahm sich immer die Zeit, die Mannschaften seiner Söhne zu trainieren. Auf dem Parkett einer Sporthalle war er in seinem Element, vollkommen konzentriert

auf zwei Dinge: Siegen und Teamgeist. Von ihm lernte ich, dass
Siege ohne Teamarbeit unmöglich oder wertlos sind.

Seinen unbeugsamen Siegeswillen hatte er von seinem Vater
geerbt, dem Basketballspieler Bobby McDermott, der es in die
Hall of Fame geschafft hatte. Mein Großvater war ein begabter
Spieler, der im Jahr 1929 nach nur einem Jahr in der Highschool
in Queens die Schule abbrach, um Profi zu werden. Für sein erstes
Spiel bekam er nur 4 Dollar, aber er stellte rasch Rekorde auf und
machte bessere Teams auf sich aufmerksam. Schließlich gelang
ihm der Sprung in die American Basketball League und er unterschrieb einen Vertrag bei den New Yorker Original Celtics. »Mac«
oder »Mr. Basketball«, wie er auch genannt wurde, war ein herausragender Werfer. Berühmt wurde er mit Serien von beidhän-
digen Würfen aus dem Mittelfeld, mit denen er so manches Spiel
entschied. Gelegentlich warf er sogar von der Mittellinie aus.
Seine wunderschönen Bogenwürfe waren Kunstwerke. In einem
Spiel warf Mac 14 Körbe am Stück vom Mittelkreis aus und ver-
senkte elf Freiwürfe. Unglaublich! In seiner Zeit bei den Fort
Wayne (Zollner) Pistons wurde er in vier Spielzeiten in Folge zum
wertvollsten Spieler der National Basketball League gewählt (von
der Saison 1942/43 bis zur Spielzeit 1945/46). Anschließend
wählten die Trainer, Spieler und Sportjournalisten meinen Großvater zum größten Basketballspieler aller Zeiten.

Nicht weniger beeindruckend waren seine Leistungen als
Spielertrainer. Er war einer der seltenen Sportler, die nicht nur
auf dem Feld stehen, sondern ihre Mannschaft auch vom Spiel-
feldrand aus organisieren konnten. Zu Beginn seiner Trainerlauf-
bahn führte er die Pistons zu zwei aufeinander folgenden Meis-
tertiteln.

Als er sich 1950 im Alter von 36 Jahren aus dem Profisport zu-
rückzog, galt Bobby vielen als der größte Basketballer seiner Generation. In den verbleibenden Jahren seines zu kurzen Lebens
hatte er viel Spaß abseits des Spielfelds und verdiente sich seinen
Lebensunterhalt als Versicherungsvertreter. Er war 49 Jahre alt,

als er einen tragischen Tod fand: Am Geburtstag meiner Großmutter erlitt er einen Autounfall und erlag seinen schweren Ver-
letzungen. Ich lernte meinen Großvater nie kennen. Wie schön
es gewesen wäre, ihn auf dem Spielfeld zu sehen.

Sein Sohn zeigte auf dem Platz eine ähnliche Leidenschaft.
Mein Bruder pflegte zu sagen, dass unser Vater als Trainer jedes
Spiel wie ein NBA-Finale anging. Tatsächlich nahm er den Sport
sehr ernst. Bei besonderen Spielen trug er Anzug und Krawatte.
Aus Respekt für seine Spieler und für das Spiel warf er sich in
Schale – mein Vater besaß die richtige innere Haltung, sein Sakko
zu tragen –, und wenn ich ihm half, die Mannschaften meiner
Brüder zu coachen, trug ich meinen Osteranzug samt Krawatte.
Indem wir uns gut kleideten, zeigten wir der Welt, dass wir nicht
einfach zum Spielen, sondern zum Siegen gekommen waren.

Deine Mannschaft ist wichtiger als du

Mein Vater brachte mir bei, dass man nur siegen kann, wenn man
die Stärken und Schwächen seines Gegners kennt. »Es geht nicht
um *dich*«, sagte er, »sondern darum, *sie* zu verstehen.« Wenn ich
jemanden wie Chase besiegen wollte, musste ich weniger meine
eigenen Fähigkeiten einsetzen, sondern vor allem seine Fähigkeiten ausschalten. In jenem Finalspiel stellte ich mein Ego zurück
und befolgte den Rat meines Vaters. Am Ende erzielten Chase
und ich jeweils nur vier Punkte. Meine Mannschaft nahm den
Pokal mit nach Hause.

Die zweite Leidenschaft meines Vaters war die Teamarbeit. Er
liebte es zu siegen, aber er verstand auch, dass Spiele nicht von
Einzelkönnern, sondern von Mannschaften gewonnen werden.

»Beim Siegen geht es nicht darum, wie viele Punkte *du* er-
zielst, sondern darum, dass *das Team* gewinnt.« Das war der
Grundsatz meines Vaters, und deshalb übte er mit uns weniger
das Dribbling und den Wurf, sondern vor allem das Passspiel.

Dad predigte uns den selbstlosen Einsatz im Dienst der Gruppe und versuchte uns klarzumachen, dass keiner von uns so talentiert war wie wir alle zusammen. Die Mitglieder unserer Jugendmannschaften lebten auf beiden Seiten der Bahnlinie. Die Gleise trennten die Wohngebiete der Mittelschicht und die Arbeiterviertel im Norden von den Armenvierteln im Süden. Mein Vater kümmerte sich nicht um die Wohnorte seiner Spieler. Es war ihm gleichgültig, woher ein guter Spieler kam. Er sah seine Aufgabe darin, uns dabei zu helfen, unsere Stärken zu nutzen: Wer konnte werfen, wer war gut im Rebound und wer ein guter Verteidiger? Es ging darum, diese Fähigkeiten zu nutzen, um als Mannschaft richtig zu funktionieren.

Teil eines siegreichen Teams zu sein, war ein beglückendes Gefühl für mich, ähnlich dem, das ich empfand, wenn ich einen neuen Zeitungsabonnenten gewann, einen neuen Job bekam, ein hohes Trinkgeld erhielt oder das Gesicht meiner Mutter sah, wenn ich etwas gut gemacht hatte. Die gemeinsamen Leistungen des Teams gaben mir Kraft. Einzelsportarten hingegen empfand ich oft als frustrierend. Als mein Vater älter wurde, ging ich mit ihm Golf spielen, aber das tat ich vor allem, um Zeit mit ihm und meinem Bruder Kevin zu verbringen und an der frischen Luft zu sein. Aber da gab es keine Pässe, kein Einschwören, keine Kameradschaft. Ich wurde süchtig nach dem Korpsgeist, den ich als Junge kennenlernte.

Die Grundlagen des Spiels

Die Mannschaft meines Bruders traf auf die Huntington Super Sonics. Ich assistierte meinem Vater beim Training. Der offizielle Name unseres Teams war St. Martin of Tours, aber wir nannten uns »Green Machine«, weil die Mannschaft in grünen Trikots spielte. Die Spieler der Super Sonics waren allesamt ein wenig älter und größer als die Mitglieder unserer Mannschaft. Vor allem aber war einer von ihnen der Sohn von Kevin Loughery, der das Profiteam der New York Nets trainierte und das Spiel von der Tribüne aus verfolgte. Zur Halbzeit lag Green Machine um 15 Punkte zurück.

»Dad, wie lange sollen wir damit warten, unser Laufspiel einzusetzen?«, fragte ich meinen Vater in der Kabine. Es war an der Zeit, unsere größte Stärke auszuspielen, die Schnelligkeit.

»In Ordnung, Bill«, sagte er. »Spielen wir Manndeckung auf dem ganzen Feld. Versuchen wir, sie zu ermüden und mit einem hohen Pressing aus dem Konzept zu bringen.« Ich nickte. Es war klar, dass es Dad um die Geschwindigkeit ging.

Mein Vater brachte mir als Sporttrainer vermutlich mehr über die Grundlagen des geschäftlichen Erfolgs bei als jeder Lehrer oder Vorgesetzte. Das ist sonderbar, wenn man bedenkt, dass er nie in einem Büro arbeitete. Besondere Bedeutung für meinen Vater hatten die Grundlagen des Spiels. Am Ende jeder Trainingseinheit ließ er alle Spieler 15 Freiwürfe ausführen. Er brachte uns auch bei, dass wir jede Krise im Spiel überwinden konnten, solange noch genug Zeit blieb – gleichgültig, wie groß unser Rückstand war. Wenn wir die Grundlagen beherrschten, konnten wir in einer solchen Situation ein neues Spiel beginnen, den Ball wieder unter Kontrolle bringen und die gegnerische Mannschaft daran hindern, Körbe zu werfen.

Genau das geschah in der zweiten Hälfte des Spiels gegen die Super Sonics, als wir unsere Gegner mit der von meinem Vater entwickelten Version eines Pressings auf dem gesamten Feld überraschten. Wir spielten keine Manndeckung gegen den ballführenden Gegenspieler. Stattdessen setzten wir zwei Spieler auf den besten Dribbler der Super Sonics an. Da wir zu fünft auf vier ihrer Spieler gingen, hatten wir einen Vorteil, und die Sonics wussten nicht, wie sie reagieren und wem sie die Ballführung überlassen sollten. Ihr Spiel wurde chaotisch. Als sie begriffen, was wir taten, waren uns bereits drei oder vier Steals gelungen, und ihr Vorsprung war auf die Hälfte geschmolzen. Wir kamen ins Rollen.

Die überlegene Körperkraft unserer Gegner machten wir mit Schnelligkeit und einer unerwarteten Strategie wett. Wir waren ein gut eingespieltes Team, das wusste, was zu tun war. Wir hatten uns auf diese Situation vorbereitet. Wir liefen und liefen und liefen, bis wir sie in Grund und Boden gelaufen und das Spiel gewonnen hatten.

Mein Vater bestrafte nie jemanden für eine schlechte Leistung, solange dieser Spieler sein Bestes gab. Er nahm nie jemanden aus dem Spiel, der einen schlechten Tag erwischt hatte, denn Dad glaubte, dass er auf diese Art nur den Druck zur Perfektion erhöhen würde, dem sich dieser Junge zweifellos selbst aussetzte. Mein Vater verlangte von uns, dass wir den Wurf riskierten, wenn wir frei standen. »Versuch es!«, schrie er an der Seitenlinie. Danebenzuwerfen war besser, als es gar nicht erst zu versuchen. Diese Freiheit gab uns Mut. Dads Theorie war, dass wir bei einem Fehlwurf immer noch die Chance auf den Rebound oder auf einen Freiwurf haben würden. Er spielte mit der Wahrscheinlichkeit. Wenn wir nicht warfen, hatten wir keine Chance zu punkten.

Manchmal sah ich meinem Vater beim Spielen zu. Einmal traten er und ein paar Arbeitskollegen von Con Edison gegen eine Gruppe von Collegestudenten an, und ich wurde Zeuge, wie mein Vater mit diesen großspurigen Jungs den Boden aufwischte. Mit 40 Jahren konnte er immer noch vom Mittelkreis treffen.

4

Finde einen Weg

*Viele Leute erkennen eine Chance nicht, weil sie sich
normalerweise im Arbeitsoverall präsentiert und nach
harter Arbeit aussieht.*

THOMAS EDISON

Der Inhaber des Delis starrte den schlaksigen Teenager im Smoking an, der ihm versicherte, er sei der richtige Mann für ihn,
wenn er jemanden suche, der hart arbeiten könne.

»Ich weiß auch, wie ich Ihrer Käufergruppe das Essen ser-
vieren muss«, sagte ich. In möglichst geschäftsmäßigem Ton erklärte ich ihm, dass ich in dem italienischen Restaurant, in dem
ich gegenwärtig arbeitete, weiße Handschuhe trug. Den meisten Teenagern in der Gegend wäre das Wort »Käufergruppe«
nicht in den Sinn gekommen. Bob begriff, dass ich es wirklich
ernst meinte.

»Wie viele Stunden kannst du erübrigen?«, fragte er.

»Ich kann Ihnen so viele Stunden opfern, wie Sie sich leisten
können.« Ich sagte ihm, wie viel ich in meinen drei gegenwärtigen Jobs insgesamt verdiente. Er sah mich an. Gute Arbeitskräfte
waren schwer zu finden, und vermutlich dachte er sich, dass ein
Junge in einem Pinguinanzug keinen allzu großen Schaden an-
richten könne.

»Ich werde dir mehr bezahlen«, sagte er. »Aber du musst auch
an Feiertagen arbeiten und hin und wieder eine Nachtschicht
übernehmen, vor allem am Freitag, wenn wir bis 1 Uhr morgens

geöffnet haben. Und …« Er zögerte und zog eine Augenbraue hoch. »Und du musst lernen, den Boden zu bohnern.«

»Kein Problem.«

Ich war eingestellt.

Eine neue Mission

Wann immer ich vor einer wichtigen Entscheidung stand, sagte mir meine Mutter, ich könne tun was ich wolle, solange es mir nicht peinlich wäre, wenn die *New York Times* auf der ersten Seite samt Photo von mir darüber berichten würde. Ich fühlte mich schuldig, weil ich meine Jobs bei Finast und im Amato's kündigte, aber ich wusste, dass die Tätigkeit im Deli sehr viel besser für mich sein würde als das Jonglieren mit einer Vielzahl von Jobs, und zwar nicht nur wegen des Geldes: Ich wollte eine Aufgabe, der ich mich mit aller Kraft widmen konnte, anstatt mich in einer Vielzahl von Tätigkeiten aufzureiben. Als ich mich in dem Laden umsah, wusste ich, dass ich dort eine Mission hatte.

Für den Anfang musste ich lernen, die Fleischschneidemaschine zu bedienen, um Sandwiches zu machen. Das war einfach, solange ich nicht in Eile geriet. Ich verlor einige Fingerkuppen, aber ich fand heraus, dass sie nachwuchsen, solange man das Fleisch nicht bis zum Knochen abschnitt. Ich lernte auch, die Kasse zu bedienen, die Regale einzuräumen und das Kühlregal zu füllen, wenn neue Lieferungen eintrafen. Standardprodukte wie Kartoffel- und Eiersalat wurden einige Male in der Woche in großen Plastikeimern geliefert.

Ich arbeitete hart, da der Müßiggang kein Bestandteil meines genetischen Codes war, aber es war nicht mein Ziel, die Leitung des Ladens zu übernehmen.

Ich war etwa ein Jahr dort, als sich Bob zum Ausstieg entschloss. Er hatte das Deli und die angrenzende Sunoco-Tankstelle gemeinsam mit einem Geschäftspartner gepachtet. Der

Mann hieß Eddie und fuhr ein Eldorado-Kabrio. Einmal nahm
Eddie mich mit in den 21 Club in Manhattan. Ich trug meinen
einzigen Anzug und meine einzige Krawatte. Als wir in das Däm-
merlicht des historischen Restaurants eintauchten, stellte ich fest,
dass alle Welt Eddie zu kennen schien. Ich war in Gesellschaft
eines Mannes von Welt. Ich wollte wie Eddie sein. Aber als Bob
verkaufen wollte, entschloss er sich, ebenfalls auszusteigen.

Es war nicht leicht, den Laden und die Tankstelle an den Mann
zu bringen. Die Muttergesellschaft von Sunoco, Sunmark Indus-
tries, besaß das Grundstück, auf dem sowohl der Laden als auch
die Tankstelle standen. Die Pachtverträge hatten immer nur eine
Laufzeit von einem Jahr. Ein neuer Eigentümer würde nur diese
Rechte erwerben und musste sich damit abfinden, dass Sunmark
den Pachtvertrag jedes Jahr nach Ablauf der Vertragszeit kündigen oder das Grundstück umwidmen konnte. Der Pächter hatte
also sehr wenig Sicherheit. Schließlich trat ein Geschäftsmann
namens Ernie auf den Plan und bot Bob und Eddie 50 000 Dollar
in bar an. Sie schlugen ein. Aber Ernie war nur an der Tankstelle
interessiert. Den Laden betrachtete er als lästiges Anhängsel. Daher überließ er mir die Leitung. Also behielt ich meinen Job und
übernahm zusätzliche Verantwortung.

Zum ersten Mal war ich für einen Betrieb verantwortlich. Ich
liebte es, mir etwas auszudenken – und die Idee sofort umsetzen
zu können. Ich richtete das Lokal ein wenig her und nahm ein
paar Änderungen vor. Das Geschäft begann besser zu laufen. Ich
schaffte es, die Arbeit mit der Schule in Einklang zu bringen, und
hatte das Gefühl, mich endlich richtig entfalten zu können. Das
Gefühl hielt bis zum Sommer.

Als ich mich anschickte, mit der Familie zu unserem jährlichen
Urlaub in Jersey Shore aufzubrechen, geriet Ernie in Panik. Er
brauchte jemanden, der in meiner Abwesenheit den Laden
führte. Er schaltete eine Zeitungsannonce und fand eine Aus-
hilfskraft. Aber der Mann raubte gemeinsam mit ein paar Spieß-
gesellen eines Nachts sämtliche Lagerbestände und den Großteil

der Geräte, darunter auch die Fleischschneidemaschine. Der Laden existierte nicht mehr. Als ich aus dem Urlaub zurückkehrte, sah das leere Geschäft aus wie ein Bombenschutzraum. Ich war außer mir. Schon bevor Ernie mir die Leitung des Betriebs übertragen hatte, hatte ich viel Zeit und Mühe investiert, um ihn zu verbessern. Ich hatte das Gefühl, dass es auch mein Laden war. Da wir keine Waren mehr zu verkaufen hatten, gab es auch keine Kundschaft mehr. Ich war arbeitslos. Ernie versuchte, sich aus der Affäre zu ziehen, indem er den Pachtvertrag für das Lokal für die Hälfte dessen anbot, was er bezahlt hatte. Aber die potenziellen Käufer hielten diesen Preis für zu hoch, da eigentlich nur die Tankstelle einen Wert hatte. Niemand wollte 25 000 Dollar riskieren, um von einem großen Unternehmen, das ihn über Nacht auf die Straße setzen konnte, einen leeren Geschäftsraum zu pachten. Der Herbst kam, das Lokal lag brach, und schließlich gab Ernie klein bei.

Nicht, dass mir nicht in den Kopf gekommen wäre, den Laden selbst zu übernehmen. Theoretisch hatte das keinen Sinn, weil ich das Geld nicht hatte, noch zur Schule ging und gerade einmal 17 Jahre alt war. Aber ich war zu einer Denkweise erzogen worden, die nun auf die Probe gestellt werden sollte: Du darfst deine Träume nie den Umständen des Augenblicks opfern. Regeln, Annahmen und Zweifel durften meinem Willen, meiner Kreativität und meiner Einsatzbereitschaft keine Fesseln anlegen. Wenn ich etwas wirklich wollte, würde ich einen Weg finden.

Ich rechnete mir alles durch und stellte fest, wie viel Geld ich jeden Monat verdienen konnte, nachdem ich Waren und Personal bezahlt hatte. Ich erzählte meinen Eltern von meinem Vorhaben, das Deli zu kaufen: Sie hielten das nicht für verrückt. Sie vertrauten mir. Sie wussten, dass ich Ehrgeiz besaß, und glaubten an meine Intelligenz. Daher waren sie überzeugt, dass ich einen Weg finden würde, um mit dem Laden Erfolg zu haben. Und da sie an mich glaubten, glaubte ich noch mehr an mich. Obendrein boten sie mir ihre Hilfe an: Meine Mutter würde sich hinter die

Theke stellen, während ich in der Schule war, und mein Vater, mein Bruder und meine Schwester würden ebenfalls einspringen. Als mich Ernie zum Essen im Amato's einlud, hatte ich meine Hausaufgaben gemacht. Wir saßen einander in einer der mit dunklem Leder überzogenen Sitzecken gegenüber und wurden von einem Kellner bedient, der wie ich zu meiner Zeit im Amato's einen Smoking trug. Ernie eröffnete mir, ich könne den Laden für 12 500 Dollar haben. Er wusste, dass ich nicht so viel Geld hatte, aber ich hatte einen Plan und die Rückendeckung meiner Familie. Das gab mir die Selbstsicherheit eines Mannes, der doppelt so alt wie ich war und sehr viel mehr Erfahrung besaß.

»Ernie, das kommt vermutlich nicht in Frage, aber ...« Ich hatte mein Verkaufsgespräch vorbereitet. »Geben Sie mir einen Kredit von 5500 Dollar, 7000 inklusive Zinsen, rückzahlbar innerhalb eines Jahres in monatlichen Raten. Wenn Sie Ihr Geld in diesen zwölf Monaten nicht zurück haben, gehört Ihnen alles: Alle Verbesserungen, die ich vorgenommen habe, meine Lagerbestände, alles, was ich in den Laden gesteckt habe. Es gehört alles Ihnen.« Ich hielt einen Augenblick inne. Ich übernahm die Verantwortung für meinen Erfolg. Wenn ich scheiterte, würde ich alles verlieren. Aber wenn ich Erfolg hatte und Ernie das Geld pünktlich zurückzahlte, würde alles einschließlich des Pachtvertrags für den Laden mir gehören.

Er sah mich an. Ich hatte ihm einen Vorschlag gemacht, der ihm nicht in den Sinn gekommen war. Aber Ernie war ein gewiefter Geschäftsmann.

»In Ordnung, Junge, abgemacht.« Wir reichten einander die Hände.

Ich wusste, dass ich sehr viel mehr tun würde als Ernie auszuzahlen. Ich sah einen kleinen Laden mit unbegrenzten Möglichkeiten und war entschlossen, dieses Deli in das beste der Gegend zu verwandeln.

Vertrauen ist die wertvollste Währung

Für die Kunden war das Deli ein unbedeutender Ort, an dem sie im Lauf des Tages auf dem Heimweg von der Arbeit oder an einem heißen Wochenende auf dem Weg zum Meer kurz Station machten. Mein Laden mochte keine große Attraktion sein, aber ich wollte den Aufenthalt bei uns zu einem erfreulichen Teil der Reise meiner Kunden machen.

Als erstes brauchte ich Produkte, die ich verkaufen konnte. Die Regale waren leer, und ich hatte kein Geld, um die Bestände aufzufüllen. Also entwarf ich einen Plan, so wie ich es als Zeitungsjunge und gemeinsam mit meinem Vater auf dem Basketballfeld getan hatte. Ich kannte bereits alle unsere Lieferanten, und sie kannten mich als den freundlichen, fleißigen Jungen, der ihnen beim Entladen der Lieferungen half und die Aufzeichnungen sorgfältig führte, so dass sie ihr Geld bekommen hatten, als Bob sich aus dem Geschäft zurückgezogen hatte. Ich trat an die meisten von ihnen heran – an den Bierlieferanten, den Milchlieferanten und den Zigarettenlieferanten – und schilderte ihnen geradeheraus meine Situation. Dann machte ich ihnen einen Vorschlag:

»Ich kann es mir nicht leisten, jetzt zu bezahlen, aber ich brauche ein wenig Unterstützung, um das Geschäft in Gang zu bringen.«

Ich bat sie, mir die erste Lieferung in Konsignation zu überlassen, und versprach ihnen, sie zu bezahlen, sobald Geld in die Kasse kam. Und sollte der Laden scheitern, würde ich ihnen die Schulden aus der ersten Lieferung zurückzahlen. Ich bot ihnen an, die Vereinbarung schriftlich festzuhalten und zu garantieren, dass ich ihnen immer die erste Bestellung schulden würde.

Und ich sicherte ihnen zu, dass ich nie den Lieferanten wechseln würde. »Ich werde Sie nicht fallen lassen«, sagte ich, »und Sie können sogar den Preis für die erste Lieferung heraufsetzen, um Ihre Gewinnspanne zu erhöhen.« Ich wollte keine Gefälligkeit, sondern eine faire Geschäftsvereinbarung.

Die Lieferanten gehörten zum Ökosystem meines Betriebs. Sie waren genauso wichtig für mich wie meine Kunden, und sie verdienten denselben Respekt. Wenn ihnen nicht gefiel, was ich anzubieten hatte, wollte ich keine Geschäftsbeziehung. Wer nicht mit voller Überzeugung dabei sein würde, sollte besser überhaupt nicht einsteigen. Sämtliche Lieferanten schlossen die Vereinbarung mit mir per Handschlag. Kein Einziger ließ mich etwas unterschreiben. Ich denke, dass sie an mein Vorhaben glaubten. Dazu kam, dass wir in unserer bisherigen Zusammenarbeit eine Vertrauensbeziehung entwickelt hatten. Also füllten wir gemeinsam die Regale, und ich konnte den Betrieb aufnehmen. Ich würde nie vergessen, was sie für mich getan hatten, und das wussten sie.

Wer ist mein Kunde?

Die Regale waren gefüllt. Der Kühlschrank lief. Die Böden waren gewachst. Aber ich hatte ernsthafte Konkurrenz. Auf der anderen Straßenseite befand sich ein 7-Eleven. Mein früherer Arbeitgeber Finast war nur einen Häuserblock entfernt. Ich musste einen Weg finden, um die Kunden in meinen Laden zu locken.

Ich ging mit den Preisen herunter und bot Grundnahrungsmittel wie Milch billiger an. Die Kunden reagierten, aber ich sah, dass die Leute hereinkamen, eine Flasche Milch nahmen und wieder gingen, ohne etwas anderes gekauft zu haben. Mir wurde rasch klar, dass ich mit einem Supermarkt nicht über den Preis konkurrieren konnte. Ich konnte es mir nicht leisten, so große Stückzahlen einzukaufen, dass ich in den Genuss von Mengenrabatten gekommen wäre – und selbst wenn ich das Geld dafür gehabt hätte, hätte ich keinen Platz für die überschüssigen Bestände gehabt. Ich musste auch erkennen, dass ich meinen Konkurrenten nicht mit einem besseren Sortiment Paroli bieten konnte: Aufgrund des Mangels an Liquidität und Lagerraum war es einfach unmöglich, meinen Kunden 20 verschiedene Müslisorten anzubieten.

Ich war ein David unter lauter Goliaths. Also lautete die Frage: Hatte ich etwas, das die Goliaths nicht hatten? Konnte ich den Leuten in meinem kleinen Deli etwas anbieten, das sie bei 7-Eleven und Finast nicht bekommen würden? Ich dachte an meine Arbeit als Zeitungsjunge zurück und stellte mir eine einfache, aber wesentliche Frage: *Wer waren meine Kunden?* Was wollten sie außer billiger Milch und einer guten Auswahl, also außer den Dingen, die meine Konkurrenten anbieten konnten? War ich in der Lage, ihnen etwas Besonderes anbieten? Ähnlich wie im Basketball würde der Erfolg im Geschäft nicht von mir, sondern von ihnen abhängen. Alles, was ich tat, musste die Beziehung zwischen meinem Laden und den Kunden festigen, damit sie zurückkamen und Geld ausgaben. Wenn meine Interessen ihren Wünschen entsprachen, würden beide Seiten gewinnen.

Um die Dinge anders machen zu können, musste ich sie mit anderen Augen betrachten. Also eröffnete ich eine Ein-Mann-Marktforschungsabteilung und stellte fest, dass meine Kundschaft ein unerschöpfliches Reservoir von Informationen und Ideen war. Ich musste nur meine Augen und Ohren aufsperren. Von Natur aus neugierig auf das, was die Leute zu sagen hatten, konzentrierte ich mich vollkommen darauf, zu beobachten und zuzuhören.

Ich fragte mich: *Welche Menschen bilden meine Kundengruppe?*

Ich stellte fest, dass es drei Arten von Kunden für meinen Laden gab. Die erste Gruppe war leicht zu identifizieren, obwohl diese Leute nicht allzu oft in den Laden kamen. Anderthalb Häuserblocks entfernt gab es ein Seniorenwohnheim. Ich hatte beobachtet, dass viele ältere Leute wie meine eigene Großmutter die Geborgenheit ihres Hauses nur ungern verließen. Und natürlich gab es einige alte Menschen, die einfach nicht imstande waren, jeden Tag loszugehen, um sich Dinge wie Aufschnitt und Orangensaft zu besorgen. Das war es! Ich wusste, was zu tun war: Keiner meiner Konkurrenten machte Hauszustellungen. Also würde unser Laden nach Hause liefern. Ich hatte meine erste Kundengruppe.

Als Nächstes wandte ich mich den Männern in Jeans, T-Shirts und Arbeitsstiefeln zu, die am Freitagnachmittag in den Laden strömten. Diese Arbeiter legten nach einer langen Arbeitswoche 20-Dollar-Scheine auf den Tisch, als wären sie alleinstehend. Aber am Sonntagmorgen tauchten sie erneut auf und kramten Kleingeld hervor, um sich noch eine Packung Zigaretten zu leisten. Als ich sie beobachtete, wurden mir mehrere Dinge klar. Der Preis spielte für diese Kunden keine große Rolle: Sie wollten einfach ihre bevorzugte Zigarettenmarke und etwas Gutes zu essen. Sie waren bereit, für ein köstliches, sättigendes Sandwich jeden Preis zu bezahlen, den ich verlangte – zumindest am Freitag.

Sie wollten mit gutem Recht genauso respektvoll behandelt werden wie ein Manager, der gerade aus dem Pendlerzug gestiegen ist. Die Anzugträger waren gute Kunden, aber es gab in der Gegend nicht genug von ihnen, um ein kleines Geschäft wie meines am Leben zu erhalten. Ich musste mich auf die Arbeiter konzentrieren, auf Leute wie meinen Vater. Auf diese Kunden einzugehen, viel mir nicht schwer, denn ich hatte großen Respekt für ihren Fleiß.

»Hallo, wie geht's? Werden Sie am Sonntag zum Spiel gehen? Wie geht es dem neuen Baby?« Ich merkte mir ihre Antworten, um das Gespräch bei unserer nächsten Begegnung fortsetzen zu können: »Tut der Arm immer noch weh? Ist der Siegeszug der Jets nicht unglaublich? Ist die Erkältung Ihrer Tochter schon weg?« Meine Bemühung, mich mit ihrem Leben zu beschäftigen, festigte nicht nur ihre Loyalität gegenüber meinem Laden, sondern stellte auch eine Beziehung zwischen uns her.

Das Problem war, dass die Arbeiter am Freitagabend reich und am Sonntagmorgen pleite waren. Das brachte mich auf eine Idee: Ich gab ihnen Kredit. Ich kaufte ein kleines Notizbuch, um die Namen und Beträge festzuhalten. Jedes Mal, wenn jemand etwas anschreiben ließ, setzte er sein Zeichen hinter den Eintrag.

Am folgenden Freitag beglich er seine Schulden, und der Kreislauf begann von vorn. Manchmal geriet ein Kunde ein wenig in Rückstand, so dass ich seinen Kredit um zwei oder drei Wochen verlängern musste, aber am Ende bezahlten sie immer. Kein einziger Kunde blieb mir je etwas schuldig. Auch hier gewannen beide Seiten.

Meine dritte Kundengruppe waren die Schüler. Auf diese Gruppe stieß ich zufällig. Ich sah jeden Tag, wie sich Jugendliche, darunter einige, die ich aus der Schule kannte, vor dem 7-Eleven anstellten, das nur ein paar Schritte von meinem Laden entfernt war. Das ließ mir keine Ruhe: Wie konnte ich diese Jugendlichen dazu bewegen, das 7-Eleven, das direkt neben ihrer Schule lag, links liegen zu lassen und ein paar Schritte weiter bis zu meinem Deli zu gehen?

Schließlich ging ich zum 7-Eleven hinüber, um die Schüler zu fragen, was ihnen an diesem Lokal so gut gefiel. Dabei fiel mir etwas Sonderbares auf: Der Manager ließ immer nur vier Jugendliche auf einmal hinein.

Ich sprach einen Jungen an. »Warum steht ihr hier Schlange, obwohl drinnen genug Plätze frei sind? Was hat das für einen Sinn?« Der Junge zuckte mit den Schultern, aber ich verstand, worum es ging. Der Manager wollte nicht zu viele Jugendliche im Lokal haben, weil er fürchtete, dass sie sonst zu leicht etwas mitgehen lassen könnten. Und er nahm an, dass sie das tun würden. Das 7-Eleven traute seinen jugendlichen Kunden nicht, weshalb dieser Junge, der Geld in der Hosentasche hatte, draußen in der Kälte stehen musste. Ich wusste, was zu tun war. Ich sagte den Jugendlichen, dass sie bei mir nie vor der Tür warten müssten. Ich würde auch 40 auf einmal hereinlassen. Ich behandelte sie mit demselben Vertrauen und Respekt wie Erwachsene. Es dauerte nicht lange, da war das Deli an den Wochentagen ab 3 Uhr nachmittags gerammelt voll. Ich musste mehr Limonade, Süßigkeiten und dergleichen einkaufen, um die Regale zu füllen – was meinen Lieferanten natürlich gefiel.

Eines Tages sprach mich ein Junge an. »Bill, es ist wirklich toll, dass wir bei dir willkommen sind. Wenn wir respektvoll behandelt werden wollen, wenn wir etwas Gutes essen und uns entspannen wollen, kommen wir hierher. Wenn wir etwas klauen wollen, gehen wir ins 7-Eleven.«

Schüler, ältere Leute und Arbeiter. Als ich Klarheit darüber hatte, wer meine Kundschaft war, wurde meine Strategie für das Deli ganz einfach. Als ich erst einmal meine Kunden kannte und wusste, was sie wollten und was ich anbieten konnte, konzentrierte ich mich vollkommen darauf.

Qualität

Aber niemand würde zum Stammkunden werden, nur weil ich ihm Kredit gab und ihn mit Respekt behandelte. Ich brauchte hochwertige Produkte.

Ich bot nur den besten Aufschnitt an und verzichtete auf abgepackte Brötchen. Meine Brote wurden täglich frisch vom Bäcker geliefert. Bohnen- und Kartoffelsalat, Nudel- und Thunfischsalat waren hausgemacht. Nichts kam aus der Dose oder schmeckte, als hätte es in einem dieser großen Plastikbehälter gelegen. Die frischen Salate bereitete meine Mutter zu, die eine ausgezeichnete Köchin war. Alle zwei Tage bereitete sie in einem Ofen im Hinterzimmer des Ladens ein frisches Roastbeef zu. Die Kunden bezahlten jeden Preis für ihre Sandwiches. Ich war der Unternehmer, aber die Kochkunst meiner Mutter war der Honig, der die Bienen anlockte.

Gemeinsam taten wir alles, um den Kunden zu zeigen, dass unser Geschäft viel zu bieten hatte. Die örtlichen Polizisten mussten für eine Tasse Kaffee und einen Krapfen nicht bezahlen; umgekehrt hatte ich die beruhigende Gewissheit, dass sie immer ein Auge auf meinen kleinen Laden hatten. Unseren Stammkunden erwiesen wir kleine, aber bedeutsame Gefälligkeiten. Eine Mutter, die Lebensmittel schleppen musste und zwei Kinder im Schlepptau hatte? Wir trugen ihr den Einkauf zum Auto. *Nehmen Sie für Ihre Familie ein bisschen von unserem Thunfischsalat mit, der geht aufs Haus.* Wenn ich ein wenig Eis übrig hatte, für das ich keine Verwendung hatte, gab ich einem Kunden, der auf dem Weg zum Strand war, eine kostenlose Tüte mit. Das kostete mich nicht viel, vielleicht 10 Cent pro Eis, aber es festigte die Loyalität, und der Kunde kehrte wieder.

Das Lokal war immer makellos sauber. Ich wischte den Boden nicht nur auf, sondern bohnerte ihn auch jeden Abend, so dass die Kunden am nächsten Morgen eine Andeutung ihres Spiegelbilds in der dunkel schimmernden Oberfläche sehen konnten. Meine Angestellten und ich trugen weiße Hemden, schwarze Schlipse und schwarze Hosen, und das Fleisch fassten wir nur mit weißen Handschuhen an.

Mussten wir all das tun? Nein, aber wir taten es.

Ich stelle meine Mannschaft auf

Meine Mutter praktizierte im Deli, was sie mir stets gepredigt hatte: Sei du selbst. Sie brachte an jedem Tag ihre überschäumende Fröhlichkeit und ihr freundliches Wesen in den Laden mit. Sie liebte die Menschen, und die Menschen liebten sie. Das war ihr Zauber. In unserem Viertel wimmelte es von ausgefallenen Typen. Der Postbote Ralph. Und Andy vom Autohaus. Meine Mutter hatte für jeden Menschen, der durch die Tür kam, ein warmes Lächeln. Sie behandelte die Kunden, als gehörten sie zur Familie, und führte angeregte Gespräche mit ihnen, während sie ihnen die Lebensmittel einpackte oder einen Kaffee eingoss. Sie hatte einen Ratschlag für ein Mädchen, bei dem es daheim Probleme gab, oder sie hörte sich an, was ein Vorarbeiter nach einer harten Arbeitswoche zu erzählen hatte. Ich bin sicher, dass manche Leute nur in den Laden kamen, um mit meiner Mutter zu plaudern.

Mom war der Star meiner Mannschaft, aber ich brauchte noch weitere Spieler. Ohne die Hilfe verschiedener Personen – da waren vor allem mein Vater, meine Geschwister, Freunde und sogar einige Mädchen, mit denen ich ausging – hätte ich es nicht geschafft. Meine Schwester Gennifer stellte sich bereitwillig hinter die Theke. Und die Kunden liebten Gennifer. Ich schaffte in meinem kleinen Team eine Atmosphäre des Vertrauens, um das zu vermeiden, was in Kleinbetrieben als »Syndrom des stillen Teilhabers« bezeichnet wird: Da man in einem kleinen Betrieb sehr leicht Geld einstecken kann, anstatt es in die Kasse zu legen, musste ich bei der Wahl meiner Mitarbeiter vorsichtig sein. Wenn ich beliebige Personen einstellte, würden sie an meinem Gewinn teilhaben, ohne dass ich etwas davon ahnte.

Die entscheidende Idee

Im Sommer 1979, ich war mittlerweile 18 Jahre alt, nahm ich ein Studium am Dowling College auf. Dieses kleine geisteswissenschaftliche College befand sich in Oakdale auf Long Island, etwa eine halbe Stunde von Amityville entfernt. Die meisten Studenten stammten aus Mittelschichtfamilien in der Umgebung. Etwa die Hälfte wohnte bei den Eltern und teilte sich die Zeit zwischen Studium und Arbeit auf. Es war eine ehrgeizige Truppe. Einer der älteren Studenten, John McGowan, war von Beruf Muschelsammler und trug den Spitznamen »Schlammrechen« – denn mit diesem Werkzeug wird im trüben Wasser nach Muscheln gesucht. John verstand eine Menge von Tabellenkalkulation und Computerprogrammierung und half mir durch mehr als einen Kurs. Hätte er sich nicht die Zeit genommen, um mir zu helfen, wäre ich verloren gewesen. Ich war dankbar für seine Großzügigkeit, und wir wurden gute Freunde.

Abgesehen davon, dass Dowling ein gutes College und für mich leicht zu erreichen war, gefiel mir die Anlage sehr. Die

Hochschule war in einem prächtigen Herrenhaus untergebracht, das ein Mitglied der reichen Familie Vanderbilt um die Jahrhundertwende gebaut hatte. Das L-förmige Gebäude hatte eine schöne Ziegel- und Steinfassade, und einige der Vorlesungssäle im restaurierten Inneren blickten auf die sorgfältig gepflegten Rasenflächen, die sich zwischen dem Haus und dem Connetquot River erstreckten. Es war ein traumhaft schöner Ort.

Aber so gerne ich dort war, ich hatte keine Zeit, auf dem Campus herumzuhängen. Ich legte meine Vorlesungen auf Dienstag und Donnerstag, um möglichst viel Zeit in meinem Laden verbringen zu können. Meine Hausaufgaben machte ich nach Feierabend oder in Zeiten, in denen weniger Betrieb herrschte, hinter der Theke. Die Lehrbücher versteckte ich stets hinter der Fleischschneidemaschine, damit niemand bemerkte, dass ich studierte. Ich wollte vermeiden, dass sich die Kunden zurückzogen, um mich nicht bei den Hausaufgaben zu stören.

Das Studium kam gut voran, und auch mein Unternehmen entwickelte sich. Ich erzielte genug Gewinn, um die Mitglieder meiner Familie für ihre Arbeit zu bezahlen, meine Ausbildung zu finanzieren und mir einen nagelneuen metallgrauen Pontiac Firebird zu kaufen, den ich wie eine Trophäe wachste und polierte. Manchmal saß ich einfach nur da und bewunderte das herrliche Auto.

Ich war sehr zufrieden, als ich Ernie den Kredit vor Ablauf der vereinbarten Frist zurückzahlen konnte.

Trotz des Erfolgs des Delis hatte ich nie das Gefühl, finanzielle Sicherheit zu genießen. Es gab viele Wochen, in denen ich kaum Gewinn machte, und ich musste länger arbeiten, weil ich es mir nicht leisten konnte, Personal zu bezahlen. Ich stellte fest, dass ich nach einer Woche, in der ich 15 000 Dollar im Plus war, in der folgenden keinerlei Gewinn erzielte, weil die Klimaanlage zusammengebrochen war. Es war bedauerlich, mit ansehen zu müssen, wie sich meine Freunde und andere Familien im Sommer am Wochenende auf den Weg zum Meer machten, während ich im Laden stand. Gleichzeitig wusste ich, dass meine Tage am Strand kommen würden. Aber trotz des momentanen Erfolgs konnte ich nie sicher sein, es geschafft zu haben. Es war keine Ziellinie in Sicht.

Um mein Geschäft ständig zu verbessern, genügte es nicht, einfach größere Mengen von dem zu verkaufen, was wir im Angebot hatten. Ich war offen für neue Ideen, um den Laden voranzubringen.

Die Konkurrenz nachzuahmen, wäre eine schlechte Strategie gewesen. Ich vergeudete keine Zeit mehr damit, mir Gedanken darüber zu machen, was andere Lebensmittelhändler taten, ob sie Papierhandtücher ins Sortiment nahmen oder welches Bier sie anpriesen. Stattdessen war ich offen für das Unerwartete. Meine Lieblingsidee verdankte ich meiner Bereitschaft, ständig um die Ecke zu denken, um herauszufinden, was als Nächstes auf uns zukam.

Als ich an einem Nachmittag durch ein Einkaufszentrum schlenderte, fiel mir eine Gruppe von Jungen auf, die sich um eine Videospielkonsole drängten und das Kleingeld ihrer Eltern Münze für Münze in die Maschine steckten. Fasziniert betrachtete ich die lange Schlange von Jugendlichen, die bereit waren, ihr ganzes Geld in dieses Spiel zu investieren. Das war's! *Ich muss unbedingt eines dieser Spiele im Deli aufstellen!* Ich fand den Namen des Herstellers auf der Rückseite des Automaten, notierte mir die Telefonnummer, eilte nach Hause und rief den Mann an.

»Ich möchte eines dieser Videospiele«, sagte ich. »Wie viel kostet die Maschine?«

»5000 Dollar«, antwortete er. Soviel Geld hatte ich nicht, und das sagte ich ihm auch.

»In Ordnung, 4000«, erwiderte er. In dem Augenblick, als er sich selbst unterbot, wusste ich, dass ich ihn am Schlafittchen hatte. »So viel habe ich auch nicht«, antwortete ich.

»Warum soll ich mich also mit Ihnen aufhalten?«, fragte er.

»Weil ich eine Idee habe«, antwortete ich. Ich erzählte ihm von meinem Deli und von meinem Plan, an der Seitenwand des Gebäudes eine kleine Spielhalle zu bauen. Ich hatte den idealen Platz dafür, eine kleine Freifläche, auf der sich die Angestellten der Tankstelle manchmal in ihren Pausen versammelten. »Ich habe gesehen, wie viele Vierteldollarmünzen die Jungs in diese Spiele stecken«, erklärte ich. »Stellen wir ein paar von Ihren Automaten bei mir auf. Die Maschinen bleiben in Ihrem Besitz. Solange ein Automat in meinem Lokal steht, teilen wir die Einnahmen fifty-fifty. Wenn Ihnen die Zusammenarbeit nicht mehr gefällt, können Sie die Maschinen jederzeit wieder abziehen, denn sie gehören ja weiterhin Ihnen.« Ich bot ihm sogar an, diese Regelung vertraglich festzuhalten. »Kommen Sie schon«, drängte ich. »Versuchen wir es. Ich weiß, dass es sich lohnen wird.«

Er war einverstanden. Wie meine Lieferanten und wie Ernie fand er Gefallen an einem Vorschlag, mit dem er nie gerechnet hatte – selbst wenn die Idee ein wenig riskant klang. Ich hatte meine Vision von einer erfolgreichen Idee beschrieben, und da ich daran glaubte, hatte ich meinen Geschäftspartner überzeugt.

Mein Bruder Kevin, der immer sehr viel mehr als ich von Bauarbeiten verstanden hatte, errichtete einen Raum, der groß genug für drei Spielautomaten war. Wir boten unter anderem Asteroids und Pac-Man an. Es war mir gelungen, mein Kerngeschäft praktisch ohne Kosten zu erweitern. Die Jugendlichen waren begeistert von den Spielen, und ich war begeistert vom Klang der Münzen, die in die Automaten plumpsten – und von den zusätzlichen Einnahmen, die ich erzielte, wenn die Jugendlichen im Laden eine Coca-Cola tranken oder etwas Süßes kauften, an dem sie knabbern konnten, während sie ihren Freunden beim Spielen zusahen.

Movin' out, movin' on

An den Wochenenden traf ich mich nach der Spätschicht im Laden manchmal mit Freunden in einer Bar oder einem Restaurant, um mich nach einer weiteren langen Arbeitswoche ein wenig zu entspannen. Zu jener Zeit wurden überall auf Long Island die Platten unseres Lokalhelden Billy Joel gespielt. Der Songschreiber und Sänger war ganz in der Nähe in Hicksville aufgewachsen, wo auch meine Familie eine kurze Zeit gelebt hatte. Joel war kaum ein Jahrzehnt älter als ich, und für mich und andere in den Arbeitervierteln Long Islands war sein Leben ein wahrgewordener Traum: Es war tatsächlich möglich, aus der uns bekannten Welt auszubrechen und etwas Unerwartetes und Besonderes zu tun – zum Beispiel Hits zu schreiben.

Jedes Mal, wenn ich den Text von Joels erstem großen Hit »Piano Man« hörte, hatte ich das Gefühl, dass er die Geschichte von Menschen erzählte, die ich kannte. Die Geschichte der Leute in meiner Straße, der Kunden, die in unseren Laden kamen, oder der Arbeiter aus unserer Stadt. Der Song handelte von Männern und Frauen, die von einem besseren Leben träumten – da waren die Kellnerin, die sich der Politik widmete, der Immobilienmakler, der Romane schrieb, und der Barkeeper, der ein Filmstar werden würde, wenn es ihm nur gelänge »hier herauszukommen«.

Hier herauskommen

So sehr ich meine Familie und mein Zuhause liebte und so stolz ich auf die Gegend war, in der ich aufgewachsen war: Ich musste meinen Weg fortsetzen. Wie der Pianist in Joels Song wollte ich nicht in zehn Jahren immer noch ein Deli betreiben, hinter derselben Theke stehen, denselben Kunden dieselben Zigarettenmarken verkaufen und nach einer guten Antwort suchen, wenn mich ein Kunde fragte: »Sie sind also immer noch hier?«

Es war nie mein Ziel, den Laden zu vergrößern oder zu einer Franchise-Kette auszubauen. Ich wusste, dass dies immer ein kleiner Betrieb sein würde. Das war in Ordnung für mich. Das Deli war für mich ein Mittel zum Zweck gewesen, mit dem Gewinn hatte ich meine Ausbildung bezahlt. Ich war stolz auf das, was ich aufgebaut hatte, aber als ich das College abgeschlossen und bezahlt hatte, war ich bereit, meinen Weg fortzusetzen.

Also verkaufte ich den Laden, der für den Käufer vor allem wegen des Grundstücks, auf dem er stand, wertvoll war.

Mit dem Verkaufserlös half ich meinen Eltern beim Erwerb eines Ferienhauses an einem schönen Platz in der Nähe von Myrtle Beach in South Carolina. Es war nicht das eingeschossige Ranchhaus, von dem sie geträumt hatten. Aber das machte nichts, denn ihr Traum hatte sich geändert. Es machte mich glücklich, ihre Freude zu sehen.

Nun war der Zeitpunkt gekommen, etwas für mich zu tun. Ich war hungrig auf mehr. Ich war bereit, jemand zu werden, der über Amityville hinaus eine Rolle spielen konnte, obwohl ich nicht genau wusste, was das für eine Rolle sein sollte. Aber ich hatte eine Ahnung.

5

Du musst es mehr wollen als die anderen

Das, woran du wirklich glaubst, geschieht immer,
und der Glaube an etwas lässt es geschehen.

FRANK LLOYD WRIGHT

Am Tag meines Vorstellungsgesprächs in New York öffnete ich morgens meinen Kleiderschrank, um einen der zwei 99-Dollar-Anzüge herauszuholen, die ich mir im Einkaufszentrum gekauft hatte. Ich entschied mich für den marineblauen Nadelstreif und kombinierte ihn mit weißem Hemd und burgunderroter Krawatte. In der Nacht hatte ein Sturm, der aus nordöstlicher Richtung über Long Island hinweggefegt war, das gesamte Erdgeschoss unseres Hauses überflutet. Das Wasser stand über einen Meter hoch. Damit ich den Anzug nicht ruinierte, trug Kevin mich durch die Flut zum Auto, und mein Vater brachte mich zum Bahnhof.

Als ich am Bahnhof aus dem Auto stieg, wünschte mir mein Vater Glück. Ich sah ihn an und sagte: »Dad, ich bin dir dankbar dafür, dass du mich hergefahren hast. Aber du musst mir kein Glück wünschen. Ich werde mit meinem Mitarbeiterausweis in der Tasche zurückkommen. Das garantiere ich dir.« Mein Vater schüttelte den Kopf und lächelte. »Bill, darüber musst du dir keine Sorgen machen. Tu einfach dein Bestes. Ich könnte nicht stolzer auf dich sein.«

»Dad, ich liebe dich. Ich werde mit dem Ausweis in der Tasche heimkommen.« Ich warf die Autotür zu und fuhr auf der Rolltreppe zum Bahnsteig hinauf. So sehr es mir gefiel, meinen eigenen Betrieb zu führen, war es nicht mein Wunsch, Unternehmer zu werden. Ich stellte mir unter einem erfolgreichen Menschen – unter einem herausragenden, bedeutenden Menschen – jemanden vor, der einen Anzug trug und im Pendlerzug nach Manhattan fuhr, wo er in einem imposanten Bürogebäude für ein Großunternehmen arbeitete. Und eines dieser Gebäude war an diesem Tag mein Ziel. Ja, ich brachte ein gewisses Selbstbewusstsein mit, aber ohne eingebildet zu wirken. Ich sah mich selbst als Geschäftsathleten, der bei einem großen Konzern trainieren wollte, dessen Namen er mit Stolz auf seiner Visitenkarte tragen würde. Ich war fasziniert von Visitenkarten.

Auf dem College und in den Gesprächen mit Pendlern, die auf dem Weg in ihre Büros in New York im Deli Halt machten, war ich zu der Überzeugung gelangt, dass die Technologie das Tor zu einer glänzenden Zukunft öffnete. Also startete ich im Jahr 1983 auf der Suche nach meinem ersten Job nach dem College meine eigene Direct-Mail-Kampagne und schickte einen Lebenslauf mit Begleitschreiben an mehrere Technologiefirmen mit großen Büros in Manhattan. Meine Wunscharbeitgeber waren IBM und Xerox. Über Xerox hatte ich vor allem von einem Kunden Wunderdinge gehört. Der Mann hieß Ken, kaufte immer Zigaretten der Marke Merit bei uns und arbeitete für Xerox in New York City. Ich mochte Ken sehr. Er war ein netter Kerl, und wenn er morgens auf dem Weg zur Arbeit bei uns Station machte und beim Kaffee mit mir plauderte, erzählte er mir vom Ausbildungsprogramm für Verkäufer bei Xerox. »Es ist das Beste der Welt«, sagte er. Ich war sofort Feuer und Flamme. Ich musste nur noch an ein Bewerbungsgespräch herankommen. Ich kannte niemanden und hatte keinerlei Verbindungen, weshalb ich froh war, als ich eine Einladung zu einem Vorstellungsgespräch für einen Einstiegsjob in der Verkaufsabteilung von Xerox in Manhattan erhielt.

Nun saß ich also im Zug, dank meines Bruders in einem trockenen Anzug. Ich holte das Informationsmaterial von Xerox aus meiner Aktentasche und las alles darüber, wie der Geschäftsführer des Unternehmens, ein gewisser David Kearns, ein Konzept namens »Führung durch Qualität« einsetzte, um das Unternehmen vor dem Verlust von Marktanteilen an die ausländische Konkurrenz zu bewahren, die billigere und bessere Kopiergeräte baute. Ich dachte über Mr. Kearns und sein Streben nach Qualität nach, als der Zug in Manhattan einrollte.

In der Penn Station nahm ich die U-Bahn zur 5th Avenue, Hausnummer 666, wo ich mich im Einstellungszentrum von Xerox in einem Warteraum zu zwei Dutzend weiteren jungen Bewerbern gesellte. Sie waren alle perfekt geschniegelt, so als wären ihre Väter Spitzenmanager und als würden ihre Mütter mit ihnen bei Brooks Brothers einkaufen gehen. Und zwischen all diesen schicken Jungs saß ich in meinem 99-Dollar-Anzug.

Ich rechnete ein wenig und begriff, dass die Chance, einen der wenigen freien Plätze in der Verkaufsschulung zu ergattern, gering war. Ich musste herausfinden, worauf es ankam, und zwar schnell. Ich musste einen Weg finden, um das hier hinter mich zu bringen und einen dieser Jobs zu ergattern. Anstatt in Panik zu geraten, begann ich, den anderen Bewerbern Fragen zu stellen und mit ihnen zu plaudern.

»Hallo, woher kommst du?« Ich bekam Namen wohlhabender Vororte wie Greenwich und Princeton zu hören.

»Auf welcher Uni warst du?« Yale, Notre Dame. All diese Jungs schienen von einem anderen Planeten zu stammen. Entweder sie fragten nicht, wo ich studiert habe, oder sie hatten nie von Dowling gehört.

Ich fragte ein paar von ihnen, weshalb sie hier seien, was sie erreichen wollten. Einer antwortete, er »mache die Runde«, spreche mit Xerox »und vielleicht mit Merrill Lynch und Morgan Stanley«. Die anderen nahmen es ebenfalls gelassen und erklärten mir, sie würden »die Optionen prüfen«, »die Situation ausloten«,

»das eine oder andere Vorstellungsgespräch führen«. *Alles klar.*
Wir sind unterschiedlich, aber genau das ist das Geheimnis: Ich
will diesen Job so viel mehr als du und du und der da drüben. Ich
weiß genau, warum ich hier bin: Ich will den besten Job meines
Lebens. Bei Xerox.
Die Befragung der Konkurrenz war damit erledigt. *Das schaffe
ich*, dachte ich. Mein Name wurde aufgerufen, und ich ging hinein zum Personalmanager. Ich war bereit, mich gut zu verkaufen.

Später, nachdem die Hälfte der ursprünglichen Kandidaten zu
einem psychologischen Test gebeten worden war, wurde ich zu
einem Gespräch mit mehreren Vertriebsmanagern im Xerox-Sitz
in der 9 West 57th Street eingeladen. Nun war klar, dass ich im
Test und in den vorhergehenden Gesprächen gut abgeschnitten
hatte. Die Xerox-Zentrale war für mich die beste Adresse auf dem
Planeten. Dort angekommen, fuhr ich im Aufzug in den 38. Stock
hinauf.

Ich führte etwa acht Bewerbungsgespräche. *Das macht Spaß*,
dachte ich, *ich will dieses Spiel gewinnen.* Mit jedem weiteren Gespräch wuchsen meine Energie und meine Sehnsucht nach diesem Job. *Ich kann ihn schon riechen.* Für das letzte Gespräch wurde
ich zum Bezirksmanager geschickt, einem hochrangigen Ver-
triebsmitarbeiter namens Emerson U. Fullwood. Ich hatte das
Gefühl, dass dieser Mann die Macht hatte, mich einzustellen.

Ich saß gemeinsam mit einem weiteren Bewerber auf einer
Bank im Saal, wo Xerox all seine Maschinen zur Schau stellte. Es
war wie ein Museum mit Blick auf den Central Park. Ich war auf
dem Gipfel der Welt, und wenn ich dort bleiben wollte, musste
ich dieses abschließende Interview bestehen. Nach etwa einer
Stunde näherte sich der Stundenzeiger auf der Wanduhr der
Fünf. Ich dachte: *Entweder hat Mr. Fullwood uns vergessen, oder dieses Warten ist ein Test.* Ich ging zum Empfangsschalter hinüber.
Auf dem Schild stand der Name Joanne.

»Joanne, darf ich mich vorstellen? Mein Name ist Bill McDermott, und ich warte auf ein Interview mit Mr. Fullwood. Ich

möchte nicht ungeduldig wirken, aber ich würde Mr. Fullwood gerne wissen lassen, dass ich so lange warten werde, bis er Zeit für mich hat, egal wie lange das dauert. Könnten Sie ihm bitte mitteilen, dass ich nicht weggehen werde. Ich werde hier warten, solange er möchte.«

Joanne lächelte, stand auf und verschwand mit einem Zettel in seinem Büro. Wenige Minuten später kam sie wieder heraus und deutete mir mit Handzeichen, ihr durch einen langen Flur zu Mr. Fullwoods Chefbüro zu folgen. Dort empfing mich ein gut aussehender Gentleman. Er war perfekt frisiert und makellos gekleidet. Ich nahm Platz, atmete tief durch und hörte die Stimme meiner Mutter: »Bill, es gibt keine Grenze für dich. Es gibt nichts, was du nicht erreichen kannst. Denke immer daran: Sei du selbst, das ist der wichtigste Teil von dir. Sei einfach du selbst.«

Mr. Fullwood bat um Entschuldigung für die Verzögerung, und das Interview begann. Es war ein unglaublicher Austausch. Ich war so glücklich, in diesem Augenblick an diesem Ort zu sein, und Fullwood war ein einnehmender, aufrichtiger und offenherziger Mann. Er fragte mich nach meinem Studium, nach dem Deli, nach meinen Eltern, nach meinen Überzeugungen. Schließlich fragte er mich, was ich wolle.

»Bill, was ist Ihr Traum?« Niemand außerhalb meiner Familie hatte mich je gefragt, was ich wollte, aber ich wartete seit Jahren darauf, dass mir diese Frage von jemandem gestellt würde, der die Macht hatte, mir meinen Wunsch zu erfüllen.

Ich sagte ihm, wie sehr ich David Kearns Bemühen um Qualität bewundere und dass ich bereit sei, alles für Xerox zu geben. »Sir, eines Tages möchte ich der Geschäftsführer von Xerox sein.«

Meine Erziehung hatte mich nicht darauf vorbereitet, dass es als Größenwahn gedeutet werden oder unaufrichtig und lächerlich wirken konnte, wenn sich ein junger Mann, der sich um einen Einstiegsposten bewarb, ein derart ehrgeiziges Ziel setzte. Ich war einfach ich selbst, Bill in voller Fahrt. Während andere

Bewerber »ihre Optionen ausloteten« und einen Job im Verkauf anstrebten, jagte ich meinem Traum nach.

»Bill, es freut mich, Sie kennengelernt zu haben«, sagte er am Ende des Gesprächs. »Sie bringen offensichtlich große Leidenschaft mit. Hier bei Xerox wenden wir strenge Auswahlverfahren an. Die Personalabteilung wird sich in den nächsten Wochen mit Ihnen in Verbindung setzen. Ich danke Ihnen sehr dafür, dass Sie sich die Zeit genommen haben.« *Oh, aber das kann doch noch nicht alles gewesen sein.*

»Mr. Fullwood, Sie wissen nicht, worum es für mich geht.« Ich hielt kurz inne und begann, es ihm zu erklären. »Ich habe meinem Vater heute früh versprochen, dass ich mit einem Mitarbeiterausweis in der Tasche nach Hause kommen würde. In 21 Jahren habe ich nie ein Versprechen gebrochen, das ich meinem Vater gegeben hatte, und ich kann jetzt nicht damit beginnen.« Stille. Ich füllte sie nicht aus. Fullwood sah mich mit leicht zur Seite geneigtem Kopf an, wie ein Welpe, der wartet, was man als Nächstes tut, aber ich tat den nächsten Schritt nicht.

Dieser Mann kannte meine Familiengeschichte nicht, und er konnte nichts über die Überschwemmungen, über den Brand oder über die Überstunden meines Vaters wissen. Niemand schuldete mir etwas wegen meiner Vergangenheit. In der Gegenwart konnte ich nichts anderes tun, als ihn zu bitten, mir eine Chance zu geben, in der Zukunft Großartiges zu leisten. Ich sah ihn direkt an, bis er lächelte.

»Bill McDermott, ich werde etwas tun, was ich in all den Jahren bei Xerox noch nie getan habe. Ich werde Sie auf der Stelle einstellen. Unter der Voraussetzung, dass Sie kein Gesetz gebrochen haben, können Sie nach Hause gehen und Ihrem Vater sagen, dass Sie bei Xerox arbeiten werden.«

Ich musste sicher sein, dass ich richtig gehört hatte, denn hier geschah etwas Bedeutendes.

»Mr. Fullwood, wenn Sie meinen Werdegang überprüfen, werden Sie feststellen, dass alles in Ordnung ist. Können Sie bestätigen, dass mich die Xerox Corporation einstellt und dass ich für dieses Unternehmen arbeiten werde? Sie geben mir den Job, ist das richtig?« Er nickte mit einem verwunderten Gesichtsausdruck, so als könnte er selbst nicht glauben, was gerade geschehen ist. Ich schüttelte ihm die Hand, und er hielt sie fest.

»Mr. McDermott, das ist richtig.« Ich musste den Mann einfach umarmen, also tat ich es.

»Mr. Fullwood, ich werde Sie nicht enttäuschen. Danke. Ich danke Ihnen vielmals.« Ich schüttelte seine Hand noch einige Male, bevor ich sein Büro verließ. Auf dem Weg zum Aufzug klatschte ich mit Joanne ab und winkte dem anderen Bewerber zu, der noch immer auf der Bank saß.

38 Stockwerke tiefer stürmte ich aus dem Gebäude und stürzte mich auf der 57th Street in den Strom von Männern mit gelockerten Krawatten und Frauen in geschäftsmäßigen Kleidern. Es war Feierabend. Ich lief zur 6th Avenue und sah an der Ecke ein Restaurant namens Bun 'n Burger. Ich ging hinein, fand ein Münztelefon, holte einen Vierteldollar aus meiner Jackentasche und rief zu Hause an.

»Macht den Sekt auf«, sagte ich. »Ich habe den Job. Heute Abend wird gefeiert!«

TEIL 2

EMPATHIE

6

Höre zu und lerne

Die Menschen interessiert nicht, wie viel du weißt,
solange sie nicht wissen, wie sehr sie dir am Herzen
liegen.

THEODORE ROOSEVELT

August 1983. Es ist heiß, und ich bin in der Ausbildung der Verkaufsabteilung von Xerox. Ich schleppe in einem Bürogebäude in New York ein kleines, überraschend schweres Kopiergerät über die Treppen in den vierten Stock hinauf. Hinter mir geht Bob, der eine kleinere, aber genauso schwere elektronische Schreibmaschine trägt. Bob ist aus dem Vertrieb und etwa zehn Jahre älter als ich, einer der erfahrenen Vertreter, die ich seit einigen Tagen bei ihren Kundenbesuchen begleite. Das ist Teil meiner Ausbildung. Bob soll mir beibringen, wie man verkauft.

Am Morgen hat Bob einen Hinweis auf einen potenziellen Kunden erhalten, und je schneller wir solchen Hinweisen nachgehen, desto größer ist unsere Chance auf einen Geschäftsabschluss. »Komm schon, Bill, los geht's! Schnapp dir die Schachtel da.« Wir haben gerade mit zwei schweren Geräten im Arm in der Sommerhitze einen schönen Fußweg durch Manhattan zurückgelegt. Als wir bei der Adresse an der Upper East Side eintreffen, stellen wir fest, dass es keinen Aufzug gibt. Ich denke: *Das muss ein Scherz sein.*

Wir wuchten uns die Geräte auf den Rücken und schleppen sie hinauf. Unterwegs legen wir immer wieder kurze Pausen ein.

Als wir oben ankommen, haben wir keine Zeit, Atem zu holen, denn die Treppe mündet direkt in einen Raum, der anscheinend ein Heimbüro ist. Und zwar ein sehr schönes. Mitten in dem eleganten Wohnraum stehen ein großer Holztisch und ein paar Aktenschränke. Aus einem Hinterzimmer taucht eine geschäftsmäßig gekleidete Frau in Kleid und Schuhen mit hohen Absätzen auf. Ich will sie gerade begrüßen, als mich eine Katze – *eine Katze!* – anspringt, die auf einem Sofa mit besticktem Bezug gesessen hat. Ich spüre, wie die Krallen meinen 99-Dollar-Anzug durchbohren und in die Haut meiner Brust eindringen. *Das kann doch nicht wahr sein!* Die Frau starrt mich an. Bob starrt mich an. Ich bin sicher, dass seine Lippen ein Schimpfwort formen, und obwohl mir mein Instinkt befiehlt, meinen Anzug zu retten und die Katze abzuschütteln, tue ich nichts. Denn in dem Augenblick, als das Tier seine Krallen in meine Brust schlug, sagte mir ein noch stärkeres Gefühl, dass die Sache gegessen ist: Wir haben das Geschäft in der Tasche. Ich erkenne etwas, was Bob nicht begreift: *Diese Katze ist der Chef.*

Bob schwitzt. Er will einfach nur die Geräte auspacken und mit der Vorführung beginnen. Aber ich weiß, was als Nächstes zu tun ist – und es hat nichts mit den Geräten zu tun.

Schon mit 21 Jahren, als Vertriebsvertreter in Ausbildung, gilt meine ganze Aufmerksamkeit der Frage, was die Kunden wollen und wie ich es ihnen geben kann. Beim Verkaufen geht es darum, herauszufinden, welches ihre Wünsche sind, und rasch die Verbindung zwischen diesen Wünschen und meinem Angebot herzustellen. Dauert das zu lange, ist alles verloren. Dies ist die Kunst, die ich beherrschen möchte.

Die Katze klammert sich an mich wie an einen Baumstamm, aber ich lächle die Frau an und sage: »Mit dieser Katze kann Garfield nicht mithalten!« Ich bin nicht wütend. Nur die Krallen möchte ich aus meiner Haut ziehen, weshalb ich das Tier von meinem Körper trenne. Aber ich lasse es nicht los, sondern streichle es. Die Frau nähert sich. Ihr Gesichtsausdruck und die

Tatsache, dass sie ihr Haustier im Büro herumlaufen lässt, verraten mir, dass sie diese Katze liebt.»Ein schönes Kätzchen«, sage ich.»Welche Rasse ist das?« Wir beginnen, uns über ihre Katze, über Haustiere, über Hunde zu unterhalten. Ich erzähle ihr von dem Deutschen Schäferhund mit Namen Leo, der jeden Abend beim Hinterausgang des Restaurants Amato's auftauchte,»in Amityville, wo ich aufwuchs und während der Highschool als Aushilfskellner und Küchengehilfe arbeitete.« Ich erzähle ihr, dass Leos Eigentümer ein gutherziger Obdachloser namens Ray war, der gemeinsam mit seinem Hund zum Restaurant kam, um sich Essensreste abzuholen.»Wir drei hatten ein kleines Ritual. Ich beschaffte Ray Speisen, die niemand angerührt hatte, und gab Leo Reste von den Tellern der Gäste.« In dieser kurzen, aber persönlichen Begegnung plaudere ich mit dieser Frau, mit der ich vermutlich nichts gemein habe, als würden wir uns bei der Party eines Freundes begegnen.

Bob wird unruhig, Anscheinend befürchtet er, sein Verkaufsabschluss könnte den Bach hinuntergehen, weil dieser Anfänger mit einer verdammten Katze herumtut und der Kundin Geschichten über einen Obdachlosen erzählt. Bob hat immer noch nicht begriffen, dass Garfield der Präsident dieses Unternehmens ist.

Schließlich übergebe ich die Katze ihrer Besitzerin, und wir gehen zu ihrem Schreibtisch hinüber, wo ich ein 26 mal 55 Zentimeter großes Diagramm entfalte, das ich aus meiner Aktentasche geholt habe, die ich ebenfalls über diese Treppen herauf geschleppt habe. Ich beuge mich vor und beginne ihr zu erklären, wie sie das Kopiergerät bedienen kann, sobald wir es aus der Schachtel holen und einstecken. Sie unterbricht mich.

»Schätzchen, ist eine Vorführung denn wirklich nötig?« Die Sache ist erledigt. Sie bestellt ein Kopiergerät und eine Schreibmaschine. Das war's. Bob sagt kein Wort. Er weiß nicht recht, was da gerade passiert ist. Wir kommen nicht dazu, die Geräte auszupacken.

Wieder auf der Straße in der unbarmherzigen Hitze, sieht Bob mich an und schüttelt den Kopf: »Bill McDermott, entweder wirst du der nächste CEO von Xerox, oder du landest im Gefängnis.«

Vom ersten Tag an war mir klar, dass es beim Verkaufen nicht nur um Produkte, sondern auch um Menschen ging. Viele andere Verkäufer begriffen das nicht, oder es war ihnen gleichgültig. Ich hingegen betrat ein Büro und versuchte, mir ein Bild von der Gemütsverfassung, den Bedürfnissen, den Wünschen der dort arbeitenden Menschen zu machen. Verfolgte ich dabei meine eigenen Ziele? Natürlich. Aber ich interessierte mich auch für die Ziele des anderen. Ich wollte wissen, was für die Person, die mir gegenübersaß, wichtig war. Hatte ich erst einmal eine persönliche Beziehung zu ihr hergestellt, so war alles möglich. Ein gemeinsames Lachen. Eine Lektion. Eine Freundschaft. Und sogar eine Bestellung für Maschinen im Wert von tausenden Dollar, ohne dass eine Vorführung notwendig war. Der Frau, der wir an jenem Tag begegneten, war ihre Katze wichtiger als die Geräte, die Bob und ich die Treppen hinauf geschleppt hatten, und das Tier war ihr wichtiger als ihr Unternehmen. Bei jeder Kaltakquise versuchte ich herauszufinden, was den Menschen wichtig war. Und dann versuchte ich, ihnen dabei zu helfen, es zu erreichen.

Improvisiere

Ich war noch in der Ausbildung, als ich mit einem weiteren erfahrenen Vertreter zusammenarbeitete. Richard Reid war ein guter Mann, aber er hatte einen ganz anderen Stil als ich. Er war zurückhaltender als ich und hielt sich genau an die Verfahrensregeln. Als wir uns kennenlernten, sah er in mir einen Kleinstadtjungen in der großen Stadt, ein »Landei«, wie er seiner Frau am Abend nach unserer ersten Begegnung berichtete. Er war der Meinung, dass ich zu viel redete.

Einmal schlug er vor, zu einer Synagoge in der Madison

Avenue zu fahren, wo er vergeblich versucht hatte, das Gerät eines verärgerten Xerox-Kunden aufzurüsten. Im Büro der Synagoge stießen wir auf einen älteren Mann, der jedoch kein Rabbi war. Er erkannte Richard und hob die Hand zu einer abwehrenden Geste: »Ich weiß, Sie waren schon hier«, sagte er, »aber wir haben wirklich keinen Bedarf.«

Mir war klar, dass dieser Mann uns nicht sehen wollte. Wie die meisten New Yorker neigte er dazu, beim Anblick eines Vertreters automatisch »Nein« zu sagen. Aber im McDermott-Wörterbuch wurde das Wort »Nein« mit »Vielleicht« übersetzt, und ich wollte dem Mann nichts verkaufen: Ich wollte ihm geben, was er brauchte. Mein Verstand raste: *Wer ist dieser Mann? Was will er erreichen? Warum lehnt er uns ab?* Ich vermutete, dass Xerox ihm ein Gerät verkauft hatte, das seinen Vorstellungen nicht entsprach – und niemand hatte etwas getan, um sein Problem zu lösen.

Anfang der achtziger Jahre war es ganz normal, dass ein Xerox-Vertreter so dachte. Das Unternehmen war in eine kritische Lage geraten. Die Xerox Corporation hatte mit einer revolutionären Technologie namens Xerographie eine neue Industrie erfunden, den Massenmarkt für Photokopien. Es gab manche, die die Xerographie – das Wort bedeutet »trocken schreiben« – für eine ebenso umwälzende Neuerung hielten wie die Erfindung des Rads. Der Vergleich wirkte sogar in den achtziger Jahren lächerlich, zu einer Zeit, als das Faxgerät noch als Hochtechnologie galt. Aber vor der Xerographie war es mühsam und teuer gewesen, eine Kopie von einem Schriftstück anzufertigen, sei es ein Rezept, eine Bibelstelle oder eine Steuererklärung. Noch in den sechziger Jahren wäre der Durchschnittsbürger nicht auf die Idee gekommen, diese Mühe auf sich zu nehmen. Aber dann brachte Xerox im Jahr 1959 das erste Trockenkopiergerät auf den Markt, und die Photokopie breitete sich wie ein Lauffeuer aus. Die Leute begannen, alles Mögliche zu kopieren, von Rechnungen über Memos bis zu Comics. Xerox hatte in den sechziger Jahren ein Monopol auf dem Markt für Photokopiergeräte. In-

nerhalb von acht Jahren steigerte das Unternehmen seinen Umsatz auf 1 Milliarde Dollar – so schnell war das bis dahin noch
keinem Unternehmen gelungen. Die Erfolgsgeschichte von
Xerox wurde zur Legende.

Aber in den siebziger Jahren geriet das Unternehmen in Turbulenzen. Von seinem Erfolg berauscht, legte Xerox Fett an. Das
Unternehmen baute eine Bürokratie auf und verlor die Produktqualität und den Kundendienst aus den Augen. Aber ich als junger Draufgänger, der seine Träume bei Xerox verwirklichen
wollte, ignorierte die Mängel meines neuen Arbeitgebers. Ich
glaubte so sehr an Xerox und an das Versprechen unseres Chefs,
das Unternehmen mit hochwertigen Produkten und einem besseren Kundendienst wieder auf Kurs zu bringen, dass ich mich in
den Verkaufsgesprächen voller Überzeugung zur Marke Xerox
bekannte. Ich glaubte, dass wir das beste Unternehmen, die besten Mitarbeiter, die beste Ausbildung und eine ausgezeichnete
Zukunftsvision hatten. Trotz seiner Probleme genoss das Unternehmen immer noch großes Ansehen auf dem Markt. Ich verkaufte meinen Kunden nicht einfach ein Gerät, sondern eine
Marke.

Wenn ich enttäuschten Kunden wie diesem Mann begegnete,
der Richard und mich aus der Synagoge werfen wollte, war mir
klar, dass wir jede Chance zunichtemachen würden, wenn wir ein
einstudiertes Verkaufsgespräch begannen. Stattdessen versuchte
ich mir vorzustellen, was dieser Kunde empfand. Vielleicht fühlte
er sich missachtet, oder sogar ungeliebt. Der Bürochef glaubte
vermutlich, er habe sich ein mieses Produkt andrehen lassen, und
trotz all der Besuche von Xerox-Vertretern habe sich niemand
wirklich um seine Bedürfnisse gekümmert und seine Probleme
gelöst. Er war mit gutem Recht verärgert.

»Sir, wir sind nicht einfach gekommen, um Ihnen etwas zu verkaufen«, sagte ich, um sofort zu einem Thema überzugehen, das
uns beide interessierte. »Die Synagoge ist ein Gebäude mit so viel
Geschichte, und jedes Mal, wenn Richie und ich hier vorbeikom

men, sind wir fasziniert von der Architektur, von der Schönheit dieses Baus. Richard und ich sind Katholiken. Können Sie uns etwas mehr über dieses Gotteshaus erzählen?« Er lächelte. Im nächsten Augenblick bot er uns einen Eistee an und bat uns, Platz zu nehmen, damit er uns etwas über seine Gemeinde erzählen konnte. Die Synagoge und ihre Geschichte waren diesem Mann wichtig ... und vermutlich wollte er, dass die Xerox Corporation für ihre Fehltritte bezahlte.

In diesem Moment begriff ich, dass ich mit diesem Mann nicht über eine weitere Zusammenarbeit mit Xerox sprechen konnte, solange ich den Sündenfall unseres Unternehmens nicht aus der Welt geschafft hatte. »Sir, ich möchte Ihnen sagen, dass wir Sie offenkundig im Stich gelassen haben. Wir müssen das wiedergutmachen.« Er sah mich erwartungsvoll an. Ich versicherte ihm, dass wir uns um ihn kümmern würden, und bat ihn, uns zu erlauben, die beschädigte Beziehung sowie den fehlerhaften Kopierer zu reparieren.

Wenn Empathie bedeutet, herauszufinden, was anderen Menschen wichtig ist, so bedeutet Improvisation, zu handeln, sobald man die Antwort auf diese Frage hat. Man braucht Mut, um unter Druck zu improvisieren – deshalb verglich ich mich als frisch eingeschulten Vertreter oft mit einem Marine, der gerade die Grundausbildung abgeschlossen hat: Gerät er unter Beschuss, so neigt ein Vertreter wie ein Soldat dazu, an den erlernten Taktiken festzuhalten, weil ihm das in unvorhersehbaren Situationen ein Gefühl der Sicherheit gibt.

Xerox gab seinen Vertretern verschiedene Strategien mit auf den Weg. Beispielsweise sah die »SPIN«-Technik vor, dass man sich ein Bild von der »Situation« und vom »Problem« des Kunden machte, um anschließend die »Implikationen« zu definieren und schließlich einen »Nutzen« anzubieten. Das war keine schlechte Verkaufstaktik, und in den ersten Monaten erwies mir SPIN gute Dienste. Aber ich lernte auch, was die Soldaten auf dem Schlachtfeld entdecken: Auch die beste Strategie überlebt nur selten den ersten Feindkontakt. Ich betrachtete meine Kunden nicht als Gegner. Aber an der Verkaufsfront ging ich von Anfang an mit der Bereitschaft in das Gespräch, einen Plan wie SPIN zu verfolgen, gleichzeitig jedoch stets mit unvorhersehbaren Hindernissen zu rechnen – etwa mit einer Katze oder einem verärgerten Kunden. Nur indem ich mich Entwicklungen, die nie wie geplant verliefen, durch Improvisation anpasste, konnte ich bessere Ergebnisse erzielen.

Eine Stunde, nachdem Richard und ich fast aus der Synagoge geworfen worden wären, vereinbarten wir mit dem Kunden einen Termin für eine Vorführung des neuesten Xerox-Geräts. Das Geschäft war praktisch unter Dach und Fach.

Freiheit

In meinem ersten Jahr bei Xerox unterstand ich zwei Managern. Ron war ein erfahrener Vertriebsmanager, der in seinem Büro Zigaretten rauchte und fast jeden Tag am Schreibtisch eine Tomatensuppe und ein Thunfisch-Sandwich zu Mittag aß. Wir arbeiteten gut zusammen, weil ich jung und flink war und gerne lief, und weil es Ron recht war, dass ich jung und flink war und gerne lief. An den seltenen Tagen, an denen er es für seine Pflicht hielt, mit mir loszuziehen, lief ich besonders viel. Es gefiel mir nicht, gemanagt zu werden oder einen Babysitter zu haben, und nachdem er einen Tag lang mit mir Schritt gehalten hatte, war Ron nur zu gerne bereit, mich für eine Weile allein auf Verkaufstour gehen zu lassen.

Mein anderer Vorgesetzter, sein Name war Mark, war ein kluger Manager. Er vertraute mir und ließ mich selbständig arbeiten, da ich regelmäßig meine Verkaufsziele übertraf. Ich wusste zu schätzen, dass er mir Freiraum gab. Obwohl ich für einen Großkonzern arbeitete, fühlte ich mich wie ein Unternehmer, der für seine eigene Parzelle zuständig ist.

Ich respektierte meine ersten beiden Manager dafür, dass sie mir Freiheit gaben. Ich sah, dass gute Führungskräfte keine Zeit damit vergeudeten, die Überflieger zu überwachen, sondern sich lieber auf jene Mitarbeiter konzentrierten, die Unterstützung brauchten oder darum baten. Wenn ich auf die Hilfe meiner Vorgesetzten angewiesen war, um die Bürokratie von Xerox zu umgehen, weil ich die Freigabe für einen Kundenkredit benötigte oder ein komplexes Versandproblem lösen musste, bat ich Ron oder Mark, ein paar Anrufe zu machen, was sie immer taten. Ansonsten ließen sie mich von der Leine.

Pflege das Ökosystem

Ich schloss die Ausbildung als Bester meines Jahrgangs ab, weshalb ich mir mein Verkaufsgebiet aussuchen konnte. Im Gebiet von der 57th bis zur 59th Street, zwischen der 5th Avenue und der Park Avenue, herrschte atemlose Aktivität, und die Dynamik dieser Gegend trieb jedes Mal meinen Adrenalinspiegel hoch, wenn ich die Xerox-Zentrale im Norden von Manhattan verließ. Dieses Gebäude mit seiner geschwungenen Glasfassade und einer riesigen rubinroten »9«-Statue auf dem Bürgersteig stand in einem der faszinierendsten Geschäftsviertel der Welt: Midtown Manhattan. Der Mittelpunkt meines Universums. Ich verliebte mich in den Central Park, den Trump Tower, das Plaza Hotel, ja sogar in die Hot-Dog-Stände, an denen ich für einen Dollar mein Mittagessen kaufte. Ich war begeistert wie ein Baseballspieler aus der Kreisliga, der von den New York Yankees unter Vertrag genommen wird.

Ich war entschlossen, der beste Xerox-Verkäufer im ganzen Land zu werden. Das war mein Ziel für das erste Jahr. Ich wollte die Nummer eins unter etwa 800 Vertretern werden.

Jeden Morgen, wenn ich Midtown durchquerte, sah ich an den Wolkenkratzern hinauf, die die Straßen im Zentrum Manhattans säumten. Stockwerk um Stockwerk voller potenzieller Kunden. Ich musste es nur durch die Eingangshallen dieser Gebäude schaffen. In den achtziger Jahren waren die Sicherheitsvorkehrungen in den Bürogebäuden Manhattans nicht allzu streng, aber es gab Türsteher, und diese Männer hatten die Hoheit über den Eingangsbereich. Ich bewunderte diese Männer, die den ganzen Tag dastanden und hunderte ausdruckslose Gesichter musterten, die ihr Hoheitsgebiet betraten oder verließen. Die Türsteher waren keine Bürger zweiter Klasse, und ich begegnete ihnen mit demselben Respekt, den ich meinen potenziellen Kunden entgegenbrachte und früher den Teenagern entgegengebracht hatte, die vom 7-Eleven missachtet worden waren.

Ich freundete mich mit Türstehen überall entlang der Avenues an. Ich lud sie nicht auf ein Bier ein, aber ich kannte ihre Lieblingsmannschaften und die Namen ihrer Kinder. Und sie wussten, dass ich aus Amityville stammte, dass ich noch bei meinen Eltern wohnte und jeden Morgen mit dem Pendlerzug aus Long Island nach Manhattan kam. Manchmal brachte ich ihnen einen Becher Kaffee oder ein Gebäck mit, und wir plauderten ein wenig über Sport, das Wetter und die Familie.

Die Tätigkeit, mit der sie ihren Lebensunterhalt verdienten, war wichtig für sie, und ihre Tätigkeit war wichtig für meinen Lebensunterhalt. Wir alle wussten das. Wann immer sich in einem der Gebäude in meiner Zone etwas tat – wenn ein neues Unternehmen einzog oder ein Büro auf ein weiteres Stockwerk ausgeweitet wurde –, gaben mir die Türsteher einen Tipp. Einige von ihnen hinterließen mir Mitteilungen im Büro, und alle hatten sie meine Visitenkarte: *Bill McDermott, Marketing Representative, The Xerox Corporation.* Sie gaben diese Visitenkarte an neue Mieter weiter: »Rufen Sie Bill an. Er wird Sie gut betreuen.«

Viele Türsteher erlaubten mir, meine Geräte in ihren Lobbys vorzuführen. So konnte ich meine Verkäufe erhöhen. Gemeinsam beschafften wir uns die Erlaubnis des Gebäudeverwalters; dann hängte ich ein paar Aushänge auf und verteilte Flugzettel, um die bevorstehende Präsentation anzukündigen. Auf diese Art versuchte ich, im Haus ein wenig Vorfreude zu erzeugen. Manchmal bot ich bei den ausgestellten Geräten Erfrischungen an, um die Leute, die die Eingangshalle durchquerten, dazu zu bewegen, kurz anzuhalten. »Wie geht es Ihnen, Ma'am? Probieren Sie doch ein paar Kekse, und nehmen Sie welche für Ihre Kollegen mit.« Die Leute blieben stehen, und wir unterhielten uns. Wenn ich eine Sekretärin dazu bewegen konnte, eine elektronische Schreibmaschine auszuprobieren, die Xerox als »Memory Writer« bezeichnete, wirkte die herkömmliche Schreibmaschine, die sie in ihrem Büro verwendete, plötzlich ein wenig veraltet. Und wenn jemand sah, wie ich mit einem Xerox-Kopierer Dokumente vergrößerte und verkleinerte, beidseitig kopierte und gestochen scharfe Kopien von Photos anfertigte, wirkten diese Vorgänge mühelos, ja unterhaltsam. In meiner Klasse hatte ich den Demo-Wettbewerb gewonnen, in dem die Vertreter zeigten, wie gut sie die Xerox-Geräte präsentieren konnten. Ich tanzte mit diesen Maschinen.

Nach jeder Vorführung in einer Lobby tauschte ich mit Dutzenden Personen Visitenkarten aus. Am folgenden Tag rief ich die Leute an, um Termine zu vereinbaren. In einem typischen Bürogebäude mit 45 Stockwerken, die im Durchschnitt jeweils fünf Unternehmen beherbergten, konnte ich an einem einzigen Nachmittag 50 Firmen ansprechen. Das war ein großes Reservoir potenzieller Kunden, und ein Teil von ihnen gab eine Bestellung auf. Auch die Empfangsdamen und Verwaltungsassistenten behandelte ich mit Respekt. Sie wussten, dass ich gekommen war, um etwas zu verkaufen. Ich machte nie einen Hehl aus meiner Absicht, aber ich wollte ihnen auch zeigen, dass ich sie nicht einfach als Hindernisse auf dem Weg zu meinem Ziel betrachtete. Es dauerte nur ein paar Minuten, ein wirkliches Gespräch mit einer Sekretärin zu führen: »Was tut sich in Ihrer Welt? In meiner Welt tut sich dieses und jenes.« Diese Gespräche gaben beiden Seiten ein gutes Gefühl.

Sekretärinnen und Türsteher waren ein Teil meines Ökosystems. Sie waren wichtige Personen, aber die Vertreter ignorierten sie oft. Aber die Freundlichkeit gegenüber all diesen Menschen war nicht nur eine Frage des Anstands, sondern auch eine Voraussetzung dafür, dass ich mehr Geräte verkaufen konnte. Und abgesehen davon, dass ich leichteren Zugang zu den Entscheidungsträgern fand, lernte ich auch einige wunderbare Menschen kennen.

Indem ich mich persönlich auf all diese Menschen einließ, machte ich Fremde zu Freunden, aber wenn ich der beste Verkaufsvertreter im ganzen Land werden wollte, genügte es nicht, ein netter junger Mann zu sein.

7

Mache mehr Druck

*Je härter du arbeitest, desto mehr Glück
wirst du haben.*

GARY PLAYER

Ich betrat die mit Marmor ausgekleidete Eingangshalle des Gebäudes in der 5th Avenue, Nummer 754, begrüßte den Türsteher, fuhr mit dem Aufzug hinauf, klopfte an die Tür eines Büros und plauderte kurz mit der Empfangsdame, die mich zur Bürochefin begleitete. Sie war eine reizende Frau. Ich stellte mich vor, und wir unterhielten uns ein wenig.

»Es fügt sich gut, dass Sie gerade heute vorbeischauen«, sagte sie, »denn unser Kopierer hat wieder einmal den Geist aufgegeben.« Das wusste ich schon, denn beim Betreten des Büros hatte ich das kaputte Gerät in einer Ecke stehen sehen. Die Xerox-Vertreter lernten, die Maschinen beim Betreten eines Raums innerhalb von zehn Sekunden zu identifizieren – so wie ein Polizist, der eine Bar betritt und sofort weiß, welche Zigarettenmarke in der Hemdtasche des Barkeepers steckt. Wenn ein Xerox-Vertreter Glück hatte, hing am Gerät ein Zettel mit der Aufschrift »Außer Betrieb«. Wenn ein Xerox-Vertreter großes Glück hatte, stammte das Gerät nicht von Xerox, sondern von einem Konkurrenten. An diesem Tag hatte ich großes Glück.

»Was bedeutet ein Defekt des Kopierers für Sie?«, fragte ich. Sie erklärte es mir, und ich hörte zu. Als sie fertig war, wandte ich meine Version der SPIN-Taktik an und erklärte ihr, wie ein

moderneres Kopiergerät die Produktivität ihres Büros erhöhen
konnte.

»Das klingt gut«, sagte sie, »aber ich brauche eine Genehmi-
gung meines Vorgesetzten, und der ist verreist.« Andere Vertreter, vor allem solche, die wie ich an jenem Tag zum ersten Mal
alleine auf Verkaufstour waren, hätten diese Antwort als ein
»Nein« verstanden und sich verabschiedet. Ich sagte: »Kein Problem. Warum machen wir nicht Folgendes: Da ich weiß, welchen Kopierer Sie brauchen, werde ich Ihnen einfach einen schicken. Dafür brauchen wir keine Unterschrift. Wenn Ihr Chef
zurückkommt, läuft das Gerät bereits, Sie schließen Ihre Arbeit
ab, und wenn Sie mit dem Kopierer zufrieden sind, erledigen wir
den Papierkram im Nachhinein.«

»Wirklich? Das können Sie tun?«

»Ich kann alles tun. Der Kopierer wird bis morgen Mittag geliefert.« Sie nickte, und ich sprang auf. Die Uhr des Vertrauens
tickte. Das Kopiergerät musste geliefert werden.

Ich lief die paar Blocks zur Zentrale zurück und verbrachte
den Nachmittag damit, die Lieferung zu organisieren. Ich musste
mich durch ein frustrierendes Labyrinth von Formularen und
Verfahren kämpfen, um dafür zu sorgen, dass eine Xerox 2350
am nächsten Tag bis Mittag in der 745 5th Avenue eintraf. Wenn
die Maschine nicht rechtzeitig dort war, würde ich das Vertrauen
der Kundin und meinen ersten Abschluss verlieren. Auch wenn
eine unserer Abteilungen die Abwicklung verzögerte oder der
Lieferwagen zur falschen Adresse fuhr, würde der Fehlschlag auf
mich zurückfallen. Daher überließ ich nichts dem Zufall.

Meine Gewissenhaftigkeit machte sich bezahlt. Der Kopierer
wurde pünktlich geliefert. Ich war vor Ort, um ihn in sein neues
Heim zu begleiten, und stand dabei, als er installiert wurde. Dann
spulte ich meine Vorführung herunter. Ich ließ das Gerät dort zurück wie einen glücklichen Welpen, dessen neue Besitzer alles
Nötige wussten, um ihn gut zu pflegen. In jener Nacht konnte ich
kaum schlafen. Am nächsten Tag war ich wieder dort. Die Büro-

chefin hatte ihr Projekt abgeschlossen. Ihr Vorgesetzter war zufrieden und unterschrieb den Vertrag, den ich mitgebracht hatte, sowie den Abholungsauftrag, damit der alte Kopierer weggebracht werden konnte. Unten in der Eingangshalle gab ich dem Türsteher ein High five. Als ich das Gebäude verließ, fühlte ich mich, als gehörte die Stadt mir.

Taktik

Nach einigen Monaten als eigenständiger Vertreter stiegen meine Verkaufszahlen derart, dass meine Kollegen begannen, mich um Rat zu bitten oder zu fragen, ob sie mich bei Kundenbesuchen begleiten konnten. Ich lehnte solche Bitten nie ab. Es machte mir Spaß, jemandem dabei zu helfen, ein Geschäft abzuschließen oder sich seine Zeit besser einzuteilen. Es war wie damals beim Basketball: Wir waren ein Team. Wenn wir über einem Schreibtisch die Köpfe zusammensteckten, damit ich meinen Kollegen meine Techniken erklären konnte, hatte ich das Gefühl, es meinem Großvater nachzumachen.

Ich war nicht intelligenter als irgendeiner von ihnen, und meine Taktiken waren nicht kompliziert. Ich machte einfach Druck.

Druck zu machen, begann für mich mit Siegeswillen, gestützt auf ein ausgeprägtes Arbeitsethos und Integrität. Aber obwohl ich Druck machte, war ich nie aufdringlich. Die Vertreter mochten einen zweifelhaften Ruf haben, aber ich war davon überzeugt, dass die meisten Leute, die diesen Beruf wählten, nicht nehmen, sondern geben wollten. Die besten Verkäufer wurden von dem aufrichtigen Wunsch getrieben, anderen Menschen bei der Lösung von Problemen zu helfen. Wenn man das gut kann, kann man eine Karriere darauf aufbauen. Und solange ich anderen etwas so verkaufen kann, dass sich meine Wünsche mit ihren Interessen decken, betrachte ich das Verkaufen als einen Vorgang, bei dem beide Seiten gewinnen.

Druck zu machen, bedeutete auch Geschwindigkeit und Entschlusskraft, es bedeutete, die erwünschten Ergebnisse zu entwerfen und herbeizuführen. Alles, was ich bei Xerox tat, diente einem Zweck. Wenn ich das Büro eines potenziellen Kunden betrat, war ich fest entschlossen, einen Geschäftsabschluss zu erreichen, und wenn ich durch die Flure der Xerox-Zentrale lief, hatte ich immer ein konkretes Ziel vor Augen, sei es das Büro meines Chefs oder die Herrentoilette. Ich wusste immer, wohin ich wollte, und ich hatte nichts anderes im Sinn, als schnell zurück zu sein, um mehr Geräte zu verkaufen. Ich schweifte nie ab, egal ob ich unterwegs war oder mit jemandem sprach. Ich hatte immer etwas im Visier.

Dabei hatte ich durchaus Spaß. Ich erzählte den Leuten meine Erlebnisse und munterte sie auf. Aber ich kam nie zum Stillstand.

Es verblüffte mich, wie viele Stunden andere Verkäufer in ihren Bürozellen hockten, anstatt auf der Straße unterwegs zu sein. Lange, nachdem ich wie ein Wirbelwind aus dem Gebäude gefegt war, saßen sie noch da, um ihre Terminkalender fein säuberlich auszufüllen, ihre Visitenkarten zu sortieren oder potenzielle Kunden anzurufen.

Die meisten meiner Praktiken hatte ich mir schon als Kind angewöhnt:

Ich arbeitete viel. Jeden Morgen um zehn vor sechs fuhr mein Zug in Amityville los, und ich wünschte mir jeden Tag, die Räder würden sich schneller drehen, um die Fahrzeit von anderthalb Stunden zu verkürzen. Um 9 Uhr morgens war ich auf der Straße, denn ich wollte jeden Tag mit 50 statt der üblichen 30 Verkaufsgespräche füllen – so stiegen meine Chancen auf ein »Ja«. Mittags verzichtete ich darauf, mit meinen Kollegen ins Restaurant zu gehen, sondern besuchte lieber ein paar Kunden mehr. Ich war zu arm, um essen zu gehen, und zu energiegeladen, um mich hinzusetzen. Ich hatte keine Zeit und keinen Grund, mir auch nur die kleinste Annehmlichkeit zu gönnen. Am Ende des Tages, wenn sich meine Kollegen anschickten, nach Hause oder in die Bar zu gehen, kehrte ich ins Büro zurück, um mich auf den nächsten Arbeitstag vorzubereiten.

Wurde ich abgewiesen, so blieb ich beharrlich. Ich beobachtete, dass manche Vertreter zu Bloomingdale's einkaufen oder etwas trinken gingen, um die Zeit totzuschlagen und eine weitere ergebnislose Kaltakquise zu vermeiden. Selbst an schwierigen Tagen ließ ich mich nicht dazu hinreißen, mich künstlich aufzumuntern. Ich war mit dem Wissen in den Verkauf gegangen, dass dies eine entmutigende Arbeit sein konnte – ich hatte schon als Zeitungsjunge mit der Zurückweisung zu leben gelernt, als viele Leute die Grußkarten, die ich ihnen anbot, barsch ablehnten. Für mich war daher nicht wichtig, wie oft ich ein »Nein« hören würde, denn das war unvermeidlich. Wichtig war nur, wie oft ich ein »Ja« hörte.

Druck zu machen, bedeutete auch, diszipliniert zu sein. Ich lernte, meine Arbeit zu organisieren und meine Zeit zu managen. Das hatte ich von meinem anderen Großvater gelernt, den wir Papa nannten. Er war Vorarbeiter auf dem Bau gewesen. Der Vater meiner Mutter war kein Sportstar gewesen wie mein anderer Großvater Bobby McDermott, der abseits des Spielfelds dazu geneigt hatte, impulsiv durchs Leben zu stürmen. Papa hatte sein Leben mit der Präzision eines Architekten gestaltet. Als Kind war ich jedes Mal in Ehrfurcht erstarrt, wenn ich seine Garage betreten hatte: Dort hatte jedes Werkzeug seinen Platz wie in einem Museum. An den Sonntagen sah ich ihm morgens dabei zu, wie er seine Ausgehschuhe polierte und eine seiner Krawatten auswählte, um mit seiner Erscheinung Respekt für andere zu zeigen und anderen Respekt einzuflößen. Mein Großvater ordnete jedes Detail seiner Welt und lebte in einem Gefühl der Sicherheit und der Bestimmung. Dieses Gefühl wollte ich auch haben.

Ich war auf der Suche nach größeren, noch verborgenen Möglichkeiten. Wann immer ich Kontakt zu einem neuen Kunden

aufnahm, blickte ich über den unmittelbaren Verkaufsvorgang
hinaus: War dieses Unternehmen die Tochter einer größeren
Firma? Hatte es mehrere Standorte, an denen ich diesen Verkauf
viele Male wiederholen konnte, so dass ich der übergeordneten
Organisation aufgrund der Größe des Geschäfts einen besseren
Preis und eine deutliche Produktivitätssteigerung versprechen
konnte? Ich fragte:»Wer sind die Einkäufer in anderen Abteilungen?« Oder:»Haben Sie einen nationalen Einkaufsmanager, den
ich ansprechen könnte, um ihm über unsere Vereinbarung zu berichten?«

Ich hielt auch Ausschau nach Beziehungen, die zu weiteren
Abschlüssen führen konnten. Ich wollte jeden treffen, den mein
Kunde beeinflussen konnte:»Kennen Sie die Leute in der Werbe-
agentur auf der anderen Seite des Gangs? Wunderbar. Würde es
Ihnen etwas ausmachen, ihnen meinen Besuch anzukündigen?«
Ich war bereit, mit jedermann zu sprechen, und versuchte immer,
an möglichst hochrangige Entscheidungsträger im Kundenunter-
nehmen heranzukommen.

Ich war dafür bekannt, stets gut vorbereitet zu sein. Ich kannte
die Geschichte von Xerox, seine Technologien und Produkte so
gut wie meine eigene Familie. Manchmal erzählte ich einem potenziellen Käufer, wie ein mittelloser Student namens Chester
Carlson, der von der Physik auf die Rechtswissenschaft umge-
stiegen war und in den dreißiger Jahren einige Jahre in einer kleinen Wohnung in Astoria, einem Stadtteil von Queens wohnte
– ganz in der Nähe war ich zur Welt gekommen –, ein neues Verfahren entwickelt hatte, um Text auf Papier zu kopieren. Und
vielleicht erklärte ich ihnen auch noch, wie ein Unternehmer namens Joe Wilson Chesters Erfindung weiterentwickelte und die
Xerox Corporation aufbaute. Und wie sich David Kearns, der gegenwärtige Chef von Xerox, um Produkte und Dienstleistungen
von höchster Qualität bemühte.

»Könnten Sie mir etwas über die Geschichte Ihres Unternehmens erzählen?«, fragte ich. Ich bekam nicht nur faszinierende

Geschichten zu hören, sondern erfuhr auch, welche Möglichkeiten zum Cross-Selling es gab oder welche ergänzenden Produkte ich diesem Kunden anbieten konnte, um seine Betriebsabläufe zu verbessern. Ich hatte sämtliche Preisoptionen und -kombinationen von Xerox im Gedächtnis. Andere Verkäufer eilten mit den Spezifikationen eines potenziellen Kunden zurück ins Büro, um einen Zahlungsplan zu kalkulieren und den Kunden am nächsten Tag anzurufen. Ich hingegen rechnete mir den Vorschlag auf der Stelle im Kopf durch und sagte dem potenziellen Käufer sofort, wie hoch die Monatsmiete für das Kopiergerät sein würde oder für welchen Preis er es kaufen konnte. Wenn es um Preisvereinbarungen ging, stellte ich keine komplizierten Rechnungen an: Ich war gekommen, um ein Geschäft abzuschließen, das für den Kunden sinnvoll war und Xerox Geld einbringen würde.

Nach jedem Verkaufsgespräch meldete ich mich innerhalb von 24 Stunden erneut beim Kunden. Nach jedem Treffen schrieb ich sofort einen Brief an meinen Gesprächspartner, um ihm dafür zu danken, dass er mir seine Zeit geopfert hatte, und zusammenzufassen, was wir besprochen und vereinbart hatten. Ich hatte ein gutes Gedächtnis, aber ohne etwas Schriftliches hätte ich riskiert, im Alltagstumult in Vergessenheit zu geraten und den Auftrag zu verlieren. Meine 24-Stunden-Regel erhöhte auch meine Glaubwürdigkeit. Manhattan war ein hartes Pflaster. Solange ich ein Geschäft nicht unter Dach und Fach hatte, konnten die Leute vergessen, was sie mir versprochen hatten – oder ihre Zusagen zurückziehen. Die 24-Stunden-Regel sorgte dafür, dass sie es nicht taten.

Ich wusste, dass der Erfolg kein Zufall ist, und wollte unbedingt von den Profis lernen.

Ich lernte, dass es ungeachtet der verschiedenen Verkaufsstile vom Selbstvertrauen abhing, ob man Spitzenergebnisse erzielte oder Mühe hatte, die Quote zu erfüllen. Einer der besten Verkäufer bei Xerox brachte mir bei, wie man sich den Respekt des Kunden verdiente, indem man ihnen als Gleichgestellter begegnete. »Bitte sie, deinen Regenmantel aufzuhängen«, erklärte Mike. »Und Bill, rede nie im Stehen auf einen Manager ein. Bring ihn dazu, sich wie ein Gentleman mit dir hinzusetzen. Und wenn er dir etwas zu trinken anbietet, nimm dankend an. Natürlich hast du Durst. Jetzt hast du Fuß gefasst und kannst ein richtiges Gespräch mit ihm führen.«

Eine Zeit lang war ich mit einem Vertreter namens Darrell unterwegs, der unprofessionell war und gemessen an meinen Maßstäben alles falsch machte. Er kam zu spät ins Büro. Er übermittelte Verkaufsprognosen aus der Badewanne. Seine Anzüge waren nicht richtig gebügelt. Aber Darrell hatte das nötige Selbstvertrauen für den Geschäftsabschluss. Er verwendete Standardphrasen, die sehr einfach klangen, aber berühmt wurden: »Also wie viele Geräte möchten Sie, Ma'am? Wollen Sie sie noch heute haben? Wann soll der Kopierer geliefert werden, Sir?« So faul und unpünktlich Darrell war, er scheute im Gegensatz zu vielen anderen Vertretern nicht davor zurück, nach einem Auftrag zu fragen. In dieser Beziehung ähnelten wir einander. Auch ich liebte den Geschäftsabschluss. Aber anders als Darrell hatte ich Spaß am Verkaufen und empfand Respekt für den *Prozess*, angefangen bei der richtigen Kleidung, über den Fußweg zu den potenziellen Kunden und das erste »Hallo« bis zum abschließenden Handschlag.

Am Ende jedes Arbeitstags kehrte ich in die 9 West 57th Street zurück, und ging im Großraumbüro meines Verkaufsteams zu der Tafel hinüber, auf der die Namen der Verkäufer aufgelistet waren, um mit einem Marker die Zahl meiner an diesem Tag verkauften Einheiten und den Verkaufserlös neben meinen Namen zu schreiben. Es ging mir nicht darum, über meine Kollegen zu triumphieren. Ich gab ihnen keinen Anlass, an meinen Leistungen Anstoß zu nehmen. Ich beglückwünschte meine Teamkollegen zu ihren Erfolgen, und wenn jemand einen schlechten Tag gehabt hatte, bot ich ihm an, mich am nächsten Tag zu be-

gleiten, damit er neuen Mut fasste. Aber ich stellte mein Licht
auch nicht unter den Scheffel und bat nicht um Entschuldigung
dafür, dass ich einen Traum hatte. Alle Welt wusste, dass Bill
McDermott der beste Verkäufer von Xerox werden wollte.
Es gab kaum etwas, das mich auf dem Weg zu diesem Ziel aufhalten konnte. Wenn mich etwas ablenkte, dann meine Familie
und meine Freunde. Als ich auf dem Anrufbeantworter Richard
Reids Nachricht hörte, er könne nicht ins Büro kommen, weil
seine Frau in den Wehen lag, schlich ich mich aus dem Büro,
kaufte in einem Eckladen einen Strauß Blumen und stieg in ein
Taxi, das mich zum Lenox Hill Hospital brachte. Ich war die
erste Person außerhalb von Richards Familie, die sein neugeborenes Töchterchen zu Gesicht bekam.

Eine weitere Attraktion, die mich von meiner Arbeit ablenkte,
war der wunderbare Schauraum von Steinway & Sons in der 57th
Street. Wann immer ich fünf Minuten übrig hatte, blieb ich vor
dem Schaufenster stehen und bewunderte die Schar schimmern-
der Flügel im Laden. Ich schwor mir: *Eines Tages werde ich einen
davon besitzen.* Wenn ich ein bisschen mehr Zeit hatte, ging ich
hinein, schlenderte durch den Laden und strich mit der Hand über
die geschwungene Linie eines Stutzflügels, als wäre es die Kühler-
haube eines Porsches. Es ging mir nicht unbedingt um einen Steinway oder einen Porsche: Diese Gegenstände waren einfach Sym-
bole der Zukunft, die ich im Geist für mich entwarf. *Das werde ich
erreichen. Das wird mein Leben sein.* Ich träumte nicht davon, reich
zu sein. Ich träumte von außergewöhnlichen Leistungen, von Bedeutung. Für einen jungen Mann, der in materieller Knappheit
aufgewachsen war, waren die Dinge, die man sich mit Geld kaufen
konnte, ein guter Maßstab für den Aufstieg. Aber ich wusste, dass
der Wert meines Lebens letztes Endes nie an den Dingen gemessen würde, die ich erwerben konnte. Er würde an meinem Herzen, meinem Willen und meiner Ehre gemessen werden.

Daher gab es Grenzen, die ich nicht überschreiten würde, um
mich durchzusetzen.

Integrität

Als ich zum ersten Mal mit dem Xerox-Chef David Kearns
sprach, tat ich es, um mich bei ihm zu entschuldigen.

Der Tag hatte begonnen wie jeder andere. Ich war auf Kaltakquise in Midtown, und fuhr in einem Büroturm an der 57th Street
mehrere Dutzend Stockwerke hoch, um einen Manager aufzusuchen, dessen Name auf meiner Liste potenzieller Interessenten
stand. Ich hatte keinen Termin. Ich wandte mich an die Empfangsdame, plauderte ein wenig und erklärte ihr, dass ich von
Xerox sei und mich bei ihrem Chef vorstellen wolle. Sie stimmte
ein wenig widerwillig zu und deutete auf eine Glaswand, hinter
der ein Mann an einem Schreibtisch saß. Die Tür stand offen. Ich
ging hinein und streckte ihm die Hand entgegen.

»Guten Tag, ich bin Bill McDermott von der Xerox Corporation. Freut mich, Sie kennen …« Meine Worte lösten eine Explosion aus.

»Wie können Sie es wagen, mich mit einer Kaltakquise zu belästigen!?«, schrie er. »Wissen Sie, wer ich bin? David Kearns ist
mein Nachbar!«

Anscheinend war sein Unternehmen bereits Kunde von
Xerox. Er war mit Recht verärgert, ich hatte mich nicht richtig
informiert. Aber seine Reaktion war übertrieben. Nachdem ich
versucht hatte, mich zu entschuldigen, machte ich kehrt, um das
Büro zu verlassen. Aber er folgte mir in den Warteraum, wo zahlreiche Besucher saßen, und beschimpfte mich weiter. Er drohte
mir lautstark, David Kearns anzurufen, damit dieser mich auf die
Straße setze. Das war zu viel des Guten. Ich blieb stehen und
stellte mich dem wütenden Manager.

»Sir, ich verstehe Sie, aber ich möchte Sie bitten, eines zu begreifen.«

»Was soll das sein?«, sagte er und musterte mich von Kopf bis
Fuß. Ich spürte das Gewicht der Broschüren in meiner Aktentasche.

»Ich bin heute schon aus vier Büros geworfen worden, in denen ich doppelt so freundlich behandelt wurde wie von Ihnen.
Ich wünsche Ihnen einen schönen Tag.« Er sagte kein Wort, als
ich mich umdrehte und das Büro verließ. Allein im Aufzug auf
dem Weg nach unten sah mich aus dem Spiegel ein hoch aufge-
schossener junger Mann in einem schicken marineblauen Anzug
mit roter Krawatte an. »McDermott«, sagte ich laut zu ihm, »du
hast es versaut. Sie werden dich feuern.«

Ich war wütend, aber ich hatte auch das Gefühl, meinen Mann
gestanden zu haben. Ich hatte mein Selbstwertgefühl nicht geopfert, selbst wenn das bedeutete, dass ich den großartigsten Job der
Welt verlieren würde. Dennoch quälte mich die Vorstellung, dass
sich ein erboster Kunde bei unserem Firmenchef über mich be-
schweren würde. Seit ich zu Xerox gestoßen war, hatte ich wirkliche Bewunderung für unseren CEO entwickelt. Er hatte eine
klare Vision und war eine starke Führungspersönlichkeit, ohne
das Unternehmen mit eiserner Hand zu leiten. David Kearns
hatte immer ein Lächeln auf den Lippen, von ihm ließ ich mich
gerne führen. »Ich akzeptiere die Skeptiker, aber nicht die Zyniker«, hatte er in einem Firmenvideo gesagt. Seine positive Einstellung sicherte ihm meine Loyalität.

Als sich die Aufzugtür öffnete und ich in die Eingangshalle des
Bürogebäudes hinaustrat, hatte ich eine Entscheidung gefällt. Ich
lief zum ersten Münztelefon, das ich sah, wählte die Nummer der
Xerox Corporation und bat die Dame bei der Vermittlung, mich
zum Büro des geschäftsführenden Direktors durchzustellen. »Ja,
Ma'am, zu Mr. Kearns.« Wenn ich mit ihm sprechen konnte, bevor sein Nachbar anrief, konnte ich meinen Arbeitsplatz vielleicht retten.

»Mr. Kearns«, sagte ich, als ich seine Stimme hörte, »mein
Name ist Bill McDermott.« Ich erklärte ihm, was gerade im Büro
seines Nachbarn geschehen war, und verschwieg auch meinen
abschließenden Fehltritt nicht. »Sir, ich bitte um Entschuldigung
dafür, dass ich die Xerox Corporation beleidigt habe, aber ich

musste mir selbst treu bleiben. Ich versuchte nur, mit absoluter Integrität meine Produkte zu verkaufen, und wenn ich Mist gebaut habe, bin ich bereit, die Konsequenzen zu tragen.«

»Bill«, sagte er, »wenn mich dieser Trottel anruft, werde ich ihn wissen lassen, dass Sie mein bester Mann da draußen sind. Weiter so, Junge.«

Von da an war ich ein noch engagierterer und loyalerer Angestellter von Xerox. Nun wollte ich erst recht der nächste David Kearns werden.

Als das Jahr 1984 zu Ende ging, war ich überzeugt, auf dem richtigen Weg zu sein. Ich hatte es geschafft: Mein Gesamtumsatz in jenem Jahr lag bei 1004 Prozent der mir zugewiesenen Quote. Ich hatte tausende andere Vertreter hinter mir gelassen und war der beste Xerox-Verkäufer in den Vereinigten Staaten. Mit den Provisionen verdiente ich mehr als das Vierfache meines Grundgehalts. Ich konnte mir noch keinen Stutzflügel leisten, aber ich sparte für den Kauf meines ersten eigenen Hauses in Amityville. Zum zweiten Mal in meiner Karriere bei Xerox ließen meine Eltern die Sektkorken knallen.

Nachdem wir auf meinen Erfolg angestoßen hatten, ging ich schlafen. Am nächsten Morgen um 5 Uhr stand ich auf, um wieder loszulegen.

8

Zeig ihnen, dass du ambitioniert bist

Nimm dein Schicksal in die Hand, oder jemand anderes wird es tun.

JACK WELCH

Es war noch dunkel, als ich am frühen Morgen das Haus meiner Eltern verließ. An diesem Tag nahm ich nicht den Pendlerzug, sondern fuhr in meinem Firebird über die Staatsgrenze nach Stamford in Connecticut, wo die regionale Führungsspitze von Xerox ihren Sitz hat. Als ich um 7 Uhr morgens auf den leeren Parkplatz einbog, waren die Lichter im Gebäude noch nicht eingeschaltet.

Ich hatte keinen Termin, und es bestand die Möglichkeit, dass mein Überraschungsbesuch meiner Karriere schaden würde. Ich war nur ein kleiner Vertriebsvertreter, der unangemeldet auftauchte, um mit Roy Haythorn zu sprechen, dem für die Region Ost zuständigen Bereichsleiter. Der Grund: Ich war bei einer Beförderung zum Kundenbetreuer übergangen worden.

Ich kannte Haythorn. Wir waren uns im Vorjahr beim Ausflug des President's Club begegnet, mit dem das Unternehmen einmal im Jahr seine besten Verkäufer belohnte. Haythorn war einer der dynamischsten Spitzenmanager, denen ich bei Xerox begegnet war. Er besaß eine unerschütterliche Zuversicht und war fest davon überzeugt, dass der persönliche Verdienst über den Aufstieg entscheiden sollte. Und er hatte etwas von einem Revolver-

helden. Er trommelte seine Verkäufer nicht vierteljährlich, sondern einmal im Monat zusammen, um ihnen klar zu machen,
was genau sie zu tun hatten, um ihre Absatzziele zu erreichen,
und wenn seine Leute Erfolg hatten, belohnte er sie mit spontanen, oft üppigen Feiern. Ich mochte ihn.

Es war nicht meine Absicht, die Entscheidung rückgängig zu
machen und die Stelle zu bekommen, die mir entgangen war. Ich
wollte wissen, warum man mich übergangen hatte, und ich
wollte der Unternehmensführung klar machen, wie ambitioniert
ich war. Wenn es an mangelnden Leistungen lag, dass ich übergangen worden war, musste ich wissen, wie ich mich verbessern
konnte. War ich jedoch aus Gründen leer ausgegangen, die nichts
mit meinen Fähigkeiten zu tun hatten, so wollte ich Haythorn
deutlich zeigen, wie ernst es mir damit war, etwas Besonderes zu
erreichen – und für ein Unternehmen zu arbeiten, das Menschen,
die Leistung zeigten, dabei half.

Während ich im Auto saß und auf die Ankunft einer Parade
von Mercedes- und BMW-Limousinen wartete, dachte ich über
die möglichen Folgen meines Besuchs nach. Wenn Haythorn ein
Gespräch mit mir ablehnte, musste ich davon ausgehen, dass
Xerox sein Bekenntnis zu einer »Politik der offenen Tür« nicht
allzu ernst nahm. In diesem Fall würde ich über eine Kündigung
nachdenken müssen. Sollte ich in unserem Gespräch den Eindruck gewinnen, dass Haythorn mich nicht unterstützte, so
musste ich annehmen, dass die Förderung von Talenten für
Xerox nicht wirklich wichtig war. Dann würde ich mich bei Unternehmen bewerben, die das taten, beispielsweise bei einer der
Finanzfirmen, die unentwegt versuchten, Mitglieder unserer Verkaufsabteilung abzuwerben. Eine dritte Möglichkeit war, dass ich
Stamford zufrieden verließ, aber Vergeltungsmaßnahmen von
Haythorns Untergebenen ausgesetzt sein würde, weil ich die Be-
fehlskette missachtet hatte, die ihnen so viel bedeutete. Es war
ein Risiko, aber ich durfte nicht davor zurückschrecken, um das
zu bitten, was ich wollte.

Als Zeitungsjunge hatte ich bei Fremden angeklopft, um das Geld einzufordern, das sie mir schuldeten. Als Verkäufer fragte ich bei der Kaltakquise fast immer nach einem Auftrag. Und jetzt musste ich meinen Wunschjob einfordern, um in diesem Unternehmen nicht durch den Rost zu fallen. *Also los.*

Ich betrat die Eingangshalle und fragte die Empfangsdame nach Haythorns Büro, zückte meine Visitenkarte und wurde durchgewinkt. Ich fuhr mit dem Aufzug hinauf und ging den Gang entlang an Büros vorbei. Die zurückhaltende, funktionale Einrichtung strahlte Macht aus, was mich noch mehr ansporne als die Rastlosigkeit New Yorks. Ich wandte mich lächelnd an Haythorns Sekretärin. »Der Chef ist gerade eingetroffen. Einen Augenblick bitte. In Ordnung, gehen Sie hinein.«

Ich begrüßte Haythorn, dankte ihm dafür, dass er sich Zeit für mich nahm, und erklärte ihm, dass ich bei der Beförderung übergangen worden war. Er hatte keine Ahnung, dass ich nicht befördert worden war. Der fragliche Posten war drei Ebenen unter dem Radar dieses Mannes vergeben worden.

»Mr. Haythorn, ich bin nicht hier, um irgendwem Schwierigkeiten zu machen oder um diesen Posten zu bitten«, sagte ich. »Ich akzeptiere, dass die Entscheidung gefallen ist. Ich wende mich an Sie, weil ich wissen muss, warum die Wahl nicht auf mich gefallen ist, denn ich habe dreimal so viel verkauft wie die Person, die die Stelle bekommen hat. Ich möchte verstehen, was ich besser machen kann, um aufzusteigen, denn deshalb bin ich zu Xerox gekommen.« Ich bat Haythorn nicht um eine Garantie für eine Beförderung. Ich bat darum, angehört zu werden, beraten zu werden, als Anwärter auf hochrangige Posten betrachtet zu werden.

»Bill, ich bin froh, dass Sie sich an mich gewandt und mich darüber informiert haben.« Ich war erleichtert. Haythorn klang nicht verärgert. »Die Gegenwart ist wichtig, Bill, aber die langfristige Entwicklung ist wichtiger. In neun von zehn Fällen werden sich die Dinge wie gewünscht entwickeln, aber in einem von

zehn Fällen wird es möglicherweise nicht so sein. Das darf Ihren
Ehrgeiz nicht bremsen.« Er riet mir zu Geduld. Dann sagte er:
»Solange Sie Leistungen bringen und solange ich in diesem Un-
ternehmen bin, werden Sie bei Xerox einen guten Weg gehen.«
Ich glaubte ihm. *Sorge für deine besten Leute, und sie werden für dich
sorgen.* Ich stand auf und schüttelte seine Hand. »Ich danke Ihnen,
Roy, ich danke Ihnen für Ihre Unterstützung.«

Beim Verlassen des Gebäudes lief mir Emerson Fullwood über
den Weg, der wie immer makellos gekleidet war. Er sah mich er-
schrocken an.

»Was ist los, Bill?« Er fragte sich zweifellos, was ich in Stam-
fords heiligen Hallen verloren hatte.

»Ich wurde bei einer Beförderung übergangen und wollte den
Grund dafür wissen. Also habe ich mich an Mr. Haythorn gewandt.« Emerson war der Meinung, ich sei zu weit gegangen.
Auch er forderte mich auf, geduldig zu sein, und versicherte mir,
meine Zeit werde kommen.

War ich zu draufgängerisch? In meinen Augen hatte ich in diesem Fall nichts anderes getan als damals, als ich den Leiter des
Finast-Supermarkts angesprochen hatte, um meinen Fall vorzu-
bringen, anstatt lediglich darauf zu hoffen, dass meine Bewerbung aus dem dicken Papierstapel gezogen würde. Ich respektierte das Protokoll. Aber mir fehlte die Geduld, abzuwarten, ob
es meine Karriere zunichtemachen würde. Ich hatte mich an jemanden ganz oben wenden müssen, an jemanden, der glaubte,
dass Leistung belohnt werden sollte. Diese Person war Roy Haythorn.

Auf dem Rückweg in die Stadt hatte ich das Gefühl, etwas
sehr viel Wertvolleres als jene Beförderung erreicht zu haben. Ich
war für meine Interessen eingetreten. Niemandem würde meine
Karriere je so sehr am Herzen liegen wie mir selbst. Eine Karriere
musste vorangetrieben und verteidigt werden. So würde ich
meine Träume verfolgen. Solange ich dabei integer handelte und
darauf verzichtete, andere anzuschwärzen oder zu verletzen,

konnte ich mit ruhigem Gewissen meine wagemutige Persönlichkeit ausleben. Einige Monate später wurde die Stelle eines Kundenbetreuers frei. Ich bekam sie.

Gut durchdachte Schachzüge

Tom Dolan, der Mann, der für die New Yorker Niederlassung von Xerox verantwortlich war, hielt ein Stück Käsepizza in der Hand und sah mich fragend an. Er wirkte, als versuchte er, ein Puzzle zusammenzusetzen. Dolan war seit einigen Monaten für drei Zweigstellenmanager, zwölf Vertriebsmanager und 168 Verkäufer verantwortlich. Einer dieser Verkäufer war ich. Jemand im Management hatte Dolan vorgeschlagen, Zeit mit mir zu verbringen. Dolan sah keinen Grund, mit einem jungen Vertreter herumzuziehen, aber ich war seit zwei Jahren der landesweit erfolgreichste Verkäufer in meiner Kategorie. Also hatte er mich aufgefordert, mit ihm zum Mittagessen zu gehen.

Dieses Gespräch war wichtig für mich. Ich wollte wissen, was Dolan im Schilde führte, und er sollte wissen, was ich im Schilde führte. Ich wollte in die Führungsriege von Xerox aufsteigen, und deshalb sollte das Management wissen, wer ich war. Also machte ich inmitten der lärmenden Mittagszeit in Midtown Manhattan keine Anstalten, meine Energie zu verbergen. Dolan war in der Hierarchie zwei Ebenen über mir angesiedelt. Ich erzählte ihm mit meiner üblichen Begeisterung von meinen ersten Jahren bei Xerox. Ich sagte ganz offen, dass ich der nächste David Kearns sein wolle. Ich sah keinen Grund, meine Ambitionen zu verbergen.

Ich fragte ihn:»Was halten Sie von Mr. Kearns' Qualitätsinitiativen? Funktionieren sie? Greifen sie mittlerweile besser? Verkauft sich die neueste Linie von Xerox-Kopierern, die Zehner-Serie, weiterhin gut?«

Er beantwortete meine Fragen, dabei sah er mich aber die ganze Zeit an, als hätte ich gerade einen Eimer Kool-Aid-Limonade alleine ausgetrunken. Tom Dolan war ein loyaler Mitarbeiter und kein Zyniker, aber er neigte den Kopf leicht zur Seite, wie Emerson damals in meinem Bewerbungsgespräch. Im Lauf der Zeit sollte ich lernen, was in seinem Kopf vorging, wenn er diesen Blick aufsetzte: *Meint der Kerl das wirklich ernst?* Da er sich nicht sicher war, verabredete er sich erneut mit mir zum Essen. Bei dieser Gelegenheit stellte er mehr Fragen. Ich erzählte ihm von meiner Familie, von meinem kleinen Laden und von dem Studium, das ich mir mit den Einnahmen bezahlt hatte. Das schien selbst mir ein sinnvolleres Gespräch zu sein. Diesmal neigte er den Kopf nicht zur Seite. Als wir uns verabschiedeten, hoffte ich, dass er mich mochte. Ich würde mich freuen, mit ihm befreundet zu sein. Ich sollte schon bald seine Unterstützung brauchen.

In den Monaten seit meinem Überraschungsbesuch in Stamford hatte ich die Nächte damit verbracht, für die Prüfungen im Managementvorbereitungsprogramm von Xerox zu büffeln. In diesem Programm absolvierten potenzielle Führungskräfte eine Reihe von Schulungen und studierten Verfahrenshandbücher. Am Ende des Programms wurden jene Mitarbeiter, die sich um eine Position im Management bewerben wollten, von einem Gremium hochrangiger Führungskräfte auf Herz und Nieren geprüft. Das Gremium beurteilte, ob sie so weit waren, sich für eine Managementfunktion bewerben zu können, und ordnete jeden Kandidaten einer von drei Kategorien zu: Er war bereit, sich innerhalb der nächsten zwölf Monate für einen Managerposten zu bewerben. Er konnte es in den beiden folgenden Jahren versuchen. Oder er war nach Ansicht der Führungskräfte nicht für das Management geeignet und würde es auch nie sein. Es war nicht ungewöhnlich, dass Kandidaten der letzten Kategorie zugeordnet wurden. Ich besuchte alle Schulungen, las sämtliche Handbücher, kannte alle Xerox-Arbeitsabläufe und war für die Inquisition bereit. Das Urteil? Ich war jung und nach Meinung dieser Führungskräfte geeignet, in den nächsten zwei bis drei Jahren eine Managementposition einzunehmen. Auf mich wirkte das wie eine Ewigkeit. Daher rief ich Tom Dolan an, als ein Manager für ein Verkaufsteam im Norden von Manhattan Island gesucht wurde.

Leidenschaft und Planung schlagen Alter und Erfahrung

Ich wollte diesen Job unbedingt. Der *Sales Manager* von Team F – bei Xerox wurden die Verkaufsteams mit Buchstaben gekennzeichnet – würde 16 Vertreter führen, die ausschließlich Kaltakquise bei kleinen und mittelständischen Unternehmen betrieben. Wir würden keine vorhandenen Kunden betreuen, sondern neue Käufer suchen. Das Gebiet war riesig: Es erstreckte sich nördlich der 57th Street bis zur 155th Street, durch Harlem bis zur Bronx, und reichte vom East River im Osten bis zum Hudson River im Westen.

Zu diesem Jagdgebiet gehörten auch die Upper East Side und die Upper West Side, die wohl teuersten Gegenden New Yorks. Die Wohnhochhäuser dieser Stadtviertel grenzen jeweils an den Central Park. Aus Sicht eines Verkäufers wimmelte es in dem Gebiet von Firmen, die die Wohlhabenden versorgten – und diese kleinen Läden brauchten die neuesten Kopierer, Schreibmaschinen und Faxgeräte. Und wer hätte es nicht geliebt, seine Arbeitstage in dieser schönen Gegend zu verbringen? Das Gebiet, das sich zwischen den beiden Flüssen von der 57th bis zur 80th Street erstreckt, ist der beste Teil Manhattans.

Weiter im Norden lagen die noch vielgestaltigeren und interessanteren Stadtteile Harlem und Bronx. Ihre Straßen hatten ihr eigenes Flair. Aber dort gab es auch mehr Kriminalität. In jenem Jahr wurde die Bronx in dem Roman *Fegefeuer der Eitelkeiten* als

102 Zeig ihnen, dass du ambitioniert bist

die letzte Gegend dargestellt, in der sich ein Angestellter im Anzug verlaufen sollte. Aber das Bild in dem Bestseller war über-
zeichnet. Viele Viertel der Bronx erlebten eine Renaissance. Es
wimmelte dort von kleinen und mittelständischen Einzelhänd-
lern, Fertigungsbetrieben, unabhängigen Anwaltskanzleien und
Versicherungsmaklern. In meinen Augen war die gesamte Uptown ein Territorium voller Möglichkeiten: Dort gab es tausende
Unternehmen, welche die Produkte von Xerox brauchten, um
sich weiterentwickeln zu können.

Ich wollte dieses Verkaufsteam unbedingt führen, aber nach
den Regeln der Personalabteilung von Xerox kam ich nicht für
eine Bewerbung um den Posten in Frage. Also wandte ich mich
an Tom Dolan.

»Tom, dieser Job ist wie geschaffen für mich. Ich weiß, dass ich
der Richtige für die Aufgabe bin. Ich möchte diesen Job unbedingt. Wenn ich ihn bekomme, werde ich das Team F zur Nummer eins machen. Tom, ich bitte Sie um Ihre Unterstützung.«

Wäre dies seine erste Begegnung mit mir gewesen, so hätte
sich Dolan vielleicht nicht bereit erklärt, sich für mich einzusetzen. Aber er ermutigte mich, mich um den Posten zu bemühen.
Doch zuerst musste er seinen Vorgesetzten um die Erlaubnis bitten, die Regeln des Personalwesens zu umgehen. Sein Vorgesetzter war damit einverstanden, dass ich mich bewarb. Aber die
Entscheidung lag nicht bei Tom. Eine Personalmanagerin namens Kathy Mullally hatte das letzte Wort. Also musste ich Mullally davon überzeugen, dass ich der richtige Mann für diesen Job
war.

Es gab nur ein Problem: Mullally zählte zu den Führungskräften, die ich umgangen hatte, als ich nach Stamford gefahren war,
um mich an Roy Haythorn zu wenden. Das lag zwar schon eine
Weile zurück, aber in einer großen Organisation kann sich Groll
lange halten. Möglicherweise war sie immer noch verärgert über
mich.

Unser Gespräch fand an einem Ort statt, mit dem ich gute Erinnerungen verband. Mullally arbeitete in Emersons früherem Büro, dort, wo ich ihn bat, mich sofort einzustellen, damit ich mein Versprechen gegenüber meinem Vater halten konnte. Zwei Jahre später war dieses Büro immer noch ein vertrauter Ort, aber der Kandidat für den Posten hatte sich ein wenig verändert. Ich trug keinen 99-Dollar-Anzug aus dem Kaufhaus mehr. Ich mochte diesen Anzug, aber die Xerox-Manager, die ich bewunderte, ragten aus dem Meer von braunen und grauen Brooks-Brothers-Anzügen heraus, weil sie elegante blaue Anzüge von Armani trugen, dazu blütenweiße Hemden und leuchtendblaue oder rote Krawatten.

Männer wie Barry Rand, der Geschäftsführer von Xerox USA, waren stets elegant gekleidet. Ich studierte Rand, und als mein Kontoguthaben wuchs, machte ich mich auf den Weg zu Saks in der 5th Avenue, schnappte mir einen Armani-Anzug von der Stange und zückte meine neue American-Express-Karte. Und diesen Anzug samt Tuch in der Brusttasche trug ich am Tag meines Bewerbungsgesprächs. Meine Kleidung entsprach meiner gegenwärtigen Gehaltsstufe nicht mehr. Kathy Mullally machte große Augen, als ich ihr Büro betrat.

Wenn ich diesen Posten bekam, würde ich einer der jüngsten Vertriebsmanager in der Geschichte des Unternehmens sein. Doch an diesem Punkt war ich nur der Kandidat mit der geringsten Erfahrung. Als ich erfuhr, dass einige meiner Mitbewerber jenseits der Dreißig waren, wurde mir klar, dass ich ernste Konkurrenz hatte. Ich musste beweisen, dass meine Leidenschaft und meine Leistungen mehr zählten als ihr Alter und ihre Erfahrung. Um die Lage auszukundschaften, sprach ich die anderen Kandidaten an, nachdem sie ihre Bewerbungsgespräche hinter sich hatten.

»Wie ist es gelaufen?«, fragte ich.

»Oh, wirklich gut. Ich denke darüber nach, den Posten anzunehmen.« Sie wirkten blasiert. *In Ordnung*, dachte ich, *dasselbe wie immer: Sie wollen diesen Job nicht so sehr wie ich.* Ich war sicher, dass ich größere Leidenschaft beweisen würde als sie, aber das würde nicht genügen.

»Wie sieht Ihr Marketingplan aus?«, fragte ich. »Hat Ihr Plan dem Management gefallen?«

»Na ja, wir haben nicht im Detail darüber gesprochen. Es war eher ein Frage-und-Antwort-Spiel.« *Also gut, ich will den Job nicht nur mehr als der hier, sondern ich habe auch einen Plan.* Ich hatte viel darüber nachgedacht, dass sich ein neu gewählter Präsident bemühte, in seinen ersten hundert Tagen im Amt wichtige Vorhaben durchzusetzen. Also fragte ich mich: *Wie würde ich die ersten hundert Tage als Vertriebsmanager in Angriff nehmen?* Ich setzte mich an die Schreibmaschine und hielt meine Strategie auf mehreren Seiten fest. Ich steckte sie in eine Klarsichtfolie und nahm sie mit in Kathy Mullallys Büro.

Zunächst beantwortete ich Mullallys Fragen. Ich respektierte ihre Autorität. Es war nicht nötig, dass ich ihr wertvolle Zeit stahl, indem ich Fragen zum Gehalt und zum Verkaufsgebiet stellte, denn die Antworten kannte ich bereits. Ich hatte meine Hausaufgaben gemacht. Wenn ich eine Frage stellte, würde sie von Gewicht sein.

In unserem Gespräch ging es um die Frage, wie gut ich die Produkte und Arbeitsabläufe von Xerox kannte. Über diese Themen hatte ich auch mit dem Managementgremium gesprochen. Ich beantwortete ihre Fragen gründlich. Erst nachdem alles geklärt war, war der Zeitpunkt gekommen, eigene Fragen zu stellen.

»Kathy, darf ich ein wenig vom Drehbuch abweichen, um Ihnen zu erklären, was mich von den anderen Kandidaten unterscheidet?« Ich sagte nicht, was mich besser machte, sondern was mich von ihnen *unterschied.*

»Ich wäre Ihnen dankbar dafür, Bill, denn ich stehe vor einer sehr schwierigen Entscheidung.«

»Sie kennen meine bisherigen Leistungen bei Xerox. Meine Einsatzbereitschaft ist seit meinem Eintritt ins Unternehmen noch weiter gewachsen, und ich möchte Ihnen erklären, woran das liegt. Ich habe meine Berufung gefunden, und sie besteht nicht darin, als ein einzelner Vertreter großartige Verkaufszahlen zu erreichen. Mein Traum ist es, anderen dabei zu helfen, ebenfalls großartige Ergebnisse zu erzielen. Sie können alle Mitglieder meines Teams fragen. Wen begleiten die anderen Verkäufer nach einer Durststrecke auf die Verkaufstour, um ihr Selbstbewusstsein zurückzugewinnen? Bei wem schauen sie vorbei, wenn sie einen Rat für Geschäftsabschlüsse oder das Treffen mit ihren Vorgesetzten brauchen? Ich helfe anderen Leuten nie halbherzig, denn es macht mich glücklich, anderen zum Erfolg zu verhelfen. Das ist es, was ich am liebsten tue, und ich verspreche Ihnen, dass ich genau das für mein Team tun werde.«

»Bill, wenn Sie diesen Posten annehmen, müssten Sie beträchtliche Gehaltseinbußen hinnehmen.«

»Kathy, in meinem Leben gab es schon öfter Zeiten, in denen ich überhaupt kein Geld hatte. Es geht mir nicht ums Geld, obwohl ich weiß, wie ich die Gehaltseinbußen wettmachen kann, und das kann ich Ihnen erklären. Dieser Job ist ein Schritt auf dem Weg zu meinem großen Traum: Ich will eines Tages CEO von Xerox werden.«

Ich nahm an, dass Kathy ebenfalls Träume hatte, und damit sie ihre Ziele erreichen konnte, mussten die Leistungen der Leute, die sie einstellte, ein gutes Licht auf sie werfen. Also erklärte ich ihr, wie ich, wenn sie mir den Posten gäbe, dafür sorgen würde, dass wir beide gut dastehen würden. »Kathy, ich habe einen Plan. Möchten Sie ihn sehen?«

Ich reichte ihr meinen Strategieplan und erläuterte ihn Seite für Seite. Als erstes sprach ich über die Arbeitsabläufe. Die Führungskräfte von Xerox hatten Managementwissenschaft studiert, und ich wollte Mullally beweisen, dass ich die Managementmethoden ebenfalls kannte: Ich würde mit jedem Verkäufer in meinem Team einmal im Monat ein Planungsgespräch führen. Ich würde einmal wöchentlich die Prognosen und die Verkaufspipelines sämtlicher Untergebenen prüfen, um festzustellen, ob die einzelnen Vertreter und das Team auf dem richtigen Weg waren. Und wir würden täglich die individuellen und die Teamleistungen messen. Ich würde meine Verkäufer für ihre Ergebnisse zur Rechenschaft ziehen, und wenn ihre Leistungen den Erwartungen nicht entsprachen, würde ich sie schriftlich ermahnen – für den Fall, dass wir jemanden vor die Tür setzen mussten. Ich sagte Mullally, wie viele Telefonanrufe Xerox am Tag von seinen Vertretern erwartete, aber da meine Maßstäbe höher waren, würden meine Verkäufer mehr Kundengespräche führen als vom Unternehmen vorgeschrieben. Meine Leute würden auch an mehr Türen klopfen und mehr Briefe schreiben.

Damit hatte ich ihr bewiesen, dass ich die Arbeitsabläufe im Management kannte und die Erwartungen von Xerox übertreffen würde. Aber was unterschied mich von den anderen Kandidaten?

Ich eröffnete ihr, dass ich in den ersten hundert Tagen als Leiter des Verkaufsteams die Stärken jedes Mitarbeiters analysieren und vier Miniteams bilden würde, an deren Spitze ich jeweils einen unserer besten Verkäufer setzen würde. Diese Teamleiter würden rotieren, um ihre besonderen individuellen Stärken an die verschiedenen Teams weiterzugeben. Darüber hinaus würde ich meinem Team die Taktiken vermitteln, die mich zum erfolgreichsten Verkäufer gemacht hatten. Ich wusste nicht, ob Kathy Mullally ein Basketballfan war, aber ich sagte ihr, dass ich ein Spielertrainer sein würde.

»Kathy, Sie wissen, dass ich verkaufen kann. Und ich weiß, dass ich jedem Mitglied meines Teams beibringen kann, wie man verkauft. Geben Sie mir diese Chance, und ich werde dieses Verkaufsteam zum besten im ganzen Land machen. Das garantiere ich Ihnen. Ich werde es zur Nummer eins machen.«

Sie lächelte. »Bill, das ist wirklich etwas ganz anderes als das, was die anderen Kandidaten anzubieten haben«, sagte sie. »Ich danke Ihnen für alles, was Sie heute getan haben.« Normalerweise hatte ich ein gutes Gespür dafür, was im Kopf eines anderen Menschen vorging, aber ich hatte keine Ahnung, was Mullally dachte. *Danke, aber nein danke?* Ich konnte ihr Büro nicht verlassen, ohne Gewissheit zu haben.

»Kathy, ich respektiere Sie und möchte Sie nicht mit unangenehmen Fragen belästigen. Ich möchte nur noch eine Frage stellen: Werden Sie mir Ihr Vertrauen schenken und mir eine Chance geben, diesen Job zu machen?«

»Bill, wir müssen uns an ein Verfahren halten …« Jetzt wusste ich, was sie dachte: *Drängen Sie mich nicht.* In mir steckte ein Verkäufer, der das Geschäft immer unter Dach und Fach bringen wollte. Dieser Verkäufer wollte unbedingt wissen, ob wir uns handelseinig waren. Aber ich musste geduldig sein.

»Kathy, ich vertraue Ihnen und glaube, dass das Richtige geschehen wird. Ich werde morgen früher im Büro sein, für den Fall, dass Sie noch Fragen haben.« Sie versprach mir nichts, aber ich machte mich in der Gewissheit auf den Heimweg, dass ich alles getan hatte, was in meiner Macht stand.

Um zu erreichen, was ich wollte, musste ich anderen geben, was sie wollten: Leistung. Wenn ich nicht immer die Zielsetzungen erreichte und übertraf sowie meine Versprechen hielt, schuldete mir niemand etwas. Ich wusste, dass Leidenschaft wichtig war. Meine Leidenschaft trieb mich an schwierigen Tagen voran und gab mir den Mut, Risiken einzugehen. Meine Leidenschaft hatte mich dazu gebracht, nach Stamford zu fahren. Aber auch wenn ich etwas leidenschaftlich anstrebte, würde ich nie bekommen, was ich wollte, wenn meine Bemühungen nicht zu vorzeigbaren Ergebnissen führten.

Es war noch dunkel, als ich am nächsten Morgen das Haus verließ. Ich war als Erster im Büro. Mullally war die Zweite. Sie rief mich in ihr Büro. »Bill, dies ist ein vertrauliches Gespräch. Meine Wahl ist auf Sie gefallen. Sie haben den Job. Aber geben Sie mir bitte die Chance, es den anderen Kandidaten zu sagen.«

»Ich danke Ihnen, Kathy. Danke, dass Sie an mich glauben. Ich werde Sie nicht enttäuschen.« Ich hatte ihr versprochen, dass ich mein Team zur Nummer eins machen würde. Also hatte ich keine Zeit zum Feiern, obwohl ich außer mir vor Freude war. Es war schon März – mir blieben also nur acht Monate, um mein Versprechen einzulösen.

9

Der Spielertrainer

Wenn wir die Menschen nur nehmen wie sie sind,
so machen wir sie schlechter; wenn wir sie behandeln,
als wären sie, was sie sein sollten, so bringen wir sie
dahin, wohin sie zu bringen sind.

JOHANN WOLFGANG VON GOETHE

Ich hatte noch nie ein Team geführt. Ich hatte ein Deli mit Angestellten gemanagt, aber das war keine ausreichende Vorbereitung auf die Aufgabe, 16 Vertreter zu dem Ziel zu führen, das zu erreichen ich versprochen hatte. In den Managementschulungen von Xerox hatte ich einige grundlegende Verfahren erlernt, die in einem unvorhersehbaren Beruf eine gewisse Stabilität versprachen: Ich wusste, wie man die Fortschritte seiner Mitarbeiter verfolgte und wann man die Leistungen beurteilen musste. Ich glaubte durchaus, dass Routineabläufe ihren Sinn hatten. Wenn ich feststellte, dass sie funktionierten, wiederholte ich sie. Aber Verfahren waren nicht gleichbedeutend mit Führung.

Meine ersten beiden Vorgesetzten bei Xerox waren gute Männer, aber da ich hochmotiviert war, hatten sie mich von der Leine gelassen. Es gab im Unternehmen mehrere Spitzenmanager, die ich aus der Ferne bewunderte und von denen ich lernen wollte, aber ich hatte noch nicht mit ihnen zusammengearbeitet.

Zwei Erfahrungen lieferten mir die Werkzeuge und das nötige Selbstvertrauen, um die neue Aufgabe zu bewältigen. Erstens hatte ich auf dem Basketballfeld viel gelernt. Die Denkweise mei-

nes Vaters, die ich als Trainer an seiner Seite verinnerlicht hatte
– stelle das Team über dich selbst –, prägte meine Zusammenarbeit mit anderen. Auch mein Großvater hatte mir ein wichtiges
Vermächtnis hinterlassen. Bobby McDermott war ein Spielertrainer gewesen, der keine Befehle von der Seitenlinie gebrüllt hatte:
Er hatte die Spielzüge angesagt, während er selbst auf dem Spielfeld auf- und abgelaufen war und gemeinsam mit seinen Mann-
schaftskameraden geschwitzt hatte. »Mac« gab seine Kenntnisse
weiter, während er sie selbst anwendete. So wollte auch ich führen: An der Seite meines Teams auf dem Feld, nicht von einem
Schreibtisch aus.

Der zweite Bezugspunkt für meine Führungsmethode war
meine Mutter. Da die Erwartungen an mein Team so hoch waren, konnte ich meine Leute nicht durch Einschüchterung motivieren. Diese Methode lag nicht in meiner Natur und war kein
Teil meiner Erziehung gewesen. Also würde ich versuchen, mit
Freundlichkeit, Zuversicht, Teamarbeit und der für das Gewinnen erforderlichen Disziplin zu führen.

Mit der Planung der ersten hundert Tage in meinem neuen Job
hatte ich meine Absichten bekundet. Damit das Team F zum besten neuen Verkaufsteam im Land werden konnte, würde ich alles
tun, was in meiner Macht stand, um meinen Leuten einen Grund
zu geben, all ihre Kraft auf dieses Ziel zu richten. Ich würde alles
tun, um meinen Leuten das nötige Selbstvertrauen einzuflößen.
Und ich würde ihnen den Weg zu unserem Ziel zeigen.

Ein höherer Zweck

Ob das Team F das Beste war, würde von unseren Verkaufszahlen abhängen. Erzielten wir höhere Umsätze und verkauften wir
mehr Einheiten als jedes andere Team? Ich hatte den Umsatz
und die Verkaufszahlen geschätzt, die wir erreichen mussten, um
den Erfolg zu gewährleisten – und anschließend hatte ich die

Messlatte über meine eigenen Erwartungen hinaus angehoben. Aber die kalten Zahlen würden nicht genügen, um meine Leute zu motivieren (es bestand sogar die Gefahr, dass sie manche Verkäufer entmutigen würden). Mein Team brauchte bedeutsamere Ziele.

»Dieses Jahr«, erklärte ich dem Team F am ersten Tag, »hat jeder von Ihnen die Chance auf den President's Club, den jährlichen Ausflug, mit dem die besten Mitarbeiter belohnt werden.« Meines Wissens hatte es in der Geschichte von Xerox noch kein Team geschafft, sämtliche in Frage kommenden Verkäufer im selben Jahr zum President's Club zu schicken. Diese Luxusreise war eine Auszeichnung für das abgelaufene und ein Ansporn für das nächste Jahr. Die Kühnheit der Zielsetzung – jedes einzelne Mitglied meines Teams sollte tausende andere talentierte Verkäufer übertreffen – gab der Gruppe ein Ziel, das sie gemeinsam anstreben konnte. Ich war überzeugt, dass die Chance, Geschichte zu schreiben, meine Verkäufer mehr begeistern würde als das Ziel, viele Maschinen zu verkaufen und hohe Provisionen zu kassieren.

Um mein Team zur Nummer eins zu machen, wollte ich die Arbeit in ein persönliches Anliegen verwandeln. Um das zu erreichen, ließ ich jeden meiner Verkäufer seine persönlichen Bestrebungen niederschreiben: »Was wollen Sie in diesem Jahr erreichen? Was wollen Sie im Leben erreichen?« Ich musste wissen, was ihnen wichtig war – wollten sie sich ein neues Auto kaufen oder ein Haus abbezahlen? –, und dasselbe galt für ihre Kollegen. Die Antworten wurden an der »Wand der Ziele« ausgehängt, damit die Teammitglieder ihre Kameraden anspornen konnten. Die individuellen Bestrebungen würden das Fundament unseres Erfolgs sein.

Bau sie auf, anstatt sie zu zerlegen

Die Welt war voller Neinsager, die mit ihrem Verlierergerede ihre Mitmenschen herabzogen. Ich schwor mir, die Mitglieder meines Teams nie zu entmutigen. So wie ich es sah, bestand meine Aufgabe darin, die Leute aufzubauen. Wenn ich ihnen nur sagte, was sie besser machen mussten, würden sie das Vertrauen in ihre Fähigkeiten verlieren. Also konzentrierte ich mich darauf, immer wieder die Vorzüge der einzelnen Teammitglieder hervorzuheben. Um das Selbstvertrauen meiner Leute zu fördern, versicherte ich ihnen, dass sie die Dinge, die sie sich nicht zutrauten, sehr wohl bewältigen konnten. Sie mussten eines verstehen: *Lass niemals zu, dass jemand anderes dein Schicksal bestimmt.*

Deine Leute brauchen einen Plan

Abgesehen davon, dass ich Miniteams zusammenstellte, um die Leistungen zu verbessern, enthielt mein Plan auch spezifische Angaben dazu, was meine Verkäufer tun mussten, um gute Ergebnisse zu erzielen. Ich erklärte ihnen, was sie sagen mussten, wie sie es sagen mussten und wie sie einen bestimmten Teil des Gebiets in Angriff nehmen sollten. Mit diesen Taktiken hatte ich als Verkäufer Erfolg gehabt, weshalb ich der Meinung war, es könnte nützlich sein, sie zu wiederholen. »Diese Spielzüge werdet ihr anwenden. Passt sie eurem Stil an und setzt eure speziellen Fähigkeiten ein, aber haltet euch an die Spielzüge.«

Nachdem ich meinen Verkäufern die Vorgehensweise erklärt hatte – wie man ein Verkaufsgespräch begann, wie man das Produkt vorführte, wie man nachfasste, wie man das Geschäft abschloss –, vertraute ich ihnen die Durchführung an. Wenn andere Vertrauen in mich setzten, wie es Roy, Tom und Kathy taten, wuchs mein Selbstvertrauen. Konnte ich ähnliches bei meinem Team bewirken? Wenn ich auf das Mikromanagement verzichtete und nicht jeden ihrer Schritte kontrollierte, würde es mir gelingen. Als Vertriebsmanager musste ich ein Gleichgewicht zwischen Coaching und Babysitting finden. Ich musste versuchen, das Talent meiner Mitarbeiter zutage zu fördern, indem ich ihnen Spielraum gab. Das hatten mich meine beiden ersten Vorgesetzten gelehrt, auch wenn sie es unbewusst getan haben mochten.

Engagiere ehrgeizige Leute

Ich fand in Team F einige Verkäufer vor. Die übrigen Positionen musste ich selbst besetzen. Ich wollte die besten Leute, aber die talentiertesten Vertreter konnten sich ihren Bestimmungsort aussuchen, denn in den Teams in Midtown und Downtown waren ebenfalls Plätze frei. Ich konzentrierte mich darauf, ambitionierte, tatkräftige Personen anzuwerben.

Sean McGee hatte gerade erst die Xerox-Verkaufsschulung abgeschlossen, als er mich anrief, um einen Termin zu vereinbaren, was mir bewies, dass er Chuzpe hatte und keine Zeit verlieren wollte. Als wir uns gegenübersaßen, erklärte ich ihm die Vorzüge meines Angebots: »Sean, in Midtown sitzen die bedeutenden Konzerne mit den Marmorlobbys, die mir sehr gefallen. Und in Downtown verdienen die Broker und Bankiers das große Geld. Es ist mir klar, dass Uptown nicht so glanzvoll ist. Aber genau deshalb liebe ich dieses Gebiet, und Sie werden es ebenfalls lieben. Hier sind Sie mitten im Leben und überall bieten sich Möglichkeiten. Sean, intelligente und talentierte Personen wie Sie haben bei uns alle Möglichkeiten.«

Talente wie Sean wollten für jemanden arbeiten, der ihre Karriere förderte. Ich machte ihm klar, dass ich genau das tun würde. »Meine Aufgabe ist es, Ihnen beizubringen, wie man verkauft und seine Erträge steigert, damit Sie Ihre Ambitionen verwirklichen können. Sobald Sie eine Gelegenheit zu einem Karrieresprung erhalten, werde ich derjenige sein, der der nächsten Management-

ebene Ihre Geschichte erzählt, damit Sie rasch vorankommen.
Sie haben mein Wort. Ich werde Sie nicht zurückhalten.« Als wir
uns voneinander verabschiedeten, war Sean an Bord.

Wenn nötig, umging ich die internen Verfahren, um einen viel-
versprechenden Kandidaten anzuwerben. Tony Garcia war ein
erfahrener Mitarbeiter, der fünf Jahre lang Container an Ree-
dereien verkauft hatte, bevor er sich bei Xerox bewarb und sich
bei mir vorstellte. Er hatte gezeigt, dass er in einer nicht gerade
glamourösen Branche große Aufträge an Land ziehen konnte.
Außerdem konnte er nicht nur an Manager von Großunternehmen verkaufen, sondern mit sehr unterschiedlichen Kunden umgehen. Aber was mich überzeugte, war das Selbstvertrauen, mit
dem Tony nach dem fragte, was er wollte.

»Ich will Sie nicht unter Druck setzen, Mr. McDermott«, sagte
er, als sich unser Gespräch dem Ende zuneigte, »aber ich habe
zwei Angebote von anderen Unternehmen und muss mich bis
Mitternacht entscheiden, ob ich eines davon annehme. Können
Sie noch heute eine Entscheidung fällen?« Das gefiel mir. Tony
machte einen Abschluss mit mir! Ich wollte ihn in meinem Team
und machte es wie seinerzeit Emerson. Als Tony mein Büro verließ, um seine Frau von der Arbeit abzuholen, griff ich zum Hörer und machte ein paar Anrufe, um ein Stellenangebot auf den
Weg zu bringen. Die letzte Person, die ich an diesem Tag anrief,
war Tonys Frau – aus unserem Gespräch wusste ich, wo sie arbeitete, und ich spürte sie auf.

»Mrs. Garcia? Hallo, ich bin Bill McDermott. Wenn Ihr Mann
Sie abholen kommt, könnten Sie ihm dann bitte sagen, dass bei
Xerox ein Job auf ihn wartet?«

Im Frühjahr 1987 hatte ich die 16 Verkäufer des Team F bei-
sammen.

»Sie arbeiten nicht für mich«, sagte ich jeden Morgen, wenn ich
in unserem Büro um die Tische herumging und zum Frühstück
eine weitere Diät-Cola herunterstürzte. »Ich arbeite für Sie!«

»Tony, Sie sind auf dem besten Weg, sich in der Region an die

Spitze beim Umsatz zu setzen. Sagen Sie mir, wie ich Ihnen helfen kann, dieses Ziel zu erreichen. Sean, Sie haben Ihren Umsatz dieses Jahr um fast 100 Einheiten erhöht. Wie kann ich Sie dabei unterstützen, dreistellige Zahlen zu erreichen? Michelle, Sie wollen im Urlaub nach Frankreich reisen. Wie können wir zusammenarbeiten, um diesen Traum wahrzumachen?«

Talente befruchten sich gegenseitig

Ich unterteilte mein Verkaufsteam wie geplant in vier Miniteams, an deren Spitze unsere talentiertesten Vertreter standen. Aber weder diese Teamleiter noch ich genossen einen herausragenden Status. Alle Teammitglieder waren aufgefordert, ihre bevorzugten Methoden mit den Kollegen zu teilen: Jemand verstand sich auf Geschäftsabschlüsse? Ich bat ihn, uns allen zu zeigen, wie er das machte. Wenn jemand am Telefon sehr überzeugend war, hörte sich das ganze Team eines seiner Verkaufsgespräche an. Die Vertreter, die besonders gute Angebote und Nachfassbriefe schrieben, verteilten Kopien an ihre Kollegen. Niemand hatte Geheimnisse vor dem Team. Der Wissenstransfer funktionierte reibungslos. Die Taktiken eines Teammitglieds wurden rasch allen zur Gewohnheit. Alle entwickelten ihre eigenen Methoden weiter und erlernten neue, und die wirksamsten Techniken wurden vom gesamten Team übernommen.

Rollenspiele, Proben, Beurteilungen

Das Team verbrachte Stunden in den Xerox-Schauräumen, wo wir uns gegenseitig unsere Geräte vorführten. Ich simulierte Verkaufsgespräche und bombardierte die Vertreter mit Fragen: »Was wissen Sie über meinen Betrieb?« »Wie können Sie mir dabei helfen, meine Einnahmen zu erhöhen?« »Warum sollte ich statt des Xerox-Geräts nicht den billigeren Kopierer von Canon, von Minolta, von Sharp nehmen?« Ich drängte meine Leute in die Ecke und zwang sie, ihre Methode unter Druck zu überdenken und zu improvisieren, bevor sie all das in der Praxis tun mussten. In der sicheren Umgebung unseres Büros brachte ich ihnen bei, sich im Wettbewerb zu behaupten.

Wir studierten auch ein, wie sie über die Konkurrenz sprechen sollten. »Versucht nicht, die Vorzüge der Konkurrenzprodukte unter den Tisch zu kehren«, erklärte ich ihnen. »Nennt sie als erstes, räumt sie aus dem Weg, und geht anschließend zu unseren Stärken über.« Ich versprach ihnen: Transparenz schafft Vertrauen. Wir übten, wie man die Probleme eines Büroleiters lösen konnte: »Ihr seid Ärzte. Findet heraus, was dem Mann wehtut, und gebt ihm etwas, das seinen Schmerz lindert.«

Jeden Morgen versammelte ich das Team, um unsere Ziele und unseren Plan für den Tag oder die Woche festzulegen. Und am Beginn jedes Monats setzte ich mich mit jedem einzelnen Verkäufer zusammen, um ausgehend von dem, was er erreicht oder nicht erreicht hatte, seine neuen Umsatzziele und die anzustrebende Stückzahl festzulegen. Wir vereinbarten auch, wie er sein Gebiet bearbeiten würde – welche Unternehmen er ins Visier nehmen sollte, welche keine lohnenden Ziele waren –, so dass ihm klar war, was er zu tun hatte, um seine Ziele zu erreichen. Ich bot meinen Leuten unentwegt Unterstützung an und zerlegte unsere große Mission in wöchentliche und tägliche Etappenziele.

Rollenvorbilder entwickeln und entmystifizieren

Ich war jeden Tag draußen unterwegs. Wenn sich einer meiner Verkäufer bei den Produktpräsentationen unsicher fühlte oder Rückendeckung brauchte, stieg ich in ein Taxi oder nahm die U-Bahn, um rasch zur Stelle zu sein, wann immer ich gebraucht wurde. »Ihr müsst nur Bescheid sagen«, erklärte ich ihnen. Mein Job war es, den Bodentruppen Luftunterstützung zu geben. Aber ich konnte nicht überall gleichzeitig sein. Also erklärte ich dem ganzen Team, was ich tat und wie ich es tat. Aber Vorträge und Memos sind nie so wirksam wie die Vorführung der Kunst des Verkaufens im Büro des Kunden. Also begleitete ich jeden Vertreter mindestens einmal im Monat einen Tag lang. »Planen Sie für diese Tage nicht die problemlosen Kunden ein«, schärfte ich meinen Leuten ein. »Planen Sie die ein, mit denen Sie noch nicht ins Geschäft gekommen sind.« Es war nie mein vorrangiges Ziel, in die Bresche zu springen, um Aufträge unter Dach und Fach zu bringen. Ich tat es, aber ein Verkäufer hatte nichts davon, wenn ich immer seine Probleme löste. Es ging mir darum, meine Vorgehensweise zu entmystifizieren: Meine Verkäufer sollten mir zuschauen, aus der Erfahrung lernen und das Gelernte eigenständig anwenden.

Ich gab jede Taktik weiter, die meinen Leuten einen Vorteil verschaffen konnte. Wir eilten zu Fuß zu Terminen, anstatt im Taxi zu fahren. Ich erklärte ihnen, dass die körperliche Anstrengung den Adrenalinspiegel erhöhte. Während wir gingen, redete ich: »Vergessen Sie nicht, die Phantasie bringt das Ereignis hervor. Malen Sie sich im Detail aus, was Sie erreichen wollen.« Wenn wir vor einer Tür standen und darauf warteten, dass man uns öffnete, flüsterte ich meinem Verkäufer noch einen Tipp zu: »Finden Sie die Person, die die Entscheidungen fällt, und schütteln Sie ihr die Hand. Und Sie dürfen nicht zuerst loslassen.« Wenn eine 22-jährige Frau die Hand eines Mannes festhalten kann, der doppelt so alt wie sie ist, steigt ihr Selbstvertrauen.

An einem Nachmittag sind Tony Garcia und ich auf dem Weg zu einem Termin bei einem kleinen Industriebetrieb in der South Bronx. Das Unternehmen ist im Besitz eines verschrobenen alten Mannes und wird von seinen beiden Söhnen geführt. »Sie kaufen nie etwas«, eröffnet mir Tony während der Fahrt.

Wir sitzen in seinem 1975er Chevy Caprice, einem klobigen Auto, in dem sich Tony in Uptown sicher fühlt, weil es wie der Wagen einer Zivilstreife aussieht. Wir parken und gehen hinein. Tony wendet sich an die Söhne des Eigentümers. *Die falsche Wahl.* Ich schalte mich in das Gespräch ein, um die Aufmerksamkeit auf den älteren Herren zu lenken. Papa ist unser Mann. Ich erkundige mich nach der Geschichte seines Betriebs. Es ist hart, einen Familienbetrieb zu führen. Die Arbeit hört nie auf.

»Ich verstehe«, sage ich. »Darf ich mich setzen?« Ich ziehe einen Stuhl herüber, nehme Platz und erzähle ihm von den Problemen, die ich als Eigentümer meines Delis bewältigen musste, »das natürlich viel kleiner war als Ihr Betrieb hier«. Ich erzähle vom Wettbewerb mit größeren Läden und von meinen Versuchen, meine Mitarbeiter daran zu hindern, Geld aus der Kasse zu nehmen. Der Mann nickt, und wir teilen unsere leidvollen Erfahrungen, als würden wir uns sehr viel länger als fünf Minuten kennen. Es dauert nicht lange, da bin ich für ihn kein Vertreter mehr. Ich bin jemand, der seine Probleme versteht.

Nachdem wir uns verabschiedet haben, erkläre ich Tony, warum ich mich auf den Vater konzentriert habe.

»Tony, er verdient Respekt dafür, dass er das Unternehmen aufgebaut hat. Außerdem ist er auf der Hut. Die Jungs mögen den täglichen Betrieb leiten, aber mit Sicherheit hat Papa immer noch das Sagen. Also müssen wir uns fragen: Warum ist dieser Mann so missmutig? Vielleicht hat er die Nase voll davon, dass großspurige Typen wie wir in sein Revier eindringen und ihm sagen, was er tun soll. Und er hat allen Grund dazu. Vielleicht ist er auch traurig, weil ihn seine Söhne nicht mehr um Rat fragen.« Tony nickt und macht sich im Geist Notizen. »Wenn wir zuhören, können wir uns in die Lage dieses Mannes versetzen und ihm die Möglichkeit geben, sich Gehör zu verschaffen und sich so gut zu fühlen wie in der ganzen Woche noch nicht. Dann haben wir uns das Recht verdient, ihm zu sagen, was wir tun und warum wir hier sind. Das ist der Grund dafür, dass wir jetzt einen neuen Kunden haben.«

Aus Fehlern lernen

Obwohl viele Xerox-Vertreter erstklassige Universitäten besucht hatten, gab es einige grundlegende Dinge, die sie nur auf der Straße lernen konnten. Dort draußen war ich der Professor. An einem eisigen Wintermorgen machte ich mich mit Greg McStravick, einem meiner jüngsten Verkäufer, auf den Weg zu einer auf Versicherungstechnik spezialisierten Firma. Greg hatte erst vor kurzem seinen Abschluss an der Villanova University gemacht und zählte bereits zu den besten Verkäufern in meinem Team. Er war ein brillanter Bursche und war sehr ehrgeizig. Ich sah großes Potenzial in ihm.

Es war so kalt, dass wir uns entschlossen, nicht zu Fuß zur Upper East Side zu gehen. Stattdessen zwängten wir uns auf den Rücksitz eines warmen Taxis (wir waren beide fast 1,90 Meter groß). Es passierte mir kaum einmal, aber an diesem Tag fror ich wirklich. Wir waren nicht die einzigen, denen es so ging, weshalb das Taxi auf der 57th Street im Stau stecken blieb. Die Uhr lief. Es war an der Zeit, uns in Bewegung zu setzen.

»Steigen Sie aus«, sagte ich zu Greg, während ich dem Fahrer das Geld reichte. »Von hier aus gehen wir.« Er griff in seine Jackentaschen. »Und verzichten Sie auf die Handschuhe.«

»Warum?« Sein Atem hing wie eine dünne Wolke in der eisigen Luft.

»Sie werden schon sehen«, antwortete ich. Nachdem wir etwa ein halbes Dutzend Blöcke zurückgelegt hatten, standen wir vor einem Gebäude, das so schick war wie seine Adresse. Im fünften Stock nahmen uns mehrere makellos gekleidete Männer in Empfang, als sich die Aufzugtür zu ihrem Büro öffnete. Wir begrüßten einander. »Sie sind ja vollkommen durchgefroren«, sagte einer von ihnen, als er Gregs eisige Hand drückte. »Danke, dass Sie sich die Mühe gemacht haben, heute hierherzukommen.« Ich zwinkerte Greg zu. In der folgenden Stunde machte er einen phantastischen Job, beantwortete alle Fragen der zugeknöpften Versiche-

rungsmathematiker und führte ihnen unsere Produkte vor. Alles
lief perfekt – bis auf das Ende. Sie erklärten uns, sie seien bereit zu
bestellen, was erfreulich war, weil wir alle Papiere für die Unter-
schriften vorbereitet hatten.

»Greg?« Er griff in seine Aktentasche, um die Verträge hervor-
zuholen, die wir im Büro vorbereitet hatten. Es herrschte Stille
im Raum, als er seine Papiere durchwühlte. Dann sah mich mein
bester Schüler an wie ein Junge, der seine Hausaufgaben vergessen hat. Niemand sagte ein Wort.

Ich durchbrach das betretene Schweigen. »Meine Herren, ich
danke Ihnen für den Auftrag. Machen Sie sich keine Gedanken,
wir werden Ihnen die Papiere im Lauf des Nachmittags vorbei-
bringen.« Im Aufzug wiederholte ich eine Lektion, die die Emo-
tion des Augenblicks bereits in Gregs Bewusstsein gebrannt
hatte. »Ein Verkaufsprofi bricht nie ohne einen Kugelschreiber
und ein Bestellformular auf.« Das musste genügen. Ich hatte
meine Meinung über Greg nicht geändert. Ich wusste, was ein
Verkaufsgespräch wie dieses für eine Karriere bedeuten konnte:
Die Lehren, die man daraus zieht, können ein Leben lang halten.

Worte ändern das Denken

Nicht jeder Mensch besitzt die angeborene Fähigkeit, zu Fremden rasch eine Beziehung herzustellen. Manche Verkäufer brachten mich zum Gähnen, wenn sie ein Verkaufsgespräch abspul-
ten. Also entwickelte ich Methoden, um ihnen dabei zu helfen,
sich zu öffnen und ein Gespräch mit dem Kunden in Gang zu
bringen. »Empfinden-Empfand-Gefunden« ist meine Abwandlung der SPIN-Technik von Xerox: »Ich weiß, wie Sie *empfinden*,
andere haben dasselbe *empfunden*, und sie haben *herausgefunden*,
dass …« Das Gespräch, das auf diese Art entsteht, beruht auf
denselben Grundlagen wie die SPIN-Technik – man hört sich an,
welche Probleme jemand hat, versetzt sich in seine Lage und fin-

det eine Lösung – aber an Empfinden-Empfand-Gefunden kann man sich unter Druck leichter erinnern. Dazu kommt, dass diese Technik authentischer ist. Meine Vertreter mochten sie und wandten sie an. Der Erfolg von Empfinden-Empfand-Gefunden zeigte mir, dass man aus etwas Gewöhnlichem etwas Besonderes machen konnte, indem man eine Idee kreativ verpackte. Ich schreckte nie vor Übertreibungen zurück, sondern stellte Analogien her und schmückte meine Aussagen mit Superlativen aus. Ich sprach in Ausrufezeichen! Ich war jetzt ein Manager, und mein Verstand produzierte reihenweise einprägsame Mottos, die deutlich machten, wie ich dachte: *Teams haben keine Geheimnisse. Keiner von uns ist so intelligent wie wir alle zusammen. An Mittelmäßigkeit ist nichts Besonderes. Setzt euren Träumen keine Grenzen.* Ich nutzte jede Phrase, die meine Leute dazu bewegen konnte, ihr Zaudern zu überwinden, oder die sie aus der eintönigen Vorstellung reißen konnte, nichts anderes zu tun als Büromaschinen zu verkaufen. Ich wusste aus erster Hand, dass Worte das Denken ändern konnten.

Gute Leistungen hervorheben und feiern

Jedes Mal, wenn ich einen der Vertreter bei einem Verkaufsgespräch begleitet hatte, begann ich die Nachbesprechung, indem ich diesen Mitarbeiter für mindestens drei Dinge lobte, die er besonders gut gemacht hatte: »Greg, Sie sind einer der Besten, wenn es darum geht, zuzuhören und sich rasch ein Bild vom Betrieb eines Kunden zu machen. Und Sie haben den Mut, nach dem Auftrag zu fragen. Das ist phantastisch.« Dann griff ich einen – nicht fünf, sondern nur einen – Bereich heraus, in dem er sich verbessern konnte: »Sie sollten nur eines im Auge behalten. Wenn Sie sich hier verbessern, werden Sie ein herausragender Verkäufer werden. Bei der Planung des Verkaufsgesprächs müssen Sie immer daran denken, einen Vertrag parat zu haben.« Ich verurteilte niemanden, und deshalb hörten mir meine Mitarbeiter ohne Angst zu.

Und jedes Mal, wenn einer von ihnen mit einem Abschluss in der Tasche ins Büro zurückkehrte, läutete er eine kleine Glocke, die ich zu diesem Zweck aufgehängt hatte. Die Kollegen spendeten Applaus, und Glückwünsche schallten durch den Raum.

Selbstloser Einsatz

Ich versuchte auch, bei meinem Team eine kollektive Bereitschaft zur Großzügigkeit zu wecken. Wann immer jemand seine Verkaufsziele erreichte oder übertraf, musste er 10 Prozent seiner Zeit dafür opfern, jenen Teammitgliedern unter die Arme zu greifen, die ihre Ziele verfehlt hatten. Diese Taktik hatte ich mir bei meinem Vater abgeschaut, der seinen Basketballern eingeschärft hatte, dass kein einzelner Spieler so wichtig war wie das Team. »Mit selbstlosem Einsatz werden wir alle gewinnen«, predigte ich dem Team F jeden Morgen, wenn es sich auf den Arbeitstag vorbereitete. Diese bewusste Selbstlosigkeit ist ansteckend.

Eine in der Vertriebsabteilung von Xerox übliche Praxis war die »Blitzaktion«. An einem »Blitztag« gab der Verkaufsleiter ein besonderes Ziel aus, und sämtliche Teammitglieder zogen los in ihr individuelles Verkaufsgebiet, um zu versuchen, dieses Ziel zu erreichen. Am Abend kehrten sie zurück und berichteten der Gruppe über ihre Ergebnisse. Wer Erfolg gehabt hatte, erntete Applaus, gewann einen Preis oder eine Einladung auf ein Bier nach der Arbeit. Ich konnte nachvollziehen, dass die Blitzaktionen die Monotonie des Verkaufsalltags durchbrachen, aber ich hielt sie trotzdem für kontraproduktiv, denn es bestand die Gefahr, dass sie die Teammitglieder gegeneinander aufhetzten. Also wandelte ich die Methode ab: An einem bestimmten Tag wählte ich den Verkäufer aus, der seinen Umsatz am deutlichsten erhö-

hen musste, und das ganze Team schwärmte in seinem Gebiet
aus. Diese solidarische Anstrengung brachte Hinweise auf potenzielle Kunden und Geschäftsabschlüsse, was sowohl den Umsatz
als auch die Stimmung des betreffenden Vertreters hob.
Bei meinen Blitzaktionen ging es nicht darum, einen Helden
für einen Tag zu küren oder die Mitarbeiter mit kostenlosen Ge-
tränken zu motivieren.
Es ging auch nicht darum, einen Nachzügler bloßzustellen. Jedes Teammitglied bekam seinen Blitztag.

Offene Worte

Ich entdeckte, dass meine Leidenschaft nicht höheren Verkaufszahlen galt. Vielmehr wollte ich andere motivieren, nach hohen
Zielen zu streben. Ich wollte dafür sorgen, dass es im Team F
keine leistungsschwachen Mitarbeiter gab.
Viele Verkäufer waren direkt von der Universität zu Xerox gekommen. Ich war ebenfalls jung und kannte die Ablenkungen,
die in New York lockten. Ich drückte kein Auge zu, wenn jemand, der die Arbeit mit zu vielen Partys auflockerte, nach einem Wochenende in den Hamptons wieder einmal am Montag
zu spät im Büro erschien, ein sonderbares Verhalten an den Tag
legte oder den Eindruck erweckte, nicht mehr mit ganzem Herzen bei der Sache zu sein. Dann bat ich diesen Mitarbeiter in
mein Büro. »Wir müssen reden.« Es war meine Aufgabe zu verhindern, dass der Eifer meiner Leute erlahmte.
»Warum mischen Sie sich in meine Arbeit ein, Bill?«
»Freiheit hat ihren Preis, mein Freund, und dieser Preis ist die
Leistung. Ich mische mich wegen Ihrer schlechten Ergebnisse
ein. Wir werden ein wenig Zeit miteinander verbringen müssen.«
Ich bin kein Babysitter, sondern ein Coach. Faulheit ist etwas anderes als Leistungsschwäche. Leistungsschwäche ist in meinen
Augen kein Versagen. »Wir können das Problem beheben, oder

wir können darüber sprechen, ob Sie anderswo bessere Leistungen bringen können.«

Es war nie meine Absicht, Mitarbeiter mit der Drohung des Rauswurfs unter Druck zu setzen. Ich wollte leistungsschwachen Verkäufern eine Wahl geben. Und ich versuchte, ihnen klar zu machen, dass es in ihrer Hand lag, erfolgreich zu sein: »Entweder entscheiden Sie sich, auf der Seite der Gewinner zu stehen, oder Sie verwässern den Erfolg der Gruppe, weil Sie Ihren Interessen Vorrang vor dem Erfolg des Teams geben.« Selbst wenn ich enttäuscht war, blieb ich gelassen und verzichtete auf Schimpftiraden. Meine Leute mussten sich sicher fühlen, selbst wenn ihr Arbeitsplatz auf dem Spiel stand.

Nichts vorenthalten

Selbstvertrauen, Vorbereitung, rasche Lagebeurteilung, Beziehungspflege, Problemlösung, Improvisation: Ich gab meinem Team alles weiter, was ich wusste. Ich enthielt ihnen nichts vor. Ich gab meinen Leuten mein Drehbuch und studierte mit ihnen die Choreographie des Verkaufsgesprächs bis zum abschließenden Händedruck ein. Die Leiter der Miniteams verbreiteten die Botschaft. Ich impfte meinen Verkäufern derart viel Selbstvertrauen ein, dass sie fast platzten. Wenn ich diese gut ausgebildeten, erfolgshungrigen Vertreter in die Straßen New Yorks hinausschickte, brannten sie darauf, durch Geschäftsabschlüsse auf der Seite der Gewinner zu stehen.

Der Circulus virtuosus: Wie man etwas, das Wert hat, zum vollen Preis verkauft

»Verkaufe dein Produkt unter Wert, und du verkaufst dich selbst unter Wert«, wiederholte ich ein ums andere Mal. »Der Preisnachlass ist der einfache Ausweg. Der Fluchtweg des Verlierers.« Ich war überzeugt, dass es schlecht war, sich als Verkäufer auf die Discountkrücke zu stützen. Auf diese Art untergrub man das Vertrauen des Kunden und den eigenen Verdienst. Aber die Versuchung, Preisnachlässe zu gewährleisten, war groß, vor allem in Anbetracht der damaligen Verkaufsparameter von Xerox.

Das Unternehmen erlaubte seinen Vertretern, jedes Gerätemodell innerhalb einer festgelegten Preisspanne zu verkaufen. Aber wenn ein Verkäufer dem Kunden zunächst einen höheren Betrag nannte und anschließend mit dem Preis herunterging, verringerte er sowohl den Ertrag des Unternehmens als auch seine eigene Provision. Ich war davon überzeugt, dass man für ein Produkt das verlangen sollte, was es wert war: seinen vollen Preis.

Bei einigen Produkten belohnte Xerox seine Vertreter für die *Zahl der verkauften Einheiten*. Die Produktpalette des Unternehmens umfasste eine Linie elektronischer Schreibmaschinen, die als Memory Writer bezeichnet wurden, weil diese Geräte die letzten vom Benutzer eingetippten Worte oder sogar ganze Dokumente speicherten. Xerox wollte seinen Marktanteil in diesem wachsenden Segment erhöhen und machte es zu einer Priorität, seine elektronischen Schreibmaschinen in die Büros seiner Kunden zu bringen. Um den Absatz anzukurbeln, lockte das Unternehmen seine Vertreter mit einer zusätzlichen Prämie, die an die Zahl der verkauften Geräte gekoppelt war.

Ich entwickelte ausgehend von all diesen Regeln eine Verkaufsphilosophie, die nicht nur den Zielen des Unternehmens dienen und meinen Verkäufern helfen sollte, ihre Ziele zu übertreffen, sondern auch dem Kunden ermöglichen würde, seine Produktivität zu erhöhen. Der Schlüssel bestand darin, meine

Verkäufer dazu zu bewegen, ihre Tätigkeit mit anderen Augen zu
betrachten: Sie sollten nicht wie Vertreter denken, die versuchten, eine Ladung Geräte mit einem Mengenrabatt loszuwerden.
Sie sollten wie Innovatoren denken, die über geeignete Werkzeuge verfügten, um für alle Beteiligten herausragende Ergebnisse zu erzielen. Ich erklärte meinen Verkäufern, dass ihre Aufgabe darin bestand, in der gesamten Produktpalette von Xerox
Lösungen zu suchen, die dem Kunden dabei helfen konnten,
bessere Resultate zu erreichen. Sie sollten dem Kunden Lösungen anbieten, die ihm mehr Vorteile brachten, als er ursprünglich
zu brauchen geglaubt hatte. Ein Kunde, der einen schnelleren
Kopierer wollte, erkannte möglicherweise nicht, wie sehr er davon profitieren konnte, obendrein 20 herkömmliche Schreibmaschinen durch elektronische zu ersetzen. Ich brachte meinen
Verkäufern bei, nicht über Preise, sondern über Lösungen nachzudenken und anschließend die geeignete Menge elektronischer
Schreibmaschinen mit der vom Kunden benötigten Zahl von Kopiergeräten zu einem Paket zu schnüren.

Zur Vereinfachung entwarf ich eine Matrix von Preisoptionen,
in der die Preise der Memory Writer in den vollen Preis verschiedener Kopiermodelle integriert wurden. In der Matrix wurden
auch Größenvorteile berücksichtigt: Je mehr Kopierer ein Kunde
kaufte, desto mehr elektronische Schreibmaschinen bekam er,
was wiederum seine Produktivität erhöhte. Ohne die Kopierer
unter Wert zu verkaufen, konnten wir unseren Kunden auf diese
Art mehr Wert anbieten. Und so erreichten auch das Team F und
das gesamte Unternehmen ihre Ziele: höhere Umsätze und einen höheren Stückzahlabsatz. Alle Beteiligten gewannen.

Für die Kunden war die Aussicht verlockend, im Paket mit ihren Kopiergeräten ohne zusätzliche Kosten Dutzende elektronische Schreibmaschinen zu erhalten. Für mein Team war es ef-
fizienter, mehrere Produkte in einem Paket zusammenzufassen,
anstatt zu versuchen, zwei getrennte Geschäfte abzuschließen.
Um meinen Leuten die Arbeit weiter zu erleichtern, verfasste ich

ein Skript für die gesamte Transaktion – vom Verkaufsgespräch bis zu den Verträgen –, so dass es keine Debatten über den richtigen Ablauf gab. Aber das Team F bündelte nicht einfach nur Produkte: Es weitete ein auf Technologie beschränktes Gespräch aus und machte daraus ein Gespräch über Produktivität. So gelang es uns, hohe Umsätze zu erzielen und gleichzeitig hohe Stückzahlen zu verkaufen. Und von Xerox bekamen wir Anerkennung für beides.

Was wirklich wichtig ist

Ich begleite Everton Harrison, der etwa fünf Jahre älter ist als ich, auf seiner Verkaufstour in der Bronx. Der Tag ist mit Kundenterminen gefüllt, darunter ein Besuch bei einem gereizten Einkaufsmanager eines medizintechnischen Unternehmens, der mit dem Kundendienst von Xerox unzufrieden ist. Everton sagt, der Mann wolle »nur mit dem Chef« sprechen.

Es regnet, als Everton seinen verbeulten burgunderroten Volvo auf den Cross Bronx Expressway steuert. Aus dem Radio dringen abgehackte Fetzen von Bon Jovis »Livin' on a Prayer«, der rechte Scheibenwischer funktioniert nicht mehr. Ich kurbele das Beifahrerfenster herunter und versuche, die Windschutzscheibe mit meinem Taschentuch abzuwischen. Aber es gelingt mir nur, das Wasser zu verteilen – und den rechten Ärmel meines Sakkos zu durchnässen.

»Tut mir leid wegen Ihrem Anzug«, sagt Everton.

»Machen Sie sich keine Sorgen, Ev. Er wird trocknen.« Er scheint sich ein wenig für den Volvo mit seinem leblosen Scheibenwischer und seinem stockenden Radio zu schämen. Neben meinem Fuß klafft ein ausgefranstes Loch im Boden. Aber das Auto ist mir vollkommen gleichgültig, ich bin mit alten Autos aufgewachsen. Ich denke darüber nach, wie ich Evertons Selbstvertrauen für die bevorstehenden Kundenbesuche aufbauen kann.

Sein früherer Vorgesetzter hat ihm an den Kopf geworfen, er sei »für diese Art von Verkauf nicht gemacht«. Ich bin anderer Meinung. Everton hat im College Fußball gespielt und besitzt das Durchhaltevermögen und den Antrieb eines ehrgeizigen Sportlers. In Verbindung mit seiner unbeschwerten Art könnten diese Eigenschaften Wunder wirken.

»Sie bringen das Gespräch in Gang«, sage ich ihm auf dem Weg zu der Medizinfirma. »Wenn Sie sich mit dem Mann in die Haare kriegen, denken Sie daran: Der Kunde ist nicht Ihr Gegner.«

»Er ist wirklich sauer auf uns.«

»Schauen Sie«, sage ich. »Er hat die Vereinbarung in der Hoffnung geschlossen, dass alles gut funktionieren würde. Jeder wünscht sich das, wenn er eine Vereinbarung schließt. Aber Xerox hat ihn enttäuscht. Wir haben es verbockt. Wir müssen ihn zurückgewinnen. Konzentrieren Sie sich nicht auf das Verkaufen, Ev. Wir sind nicht hier, um dem Geld nachzujagen. Wir sind hier, um das Vertrauen dieses Mannes zurückzugewinnen. Das Geld wird folgen. Vertrauen Sie mir, Ev. Das Geld wird folgen.«

»Verstanden.«

»Wenn es Ärger gibt und Sie in eine Sackgasse geraten, überlassen Sie das Gespräch mir. Ich werde es beruhigen und Ihnen anschließend den Ball zurückspielen, damit Sie den Abschluss machen können, denn das können Sie sehr gut.«

Im Büro des Kunden stelle ich fest, dass Everton Recht gehabt hat. Der Kunde ist wütend auf uns. Aber wir spulen das Gespräch herunter wie einstudiert, wir spielen uns den Ball zu und räumen unsere Fehler ein. Als wir uns verabschieden, hat uns der Kunde die Erlaubnis gegeben, sein altes Kopiergerät durch ein neueres Modell zu ersetzen und ihm mehrere elektronische Schreibmaschinen zu liefern.

Everton ist begeistert, und dasselbe gilt für mich.

Als wir mittags hungrig werden, lotst Everton mich zu seinem Lieblingsrestaurant, einem Jamaikaner. Es geht das Gerücht um, dass Ev und Hilvan Finch, ein weiterer Vertreter, der in der Bronx arbeitet, einmal ihre frühere Managerin dorthin brachten und ein jamaikanisches Fleischpastetchen im Teigmantel für sie bestellten. Dabei handelt es sich um einen mit Kokosmilch bestrichenen Teigfladen, der um eine Hackfleischfüllung gewickelt ist. Diese Kalorienbombe enthält derart viel Fett, dass die Vorgesetzte der beiden auf dem Rücksitz des Volvo einschlief. Jetzt bin ich an der Reihe.

Everton parkt den Wagen, und wir laufen durch den Regen zum Restaurant. Wir bestellen das Essen und tragen es in zugeknoteten Tüten zum Auto zurück. Ich beginne zu essen, während Everton uns zu unserem nächsten Kunden fährt.

»Der berühmte Kokosfladen!«, sage ich und hebe die Speise, die wie eine Empanada aussieht, aus der Styroporschachtel. Der Volvo rumpelt durch die Schlaglöcher, und ich muss mich sehr konzentrieren, um die Pastete zu balancieren und gleichzeitig Evertons Lunchtüte, die vor mir auf dem Boden steht, mit den Füßen zu stabilisieren. Wir wären ein interessanter Anblick: Während Ev durch eine überschwemmte Windschutzscheibe späht, um seinen Weg durch die Bronx zu finden, versuche ich, eine dampfende jamaikanische Hackfleischrolle unter Kontrolle zu halten, damit mir die Soße nicht auf die Hose tropft.

Ich liebte diese Momente mit meinen Teammitgliedern. Auf der Straße. Im Büro. Am Feierabend. Das Team F wurde zu einer zweiten Familie für mich. Im Winter mieteten wir gemeinsam an Wochenenden eine Skihütte im Norden des Staats New York. Im Sommer pilgerten wir gemeinsam an den Strand in New Jersey. Nach der Arbeit gingen wir zusammen im 44. Stock des Gulf and Western Building etwas trinken, um anschließend zum Tanzen in einen Nachtklub wie das Studio 54 oder das Silver Shadow weiterzuziehen.

Wie die unvergesslichen Kindheitserlebnisse hatten auch diese spontanen Augenblicke große Bedeutung für mich – von der Fleischrolle mit Ev in der Bronx bis zur Cocktail Hour im Rainbow Room mit dem ganzen Team.

Ein echter Sieg

Am Ende des Jahres 1987 war das Team F das beste neue Verkaufsteam von Xerox USA.

Noch bedeutsamer war, dass jeder einzelne Verkäufer in unserem Team eine Reise zum President's Club gewonnen hatte, ein Erfolg, der außergewöhnlich und möglicherweise sogar eine Premiere war. Wir feierten. Wir lagen am Strand in der Sonne und tanzten auf den Tischen. Der operative Leiter von Xerox, Barry Rand, würdigte unsere Leistung. Rand war ein Vorbild für mich. Als er an unseren Tisch kam, um uns zu gratulieren, war ich ungeheuer stolz.

»Ändern Sie nie Ihre Führungsmethode, Bill«, sagte er zu mir. Rand vertrat eine Denkweise, die zu einem festen Bestandteil meines Stils wurde. Er pflegte zu sagen: »Führung ist die Kunst, eine Anhängerschaft aufzubauen.«

Nachdem ich das Team F neun Monate lang geführt hatte, hatte ich die Gewissheit, dass mir der Erfolg mit anderen Menschen wichtiger war als der individuelle Erfolg. Das war genau, was ich tun wollte: Ich wollte ein Team inspirieren, mit Kühnheit ein anspruchsvolles Ziel anzustreben. Ich wollte das Selbstvertrauen der Teammitglieder wecken, sie dazu bringen, ihr Talent auszuschöpfen, ihnen neue Fähigkeiten vermitteln und ihre verschiedenartigen Stärken in einer gemeinsamen Anstrengung verschmelzen. Also versuchte ich es im Jahr 1988 erneut. Es kamen ein paar neue Verkäufer dazu, aber auch in diesem Jahr sicherte sich mein Team den Platz an der Sonne.

Die wahre Belohnung waren jedoch nicht die Urlaubsreisen oder die Dinge, die wir uns mit unserem Geld kaufen konnten. Natürlich unternahmen die Mitglieder meines Teams Reisen und lernten neue Orte kennen. Sie kauften sich Häuser, zahlten Kredite ab und leisteten sich Luxusgüter. Ich ersetzte den Firebird durch eine nagelneue rote Corvette. Aber wäre ich damals gefragt worden, so hätte ich voraussagen können, dass alle Teammitglieder 30 Jahre später vergessen haben würden, wie viel sie damals verdient oder welche Insel sie besucht hatten. Stattdessen würden sie sich daran erinnern, wie sie sich als Mitglieder eines Siegerteams gefühlt hatten: selbstsicher, begeistert, wertvoll, wagemutig, stolz, besonders.

Ich verdiente mir in meinen ersten acht Jahren bei Xerox acht Mal die Teilnahme am President's Club. Aber wenn ich mitten im Winter sonnengebräunt ins Büro zurückkehrte, sehnte ich mich nicht nach dem Strand zurück. Ich konnte es nicht erwarten, wieder an die Arbeit zu gehen. Die Belohnungsausflüge waren phantastisch, und sie waren ein ausgezeichnetes Werkzeug, um den Mitarbeitern für ihren Einsatz im abgelaufenen Jahr zu danken und sie für das nächste Jahr zu motivieren. Aber die Monate, die ich damit verbrachte, meine Teams zu inspirieren, waren sehr viel erfüllender. Am meisten bedeutete mir der Rhythmus dieses Lebens: Meine Leute anspornen. Durch die Straßen streifen. Geschäfte abschließen. Mit dem Team Erfolge feiern. Alles tun, was nötig war, um mein Team zum Besten im Unternehmen zu machen.

TEIL 3

INSPIRATION

10

Wahrhaftigkeit

Dies über alles: Sei dir selber treu.

WILLIAM SHAKESPEARE, HAMLET

Ich sah Julie zum ersten Mal am Ende des Flurs vor dem Büro meines Vorgesetzten. Sie saß mit mehreren anderen Bewerbern auf einem Sofa. Sie hatte glattes, schulterlanges blondes Haar und trug einen schwarzen Rock und einen passenden Blazer mit weißer Bluse und Rüschenfliege. Das war in den achtziger Jahren die übliche Geschäftskleidung für Frauen. Trotzdem sah sie hinreißend aus. Eine Stunde später betrat sie mein Büro. Sie wirkte selbstsicher und freundlich. Ich hatte keine Ahnung, dass Julie ihre Stellung als Finanzanalystin bei der *New York Times* aufgegeben hatte, um einen neuen beruflichen Weg einzuschlagen und in den Verkauf zu wechseln. Ich wusste auch nicht, dass sie gekündigt hatte, obwohl gerade noch genug Geld für zwei Monatsmieten auf ihrem Konto lag. Und mir war nicht bewusst, dass sie sich gerade vom Bewerbungsgespräch mit meinem Kollegen erholte, einem harten Vertriebsmanager, der Spaß daran hatte, Menschen kleinzukriegen, anstatt sich darum zu bemühen, sie aufzubauen. Als er Julie aufgefordert hatte, zu erklären, warum sie glaubte, ihre Erfahrung in der Buchhaltung sei eine ausreichende Qualifikation für den Posten einer Vertriebsvertreterin in Manhattan, war er nicht an der Antwort interessiert gewesen. Als Julie sich danach zu unserem Interview niederließ, wirkte sie nicht eingeschüchtert. Aber hinter der Fassade ihres Lächelns war ihr Selbstvertrauen fast so gering wie das Guthaben auf ihrem Bankkonto.

Ich warf einen Blick auf ihren Lebenslauf und stellte fest, dass sie zugelassene Rechnungsprüferin war. Aber in Wahrheit interessierte mich nicht, was ein potenzieller neuer Mitarbeiter auf ein Blatt Papier geschrieben hatte. Also begann ich, ihr wie gewohnt Fragen nach ihrer Herkunft und ihren Zielen zu stellen. Meine Neugierde schien sie zu überraschen.

Julie war im Mittleren Westen aufgewachsen, wo sie an einer staatlichen Universität Rechnungswesen studiert hatte. Ich machte mir im Geist eine Notiz: *Wir haben im selben Jahr unser Studium abgeschlossen.* Nach dem College war sie von der Wirtschaftsprüfungsfirma Arthur Andersen eingestellt worden und nach Denver gezogen, wo sie zwei Jahre geblieben war. Anschließend war sie nach San Diego umgezogen, wo sie als interne Rechnungsprüferin für eine Immobiliengesellschaft gearbeitet hatte, bevor sie nach New York gekommen war. *Diese Frau hat Mumm.* Aber die Arbeit bei der *New York Times* gefiel ihr nicht. Sie sagte, der Job als Analystin bringe sie um: In der kleinen Bürozelle kam sie sich vor wie eine Blume ohne Sonnenlicht. So hatte sie sich ihr Leben nicht vorgestellt, als sie Wyoming verlassen hatte. *Eine Frau mit Träumen!* Julies Vater lebte immer noch in Wyoming, wo er für die staatliche Autobahnverwaltung arbeitete. Ihre Mutter war an Krebs gestorben, als Julie 14 Jahre alt war. *Ich kann mir nicht vorstellen, wie sie gelitten haben muss.* Ich war hingerissen vom Mut und Ehrgeiz dieser Frau, und in ihrer Gegenwart fühlte ich mich wohl. Ich kam zur Ruhe. Dazu kam, dass sie sich darauf verstand, Blickkontakt herzustellen – sie hatte wunderschöne blaue Augen.

Wie allen Bewerbern, mit denen ich sprach, gab ich ihr zum Abschied meine Visitenkarte. *Bleib professionell, Bill.* »Sie werden in einigen Tagen von unserer Personalabteilung hören, Julie. Wenn Sie Fragen haben oder etwas brauchen, dann zögern Sie bitte nicht, mich anzurufen.«

Als sich die Vertriebsmanager später versammelten, um die

Bewerber dieses Tages zu beurteilen, war sogar der Bursche, der Julie in die Mangel genommen hatte, weil sie aus dem Rechnungswesen kam, derselben Meinung wie die übrigen von uns: Sie war sehr qualifiziert. Ich dachte: *Diese Frau hat die schlimmste vorstellbare Tragödie, den Tod ihrer Mutter, erlebt, und ist stark genug, ihrem Herzen zu folgen.* Wir beschlossen, sie ins Schulungsprogramm aufzunehmen.

Zwei Wochen später fand ich auf dem Anrufbeantworter eine Nachricht von Julie vor. Ich lächelte. Ich rief sie sofort zurück. Sie hatte nichts von Xerox gehört und wurde von einer Versicherungsgesellschaft gedrängt, ein Stellenangebot anzunehmen. Das musste ein Witz sein. »Bill, ich habe mich gefragt, ob Sie mir einen Rat geben können. Wie kann ich herausfinden, ob ich weiterhin für den Posten als Vertreterin in Frage komme? Ich möchte wirklich gerne bei Xerox arbeiten.« Ihr Tonfall war professionell, da war kein Anflug von Panik zu hören, obwohl sie, wie ich später herausfinden sollte, zu diesem Zeitpunkt nur noch 25 Dollar auf dem Konto hatte.

»Julie, bleiben Sie nach unserem Gespräch bitte beim Telefon sitzen. Es wird in 15 Minuten klingeln.« Die Bürokratie von Xerox war kein Rätsel mehr für mich, aber sie machte mich wütend. Ich rief in der Personalabteilung an. »Wir haben vor zwei Wochen vereinbart, diese Frau einzustellen. Was ist da los?« Ich bekam eine lächerliche Begründung zu hören. »Eure Geschichten könnt ihr euch sparen. Wir werden ihr noch heute sagen, dass die Xerox Corporation sie einstellt.« Eine Stunde später erhielt Julie einen Anruf von einem Personalmanager, der ihr die Stelle anbot.

Mit 25 Jahren war sie die älteste Teilnehmerin an der Verkäuferschulung, und sie machte sich sehr gut. Sie entschied den Demo-Wettbewerb für sich und schloss den Kurs als Beste ihrer Klasse ab. Drei Monate nach ihrem Eintritt ins Unternehmen war der Zeitpunkt gekommen, die neuen Vertreter den Vertriebsteams zuzuteilen. Julie wollte ins Team F. Aber ich konnte nicht zulassen, dass sie für mich arbeitete. Ich drängte meine Kollegin

Grace, Julie in ihr Team aufzunehmen. Grace, die sich durch ein ausgeprägtes Konkurrenzdenken auszeichnete, wurde misstrauisch: Warum hat McDermott kein Interesse an der besten Nachwuchsverkäuferin? Aber das Problem war ja gerade, dass ich Interesse an ihr hatte.

»Bitte, Grace, vertrauen Sie mir.« Sie tat es. Später sollte sie mir noch dankbar sein, als Julie eine ihrer produktivsten Verkäuferinnen wurde.

In den folgenden Monaten begegnete ich Julie bei Vertreterversammlungen, im Vorübergehen und bei verschiedenen Ausflügen der Abteilung. Einmal traf ich sie beim Aufzug und zog einen zerrissenen Zeitungsschnipsel von der Größe einer halben Spielkarte aus meiner Brieftasche. Es war eine Annonce mit einem unscharfen Schwarzweißphoto von einem Haus. Es war das zweite Haus, das ich in Amityville gekauft hatte, wo ich mich deswegen nun ein wenig wie ein Immobilienmagnat fühlte.

»Julie, was halten Sie von diesem Haus?«

»Sieht sehr hübsch aus«, antwortete sie. »Wieso?«

»Ich habe es gekauft.« Ich erklärte ihr nicht, warum ich es gekauft hatte, sondern ging lächelnd weg.

Seit dem Augenblick, als ich Julie auf jener Couch hatte sitzen sehen, wollte ich sie fragen, ob sie mit mir ausgehen würde. Ich war mit anderen Frauen ausgegangen, aber mein Gefühl sagte mir, dass Julie etwas Besonderes war. Und mit 25 Jahren war ich bereit für etwas Besonderes. Trotz all des außerberuflichen gesellschaftlichen Lebens, das ich als junger Manager führte, und trotz der Begeisterung, mit der ich mich meinem Team widmete, fühlte ich mich am wohlsten, wenn ich mit einer Person an einem ruhigen Ort allein war. Im Grunde meines Herzens war ich ein Familienmensch, der einen Abend zu zweit einer Party vorzog. Mit 25 Jahren war ich in Wahrheit auf der Suche nach der richtigen Partnerin.

Als sich Julie acht Monate nach unserer ersten Begegnung in ihrem Job zurechtgefunden und ihr Talent unter Beweis gestellt hatte, beschaffte ich mir auf diskrete Art ihre Telefonnummer und lud sie ein, mit mir auszugehen. Sie war einverstanden, und beim Abendessen sah ich mich in meiner Einschätzung bestätigt: Das Schönste an dieser Frau war ihr Wesen. Ich war erst wenigen Menschen begegnet, die sich so sehr für andere interessierten. Julie erkundigte sich genau nach meiner Familie und hörte gerne zu. Und zum Glück gefiel ich ihr ebenso wie sie mir: Sie erzählte mir, dass ihr jedes Mal, wenn sie mir begegnet war, ein wenig der Atem weggeblieben war. Sie erinnerte sich an einen Tag, an dem wir zusammen vom Xerox-Sitz in Midtown zur 57th Street gegangen waren. »Ich wäre fast ohnmächtig geworden bei dem Versuch, mit dir Schritt zu halten«, sagte sie lachend.

Zwei Jahre später zogen wir gemeinsam in das Haus in Amityville, das ich ihr damals in einer Zeitungsannonce gezeigt hatte. »Ich habe es für dich gekauft«, gestand ich ihr endlich. Es klang wie eine Phrase, aber es war die Wahrheit.

Am 20. April 1991 heirateten wir in Myrtle Beach in South Carolina, unweit des Ferienhauses meiner Eltern. Die Hochzeit war wunderbar. Ich war umgeben von dem, was ich am meisten liebte: Da waren Julie, meine Familie, der Ozean, meine ältesten Freunde und sogar ein paar Kollegen von Xerox, die mir nahestanden. Everton und Hilvan aus dem Team F hatten eine zwölfstündige Fahrt in Evertons altem Volvo auf sich genommen, um nach South Carolina herunterzukommen.

Julie war wunderschön. Wir tanzten zu »Unchained Melody« von den Righteous Brothers und scherzten über meinen Musikgeschmack, der etwa eine Generation hinter der Zeit herhinkte. Ich liebte diese Frau seit dem Augenblick, als ich sie das erste Mal gesehen hatte, und ich hegte keinen Zweifel daran, dass ich sie immer lieben würde.

Julie hatte immer von Flitterwochen in Hawaii geträumt. Wir beschlossen, sie mit dem jährlichen Ausflug der erfolgreichsten Verkäufer zu verbinden – an dem wir in jenem Jahr beide teilnehmen durften. Während der feierlichen Verleihung der Auszeich-

nungen wurden Julie und ich gemeinsam auf die Bühne gerufen,
wo man uns zwei T-Shirts mit der Aufschrift »Just Maui'ed«
überreichte. Es war perfekt.

Ich hatte bei Xerox so viel mehr als einen Traumjob gefunden:
wahre Liebe, eine Seelenverwandte und eine wirkliche Partnerin.

Reifung

Auch neun Jahre nach meinem Eintritt in das Unternehmen
fühlte ich mich wie der größte Glückspilz auf Erden, denn ich tat
genau das, was ich tun wollte – und mittlerweile arbeitete am anderen Ende des Flurs obendrein die Liebe meines Lebens.
Meine Fähigkeiten als Verkäufer und Manager wuchsen, aber
das Unternehmen alterte. David Kearns war als CEO zurückge-
treten. Seinen Platz an der Spitze von Xerox hatte Paul Allaire
eingenommen. Allaires Ausrichtung auf die Finanzen und sein
seriöses Gebaren waren das Gegenstück zu Kearns Konzentration auf das Marketing und seine charismatische Führung. Ich
mochte Allaire, er war ein guter Unternehmensleiter. Aber wie
viele im Unternehmen vermisste ich Kearns' Tatkraft. Es herrschte
Einigkeit darüber, dass er das Unternehmen gerettet hatte, indem
er uns auf einen besseren Kundendienst und höhere Produktqualität eingeschworen und die Kopiererserie 10 eingeführt hatte.
Und Ende der achtziger Jahre hatten wir dann die Dominanz der
ausländischen Konkurrenten durchbrochen und Marktanteile zu-
rückerobert. 1989, dem letzten vollen Jahr von Kearns an der
Spitze des Unternehmens, war Xerox eines von nur zwei amerikanischen Unternehmen, die mit dem Malcom Baldrige National Quality Award ausgezeichnet wurden. Der Baldrige-Preis war
die Bestätigung dafür, dass unser Betrieb sehr gut funktionierte.
Allaire profitierte von Kearns' Vermächtnis im Bereich der
Qualität, gleichzeitig erbte er jedoch auch eine unausgewogene
Bilanz. Die schlechte Kursentwicklung der Xerox-Aktie in den

achtziger Jahren hatte die Investoren vergrault, was nicht zuletzt an einem misslungenen Versuch des Unternehmens lag, mit einem Einstieg ins Versicherungsgeschäft sein Produktportfolio zu diversifizieren. Die Finanzdienstleistungen waren zu weit von unserem Kerngeschäft entfernt, und die Verluste im Versicherungsbereich schmälerten die Erträge in rentablen Geschäftsbereichen. Seit meinem Eintritt in das Unternehmen hatte ich etwa alle anderthalb Jahre den Posten gewechselt. Nachdem ich zwei Jahre lang das Team F geleitet hatte, wurde ich mit der Führung einer phantastischen Gruppe von Kundenbetreuern betraut; im Jahr 1989 wurden wir zum besten Team im Unternehmen. Auch die Mitglieder meines nächsten Kundenbetreuungsteams waren talentiert und sicherten sich den Spitzenrang in der Region Ost und den zweiten Platz in den Vereinigten Staaten insgesamt.

Im Jahr 1991 zog mich das Management von der Kundenfront ab, damit ich mich mit den betrieblichen Abläufen vertraut machen konnte. Anstatt Verkäufer zu führen, begann ich, Marketingprogramme zu leiten und machte mich mit Preisgestaltung und Positionierung neuer Produkte vertraut. Als Vertriebsmanager arbeitete ich Seite an Seite mit einem regionalen Bereichsleiter, der für ein 500-Millionen-Dollar-Geschäft verantwortlich war. Überall in New York und Connecticut schwärmten täglich rund 400 Vertreter aus, um anhand der von mir gestalteten Verkaufspläne, Verkaufsmaterialien und Preismodelle neue Geräte zu verkaufen. Die Vermarktung der Geräte zu planen war strategisch anspruchsvoller als der Verkauf dieser Geräte an einzelne Kunden, denn im Gegensatz zur individuellen Verkaufsverhandlung hatte man hier keinen Spielraum zur Improvisation. Wie im Verkauf ging es auch im Marketing darum, die Bedürfnisse von Menschen richtig zu deuten, in diesem Fall allerdings aus der Entfernung.

Beispielsweise war der erste Farbkopierer von Xerox schwer zu verkaufen. Wir konkurrierten mit Kodak und Canon, deren Technologie für eine hohe Bildqualität bekannt war. Wenn es darum ging, schöne Bilder zu erzeugen, konnten die Xerox-Kopierer nicht mit den Konkurrenzprodukten mithalten. Also erzählten wir eine andere Geschichte, in der die besondere Stärke unseres Unternehmens hervorgehoben wurde: unsere Erfahrung in der hochwertigen Reproduktion *geschäftlicher* Dokumente. In unserer Marketingbotschaft verschmolzen wir diesen Vorzug mit dem Wunsch unserer Geschäftskunden, ihre Ideen schriftlich zu vermitteln. Wir konzentrierten uns auf Branchen, in denen der Schriftverkehr besonders wichtig war. Finanzdienstleister und Wirtschaftsprüfungsfirmen waren genau die richtigen Adressaten. Sie sind ein Investmentbanker, der für die Führungsriege eines Kundenunternehmens eine große Präsentation vorbereitet, mit der Sie sich einen Geschäftsabschluss zu sichern erhoffen? Argumentieren Sie überzeugender, indem Sie die wichtigen Zahlen auf Papier in leuchtendem Rot, Grün oder Blau hervorheben. Die Schaubilder und Daten werden den Betrachter beeindrucken – und das für sehr viel weniger Geld als bei den extravaganten Farbkopierern unserer Konkurrenten.

Es war eine verlockende intellektuelle Herausforderung, die Grenzen des herkömmlichen Denkens zu sprengen, um einen Weg zu finden, mit einer neuen Technologie die Ergebnisse eines Unternehmens zu verbessern. Aber allzu oft fühlte ich mich gefangen, wenn ich in Sitzungen mit Leuten saß, die eine halbe Stunde brauchten, um eine Idee zu erklären, die sie meiner Meinung nach auch in einer halben Minute hätten erklären können. Die Zeit verstrich quälend langsam für jemanden, der an unablässige Bewegung gewöhnt war. Ich sehnte mich nach der Straße, nach den Streifzügen mit den Verkäufern, nach dem Gespräch mit den Kunden. Trotzdem hörte ich in diesen Sitzungen aufmerksam zu und versuchte, mehr über Finanzen und Betriebsabläufe zu lernen und mir Strategien anzueignen, die ich anwenden konnte, wenn ich einmal einen eigenen Geschäftsbereich leiten würde – und ich hoffte, dass es bald soweit sein würde.

Authentisch

Da meine Energie nicht mehr von den täglichen Verkaufstouren aufgezehrt wurde, fiel meine Einsatzbereitschaft in der von Zurückhaltung geprägten Atmosphäre bei Xerox noch mehr auf. Ein Kollege riet mir, ich solle aufhören, ständig das Wort »Leidenschaft« zu verwenden. Ein anderer legte mir nahe, ich solle meinen direkten Untergebenen nicht ständig sagen, dass es die Aufgabe der Manager sei, ihren Mitarbeitern zu dienen. Einige hochrangige Führungskräfte sahen mit Sorge, dass ich freigebig Lob spendete und meinen Untergebenen beträchtlichen Entscheidungsspielraum gab. Andere bezweifelten, dass mein unerschütterlicher Optimismus authentisch war oder dem Unternehmen diente. Aber Manager wie Tom Dolan und Roy Haythorn wussten mittlerweile, dass sich hinter meinem Lächeln solide Fähigkeiten und Resultate verbargen. Also ließen sie mich nach Belieben schalten und walten. Aber Kollegen, die mir in einer Sitzung begegneten oder mir nur hin und wieder im Flur über den Weg liefen, fragten sich, ob dieser Bursche, der unentwegt mit einem fröhlichen Grinsen daherkam, auch in der Lage sein würde, harte Entscheidungen zu fällen und leistungsschwache Mitarbeiter anzutreiben oder hinauszuwerfen.

Ich hielt mich an David Kearns' Methode und tolerierte die Skeptiker, weil ich wusste, dass ich sie mit den Ergebnissen meines Teams überzeugen konnte. Aber die Zyniker, jene Leute, die sich weigerten, an die Wirkung einer positiven Einstellung zu glauben, oder sich darüber lustig machten, duldete ich nicht. Um ein Zyniker zu sein, brauchte man keinen Mut, und ein Zyniker hatte offenkundig keine Träume. Schlimmer noch, mit seinem Gift untergrub er die Zuversicht, die den Menschen die Kraft gab, zu glauben, dass sie das Unmögliche möglich machen konnten.

Ein Zyniker hätte nie geglaubt, dass der schlechteste Regionalbezirk von Xerox imstande sein würde, sich in den besten zu verwandeln. Das war vermutlich der Grund dafür, dass kaum jemand im Unternehmen daran interessiert war, die Leitung des Gebiets Puerto Rico/Virgin Islands zu übernehmen. Anfang der neunziger Jahre belegte diese in der Karibik stationierte Einheit bei den Verkaufszahlen den letzten Platz unter den 64 amerikanischen Xerox-Bezirken. Puerto Rico/Virgin Islands war der schlechteste Bezirk. Um dieses sonnige Gebiet von den Toten aufzuerwecken, bedurfte es einer emotionalen Generalüberholung. Und das war der Grund dafür, dass im Sommer 1992 mein Telefon klingelte.

11

Bilder des Erfolgs

Die unternehmerische Methode besteht darin, kühn
zu planen und entschlossen zu handeln, eine Karte der
Möglichkeiten zu zeichnen und sie anschließend gemäß
ihrer Wahrscheinlichkeit zu behandeln.

CHRISTIAN N. BOVEE

»Bill, fliegen Sie hinunter nach Puerto Rico und machen Sie sich ein Bild von der Lage«, sagte Al Byrd, der Leiter der Region Süd. »Wenn Ihnen der Job gefällt, gehört er Ihnen.« Aus dem Fenster von Byrds Büro in der amerikanischen Hauptstadt hatte man einen schönen Blick auf das Washington Monument, aber in meinem Kopf war nur Platz für einen Gedanken: *Will ich wirklich den schlechtesten Bezirk von Xerox leiten?*

Al Byrd war ähnlich geradlinig und warmherzig wie Barry Rand, und wir verstanden uns auf Anhieb. Er erklärte mir, dass er in Puerto Rico keinen Manager auf dem Chefsessel haben wollte, den er bei der Hand nehmen musste. Er brauchte dort keinen Manager, sondern eine Führungspersönlichkeit. Puerto Rico zog seine ganze Region mit sich hinunter. Schlechter als der 64. Rang konnte es nicht mehr werden.

Daheim in New York lag ich die ganze Nacht wach. Der Posten eines Bezirksmanagers war *der* Job bei Xerox, aber war es vielleicht nur ein halbes Kompliment, dass sie mir ein so wenig erstrebenswertes Engagement angeboten hatten? Die bisherige Geschichte dieses Bezirks war ein Albtraum. Und Puerto Rico?

Das Land der Flipflops und Piña Coladas, in dem Gringos wie ich Urlaub machten? Ich war Mr. New York. Wenn ich ein bisschen Geduld hatte, würde mir Xerox einen Bezirksleiterposten in Manhattan anbieten.

Zwei Überlegungen hielten mich davon ab, das Angebot auszuschlagen. Erstens war ich fest davon überzeugt, dass das Verbesserungspotenzial umso größer wurde, je schlimmer eine Situation war. Vielleicht konnte Puerto Rico eine Sensation werden. Zweitens war mein bisheriger Lebensweg mit unerwarteten Gelegenheiten gepflastert: Als ich ein Schild im Schaufenster eines Delis gesehen hatte ... als sich mein Chef entschlossen hatte, den Laden zu verkaufen ... als ich bei jener ersten Beförderung übergangen worden war ... als in Uptown Manhattan die Position eines Vertriebsmanagers frei geworden war. All diese Gelegenheiten hatte ich beim Schopf gepackt. Nach neun Jahren bei Xerox wusste ich, dass sich derjenige, der Gelegenheiten ergriff, einen entsprechenden Ruf erwarb. Dasselbe galt für den, der auf den perfekten Job wartete.

Ich lag wach und führte in meinem Kopf eine Debatte. Sollte ich unseren ganzen Besitz in einen Container verfrachten und in ein Land schicken, dessen Sprache ich kaum beherrschte? Und ausgerechnet jetzt? Es war erst eine Woche her, dass unser erster Sohn Michael James zur Welt gekommen war. Die Ärztin schwor, sie habe nie zuvor einen frischgebackenen Vater gesehen, der im Kreißsaal einen derart hohen Freudensprung gemacht hatte. Julie und ich lebten unweit der Xerox-Zentrale in einer schönen Wohnung in Murray Hill. Die Grand Central Station war so nah, dass meine Mutter jederzeit rasch in die Stadt kommen konnte, um Julie mit dem Baby zu helfen. Puerto Rico war nicht nur weit von allem entfernt, was wir kannten und liebten, zudem war San Juan, der Sitz der Xerox-Niederlassung, nicht unbedingt ein sicherer Ort. Ob das ein guter Platz für eine junge Mutter und ihr neugeborenes Kind sein würde?

Eines der Geheimnisse der ausgezeichneten Beziehung zwischen Julie und mir war, dass es uns gelang, unsere langfristigen Ziele abzustimmen und einander kurzfristig zu vertrauen. Noch bevor Michael geboren wurde, stand für uns fest, dass die Kindererziehung von uns beiden großen Einsatz fordern würde. Die Familie war mir so wichtig, dass ich unabhängig von der Entwicklung meiner Karriere fest entschlossen war, stets am Freitagabend heimzukehren und das Wochenende mit der Familie zu verbringen. Wir vereinbarten, dass sich Julie vollkommen auf die Kinder und den Haushalt konzentrieren würde, wenn mein beruflicher Erfolg uns versorgen konnte. So sehr ihr ihre Arbeit gefiel, war das Julies Wunsch, und ich war ihr dankbar dafür. Ich wusste, dass sie sich der Familie mit derselben Leidenschaft und denselben Fähigkeiten widmen würde, die sie bei Xerox so erfolgreich gemacht hatten. Und Julie verstand bereits, welches Tempo ich vorlegte, und hatte mit eigenen Augen gesehen, wie viel Zeit ich in andere Menschen investierte. Es war uns beiden klar, dass ich nicht so erfolgreich und glücklich sein würde, wenn ich mein Berufsleben mit geringerer Intensität führte.

Nach einer schlaflosen Nacht einigten wir uns darauf, dass wir uns Puerto Rico genauer ansehen sollten. Ich würde hinunterfliegen und mir ein Bild von der Lage machen.

»Bill«, sagte Julie. »Ich habe volles Vertrauen, dass du die richtige Entscheidung fällen wirst.«

Potenzial erkennen

Als ich durch die Verkaufsabteilung der Xerox-Niederlassung in Puerto Rico ging, war ich alarmiert. Hier waren dringend Reparaturen nötig. Von den Fußbodenläufern bis zur Moral war dort nach 30 Jahren alles abgenutzt. Es herrschte kein emsiges Treiben. So wie die Verkaufszahlen lag der ganze Bezirk am Boden.

Das Büro befand sich im 17. Stock eines modernen geschwungenen Gebäudes an der Milla de Oro (der »goldenen Meile«),

einer sorgfältig gepflegten Geschäftsoase, in der viele globale
Unternehmen ihre Karibikzentralen untergebracht hatten. Es
freute mich zu sehen, dass unsere Nachbarn ernst zu nehmende
Unternehmen waren und dass unsere Angestellten nicht in
Strandbekleidung zur Arbeit kamen.

Ich platzte in die Bürozellen hinein und stellte mich mit meinem besten Highschool-Spanisch vor:»Hola, yo soy Bill McDermott.« Auf den Tischen und an den Wänden sah ich gerahmte
Photos von Familien und Freunden und Gruppenbilder von lächelnden Männern und Frauen. *Also gut, Energie gibt es hier durchaus.* Privat- und Berufsleben schienen sich zu überschneiden. Ich
machte mir im Geist eine Notiz. Bei einigen Gesprächspartnern
traf ich auf Skepsis. Eine Vertriebsmanagerin namens Giselle
hatte die Augenbrauen zu einer zweifelnden Frage hochgezogen:
Wer ist dieser Kerl? Aber die meisten Mitarbeiter begrüßten mich
mit einem Lächeln, und hinter ihrer Apathie schien sich etwas
anderes zu verbergen: Es war, als stünde ich vor einem Topf, der
gerne überkochen würde – wenn doch nur jemand käme, um die
Flamme aufzudrehen.

Ich sprach mit den beiden schon dort arbeitenden Bezirksma-
nagern. Benjamin »Benny« Martell leitete den Kundendienst,
und Severo Rodriguez war für die Finanzen verantwortlich.
Wenn ich den Job annahm, würden wir drei als Team funktionieren müssen.

Am Abend brachten Severo und Benny mich in ein elegantes
argentinisches Steak-Restaurant, wo wir beim Essen und dem einen oder anderen Glas Sangria die Gelegenheit hatten, uns richtig kennenzulernen. Ich versuchte herauszufinden, ob wir drei
gut zusammenarbeiten konnten. Sie erklärten mir, dass die Zusammenarbeit zwischen Vertrieb, Kundendienst und Verwaltung
nicht funktionierte. Der letzte Vertriebschef war auf Kostensenkungen versessen gewesen und hatte sich als wenig kooperativ
erwiesen.

Ich versuchte, vom Alltagsgeschäft wegzukommen. Waren die

beiden Männer, mit denen ich arbeiten konnte, engagierte Manager mit einer Vision? »Wie sehen Sie die Zukunft von Xerox, Benny? Was treibt Sie an, Severo?« Sie wirkten erleichtert. Severo hatte die Mentalität eines Underdogs. Seine Familie war in den sechziger Jahren aus Kuba in die Vereinigten Staaten immigriert. Er hatte in New York die Schule besucht und viele Jahre dort gearbeitet, bevor er nach Puerto Rico umzog. Benny war in Puerto Rico zur Welt gekommen und aufgewachsen. Er war ebenso extrovertiert wie ich und wünschte sich nichts mehr als den letzten Platz im Bezirksranking zu verlassen. Diese Männer hatten es nicht verdient, das Schlusslicht zu sein. Es mangelte Benny, Severo und ihren Mitarbeitern nicht an Arbeitsethos. Es mangelte ihnen an Hoffnung. *Meine Güte, sie brauchen einfach jemanden, der ihnen die richtige Richtung zeigt und ihnen einen Grund gibt, loszumarschieren.* Als der Kellner die Rechnung brachte, war meine Entscheidung gefallen.

Severo drückte dem Kellner eine Kamera in die Hand, damit er ein paar Photos von uns machen konnte. Wir schütteln einander die Hände, dann legten wir einander die Arme um die Schultern und lächelten wie Staatschefs nach der Unterzeichnung eines Vertrags. Es wirkte ein wenig surreal, aber durchaus passend.

Bevor wir ins Xerox-Büro zurückkehrten, unternahm Severo eine kurze Stadtrundfahrt mit mir, und anschließend brachte mich eine Immobilienmaklerin nach Condado; in diesem gehobenen Wohnviertel lebten viele Familien aus den Vereinigten Staaten. Sie zeigte mir zwei Wohnanlagen, eine davon am Meer. Die Wohnung mit direktem Meerblick war fast dreimal so groß wie unser Appartement in Manhattan. Die Gegend wirkte sicher, die Anlage wurde von bewaffneten Wachleuten beschützt, und ich sah Frauen, die mit ihren Babys im Kinderwagen spazieren gingen. Meine Einstellung begann sich zu ändern: *Wer würde diesen Job nicht wollen?*

Zurück im Büro machte ich vor dem Aufbruch zum Flughafen zwei Anrufe. »Al, ich habe den Mietvertrag für eine Wohnung vorliegen und bin soweit, ihn zu unterschreiben. Aber ich werde auch ein Auto brauchen, und die Firma sollte mir die Flüge nach New York bezahlen, damit ich in den Ferien meine Familie besuchen kann. Und Al, Sie müssten mich aus meinem Mietvertrag in Manhattan herausholen. Wenn das für Xerox in Ordnung ist, sind meine Frau und ich bereit, hierher zu ziehen.« Al war einverstanden. Ich rief Julie an.

»Pack die Koffer. Es ist alles in Ordnung. Wir ziehen um.«

Einfache Frage, noch einfachere Antwort

»Quiero saber qué necessitan.« Die Vertriebsmanager, die mir gegenübersaßen, waren ohnehin verblüfft darüber, dass ich sie in diesem hübschen Hotel versammelt hatte, das offensichtlich nicht billig war. Und jetzt fragte ich sie auch noch, was sie brauchten, und zwar in Spanisch. Meine neue Verwaltungsassistentin Leida hatte die Worte für mich phonetisch transkribiert.

Leidas Geduld mit meinem Spanisch und ihre Bereitschaft, sich meinem hohen Tempo anzupassen, erleichterte mir die Landung in San Juan und half mir dabei, meine Vorhaben auf den Weg zu bringen. Wir hatten bereits ein morgendliches Ritual eingeführt: Wer als erster im Büro war, machte den Kaffee. Es war ein starker Kaffee.

Im Hotel verflüchtigte sich die Überraschung der Vertriebsmanager über meine einfache Frage rasch. Sie begannen, einfache Antworten zu geben. Vor allem wünschten sie sich mehr Unterstützung seitens der Führungsriege. David Ruiz, ein dynamischer Verkäufer, der bei unseren gemeinsamen Verkaufstouren in seinem BMW am liebsten U2 hörte, beschrieb den früheren Leiter seines Verkaufsteams als eine »Nein-Maschine«, vor allem, wenn er um etwas gebeten wurde, was Zeit oder Geld kostete. Die Vertreter brauchten auch mehr Unterstützung von Bennys Kundendienstteam. Die Kunden wurden in die internen Auseinandersetzungen zwischen Verkauf und Kundendienst hineingezogen. Neue Geräte wurden nicht pünktlich geliefert, und die Reparatur defekter Maschinen konnte Wochen dauern. Ein derart unzuverlässiger Kundendienst schadete der Beziehung zu unseren Kunden. Ich musste nicht fließend Spanisch sprechen, um zu erkennen, wie viel unsere Verkäufer mit richtiger Unterstützung erreichen konnten.

Aber die Bitte, die ihnen allen am meisten am Herzen lag, überraschte mich: Der Bezirk hatte seit Jahren kein richtiges Weihnachtsfest mehr gefeiert. Wenn es überhaupt eine Feier gegeben hatte, dann eine Versammlung in einer leblosen Einrichtung des Rotarierklubs. Und was noch schlimmer war: Die Mitarbeiter hatten sich an den Kosten beteiligen müssen. Die Xerox-Mitarbeiter in Puerto Rico forderten keine Gehaltserhöhungen oder bessere Zusatzleistungen. Sie wollten nur ihre Weihnachtsfeier wiederhaben.

Ich brauchte ein paar Minuten, um die Bedeutung dieser Forderung zu verstehen. Ich wusste bereits, dass die Puerto-Ricaner gerne feierten. In New York lockte die farbenfrohe Parade zur Feier des Puerto Rican Day jedes Jahr tausende Menschen an, die sich auf der 5th Avenue drängten, und der Central Park füllte sich mit dem Klang ihrer Musik und dem Duft ihres Essens. Sogar auf einen Außenstehenden wie mich wirkte es kurzsichtig, in Puerto Rico eine Weihnachtsfeier zu streichen. Leider war es schon zu spät, um für Dezember 1992 noch eine richtige Sause zu organisieren, weshalb die Feier bis zum folgenden Jahr warten musste. Aber ich war zuversichtlich, dass wir bis dahin einen guten Grund zum Feiern haben würden.

Ich sagte meinem neuen Team, dass der Bezirk Puerto Rico/ Virgin Islands Ende des Jahres 1993 nicht mehr auf dem 64., sondern auf dem ersten Platz stehen würde. Das bedeutete, dass unser jährliches Umsatzwachstum die Zuwächse in allen anderen US-Bezirken einschließlich Cleveland übertreffen musste. Cleveland war fast durchweg der Bezirk mit den besten Ergeb-

nissen. Ein kühneres Ziel konnte ich mir nicht ausdenken. Es erinnerte mich an das Vorhaben jenes Trainers des amerikanischen
Eishockeyteams, der seinen Spielern sagte, sie würden bei den
Olympischen Winterspielen den unschlagbaren Russen die
Goldmedaille entreißen. Als die Mannschaft dieses Husaren-
stück tatsächlich vollbrachte, sprach alle Welt von einem Wunder. Aber Puerto Rico musste die Goldmedaille anstreben. Wer
steigt jeden Morgen aus dem Bett, um Zweiter zu werden? Nicht
nur ich werde von anspruchsvollen Zielsetzungen motiviert: sie
wecken auch die Aufmerksamkeit anderer Menschen. Ich beschrieb meinen neuen Mitarbeitern die bessere Zukunft nicht als
Möglichkeit, sondern als Bestimmung. »Ja, wir werden Numero
Uno sein!« Dieses Motto wiederholte ich ein ums andere Mal,
und meine Zuversicht war greifbar. Abgesehen davon hatte ich
bereits die Party geplant.

Für das Ende des Jahres versprach ich der Belegschaft die
tollste Weihnachtsfeier, die diese Xerox-Niederlassung je erlebt
hatte. Keine halbherzige Party nach Feierabend mit Gebäck aus
dem Supermarkt und gelangweilten Angestellten, die im Büro
herumhängen und Weihnachtswichteln spielen. Nein, es würde
ein üppiges Fest mit Musik und gutem Essen werden. Die Mitarbeiter und ihre Begleiter würden die ganze Nacht lang tanzen,
schlemmen, lachen und singen. Ja, jeder durfte jemanden mitbringen. Und nein, die Leute würden sich nicht an den Kosten
beteiligen müssen.

Um das Unterhaltungsprogramm zu planen, fragte ich herum:
»Wer ist der größte Showstar in Puerto Rico?« Ich hatte nie von
Gilberto Santa Rosa gehört, aber er war der populärste Sal-
sa-Sänger und Orchesterleiter, berühmt für die Improvisationen,
mit denen er sein Publikum bei Live-Auftritten unterhielt. Als die
Leute erfuhren, dass ich Santa Rosa für unsere Feier engagiert
hatte, konnten sie es nicht glauben: *Dios mío!* Die Moral stieg
sprungartig.

Die Leute waren nicht nur froh darüber, ihre Weihnachtsfeier wiederzuhaben. Auch die Aussicht darauf, sich in *los mejores* – die Besten – zu verwandeln, weckte ihre Lebensgeister. Jedes Mal, wenn ich sie in den folgenden Monaten daran erinnerte, dass wir bald mit Gilberto Santa Rosa tanzen würden, nachdem wir den ersten Rang erobert hätten, wurden sie ein wenig munterer. Es war faszinierend, dieser Verwandlung zuzusehen. Nach Jahren erbärmlicher Leistungen wurden 275 Menschen, die sich an die Vorstellung gewöhnt hatten, Verlierer zu sein, von der Zuversicht ergriffen, etwas Großes leisten zu können. Und einige begannen sogar zu glauben, dass *el milagro*, das Wunder, möglich war.

Grundlegendes

Der Xerox-Gründer Joe Wilson sagte in den sechziger Jahren etwas, was auch im Jahr 1993 nichts von seiner Gültigkeit verloren hatte: »Auf lange Sicht werden unsere Kunden entscheiden, ob wir einen Arbeitsplatz haben werden oder nicht. Ihre Einstellung zu uns wird über unseren Erfolg entscheiden.« Dieses Zitat nahm ich in meinen Geschäftsplan für Xerox Puerto Rico auf.

Die ersten hundert Tage verbrachte ich damit, fehlerhafte Abläufe zu reparieren, so dass wir im Januar ein solides Fundament hatten, um zu beginnen, unsere Produkte zu verkaufen, die Kunden zu betreuen und größere Geschäfte unter Dach und Fach zu bringen. Intern mussten wir die Kluft zwischen Verkauf, Kundendienst und Verwaltung überbrücken, damit alle Abteilungen gemeinsam für die Kunden von Xerox arbeiten konnten. Die inneren Auseinandersetzungen mussten ein Ende haben. Um das Team zusammenzuschweißen, lud ich Benny und Severo zu allen Vertriebsbesprechungen ein. Ich nahm meinerseits auch an ihren Meetings teil, um zuzuhören und mit ihren Teams zu sprechen. Wenn ich Memos an die Vertriebsabteilung schickte, bezog ich das gesamte Büro ein und ließ Benny und Severo die Mitteilungen ebenfalls unterschreiben. Ich wollte ihnen zeigen, dass dies eine gemeinsame Anstrengung war. Wir waren ein Team. Wir drei hatten vereinbart, partnerschaftlich zu handeln, und wir genossen die Kameradschaft. Als die Mitarbeiter der verschiedenen Abteilungen sahen, dass ihre Leiter zusammenarbeiteten, begannen sie ebenfalls zusammenzurücken, und so gelang es uns, unseren schlechten Kundendienst und die fehlerhaften Lieferprozesse Tag für Tag zu verbessern. Bald reagierten die Techniker rasch auf Beschwerden, und die Finanzabteilung begann, Neubestellungen schneller zu bearbeiten, damit wir die Versprechen halten konnten, die die Vertreter gegeben hatten: »Das Gerät wird Ihnen morgen Mittag geliefert.«

Ich stellte klar, wie unsere Verkaufsstrategie an der Kundenschnittstelle sein würde: »Bisher haben Sie Maschinen verkauft. Von nun an werden wir Lösungen verkaufen.« Die Unternehmen machten ihre Beschaffungsentscheidungen immer öfter davon abhängig, ob die beschafften Güter ihren Umsatz oder Gewinn erhöhen würden. Der Bezirk erhielt den Auftrag, Ideen beizusteuern, wie die Geräte von Xerox die Geschäftsabläufe unserer Kunden verbessern konnten. Um viel Geld zu verdienen und unser großes Ziel zu erreichen, mussten wir eine Menge Geräte verkaufen. Und dafür brauchten wir große Ideen.

Xerox bot ein riesiges Gerät an, den DocuTech Production Publisher. Diese 2 Tonnen schwere und 200 000 Dollar teure Maschine von der Länge eines Autos scannte Bilder und wandelte sie in digitale Dokumente um. Umgekehrt konnte sie digitale Dokumente von Remote-Computern speichern, damit sie bearbeitet, in einem Netzwerk geteilt und rasch in hoher Auflösung ausgedruckt werden konnten.

Gemeinsam mit den Verkäufern machte ich mir Gedanken darüber, wie sich die Produktivität der Unternehmen in unserem Verkaufsgebiet mit Geräten wie diesen 200 000 Dollar teuren DocuTech-Maschinen erhöhen ließ. Um potenzielle Kunden zu erreichen, veranstalteten wir kostenlose Symposien, bei denen es

sich um eine Weiterentwicklung der Demos handelte, die ich in
den Lobbys der Bürogebäude Manhattans veranstaltet hatte.
Wir entwickelten maßgeschneiderte Lösungen für einzelne
Unternehmen. Einer der besten und wahrscheinlich der lukra-
tivste Abschluss gelang uns mit der puerto-ricanischen Glücksspielverwaltung. Die Lotterie war ein wichtiges Freizeitvergnügen in Puerto
Rico. Als La Lotería anfragte, ob Xerox die veralteten IBM-Dru-
cker des Unternehmens ersetzen könne, dachte unser für Kunden aus dem öffentlichen Sektor verantwortliche Verkaufsleiter
Anderes »Papo« Justicia sofort einen Schritt weiter. Papo und ich
verbrachten viel Zeit miteinander. Kurz nach meiner Ankunft in
San Juan hatte er mich zu einer der köstlichsten Mahlzeiten meines Lebens eingeladen, zu kubanischen Sandwiches mit Schwei-
nefleisch, Schinken, Käse und Essiggurken. Julie und ich trafen
uns oft mit Papo und seiner Frau Sarita zum Essen. Als Papo
mich bat, ihm bei der Gestaltung einer komplizierten und riskan-
ten technischen Lösung für die Lotterie zu helfen, zögerte ich
keinen Augenblick.

Papo erklärte mir, dass die Glücksspielverwaltung große Probleme mit Betrug hatte. Es war leicht, die Zahlen auf den dünnen
Lottoscheinen zu fälschen. Falsche Gewinne kosteten die Lotterie Millionen Dollar. Eine technische Lösung für dieses Problem
konnte für die unabhängigen Vertriebspartner der Lotterie, für
den Staat und für Xerox mehrere Millionen Dollar wert sein.
Diese Chance durften wir uns nicht entgehen lassen. Also digita-
lisierte Xerox in Zusammenarbeit mit dem Finanzministerium
und anderen Anbietern unter Einsatz von mehreren DocuTechs
das veraltete Druckverfahren, wofür wir unsere Maschinen den
Erfordernissen des Kunden anpassten und fälschungssicheres
Papier beschafften.

An dem Tag, an dem wir den Vertrag mit einer Laufzeit von
fünf Jahren unterzeichneten, stand ich neben Papo und versicherte den Regierungsvertretern, dass ich vollkommen auf un-

sere Lösung vertraute. Wir unterzeichneten. Der Vertrag über
die Bereitstellung von Hardware und Dienstleistungen hatte einen Wert von 5,5 Millionen Dollar. Gewaltig.

Wenn wir ein Geschäft wie dieses abgeschlossen hatten, feierten wir im Büro. Ich läutete die Glocke, die ich aus New York
mitgebracht hatte, und das Team brach in Jubel aus. Steigende
Leistungsanreize sorgten dafür, dass die Dynamik nicht abriss.
Ein Rekordquartal feierten wir mit einem Festessen und einer
großen Sause mit Tanz. Wenn eine Gruppe besondere Leistungen brachte, wurde jedes Teammitglied mit einem Preis belohnt,
der unseren Ambitionen angemessen war: Wir verteilten Rolex-
Uhren, Flachbildfernseher und Reisegutscheine im Wert von
10 000 Dollar. Da unsere Mitarbeiter gerne Spaß hatten – sie liebten es, zu lachen, zu feiern, zu tanzen und alberne Shows zu in-
szenieren –, wurden die langen Arbeitswochen regelmäßig mit
Vergnügungen aufgelockert.

Aber Preise und Festessen dienten nur der kurzfristigen Moti-
vation. Hätte ich die Menschen geführt wie Pawlow seine Hunde
und sie lediglich Monat für Monat mit teuren Belohnungen ge-
lockt, so hätte ich bald nicht mehr genug Geld zur Verfügung gehabt, um sie dauerhaft zu motivieren. Preise waren aufregend,
aber die Begeisterung über solche Belohnungen musste sich irgendwann abnutzen. Ein wirkungsvollerer, dauerhafterer Moti-
vator war *die Vorstellung*, dass wir alle gemeinsam daran arbeiteten, ein unglaubliches Wunder wahrzumachen.

Simpático

Dass mich die Belegschaft der Niederlassung akzeptierte, hatte
vermutlich folgende Gründe.

Erstens kam mein natürliches Auftreten bei den Mitarbeitern
an. An diesem Ort nahmen die Menschen, wenn sie jemanden
kennenlernten, zunächst nicht das Schlimmste, sondern das

Beste an. Die abweisende Art der New Yorker war ihnen fremd. Die Puerto-Ricaner begannen ein Gespräch gern mit persönlichen Fragen und erkundigten sich beispielsweise nach der Familie ihres Gegenübers. Niemand wäre in einem Verkaufsgespräch auf die Idee gekommen, die Sprache sofort auf das Geschäftliche zu bringen. Und am Ende von Sitzungen verabschiedete man sich nicht mit einem Händedruck, sondern mit einer Umarmung. Emotionen und Energie waren ein fester Bestandteil der Kultur. Wenn ich durch das Büro ging, streckten die Leute die Fäuste in die Luft und riefen: »Pasión! Leidenschaft!« Ich schüttelte lächelnd den Kopf und dachte: *Ja, das sind Leute nach meinem Geschmack!* Und es war als Kompliment gemeint, dass mir jemand in Anlehnung an die Voltzahl den Spitznamen »220« gab. Es herrschte eine Atmosphäre der gegenseitigen Sympathie.

Ich versuchte, die Traditionen des Gastlandes zu respektieren und mein Verhalten den Gepflogenheiten meiner neuen Kollegen anzupassen. Im Büro sprachen alle Englisch, weshalb ich mich mit einem rudimentären Spanisch hätte behaupten können. Aber mir war klar, wie wichtig es war, dass ich die Sprache meiner Leute beherrschte. Nachdem ich meine erste Ansprache vor der gesamten Belegschaft in Spanisch begonnen hatte, erhielt ich stehende Ovationen, die nicht dem Inhalt, sondern meinem Bemühen galten, ihnen Respekt zu zollen. Ich lernte Spanisch, hörte beim Autofahren Berlitz-Kassetten und setzte mich mehrere Male in der Woche im Büro mit einem Lehrer zusammen. Zu Hause las ich »Spanish for Gringos«, während Julie und ich abwechselnd Michael herumtrugen.

Ich baute das Spanische in mein ganzes Leben ein. Das Motto des Bezirks – *Compromiso por la excelencia* (Bekenntnis zur Vortrefflichkeit) – stand auf meinen Geschäftsplänen und in den internen Mitteilungen. In meiner ersten Versammlung zitierte ich einen Kandidaten für das Bürgermeisteramt von San Juan: »El pueblo habla y yo obedezco.« Das Volk spricht und ich gehorche. Ich hatte eine Botschaft, und zwar in Spanisch.

Manche Bemühungen zur Integration schlugen fehl. Ich versuchte, den beliebten Talkshow-Host Arsenio Hall, der es zu seinem Markenzeichen gemacht hatte, mit geballter Faust »Wuff, wuff, wuff!« zu schreien, ins Spanische zu übersetzen. Dabei skandierte ich »Puño, puño, puño!« (Faust, Faust, Faust) und erntete ein höfliches, wenig überzeugtes Lachen von meinem Team. Ich musste selbst über mich lachen. Aber auch hier wussten meine Mitarbeiter mein Bemühen zu schätzen.

Ich passte auch viele meiner Gewohnheiten der neuen Umgebung an. Gelegentlich tauschte ich meine Maßanzüge gegen farbenfrohe kurzärmelige Hemden. Ich kaufte mir sogar ein Paar weiße Lederschuhe. Anstatt mittags nur einen Imbiss zu nehmen, gewöhnte ich mich daran, mich zu mehrgängigen Mahlzeiten niederzulassen. In New York lenkte ein ausgiebiges Mittagessen von der Arbeit ab. Hier war es Teil der Arbeitskultur, vor allem, wenn man mit Kunden essen ging. Die Puerto-Ricaner waren nie zu beschäftigt zum Essen. Also begann ich, Mahlzeiten und Festlichkeiten in meine Meetings einzubauen und die Leute in guten Restaurants und angenehmen Konferenzsälen in Hotels zusammenzubringen. Um Gehör zu finden, schuf ich Bedingungen, unter denen mir die Leute eher zuhören würden.

Ich nahm auch an Aktivitäten außerhalb des Büros teil. Ich spielte im Basketballteam des Unternehmens. Am Columbus Day versammelte ich mich mit den Mitarbeitern am Strand, um den Jahrestag der Ankunft des Entdeckers im Jahr 1493 zu feiern, und jubelte mit ihnen Leuten zu, die als Kolumbus verkleidet Kanus durch die Brandung steuerten. Bei einem vergnüglichen Ausflug ruderte ein Mitarbeiter in einem Boot eine Viertelmeile aufs Meer hinaus und warf einen kleinen Canon-Kopierer ins Wasser, den wir später wieder herausfischten. Der Scherz war eine Reaktion auf meine Ankündigung, wir würden »die Konkurrenz ins Meer treiben«. Solche ungezwungenen Späße waren in Puerto Rico an der Tagesordnung. Ich beteiligte mich gerne daran.

Aber nicht alles am Leben auf der Insel war angenehm. Einmal

richteten mich Sandflöhe bei einem Feiertagsausflug ans Meer
übel zu. Mitten in der Nacht ertrug ich das Jucken nicht mehr und
fuhr mit Fieberschauern in die Notaufnahme. Wütend kratzte ich
meine Arme und Beine und hatte Mühe, dem Arzt meine Qualen
zu beschreiben.»Aha, Sie machen Pantomime!«, sagte er. Ich war
erst seit wenigen Monaten in Puerto Rico, und mein Spanisch
war noch eher schlecht.»Was?«, fragte ich.»Sie sind ein Neuling«,
sagte er. Er erklärte mir, was man gegen die Insektenstiche tun
konnte. Die erste Regel lautete, sich nicht zu kratzen.

Sieht man von gelegentlichen kulturellen Fehltritten ab, war
meine Begegnung mit Puerto Rico eine bereichernde Erfahrung.
Zwölf Monate nach meinem Antrittsbesuch hatte sich das Büro
im 17. Stock in einen anderen Ort verwandelt. Wenn eine Besprechung für 8 Uhr morgens angesetzt war, tauchte niemand um
viertel nach acht auf. An den Nachmittagen herrschte Stille im
Büro – aber nur, weil viele der Vertreter Außentermine hatten.
Am Ende jedes Tages versammelten wir uns, um darüber nachzudenken, wie wir einander helfen konnten. Und es kamen laufend
Bestellungen herein.

Die Mitarbeiter der Niederlassung hatten keine Angst vor Veränderungen. Sie fürchteten sich nur vor dem, was die meisten
Menschen fürchten: vor Veränderungen, die nicht mit genau definierten Erwartungen verknüpft sind, vor Veränderungen ohne
Plan, vor Veränderungen ohne Ziel. Die Menschen schrecken
vor Veränderungen zurück, die Ungewissheit bedeuten.

Ich hatte nicht geahnt, wie es sich auf mich auswirken würde,
dass nun 2500 Kilometer und ein Ozean zwischen mir und meinen Vorgesetzten lagen. In Puerto Rico, wo niemand Zweifel an
meiner Entscheidung äußerte, eine riesige Weihnachtsparty zu
schmeißen, wo niemand andeutete, dass es vielleicht keine gute
Idee sei, meinen Mitarbeitern – auf Spanisch – zu sagen, ich
würde ihnen »gehorchen«, blühte ich auf.

Diese Erfahrungen und die geographische Entfernung zur
Heimat wirkten sich auch günstig auf meine Familie aus. Zwi-

schen den Besuchen unserer weitläufigen Familie wuchsen Julie und ich als Paar weiter zusammen, und wir drei entwickelten eine innige Beziehung.

Countdown

Im März 1993 brachen wir den bisherigen Umsatzrekord der Niederlassung Puerto Rico und übertrafen den Plan um 205 Prozent. »Auf diese Leistung kann der ganze Bezirk stolz sein!«, schrieb ich in einer Gratulationsbotschaft. Ich verwendete Memos, um das gesamte Unternehmen laufend über unsere Leistungen zu informieren, den Mitarbeitern immer wieder unseren Plan vor Augen zu halten und ihre emotionalen Batterien aufzuladen. Meine Sprache wurde manchmal sentimental, wenn ich versuchte, sie auf unsere Mission einzuschwören: »Im Jahr 1961 erklärte John F. Kennedy, die Vereinigten Staaten würden noch im selben Jahrzehnt einen Mann zum Mond schicken, und zwar nicht, weil es leicht, sondern weil es schwer sei.« Nachdem wir im März ein Rekordergebnis erzielt hatten, schrieb ich: »Das hätten wir nicht erreichen können, wenn sich nicht jeder von Ihnen vorbehaltlos zur Vortrefflichkeit bekennen würde. Gracias por su compromiso por la excelencia.«

In dem Bemühen, die anderen Xerox-Bezirke zu übertreffen, hatten wir es vor allem mit einem Konkurrenten zu tun: Cleveland. Dieses große Gebiet beherrschte seit Jahren die Stack Rankings, die monatlichen Fortschrittsberichte, in denen die Ergebnisse der Xerox-Niederlassungen verglichen wurden. An der Spitze der Niederlassung Cleveland stand einer der besten Vertriebsmanager im Unternehmen. Frank Pacettas Ehrgeiz und sein Einsatz für seine Mitarbeiter erinnerten mich an mein eigenes leidenschaftliches Engagement. Die Loyalität seines Teams war legendär. Aber anders als ich legte Pacetta eine ungezügelte

Schärfe an den Tag, eine wohlmeinende Strenge, die für mich nicht in Frage kam. Das begann bei seiner derben Ausdrucksweise in den Motivationsreden und endete bei seiner unverhohlenen Geringschätzung für das Spitzenmanagement. Keiner von uns hatte einen besseren Führungsstil als der andere. Wir erzielten beide ausgezeichnete Ergebnisse. Pacetta hatte lediglich eine längere Geschichte bei Xerox als ich.

Im Lauf des Jahres 1993 wurde ihm klar, dass meine Niederlassung den Spitzenplatz im Visier hatte. Wenn wir uns bei den Treffen der Bezirksleiter über den Weg liefen, zogen wir einander gegenseitig auf. Als der Herbst näher rückte, studierten wir täglich die Ergebnisse des anderen im Daily Flash, einem weiteren internen Bericht, der alle 24 Stunden Aufschluss über die Verkaufszahlen der einzelnen Bezirke gab. Frank hängte in seinem Büro eine Anzeigetafel auf, um seinen Verkäufern jeden Morgen beim Betreten des Büros vor Augen zu führen, was Puerto Rico am Vortag im Vergleich zu Cleveland geleistet hatte. Ich meinerseits behielt die täglichen Rankings lieber für mich, denn ich hielt es für besser, dass sich unsere Leute nicht auf Cleveland, sondern auf unsere Kunden konzentrierten.

Wenn ich die Zahlen der verschiedenen Xerox-Bezirke in den täglichen Diagrammen steigen und fallen sah, hatte ich das Gefühl, ein Pferderennen in Zeitlupe zu sehen. Und an der Spitze des Feldes lief das favorisierte Cleveland, während Puerto Rico der Außenseiter war, der das Feld von hinten aufrollte. Zu Beginn des vierten Quartals lagen wir auf dem fünften Platz. Der Sprung vom 64. Rang unter die Top Ten war in jedem Fall ein spektakulärer Erfolg, aber der Unterschied zwischen dem fünften Rang und der Goldmedaille war gewaltig.

»Wir haben große Fortschritte gemacht, aber wir sind noch weit von unserem Ziel entfernt«, sagte ich, während ich zwischen den Schreibtischen umherging. »Juan, Ihr großer Augenblick ist gekommen!«»Rafael, Sie machen einen phantastischen Job!«»Giselle, wir brauchen jetzt Ihre intellektuelle Feuerkraft.«

Aus den Bürozellen wurden Fäuste in die Höhe gereckt. »Pasión!«

Ende Oktober lagen wir auf dem vierten Platz. Ende November rückten wir auf Rang zwei vor. Im Dezember ließ mir Daily Flash keine Ruhe mehr. Daheim scherzte Julie, sie befürchte, Puerto Rico werde unter dem Gewicht all der Xerox-Geräte, die auf die Insel geliefert wurden, im Meer versinken.

Am Donnerstag, dem 9. Dezember 1993, veröffentlichte die kleine Wochenzeitung *Caribbean Business* unter dem Titel »Xerox hat die richtige Formel für den Erfolg« einen Artikel, in dem es hieß, dass der Umsatz der Niederlassung Puerto Rico im Vergleich zum Vorjahr um 50 Prozent auf 75 Millionen Dollar gestiegen war. »Bill McDermott erklärt den Verkaufserfolg des Unternehmens mit seiner hoch motivierten Belegschaft.«

Als Weihnachten näher rückte, war unser Vorsprung in Daily Flash groß genug, um Cleveland und alle anderen Xerox-Bezirke in Schach zu halten. Wir hatten es geschafft. *El milagro*, das Wunder, war vollbracht.

Es gibt nichts Schöneres als das Gefühl, als Underdog erstmals zu triumphieren. Es war wunderbar anzusehen, wie die ersten Wellen des Erfolgs Papo, Severo, Benny, David, Leida, Juan, Giselle und die gesamte Belegschaft der Niederlassung mitrissen. In der Geschichte von Xerox hatte es nie zuvor eine Gruppe gegeben, die ein rauschendes Fest mehr verdient gehabt hatte als diese Männer und Frauen. Zum Glück hatten wir ein solches Fest vorbereitet.

Erfolge feiern

Der Glanz blendete uns, als wir den großen Ballsaal des El San Juan Hotel betraten, wo sich die gesamte Belegschaft versammelt hatte. Die meisten waren in Begleitung gekommen. Alle hatten sich fein gemacht. Die langen schwarzen Kleider schimmerten, und das Parkett war von einem Meer goldener Schuhe bedeckt. Julie sah atemberaubend aus.

Das Festbankett war üppig, und als die ersten Töne aus den Blasinstrumenten von Gilberto Santa Rosas Band drangen, sprangen alle auf und liefen auf die Tanzfläche, um Salsa zu tanzen. Hunderte Menschen wiegten ihre Körper auf eine Art, wie ich sie im Silver Shadow nie gesehen hatte. Gilberto sorgte dafür, dass alle auf den Beinen blieben. Eine festlichere Stimmung hätte ich mir unmöglich ausmalen können. Die Leute traten an Julie und mich heran, wir umarmten einander und lachten. Ist das zu glauben?! Wir haben es geschafft! *Pasión!* Severo sagte, dass er nie zuvor in seinem Leben so hart gearbeitet, so viel Spaß gehabt und so viel Geld verdient habe. Wir hatten uns ein Ziel gesetzt, das viele für vollkommen unerreichbar gehalten hatten. Aber wir hatten es erreicht, und der Stolz auf unsere Leistung machte die Feier zu einem großen Genuss. Niemand wollte nach Hause gehen. Um 3 Uhr morgens fragte ich Gilberto, ob er weiterspielen werde. »Ich werde Ihnen einen Scheck ausstellen«, sagte ich. »Was auch immer Sie verlangen.«

»No más, no más«, war alles, was der erschöpfte Musiker antworten konnte. Wir hatten dem berühmten Salsa-Star alles abverlangt. Widerwillig räumten die Gäste den Ballsaal und trugen ihre Freude hinaus auf den Parkplatz, wo sie noch ein wenig weitertanzten, bevor sie sich auf den Heimweg machten.

Für mich bedeutete die Zeit in Puerto Rico viel mehr als das Erlebnis, eine phantastische Gruppe von Mitarbeitern vom letzten auf den ersten Platz zu führen. Die Erfahrung bewies mir einmal mehr, dass ich in der Lage war, eine unerwartete Gelegenheit beim Schopf zu packen und etwas Größeres daraus zu machen, als ich mir in meinen kühnsten Träumen ausmalen konnte.

Und ich reifte. Unser Familienleben war intensiver, weil der gewohnte Ablauf unseres Lebens unterbrochen worden war. Trotz all der Arbeit fühlte sich das Leben in Puerto Rico wie ein langer Urlaub an. Die ganze Familie profitierte von der Erfahrung. Wenn ich einmal im Monat meine Eltern einflog, erlebten wir jedes Mal eine besondere Zeit miteinander. Unsere Wohnung am Strand war ein Kokon, in dem sich ein glückliches Familienleben entfaltete.

Mir wurde klar, dass ich mehr als Mr. New York war und auch fern von dem Ort glücklich sein konnte, den ich bis dahin für den Mittelpunkt meiner Welt gehalten hatte. Zu Weihnachten traf ich sonnengebräunt im New Yorker Xerox-Büro ein, wo sich meine bleichen Kollegen durch den harten Winter schleppten. Ich liebte die Stadt immer noch, aber mittlerweile sah ich, dass es eine Welt jenseits des Einzugsgebiets der Metropole gab. Im folgenden Jahr gewöhnten Julie und ich uns einen neuen Arbeitsrhythmus an und pflegten in San Juan Freundschaften zu Menschen, die wie eine Familie für uns waren. Es war ein schönes Leben.

Im Sommer 1994 klingelte erneut mein Telefon. Jemand in der Xerox-Zentrale in Rochester hatte eine Bitte. Ich war ganz Ohr. Eine weitere Niederlassung, die größte in den Vereinigten Staaten, war in ernsten Schwierigkeiten. In der Zentrale wussten sie, wie glücklich ich in San Juan war. Ich fragte:»Ist das wichtig für das Unternehmen?«Ja. Ich begriff, dass mich Xerox um einen weiteren Dienst bat, und sah eine weitere Gelegenheit, der Verwirklichung meines Traums näherzukommen. Als ich am Abend zu Hause Michael badete, fragte ich Julie:»Babe, magst du Schnee?«

12

Erfinde dich neu

Veränderung ist der Preis für das Überleben.

WINSTON CHURCHILL

Ich hatte erst vor einem Monat die Leitung des Xerox-Bezirks Chicago übernommen, als ich drauf und dran war, es mir mit dem einzigen Mann zu verderben, mit dem ich es mir nicht verderben durfte. Bernard »Bud« O'Brien war doppelt so alt wie ich und für unsere einträglichen Kunden aus dem öffentlichen Sektor in Chicago zuständig. Das Leben, das er vor seiner Zeit bei Xerox geführt hatte, gab Anlass zu wilden Spekulationen, aber ich hatte bereits genug gehört, um zu wissen, dass Bud trotz der Gerüchte über Jugendsünden, die ihn mit dem Gesetz in Konflikt gebracht hatten, sehr beliebt war und allgemeinen Respekt genoss.

Chicago und sein Einzugsgebiet waren ein wichtiger Markt für Xerox, aber das Geschäft in diesem Bezirk schleppte sich dahin. Die Umsätze waren nur durchschnittlich, die Beziehungen zu den Kunden nicht besonders gut. Um meinen Auftrag zu erfüllen und die Niederlassung wieder in Schwung zu bringen, musste ich entschiedener eingreifen als in San Juan. Nach der Erfahrung in Puerto Rico wirkte die Stadt am Michigansee wie ein anderer Planet. Die Landschaft, das Wetter, die Menschen. Es war kein besserer oder schlechterer Ort, er war einfach anders. Die Kultur der Niederlassung Chicago war von eigenen Traditionen und in Jahrzehnten gewachsenen Beziehungen geprägt.

Um mir den Respekt der Belegschaft zu verdienen, musste ich
mir zunächst Buds Respekt sichern. Einige Wochen, nachdem
ich mit meiner karibischen Bräune in Chicago eingetroffen war,
war Bud unangemeldet in meinem Büro aufgetaucht. Der Mann
war eine beeindruckende Erscheinung, wie er da im Türrahmen
stand, würdevoll wie ein Elder Statesman.

»Ihr Großvater war der größte Basketballspieler aller Zeiten«,
sagte er. »Gehen wir zusammen essen?« Es klang nicht wie eine
Frage, sondern wie eine Feststellung. Technisch war ich Buds
Vorgesetzter, aber ich hatte das starke Gefühl, dass Titel diesem
Mann nicht viel bedeuteten.

»Natürlich, Bud. Ich fühle mich geschmeichelt, dass Sie so
über meinen Großvater denken. Und ja, ich würde gerne mit Ihnen essen gehen.«

»Welches Restaurant?«

»Dies ist Ihre Stadt, Bud. Entscheiden Sie.«

»Lassen Sie uns ins Drake gehen. Freitag um dieselbe Zeit. Ich
hole Sie ab, wir gehen zu Fuß.«

Das legendäre Hotel lag mindestens 20 Blocks entfernt. Bud
verschwand so unvermittelt, wie er aufgetaucht war, und nach
dem, was ich über diesen Mann gehört hatte, öffnete mir dieser
kurze Wortwechsel die Augen: Bud O'Brien war de facto der
Chef der Chicagoer Niederlassung. Ich war gerade mit dem
Machtzentrum bekannt gemacht worden – oder besser: es hatte
sich mir vorgestellt. Wie die Katze, die mich ein Jahrzehnt früher
in einem Büro angesprungen hatte, hatte hier Bud das Sagen. Als
junger Manager und Neuankömmling war ich gut beraten, mich
mit ihm gutzustellen. Am Freitag, dem 17. Juni 1994, traf ich zehn
Minuten später als vereinbart im Büro ein. Es war nicht meine
Art, zu spät zu kommen, aber Bud wusste das nicht. Ich hatte
nach einem Kundenbesuch kein Taxi gefunden, weshalb ich die
drei Blocks zum Büro hatte laufen müssen. Es war ein drückend
schwüler Tag, und als ich eintraf, lief mir der Schweiß über das
Gesicht.

»Sie sind zehn Minuten zu spät dran«, sagte meine neue Assistentin Barb Taylor. »Bud ist schon weg.«

»Wo ist er hin?«, fragte ich.

»Ich weiß es nicht. Er sah die ganze Zeit auf seine Uhr.«

»Kann ich ihn noch einholen?«

»Das hängt von Ihnen ab.«

Ich musste ihn einholen. Das Essen mit Bud ausfallen zu lassen, war keine Option. Ich dachte: *Der General hat mir die Rute ins Fenster gestellt.* Ich lief zum Aufzug und stürmte auf die Straße hinaus, wo ich mich umsah, als suchte ich nach einem verlorenen Haustier. *Da ist er!* Ich hatte Buds elegante Erscheinung ausgemacht und lief ihm nach.

»Buddy, was tun Sie?« Er ging weiter.

»Sie sind zu spät. Sie haben das Mittagessen versäumt.«

»Ich bin zu spät, aber das Mittagessen habe ich nicht versäumt.«

»Wollen Sie noch hingehen?«, fragte er.

»Wollen *Sie* noch hingehen?«

»Nur wenn *Sie* wollen.«

»Buddy, natürlich will ich gehen. Es ist eine Ehre für mich, mit Ihnen essen zu gehen.«

Er nickte. Wir gingen in nördlicher Richtung auf der Michigan Avenue. Ich liebte diese Straße, vor allem ihren Spitznamen: Sie nannten sie die »Magnificent Mile«. Wunderbar! Wie ein stolzer Vater präsentierte Bud mir Straßenzug für Straßenzug die berühmten Bürotürme Chicagos. Das Wrigley Building. Den Tribune Tower. Das John Hancock Center. Wir kamen an einem Kalksteingebäude vorbei, einem zwischen urbanem Stahl eingeklemmten Schlösschen. Bud erklärte mir, dass es sich um den alten Wasserturm handelte, eines der wenigen Gebäude, die den Großbrand von 1871 überstanden hatten. Es war verblüffend, wie sich diese Stadt rund um ein kleines Stück Geschichte neu erfunden hatte. Wir überquerten die Straße beim schicken, mit Marmor verkleideten Water Tower Place, der nach seinem unver-

wüstlichen kleinen Nachbarn benannt war. Der Gegensatz
zwischen Alt und Neu war beeindruckend und inspirierend. Ich
sagte Bud, wie sehr mir seine Stadt gefiel.

Wir erreichten das Drake, ein weiteres schmuckvolles Stück
Geschichte, das zwischen modernen Fassaden ausharrte. Wir
stiegen die breite, mit einem Läufer bedeckte Treppe hinauf,
durchquerten die üppig eingerichtete Lobby und wurden in
einem der feineren Restaurants zu unserem Tisch geführt. Bud
bestellte sechs eisgekühlte Flaschen Bier, die in einem Cham-
pagnerkühler gebracht wurden. Ich hatte sogar in Puerto Rico
nur selten Alkohol getrunken, vor allem mittags nicht. Aber jede
Stadt und jeder Mensch hat seine eigenen Rituale. »Natürlich,
Bud, trinken wir ein Bier.« Außerdem war Freitag. Wir bestellten.
Die Portionen waren groß genug, um eine kleine Familie satt zu
machen. Ich öffnete eine weitere Flasche. Bud aß langsam. Er
schien es nicht eilig zu haben, ins Büro zurückzukommen.

Wir sprachen über Basketball. Als Junge hatte Bud mit seinem
Vater meinen Großvater im Chicago Stadium spielen sehen, das
jetzt abgerissen werden sollte. »Bill, was halten Sie von Michael
Jordans Rückkehr zu den Bulls?«

»Ich halte das für eine ausgezeichnete Nachricht.«

»Gut, wir werden uns ein Spiel ansehen, bevor sie dieses wunderschöne Stadion abreißen.«

»Das hört sich gut an, Bud.«

Als wir über Führungsmethoden und meine Management-
philosophie sprachen, lehnte sich Bud ein wenig zurück und studierte mich. Ich stellte mir vor, was er wohl denken mochte: *Ist
dieser Kerl ein Lakai von Rochester, oder ist er wie ich, jemand, der
etwas bewegen will?* Ich erklärte ihm, warum ich am Tag nach
meiner Ankunft meine Chefsekretärin entlassen hatte. Sie war
eine nette Frau, aber als ich sie bat, einige Schaubilder für eine
Präsentation zu kopieren, antwortete sie mir, ihr bisheriger Chef,
mein Vorgänger auf dem Posten des Bezirksleiters, habe sich
seine Kopien selbst gemacht. Es sah so aus, als würden wir nicht

zusammenpassen, und zur beiderseitigen Erleichterung fand ich
einen Posten für sie, der eher ihren Ansprüchen entsprach, und
konnte sie durch jemanden ersetzen, der meinen Vorstellungen
besser genügte. »Bud, ich schrecke nicht vor harter Arbeit zurück, und ich habe kein Problem damit, jemandem einen Kaffee
zu holen, aber die Einstellung seiner Sekretärin verrät viel über
einen Manager.«

Wir unterhielten uns über die Politik in Chicago, und Bud bot
mir an, mich Bürgermeister Richard M. Daley vorzustellen.
Ohne die Stimme zu senken, ließ er mich wissen, dass der Bürgermeister nicht erfreut gewesen war, als ein Spitzenmanager
von Xerox in einem zerknitterten braunen Anzug und ohne Visitenkarten in seinem Büro erschienen war.

Wir sprachen auch ausgiebig über die Niederlassung Chicago.
Die Ergebnisse dieses Bezirks waren nicht so furchtbar wie die
von Puerto Rico, aber in Anbetracht des Standorts waren sie
zweifellos auch nicht beeindruckend. Chicago und sein Einzugsgebiet beherbergten die Firmensitze von Konzernriesen wie
McDonald's, Kraft General Foods, Quaker Oats, Motorola, Ca-
terpillar und Sears Roebuck & Co. Ich erklärte Bud, dass ich vermutlich nach Chicago geschickt worden war, um diesen mittelmäßigen Bezirk an die Spitze zu führen. Darauf stießen wir an.

Drei Stunden und ein halbes Dutzend Flaschen Bier später
stellte er mir eine weitere rhetorische Frage: »Gehen wir in den
Cape Cod Room hinüber? Dort können wir ein paar Martinis
trinken.« Ich hatte in meinem ganzen Leben noch keinen Mar-
tini getrunken.

Wir durchquerten die Hotellobby und betraten ein dunkles
kleines Fischrestaurant, das eine Bar hatte. An den hölzernen
Deckenbalken hingen alte Pfannen, die rechteckigen Tische waren mit blütenweißen Decken gedeckt. Wir ließen uns an der
altehrwürdigen Bar nieder, und ich fuhr mit der Hand über das
Holz, das mit Gravuren übersät war, die die Gäste im Lauf der
Jahrzehnte hinein geritzt hatten. Irgendwo zwischen all den be-

trunkenen Initialen, erklärte mir Bud, waren auch die von Marilyn Monroe und Joe DiMaggio zu finden. Es beeindruckte mich, wie es diese Stadt schaffte, ihre Geschichte zu pflegen und trotzdem so unverbraucht zu wirken. Selbst dieses 60 Jahre alte Restaurant wirkte nicht angestaubt. Als Bud die Martinis bestellte, gab ich mein Vorhaben auf, an diesem Tag noch ins Büro zurückzukehren.

Bud klärte mich über seine Vergangenheit auf. Ich bekam die faszinierende Geschichte eines jungen Mannes zu hören, der zu Beginn seiner Laufbahn in einige undurchsichtige Machenschaften verwickelt gewesen war, seine Schuld bei der Gesellschaft beglichen hatte und sich ein neues Leben als Kundenbetreuer bei Xerox aufgebaut hatte. Bud wusste aus eigener Erfahrung, dass es möglich war, zu verlieren und von vorne aufzufangen.

Wie in der Beziehung zu Puerto Rico stellte ich fest, dass Bud und ich sehr unterschiedlich waren. Aber wir fanden einander sympathisch und ich wusste, dass er seinen Leuten am Montagmorgen im Büro sagen würde, dass Bill McDermott ganz in Ordnung sei. Ich war erleichtert, aber vor allem mochte ich Bud O'Brien. Er wirkte unverfälscht und zugleich wie eine lebende Legende. Er war kein Blender. Bud vereinte in sich das Beste seiner Windy City und meines Big Apple.

Als wir uns voneinander verabschiedeten, war es halb elf am Abend. »Was für ein Tag, Buddy. Ich danke Ihnen.« Er umarmte mich und kündigte an, er werde mich in seinen Country Club zum Golfspielen mitnehmen. »Ja klar, Bud.« Ich ließ unerwähnt, dass ich ein lausiger Golfer war und noch nie einen Country Club von innen gesehen hatte. Der Türsteher des Drake winkte ein Taxi herbei, und ich kehrte nach Park Shore zurück, wo ich mit meiner Familie vorläufig in einer Mietwohnung lebte, während wir nach einem Haus in einem familienfreundlichen Vorort suchten. Nach dem Sand in San Juan wollten wir jetzt Gras unter den Füßen haben. Michael konnte mittlerweile laufen, und wir hofften, dass er bald Geschwister haben würde.

Ich öffnete die Tür zu unserer Wohnung im 52. Stock. Nachdem ich mehr als zehn Stunden mit Bud überstanden hatte, plumpste ich auf die Couch und versuchte angestrengt, durch den Alkoholnebel zu erkennen, was im Fernsehen lief. Ein Heer von schwarzweißen Polizeiautos folgte einem weißen Geländewagen, der im grellen Sonnenlicht langsam auf einer Autobahn fuhr. Julie erklärte mir, was sich in der vergangenen Stunde zugetragen hatte: Der frühere Footballstar O. J. Simpson, der mittlerweile Schauspieler war, wurde des Mordes verdächtigt. Anstatt sich der Polizei zu ergeben, hatte er im Auto die Flucht ergriffen. Er saß auf der Rückbank eines von einem Freund gesteuerten Ford Bronco und hielt sich eine Pistole an die Schläfe, während die Polizei in geringer Geschwindigkeit folgte. Die Neuigkeit war ernüchternd. Die aus einem Hubschrauber aufgenommenen Bilder zeigten ein weißes Fahrzeug, das mit einer Geschwindigkeit von etwa 60 Stundenkilometern über die Autobahn rollte, so als wollte es einfach nur in Bewegung bleiben, ohne zu wissen, wohin es sich bewegte.

Ich war erschöpft, nachdem ich so viele Stunden unter Buds Einfluss gestanden hatte, aber bevor ich mich schlafen legte, sah ich gemeinsam mit meiner Frau und dem übrigen Land zu, wie sich das Leben und das Ansehen eines Mannes, der Verehrung genoss, Meile für Meile auflösten.

Neue Ideen

Mitte der neunziger Jahre versuchte Xerox, seine glorreiche Geschichte ins digitale Zeitalter hinüberzuretten. Desktop-Computer, das vernetzte Büro, das Internet: All das veränderte die Art und Weise, wie in Unternehmen Informationen erzeugt, gespeichert und ausgetauscht wurden. E-Mail-Botschaften ersetzten Kopien auf Papier. Elektronische Dateiordner verdrängten Aktenschränke. Und Dokumente vom Computer direkt zu einem digitalen Drucker zu schicken, war sehr viel einfacher, als zu einem Kopiergerät zu gehen und Duplikate anzufertigen. Diese Entwicklungen waren bedrohlich für ein Unternehmen, das davon lebte, sperrige Kästen zu verkaufen.

Ich war so jung und möglicherweise auch so naiv, dass ich die Umwälzungen und ihre Nebenwirkungen nicht fürchtete. So wie Menschen wurden auch Märkte älter. Das war mir klar. Ich hatte seinerzeit darüber nachgedacht, als ich meine Kunden im Deli beobachtete. Die Schulkinder, die sich um die Spielkonsolen drängten, würden eines Tages älter und gebrechlicher werden, und wie die älteren Kunden, die ich bediente, würden sie wollen, dass man ihnen ihre Produkte nach Hause lieferte. Wenn ich mich weigerte, das zu tun, würde ich diese Kunden verlieren. 20 Jahre später geschah etwas Ähnliches mit den Geschäftskunden: Die Unternehmen wurden älter und wollten, dass man ihnen die Information auf andere Art lieferte. Anbieter wie Xerox riskierten, ihre Kunden zu verlieren, wenn sie sich nicht den neuen Bedürfnissen der Unternehmen anpassten.

Unser Geschäftsführer Paul Allaire verstand die Umwälzungen auf dem Markt, und Anfang der neunziger Jahre taufte sich Xerox um: Von nun an würde es »The Document Company« sein. Dieser Slogan zeigte, dass sich unser Weltverständnis zumindest in der Theorie verschoben hatte. Xerox war nicht wegen der Qualität seiner Geräte wertvoll für seine Kunden, sondern wegen der Qualität der Dokumente, die man mit diesen Geräten erzeugen konnte.

Dieser auf Lösungen zielende Vermarktungsansatz – Xerox kann Ihnen dabei helfen, herauszufinden, wie Sie bessere Dokumente erzeugen können – ähnelte dem Zugang zum Verkauf, den ich seit jeher bevorzugte. In New York und Puerto Rico hatte ich meinen Verkäufern eingeschärft, sich in die Lage ihres Kunden zu versetzen und seine Probleme zu lösen. Aber in Chicago, wo ich für mehrere hundert Mitarbeiter verantwortlich war, konnte ich nicht jeden einzelnen Vertreter selbst ausbilden oder bei Kundenbesuchen begleiten. Ich musste einen Weg finden, um die Kundenunternehmen als Ratgeber und Betreuer zu erreichen. Zu diesem Zweck führte ich eine Technik ein, die ich als »The Great Document Hunt« bezeichnete.

Die »Große Dokumentenjagd« begann damit, dass der Vertreter seinem Kunden oder potenziellen Kunden folgende Frage stellte: *Welche Dokumente haben den größten Einfluss auf den Erfolg Ihres Unternehmens? Ein Vertrag? Ein neuer Geschäftsvorschlag? Produkthandbücher? Das Mitarbeiterverzeichnis?* Der Zweck der Großen Dokumentenjagd bestand darin, gemeinsam mit den Bürochefs und im Idealfall mit den Geschäftsführern die für ihr Unternehmen wichtigsten Materialien zu definieren, von der Erzeugung über die Bearbeitung bis zur Verbreitung. Ein Berater von Xerox sollte anschließend jene Schritte in diesem Prozess aufspüren, die zu viel Zeit und Geld kosteten, und herausfinden, wie die Dokumentenmanagementsysteme von Xerox die Produktivität erhöhen konnten.

Diese Aktivität an sich war nicht unbedingt verlockend. Aber die Art und Weise, wie wir sie gestalteten, weckte die Aufmerksamkeit der Kunden. Es war eine »Jagd«, ein Spiel. Es war ein Geheimnis. Alle Welt liebt ein reizvolles Geheimnis. Diese erfrischende Aktivität ermöglichte unseren Vertretern einen guten Einstieg in das Gespräch, und die Gespräche hoben Xerox von der Konkurrenz ab, indem sie einen langweiligen Verwaltungsprozess in etwas Anregendes verwandelten: *Welche fünf Dokumente definieren Ihr Unternehmen, bringen Ihre Werte zum Ausdruck, helfen Ihnen, Kunden zu gewinnen, mehr Produkte zu verkaufen, eine Beziehung zu Ihren Kunden herzustellen? Welche Dokumente entscheiden über Ihren Erfolg? Machen wir uns auf die Suche danach!* Bei der Großen Dokumentenjagd ging es um Energie und Empathie.

Den Vertretern machte die Dokumentenjagd Spaß. Bei den täglichen Nachbesprechungen wurde nicht festgehalten, wie viele Einheiten die Vertreter an den Mann gebracht hatten. Stattdessen berichteten sie, wie viele wichtige Dokumente sie zutage

gefördert hatten. Sogar die Medien bekamen Wind von der Sache. Im November 1994 berichtete *USA Today* über unsere Methode und setzte neben ein Photo von mir folgende pointierte
Schlagzeile auf die Titelseite: »In Chicago ist immer Dokumen-
tenjagdsaison.«

Die Dokumentenjagd war unsere kreativste Taktik in einem
Sortiment traditioneller Marketingtechniken – Direct-Mail-Kam-
pagnen, Telemarketing, Datenbankmanagement, Geschäftssym-
posien –, die im gesamten Xerox-Bezirk Beziehungen in Verkäufe
umwandelten. Ende 1994 gehörte Chicago zu den Bezirken, die
am meisten zum Umsatz des Unternehmens beitrugen.

Doch obwohl die Ergebnisse dieser Niederlassung besser wurden, machten mir das allgemeine Geschäftsumfeld und die Position von Xerox in diesem Umfeld Sorge. So sehr ich mich auf
meine Aufgaben konzentrierte, nahm ich mir doch die Zeit, mich
auf die Zehenspitzen zu stellen, um über den Tellerrand zu
schauen. Denn am Horizont tauchen immer Neuerungen auf.

Eine neue Welt

Das Gespräch mit unseren Kunden zeigte mir deutlich, dass sie
sich mehr denn je dagegen sträubten, große Summen auszugeben, vor allem für große Geräte. Sie waren durchaus zufrieden
mit der Technologie von Xerox – sie wollten sie nur nicht kaufen und betreiben. Bei Börsenanalysen konnten Unternehmen
mit massiven Kostensenkungen punkten. Umstrukturierung und
Fremdbeschaffung waren nicht einfach Modeworte, sondern
standen für Geschäftsentscheidungen im Wert von Milliarden
Dollar. Die Unternehmen entließen hunderttausende Mitarbeiter
und stießen alles ab, was nicht unverzichtbar für ihr Kerngeschäft
war. Ich sprach mit erfahrenen Finanzchefs, die sich fragten,
warum sie Wartungsgebühren für ein Sammelsurium von Kopiergeräten zahlen oder eigene Druckereien betreiben mussten.

Sollte ein Pharmaunternehmen wie Abbott Laboratories sein Geld nicht in die Entwicklung neuer Medikamente stecken, anstatt es für den Betrieb und die Instandhaltung von Druckern auszugeben? Die Kunden investierten ihr Geld an anderen Stellen und betrachteten unsere Geräte nur noch als kostspielige Luxusgüter. Altgediente Xerox-Manager empfanden das als schmerzhaft, wenn nicht sogar als erniedrigend.

Ich war anderer Meinung. In meinen Augen eröffneten das Outsourcing und der Beginn des digitalen Zeitalters Xerox eine Chance, sich neu zu erfinden. Anstatt darüber zu sprechen, warum unsere Geräte besser als die der Konkurrenz waren, konnten wir eine überzeugendere Geschichte erzählen: Ja, die Xerox-Geräte sind besser, aber dasselbe gilt auch für unser Know-how im Management dieser Geräte. Legen Sie Ihre gesamte Herstellung von Dokumenten in die Hände von Xerox, und Sie werden hunderttausende Dollar an Arbeitsaufwand und Ausrüstungskosten einsparen. Überlassen Sie es uns, sich den Kopf über Ihre Dokumente zu zerbrechen.

Bis zu einem gewissen Grad erzählte – und verkaufte – Xerox diese Geschichte bereits. Unsere Outsourcing-Abteilung, die den Namen Xerox Business Services (XBS) trug, betreute bereits die Kopierausrüstung und die Poststellen vieler Unternehmen und betrieb Druckereien, die Unternehmenskunden belieferten. XBS war das neue Gesicht einer seit Jahrzehnten existierenden Geschäftseinheit, und bis zum Jahr 1994 hatte es sich in ein vollwertiges Outsourcing-Angebot verwandelt, das Kopier-, Druck- und Vertriebsdienste sowie den Verkauf von Ausrüstungen zu für den Kunden finanziell attraktiven Paketen bündelte.

XBS war nur ein relativ kleiner Teil des Unternehmens, und das war beabsichtigt. Aber es war der am schnellsten wachsende Teil. Von 1994 bis 1995 stieg der Umsatz mit Schwarzweißkopierern um weniger als 1 Prozent, und im folgenden Jahr sank er. Der Outsourcing-Bereich von Xerox, der die von den Finanzchefs abgelehnten Druckereien und Poststellen betrieb, *wuchs in diesen beiden Jahren um 50 und 39 Prozent!* Man musste kein Sherlock Holmes sein, um zu durchschauen, was hier vor sich ging. Während das Geschäft mit Kopiergeräten Notsignale absetzte, hob das Outsourcing-Geschäft ab.

Leider wollten sich viele Leute im Unternehmen dieser Tatsache nicht stellen. In den Jahresberichten von Xerox wurde das Outsourcing kaum erwähnt, während der Ausstattung unserer neuesten Schwarzweißkopierer ganze Absätze gewidmet wurden. Es war, als wollte Xerox nicht zugeben, dass die Kopiermaschine nicht länger seine Goldmine war.

Ein Grund dafür, dass das Management das Outsourcing links liegen ließ, war die Nettogewinnspanne, die verglichen mit derjenigen bei Verkauf oder Vermietung eines Maschine geringer war. Zwar war bei jedem Gerät, das XBS im Rahmen einer Outsourcing-Vereinbarung verkaufte, die Gewinnspanne höher als bei einem Gerät, das unabhängig von einer solchen Vereinbarung verkauft wurde. Dazu kam, dass die Kunden von XBS sämtliches Zubehör und Verbrauchsmaterial für ihre Kopierer bei Xerox erwarben; ein Kunde, der nur eine Maschine kaufte, beschaffte sein Verbrauchsmaterial oft bei anderen Anbietern. Daher konnte XBS höhere Einnahmen pro Gerät erzielen. Aber die zusätzlichen Arbeitskosten, die XBS entstanden, weil es zum Beispiel die Druckerei eines Unternehmens übernahm, schmälerten die Gewinnmargen des *Gesamtunternehmens.* Das bereitete vielen in der Unternehmensführung Sorge. Trotz der wachsenden Einnahmen von XBS sahen sie darin nur eine Sparte mit geringeren Margen, was zur Folge hatte, dass sie XBS nicht unterstützten. Vielleicht befürchteten sie, dass die Börse nur ein weniger rentables Geschäftsmodell sehen würde, wenn sich Xerox auf eine Dienstleistungsstrategie verlegte, und das würde die Börsenbewertung des Unternehmens und unseren Aktienkurs beeinträchtigen – zumindest auf kurze Sicht.

Ich besaß nicht viele Xerox-Aktien und machte mir wenig Sorgen über den Wert meiner Pensionsrücklagen. Ich wollte, dass das Unternehmen wuchs. Ich wollte den Wandel auf dem Markt nutzen, anstatt ihn zu ignorieren.

Als jemand, der seine Laufbahn im Unternehmen damit begonnen hatte, von Tür zu Tür zu gehen, um Geräte zu verkaufen, und auf der Vermarktungsseite des Unternehmens groß geworden war, hatte ich keine so soliden Finanzkenntnisse wie viele der hochrangigen Führungskräfte. Aber ich kannte die Kunden und war überzeugt, dass es gefährlich war, sich nicht an der Outsourcing-Revolution zu beteiligen. Was war so schlimm daran, dass die Gewinnmargen bei Dienstleistungen geringer waren? Die Nachfrage war gewaltig! Und nach wenigen Jahren, wenn XBS kreativere Lösungen gefunden hätte, um Dienste zu bündeln und den Betrieb besser zu gestalten, würden auch die Gewinnmargen im Outsourcing wachsen.

Es gab noch eine Zukunftsvision, die für die Maschinen-Anhänger bei Xerox noch schwerer zu verdauen war, als das Outsourcing. In einer zunehmend globalisierten und vernetzten Welt hätte Xerox im Geschäft mit der Speicherung und Verbreitung digitaler Dokumente eine führende Rolle spielen können. Mir und anderen Verfechtern des »digitalen Dokuments« schwebte ein weitläufiges globales Netz von Xerox-Datenzentren vor, in denen unsere Leute die Online-Informationen der Kunden aus einem Remote-Netzwerk abrufen konnten, um je nach Bedarf jede beliebige Kombination von Dokumenten für einen lokalen Benutzer auszudrucken und zusammenzustellen. Wenn ein Geschäftsmann von New York nach Mumbai zu einer Besprechung reiste, konnte Xerox vor seiner Ankunft alle benötigten Dokumente – Programme, Präsentationen, Berichte, Schulungsunterlagen – abrufen, vorbereiten und bereitstellen.

Im Jahr 1995 war ich fest vom Potenzial des digitalen Dokumentenmanagements überzeugt. Daher brauchte mich der Leiter von XBS nicht lange zu überreden, als er mich fragte, ob ich meinen Posten als Bezirksleiter im Hauptgeschäftsbereich aufge-

ben und als einer seiner fünf direkten Untergebenen die Leitung
von XBS im Mittleren Westen übernehmen wolle. Ich war bereit,
eine strategische Rolle zu übernehmen und Xerox dabei zu helfen, die Zukunft zu erobern, anstatt weiter seine Vergangenheit
zu verkaufen.

Norm Rickard, der Leiter von XBS, war nicht in der Vergangenheit gefangen, obwohl er seit mehr als drei Jahrzehnten bei
Xerox arbeitete. Er hatte ab 1966 in den Bereichen Finanzen, Planung und Betriebsabläufe gearbeitet. Als Qualitätsbeauftragter
hatte Norm strikte Kontrollen und höhere Maßstäbe durchge-
setzt. Unter seiner Führung gewann Xerox im Jahr 1989 den
Baldrige Quality Award.

Wie alle Manager, die ich bewunderte und denen ich nach-
eiferte, verzichtete Norm auf das Mikromanagement seiner Mitarbeiter und vertraute stattdessen in ihre Fähigkeiten. Er legte
einige Grundregeln fest und zog sich zurück. Für mich war besonders wichtig, dass er eine ähnliche Vorstellung wie ich vom
Büro der Zukunft hatte und daher ähnlich wie ich über den Weg
dachte, den Xerox einschlagen sollte. Wir waren uns einig, dass
XBS im Unternehmen nicht deshalb eine Nebenrolle spielte, weil
der Markt nicht reif für das Outsourcing von Diensten war, sondern weil Xerox nichts dafür übrig hatte. Den eigentlichen Kampf
um Anerkennung musste XBS nicht auf dem Markt, sondern innerhalb des Unternehmens führen.

Weitblickende Manager wie Bud O'Brien gratulierten mir zu
meiner Entscheidung, aber viele Leute hielten es für verrückt,
dass ich mich dieser »B-Mannschaft« anschloss. Mit einem
Outsourcing-Erlös von 900 Millionen Dollar hatte XBS im Jahr
1995 nur einen Anteil von 5 Prozent am Gesamtumsatz des Unternehmens. Es gab sogar Leute, die meinen Wechsel zu XBS
verhindern wollten, weil sie einen »Rattenfänger-Effekt« fürchteten: Es kam oft vor, dass meine Mitarbeiter darum baten, mit mir
wechseln zu dürfen, wenn ich eine neue Aufgabe übernahm. Es
freute mich, wenn ich das Vertrauen talentierter Mitarbeiter ge-

wann. Norm Rickard hoffte, dass ich einige Spitzentalente aus dem »Big House« zu XBS mitbringen würde. Einige wechselten tatsächlich zu XBS, darunter Greg McStravick, der einer der besten Vertreter war und mein Vertriebsleiter für die Kunden im Umland von Chicago wurde.

Wir hatten die Hoffnung, dass das Gewicht von XBS im Unternehmen wachsen würde. Wir verbreiteten folgende Botschaft: Stellt euch vor, was aus XBS werden könnte, wenn mehr Leute wie wir erkennen, dass Outsourcing die Zukunft ist. Es tat sich eine neue Welt auf, und im Alter von 34 Jahren gab es keinen Platz, an dem ich lieber gewesen wäre als in der Führungsriege des Underdogs von Xerox.

13

Ein höherer Zweck

*Wenn Menschen ergriffen sind von dem, was richtig ist,
und wenn sie dafür Opfer zu bringen bereit sind, dann
gibt es keinen Halt kurz vor dem Sieg.*

MARTIN LUTHER KING JR.

Menschen ändern ihre Vorstellung von der Welt am ehesten,
wenn die ihnen vertraute Welt zu existieren aufhört. Die Aufgabe einer Führungskraft besteht darin, zu erklären, warum es
die bekannte Welt bald nicht mehr geben wird und wie die neue
Welt aussehen wird. So kann er den Wunsch wecken, ein Teil
dieser Welt zu werden.

Norm Rickard hatte mich zu XBS geholt, um Dienstleistungen
zu verkaufen. Aber er hatte mich auch geholt, um Xerox die Idee
schmackhaft zu machen, dass das Unternehmen Dienstleistungen verkaufen musste. Alle, von den Vertretern bis zu den stundenweise bezahlten Mitarbeitern, sollten aus ihrer Gleichgültigkeit geweckt und dafür begeistert werden, die immaterielle
Dienstleistung Dokumentenmanagement zu verkaufen.

In meinem ersten Jahr bei XBS trug ich die alleinige Verantwortung für die Gewinne und Verluste der Region Central USA,
die einen Umsatz von 350 Millionen Dollar erzielte. Mir unterstanden zehn General Manager, die ihrerseits 55 Manager beaufsichtigten. In unseren Büros und an den Standorten unserer Klienten arbeiteten rund 2000 Mitarbeiter und Partner. Kurz nach
meiner Ankunft holte Rickard Tom Dolan zu XBS. Er sollte den

U. S.-Bereich leiten, der den Großteil unseres Geschäfts aus-
machte und Aufträge für XBS auch in Dutzenden anderen Ländern an Land zog. Wieder vereint, waren Tom und ich wie Bat-
man und Robin: Er brachte das Gewicht eines gestandenen
Staatsmannes mit, ich die Energie einer neuen Generation. Wir
waren die Kreuzritter des Wandels.

Das Outsourcing-Geschäft wuchs und gedieh. Ende 1995
konnte XBS ein jährliches Umsatzwachstum von 50 Prozent vorweisen und hatte hunderte neue Mitarbeiter eingestellt. Im Jahr
1996 stieg der Umsatz im Dokumentenmanagement auf 1,3 Milliarden Dollar. XBS betreute mittlerweile 4000 Kundenstandorte,
und die Kundenbindungsrate war innerhalb von vier Jahren von
88 auf 95 Prozent gestiegen. Jeder, der gemeint hatte, XBS werde
ein Randgeschäft bleiben, musste sich nur die Zahlen ansehen.
Im an die Börsenaufsicht übermittelten Jahresbericht für 1996
stand zu lesen, dass das Unternehmen seine Einnahmen von
17,4 Milliarden Dollar einem 10-prozentigen Absatzwachstum
bei Ausrüstungen und einem Zuwachs von *47 Prozent* im Doku-
mentenoutsourcing verdankte. Im folgenden Jahr erzielte XBS einen Umsatz von 2 Milliarden Dollar und betreute 5000 Kundenstandorte – ein explosionsartiges Wachstum.

Um XBS die interne Unterstützung zu sichern, die es verdiente,
richtete ich meine Arbeit in diesen Jahren an einem Grundgedan-
ken aus: Die größte Inspiration für die Menschen ist nicht Geld,
sondern sinnvolle Ziele zu haben.

Ein Ausgangspunkt

Ich brauchte ein inspirierendes Anliegen. Ein überzeugendes
Anliegen war wie Benzin: Ein Funke genügte, um ein glühendes
Arbeitsethos zu entfachen. In meinen früheren Teams hatte eine
gut definierte, über ein finanzielles Ziel hinausgehende Aufgabe
die Phantasie der Mitarbeiter angeregt und ihr Beharrungsver-

mögen gestählt: Holt das Beste aus euch heraus. Werdet die
Nummer eins. Schreibt Geschichte. Strebt nach der Goldme-
daille. Solche Ambitionen sagen den Menschen mehr als die
Notwendigkeit, einen bestimmten Umsatz zu erreichen.

Um etwas zu finden, das den Leuten bei XBS etwas bedeuten
würde, dachte ich darüber nach, was für mich Bedeutung hatte.
Ich liebte das Unternehmen. Xerox hatte mir meine erste berufliche Chance gegeben und mir vertraut, so dass ich herausragende Leistungen bringen konnte. Ich gab seit 1983 mein Bestes
für Xerox, und ich litt darunter, dass wir einen Kurs eingeschla-
gen hatten, der uns keinen nachhaltigen Erfolg sichern würde.
Ich war zu der Überzeugung gelangt, dass das Überleben des Unternehmens nicht von einer weiteren Produktlinie oder von einer
Umstrukturierung abhing, sondern von seiner Fähigkeit, einen
kühnen Richtungswechsel zu vollziehen.

So wie ich aus meiner persönlichen Geschichte lernte, dachte
ich auch über die Geschichte von Xerox nach. Ich dachte an den
unabhängigen Physiker Chester Carlson, der vor 60 Jahren nach
langjähriger Arbeit in seinem privaten Laboratorium das erste
xerographische Bild erzeugt hatte. Ich dachte an Joe Wilson, dessen Photozubehörfirma Haloid im Jahr 1947 die Rechte an der
von Chester entwickelten Technologie erworben hatte. Warum
hatte er das getan? Wilson wusste, dass Haloids Produkte technisch überholt waren. Er setzte sich ein Jahrzehnt lang über die
Zweifel der Neinsager hinweg und investierte Haloids Einnahmen in die Kommerzialisierung der Xerographie. Dann dachte
ich daran zurück, wie sich Wilsons gewagtes Spiel im Jahr 1959
bezahlt gemacht hatte, als sein in Xerox umbenanntes Unternehmen den Kopierer 914 auf den Markt brachte, der den Umsatz in
weniger als einem Jahrzehnt von 32 Millionen auf 1,2 Milliarden
Dollar katapultierte.

Wie jedes ausgezeichnete Unternehmen hatte Xerox im Lauf
der Jahre einige Fehler begangen, aber sein Vermächtnis war inspirierend. Dieses Erbe zu verschleudern, wäre eine Tragödie ge-

wesen. Diesem Vermächtnis gerecht zu werden, war ein wertvolles Anliegen. Ich gelangte zu der Überzeugung, dass das Vermächtnis von Xerox nicht der Bau von Kopiermaschinen war. Sein Vermächtnis war die Fähigkeit, sich neu zu erfinden. Das war ein sinnvolles Ziel, für das es sich zu kämpfen lohnte. Ich musste meinem Team bei XBS die New Economy als verlockende Wachstumschance schmackhaft machen. Xerox musste sich nicht davor fürchten. Die Furcht mochte kurzfristig den Adrenalinspiegel emportreiben, aber sie konnte die Menschen auch dazu verleiten, auf der Suche nach rascher Abhilfe langfristig falsche Entscheidungen zu fällen.

Meine interne Marketingkampagne nahm Gestalt an. Xerox hatte im Lauf seiner Geschichte kühne Entscheidungen gefällt, um seinen Kurs zu berichtigen. Nun, im Jahr 1997, hatten wir einen weiteren Wendepunkt erreicht. Wir hatten eine große Chance, die Zukunft unseres großartigen Unternehmens neu zu definieren und zu sichern. Aber dazu mussten wir den Mut und den Willen aufbringen, die richtigen Entscheidungen zu fällen. Wie üblich packte ich meine Vorstellungen in eine griffige Sprache und bezeichnete diesen Wendepunkt als »Ground Xero«.

Wie ich aus Erfahrung wusste, konnte eine in einfache Worte gefasste Idee eine Vision vermitteln und aus etwas Gewöhnlichem etwas Besonderes machen. Bezeichnungen wie »Empfinden-Empfand-Gefunden« oder »Die Große Dokumentenjagd« mochten zwar ein bisschen kitschig klingen. Eine passende Namensgebung ist jedoch gleichermaßen deskriptiv wie einprägsam und kann komplexe Konzepte für alle Welt nachvollziehbar und bedeutsam machen. Und eine wirksame Verpackung ist immer auch ein wenig dramatisch. Deshalb wählte ich »Ground Xero«.

Das war, bevor der Begriff »Ground Zero« im Jahr 2001 als Bezeichnung für den früheren Standort des World Trade Center nach dem furchtbaren Terroranschlag ins Bewusstsein der Öffentlichkeit rückte. Bis dahin war unter Ground Zero ganz allgemein der Punkt der maximalen Zerstörung zu verstehen, etwa das Epizentrum eines Erdbebens oder der Detonationspunkt einer Bombe. Ich wählte den Begriff, weil jede Zerstörung nach meinem zuversichtlichen Weltverständnis zugleich ein Ausgangspunkt für den Neuaufbau war. »Wir haben es in der Vergangenheit geschafft und werden es wieder schaffen.« Die unvergesslichen Worte, die meine Mutter angesichts unseres brennenden Hauses gesagt hatte, waren ein fester Bestandteil meiner Lebenseinstellung geworden. Alles, sei es ein Haus, ein Unternehmen oder das Ansehen einer Person, musste aufgrund von nicht zu beeinflussenden Umständen wie Naturkatastrophen, neuen Technologien, dem Lauf der Zeit, wirtschaftlichen oder politischen Umwälzungen, unerwarteten Unfällen oder Launen des Schicksals möglicherweise irgendwann neu aufgebaut werden.

Ich entwarf meine Ground-Xero-Kampagne, um die Situation dramatisch zu überzeichnen. Ich gestaltete ein in schwarz und rot gehaltenes Marketing-Faltblatt für die Mitarbeiter. Auf dickem Papier argumentierte ich mit ungezügelter Dramatik, als würde ich versuchen, das gesamte Unternehmen zu einem radikalen Kurswechsel zu bewegen. In fetter schwarzer Schrift hieß es dort: »Achtung! Nach Ground Xero wird nichts mehr sein wie zuvor.« Auf der Innenseite fand der Leser einen Appell zur Veränderung, der einem Schlachtruf glich:

Jede bedeutsame Bewegung hat einen Ursprung, einen Augenblick, in dem Geschichte gemacht wird. Wir befinden uns an einem solchen Punkt. An diesem Schnittpunkt von Menschen, Prozessen und Technologien stehen wir vor einer neuen Welt, die erobert werden will. Man kann diesen Punkt als richtungsweisendes Ereignis bezeichnen. Ich bezeichne ihn als Ground Xero … Es liegt in unserer Hand, diese einmalige Chance zu nutzen. Jeder von uns muss jetzt entscheiden, ob er diese großartige Gelegenheit nutzen will.

Um meiner Argumentation Nachdruck zu verleihen, gestaltete ich einen Zeitstrahl, auf dem ich die »Ground-Xero-Meilensteine« von Xerox der vergangenen 60 Jahren zusammenfasste.

Die Neuanfänge begannen mit Chester Carlson und Joe Wilson und setzten sich fort: Im Jahr 1977 hatte Xerox die ersten Laserdrucker auf den Markt gebracht, obwohl die Befürchtung bestand, sie könnten den Kernprodukten des Unternehmens den Garaus machen. Mit diesen Druckern hatte Xerox Milliarden Dollar verdient. Im Jahr 1983 hatte David Kearns das Unternehmen mit seiner Qualitätsinitiative auf den Kopf gestellt und seine Vormachtstellung auf dem Markt erneuert. 1991 hatte sich Xerox in »The Document Company« verwandelt.

In Abwandlung eines Bonmots von Winston Churchill erklärte ich, dass wir umso weiter in die Zukunft blicken könnten, je weiter wir in die Vergangenheit schauten. »Wie bei so vielen Ground Xeros in der Vergangenheit werden wir wieder die Gelegenheit nutzen, Rekorde aufzustellen und Geschichte zu schreiben.« Ich scheute nicht vor Übertreibungen zurück.

Im Jahr 1997 wurde Norm Rickard mit der Leitung eines anderen Xerox-Geschäftsbereichs betraut. Seinen Platz an der Spitze von XBS Worldwide nahm Tom Dolan ein. Mir wurde Dolans Posten als Leiter von XBS USA angeboten. Aber für diesen Job würde ich in die Xerox-Zentrale nach Rochester im Bundesstaat New York wechseln müssen. Meine Frau und ich hatten keine große Lust, unser Haus am Ende einer Sackgasse im beschaulichen Lake Forest aufzugeben. Julie hatte in Chicago enge Freundschaften geschlossen. Dazu kam, dass wir ein zweites Kind bekommen hatten, einen lebhaften, gesunden Sohn, den wir John Patrick nannten. Einmal mehr bestätigte mir das Krankenhauspersonal, dass noch kein Vater derart übermütige Freudensprünge gemacht hatte wie ich. Wie zuvor Michael schlug mich auch mein zweiter Sohn in seinen Bann. Es würde nicht leicht sein, mit einem Baby und einem Kleinkind ein neues Leben in einer anderen Stadt zu beginnen. Aber wir beschlossen, es zu wagen.

Der neue Job war ein Aufstieg in der Unternehmenshierarchie. Aufregender als der Titel war jedoch, dass ich nun eine größere Bühne und mehr Mittel haben würde, um für ein in meinen Augen bedeutsames und dringendes Vorhaben zu werben. Als Leiter von XBS in den Vereinigten Staaten war ich nun im Unternehmen gleichzeitig Senior Vice President. Und ich hatte nicht die Absicht, mit meiner Meinung hinter dem Berg zu halten.

14

Prunk

Ohne prophetische Offenbarung verwildert das Volk.

BUCH DER SPRICHWÖRTER, 29,18

»Ich hoffe, Sie wissen, was Sie tun, Bill.«

Ich hatte Tom Dolan gerade mitgeteilt, dass ich alle 1800 Mitarbeiter der Vertriebs- und Marketingabteilungen von XBS USA zu unserem Eröffnungsmeeting 1998 in San Antonio eingeladen hatte. Es sollte ein grandioses Fest werden. Xerox war dafür bekannt, dass es seinen besten Verkäufern luxuriöse Reisen bezahlte, aber derartige Veranstaltungen waren den Mitarbeitern vorbehalten, die das Geld hereinbrachten. Die Betriebsangehörigen, die ich ins texanische San Antonio eingeladen hatte – Verwaltungsassistenten, Mitarbeiter aus den Poststellen unserer Klienten, aus dem Personalwesen, aus der Buchhaltung und vielen anderen Abteilungen –, verließen nur selten ihre Büros aus beruflichen Gründen. Dolan wusste, dass die Unternehmensführung verärgert auf die Nachricht reagieren würde, dass ich auch 800 Mitarbeiter, die stundenweise bezahlt wurden, zu einer Party eingeladen hatte. Vor allem zu diesem Zeitpunkt.

Das Unternehmen war verzweifelt bemüht, die Kosten zu senken. Und ausgerechnet in diesem Moment wollte ich 2,5 Millionen Dollar ausgeben, um hunderte Mitarbeiter aus dem ganzen Land in eine Stadt zu bringen, wo sie drei Tage lang auf Kosten des Unternehmens Kost und Logis erhalten würden. Als ich Dolan über mein Vorhaben informierte, gab es kein Zurück mehr.

Ich hatte bereits das Kongresszentrum von San Antonio und zwei Marriott-Hotels am berühmten River Walk reserviert und eine Firma engagiert, die uns bei der Planung verschiedener Veranstaltungen helfen sollte. Und bei XBS selbst arbeiteten viele Leute an der Gestaltung verschiedener Schulungs- und Informationsveranstaltungen.

»Bill, das wird viel Staub aufwirbeln«, sagte Dolan. »Und als Leiter des amerikanischen Geschäfts sind Sie dafür verantwortlich.« Ich antwortete, dass ich die Verantwortung für alle meine Handlungen übernähme. »Ich stehe für die Ergebnisse in den USA gerade. Vertrauen Sie mir, Tom. Ich habe alles im Griff.« Ich handelte nicht leichtsinnig. Ich hatte schon vor dem Gespräch mit Tom gewusst, dass meine Vorgehensweise Kontroversen auslösen würde, aber ich war überzeugt von dem, was ich tat.

In Puerto Rico hatte ich gelernt, wie nützlich Prunk sein konnte, um Menschen zu inspirieren. Ein Festbankett, das die Arbeitssitzungen unterbrach, eine alberne Parodie am Strand, oder eine großartige Weihnachtsfeier konnten trockene Themen auflockern, gewöhnliche Aufgaben in große Vorhaben verwandeln und die Begeisterung der Mitarbeiter wecken. Mit ein wenig feierlichem Glanz statt einer mittelmäßigen Pflichtveranstaltung zeigte man Respekt für alle Teilnehmer, die diesen Respekt erwiderten. Der Startschuss zum Geschäftsjahr 1998 eröffnete mir die Chance, in einer mitreißenden 3-D-Präsentation für das Outsourcing zu werben und das Wachstum anzukurbeln.

Die prunkvolle Show unserer kleinen Geschäftseinheit war ein gut durchdachter Schachzug, mit dem ich gegen die Sparkultur von Xerox und gegen die immer noch vorherrschende »Maschinengläubigkeit« ins Feld zog. Die Investition von XBS in die Ausbildung seiner Mitarbeiter würde so mehr Anerkennung finden, denn Xerox sparte insbesondere bei Ausbildung, Leistungsanreizen und sogar Gehältern. Und die spektakuläre Geste einer alle Mitarbeiter umfassenden Konferenz würde die Leute von meiner Vorstellung überzeugen, dass unsere Zukunft im Outsourcing ebenso leuchtend sein würde, wie die Geste an sich. Überfluss bringt Überfluss hervor. Um die Mitarbeiter von XBS dazu zu bewegen, mehr von sich selbst zu erwarten, musste ich ihnen mehr geben.

Ich sicherte mir Dolans Zustimmung, aber die Kosten waren so hoch, dass ich mich vor einer Gruppe von Spitzenmanagern rechtfertigen musste. Denn viel kleinere Versammlungen als jene, die ich geplant hatte, wurden inzwischen durch virtuelle Sitzungen oder Telefonkonferenzen ersetzt. Ich erläuterte meine Buchhaltung, um der Unternehmensführung zu zeigen, dass die Kosten für diese Maßnahmen in der Budgetplanung Platz hatten. Ich bat alle Beteiligten, das Gesamtbild zu betrachten. XBS würde seine Mitarbeiter auffordern, eine so großartige Vision zu verwirklichen und ein so hohes Absatzziel zu erreichen, dass wir es uns nicht leisten konnten, ihnen diese Vorhaben nur in gefilterter Form per E-Mail, Memo und durch die Manager zu übermitteln, da die Botschaft auf diese Art verwässert würde. XBS musste seine Ziele und seine Vision persönlich, laut und deutlich erklären, damit jeder sie verstand.

»Was ist Ihr Ziel?«, fragten mich die Führungskräfte. Ich erklärte es ihnen: XBS würde vor allem dank des amerikanischen Markts bis zum Jahr 2000 einen Umsatz von 4 Milliarden Dollar erzielen. Das bedeutete, dass wir innerhalb von zwei Jahren unsere Größe verdoppeln würden. »Das ist ein unerreichbarer Traum«, antworteten sie. Ich glaubte, dass die 4 Milliarden Dollar sehr wohl erreichbar waren, und auch dieses Ziel steckte ich nicht leichtfertig. Das eigentliche Ziel meines Geschäftsplans – die Zahl, die die Finanzabteilung von Xerox in die Ziele des Gesamtkonzerns aufnehmen konnte – lag unterhalb der 4 Milliarden, die ich den Mitarbeitern von XBS vorgeben würde. Ein Umsatz von 3 Milliarden Dollar im Jahr 2000 war ein realistischeres Vorhaben, aber immer noch ein Traum. Warum kündigte ich also nicht 3 Milliarden Dollar an? Da es sehr schwierig war, bei meinen Mitarbeitern Begeisterung für den Verkauf von

Outsourcing-Diensten zu wecken, musste ich die Aufmerksamkeit aller Beteiligten auf einen Traum lenken, der so unmöglich schien, dass es eine aufregende Herausforderung sein würde, diesem Traum nachzujagen. Deshalb schoss ich absichtlich über das Ziel hinaus.

Seit mehr als einem Jahrzehnt sah ich, wie Teams die Erwartungen erfüllten, die an sie gerichtet wurden. Je anspruchsvoller die Aufgabe, desto mehr wuchsen die Mitarbeiter über sich hinaus. Hohe Zahlen weckten die Aufmerksamkeit der Leute und ihren Glauben an die Fähigkeit, etwas zu erreichen, das als unerreichbar galt. Ein Flugzeug hebt nicht mit leeren Treibstofftanks ab, um die Welt zu umrunden, und die Verdopplung unseres Umsatzes bis zum Jahr 2000 war kein Sprung über eine Pfütze: Ich verlangte von meinen Mitarbeitern, den Erdball zweimal zu umrunden. Ich war darauf angewiesen, dass sie von der Veranstaltung in San Antonio voller Zuversicht und Begeisterung für den Plan und voller Vertrauen in ihre eigenen Fähigkeiten zurückkehrten.

Deshalb, erklärte ich, war es erforderlich, dass hunderte Betriebsangehörige an der Versammlung in San Antonio teilnahmen. Zum einen hing der Alltagsbetrieb unserer Büros von den Verwaltungsangestellten ab. Wenn die Person, die ans Telefon ging, meine Post öffnete und meine Termine organisierte, die Vision von XBS nicht kannte und seine Strategie nicht unterstützte, wie konnte sie dann meine täglichen Prioritäten ordnen oder entscheiden, wen sie durchstellen sollte und wer warten konnte? Wir waren darauf angewiesen, dass die Mitarbeiter auf allen Ebenen mit Leib und Seele bei der Sache waren.

Ich erläuterte die wesentlichen Punkte der Konferenz. Wir würden das Umsatzziel und das dazugehörige Thema für das Geschäftsjahr erläutern: »Go4Growth in America.« Um dieses Ziel zum Leben zu erwecken, gestalteten wir die Eröffnungszeremonie sowie die morgendlichen Versammlungen wie einen Parteikonvent. Es war erst ein Jahr her, dass Bill Clinton wiedergewählt worden war, und die Erinnerung an den Wahlkampf des Präsidenten und seines republikanischen Herausforderers Bob Dole war noch frisch. Wir würden unsere eigene politische Motivationskampagne starten, um die Angehörigen von XBS für unsere Mission zu begeistern.

Aber die dreitägige Veranstaltung würde mehr als ein Motivationsspektakel sein. Wir würden unseren Mitarbeitern auch Werkzeuge an die Hand geben, die sie brauchten, um die gewünschten Leistungen zu bringen. Zwei Tage würden mit Weiterbildungs-, Schulungs- und Zertifizierungskursen gefüllt sein, damit die Leute bei der Rückkehr in ihre Büros wussten, was sie zu tun hatten. Und sie würden nachweisen müssen, dass sie etwas gelernt hatten. Der krönende Abschluss der Veranstaltung sollte am Sonntag eine feierliche Preisverleihung an diejenigen sein, die herausragende Leistungen gezeigt hatten. Wenn die Mitarbeiter San Antonio verließen und in ihre über das ganze Land verteilten Niederlassungen zurückkehrten, würden sie sich wie stolze Mitglieder einer Nationalmannschaft fühlen. Und sie würden in der Zukunft gute Leistungen bringen. Die Alternative – ein Rundschreiben oder eine halbherzige Motivationsveranstaltung – hätte uns ein besseres Quartalsergebnis gesichert, aber auf diese Art hätten wir nie jenes Engagement wecken können, das wir brauchten, um innerhalb von zwei Jahren zusätzliche Outsourcing-Dienste im Wert von 2 Milliarden Dollar zu verkaufen.

Ich konnte nicht alle von meinem Vorhaben überzeugen, aber San Antonio würde stattfinden.

Die Belohnung für Genauigkeit

Am Morgen des 19. Dezember 1997, etwa einen Monat vor Beginn der Eröffnungsveranstaltung in San Antonio, saß ich mit Norm Rickard und Tom Dolan im Cotillion Ballroom des Sheraton Hotel in Washington, wo Dolan aus der Hand von Präsident

Bill Clinton den prestigeträchtigen Malcolm Baldrige National
Quality Award entgegennahm. Für mich war es eine unglaubliche Erfahrung, mit dem Präsidenten der Vereinigten Staaten im selben Raum zu sein. Ich war
36 Jahre alt, aber ich fühlte mich immer noch wie der Teenager
hinter der Theke eines Delis, egal ob ich mit einer Persönlichkeit
wie Bud O'Brien ein Bier trank oder mich im selben Raum wie
der amerikanische Präsident aufhielt. Ich war dankbar für solche
Erfahrungen.

Für XBS war der Baldrige Award natürlich ein großartiger Erfolg. Um sich dafür bewerben zu können, war eine sorgfältige
Prüfung des Unternehmens nötig gewesen. Jeder Bestandteil der
Geschäftsabläufe wurde inspiziert und beurteilt. Norm Rickard,
der Xerox im Jahr 1989 zu seinem bis dato einzigen Baldrige
Award geführt hatte, war der Überzeugung, dass das Unternehmen diese Auszeichnung nicht unbedingt gewinnen musste –
wichtiger war es, aus der Erfahrung zu lernen und sich durch das
Bemühen, die Qualitätsstandards zu erfüllen, zu verbessern.
Selbstverständlich wollte er genau wie ich den Preis bekommen,
aber auf dem Weg dahin verbesserte XBS auf jeden Fall seine Betriebsabläufe. Als schließlich ein halbes Dutzend Prüfer zu unseren regionalen Niederlassungen und Kundenstandorten ausschwärmten, waren wir gut vorbereitet, und im Jahr 1997 wurde
Xerox Business Services gemeinsam mit vier weiteren Unternehmen ausgezeichnet. Das war ein überwältigender Vertrauensbeweis, der, so unsere Hoffnung, auch den Stellenwert von XBS innerhalb des Unternehmens erhöhen würde.

Und als Tom dem Präsidenten die Hand reichte, kam mir eine
Idee für San Antonio.

Glanz und Glamour

An einem winterlichen Donnerstag machten sich XBS-Mitarbeiter aus allen Landesteilen auf den Weg ins warme Texas und bezogen in San Antonio ihre gut ausgestatteten Hotelzimmer. Mehr als die Hälfte von ihnen hatten nie an einem President's Club oder einer ähnlich spektakulären Veranstaltung teilgenommen. Hunderte Mitarbeiter, von Büroleitern bis zu EDV-Experten, waren einfach glücklich, einmal aus ihrer Routine gerissen zu werden, an einem bezahlten Ausflug teilnehmen zu dürfen und in einer schönen Stadt in ein schönes Hotel eingeladen zu sein. Als sich alle zur Eröffnungsfeier im großen Saal des San Antonio Convention Center versammelten, konnte niemand seine Aufregung verbergen. Keiner der Teilnehmer wusste, was das abendliche Menü zu bieten hatte, während wir planten, das Spektakel gleich mit dem Nachtisch zu beginnen. Wir wollten ein bisschen Spaß haben, ein wenig lachen, uns selbst nicht allzu ernst nehmen.

Ich stand hinter der Bühne und spähte in den in den Farben Rot, Weiß und Blau geschmückten Saal. Es herrschte eine Stimmung wie an einem Premierenabend. Das gesamte Auditorium war bis in die Lobby wie für einen Parteikonvent dekoriert. Ich hatte sogar die Produktionsfirma One Smooth Stone aus Chicago engagiert, die sich auf »Unternehmenstheater« spezialisiert hatte. Der Gründer Kevin Olson war davon überzeugt, dass eine prunkvoll inszenierte Veranstaltung die Mitglieder eines Unternehmens zusammenschweißen und auf diese Art die Geschäftsergebnisse verbessern konnte. Die Inszenierung übertraf alle meine Erwartungen. Der Saal sah vom Parkett bis zu den Galerien phantastisch aus: Die Mitarbeiter der verschiedenen regionalen Niederlassungen saßen jeweils in Blöcken zusammen – wie die Delegierten der Bundesstaaten bei einem Parteikonvent. Jeder Teilnehmer fand auf seinem Platz Schilder zum Hochhalten, Fahnen und Instrumente zum Krachmachen vor. Bald würden

rote, weiße und blaue Ballons von der Decke in den Saal hinab-
trudeln, und die Leute bliesen bereits in kleine Neujahrströten.
Schauspieler, die Fernsehreporter spielten, gingen in Begleitung von Kameramännern durch den Saal und befragten die
Gäste. Einer von ihnen trat an meine hervorragende Sekretärin
heran. »Tom Lockjaw berichtet aus dem Kongresszentrum von
San Antonio«, sagte er in die Kamera. (Wir hatten unseren Mode-
ratorendoubles Juxnamen gegeben.) »Barb, was erwarten Sie von
den nächsten vier Jahren?« Die Schauspieler gingen ganz in ihren
Rollen auf und brachten die Leute zum Lächeln, aber vor allem
bewegten sie sie dazu, über Dinge zu sprechen, die für XBS wichtig waren. Die Interviews wurden rasch bearbeitet, um sie im Lauf
der folgenden Tage auf Großbildschirmen im Kongresszentrum
zu zeigen. Wir mussten unsere Mitarbeiter unbedingt zu Wort
kommen lassen. Es hatte keinen Sinn, dass sie sich nur anhörten,
was die Führungskräfte zu sagen hatten. Wir wollten auch wissen,
was diejenigen dachten, die jeden Tag an vorderster Front Einsatz
zeigten, und wir wollten, dass sie einander zuhörten.

Die Sitzreihen füllten sich, und es herrschte eine ähnliche
Spannung wie bei einem echten Parteikonvent. Verstärkt wurde
die Aufregung dadurch, dass die Leute nicht recht wussten, was
sie erwartete. Sie hatten sich keine derart glanzvolle Atmosphäre
ausgemalt. *Was kommt als Nächstes? Worum geht es hier?* Wir hatten
sie aus ihrem Berufsalltag herausgerissen.

Einer der falschen Nachrichtenmoderatoren nahm an einem
Tisch an der Rückseite des Saals Platz, wobei er dem Publikum
den Rücken zuwandte, so dass der Saal im Bild hinter ihm zu sehen war. Seine Aufgabe war es, nach jedem Vortrag die Kernaus-
sagen zusammenzufassen und zu kommentieren und auf diese
Art den roten Faden der Veranstaltung aufrechtzuerhalten. Als
ich ins Rampenlicht hinaustrat, war das Publikum schon so auf
Touren gebracht, dass es einfach nicht zur Ruhe kam. Mein Blick
schweifte über ein Meer von roten, weißen und blauen Pompons,
und überall wurden Schilder in die Höhe gehalten: Central Re-

gion. Western Region. Chicago. Atlanta. Sie waren alle gekommen. »Willkommen in Texas!«, rief ich ihnen zu.

Meine Aufgabe war es, sie auf das vorzubereiten, was ich in den kommenden zwei Jahren von ihnen verlangen würde: Wir mussten unser Geschäftsaufkommen bis zum Jahr 2000 verdoppeln. Aber bevor ich mich unserer großen Mission zuwandte, wollte ich die Euphorie weiter anfachen. Es war an der Zeit, Tom auf die Bühne zu holen. »Ladies and Gentlemen, der Präsident von XBS Worldwide, Tom Dolan!« Unter dem Jubel des Publikums schüttelten wir uns die Hände und umarmten einander. Ich drückte ihm das Mikrophon in die Hand. Er machte ein verblüfftes Gesicht: Eine derart sorgfältig inszenierte Show hatte es bei Xerox seit vielen Jahren nicht gegeben. Auf Dolan wirkte es, als hätte Cecil B. Demille die Regie bei einer Unternehmensveranstaltung übernommen. Ich hatte Tom erst wenige Minuten früher verraten, dass ich ihn auf die Bühne bitten würde, weshalb er keine Rede vorbereitet hatte. Er begann zu sprechen, aber es war klar, dass wir die Dynamik einbüßen würden, wenn er zu lange auf der Bühne blieb. Daher lief ich nach etwa zwei Minuten hinaus und rief: »Tom, Tom, schauen Sie sich das an!« Agenten des Secret Service in schwarzen Anzügen und Headsets tauchten auf. Einer ging zum Rednerpult und klebte ein großes Präsidentensiegel über das Hotellogo, während sein Kollege mit versteinerter Miene den Saal scannte. Aus der Lautsprecheranlage dröhnte »Hail to the Chief«. Und dann erschien der 42. Präsident der Vereinigten Staaten.

Lächelnd kam William Jefferson Clinton bei einer Xerox-Konferenz auf die Bühne und begrüßte das jubelnde Publikum mit nach oben gedrehten Daumen. Die Leute waren aufgestanden, schrien und applaudierten. *Unglaublich! Der Präsident? Hier?* Wir hatten es perfekt inszeniert, und in ihrer Aufregung glaubten sie tatsächlich, dass Präsident Clinton gekommen sei. Hysterisch brüllend schwenkten sie ihre Fahnen und pusteten in ihre Tröten. Es war verrückt. Sogar die Republikaner im Publikum jubelten und schrien, als Clinton auf den verblüfften Tom Dolan zuging und ihm die Hand reichte.

»Schön, Sie zu sehen«, sagte der Präsident. »Es hat mich sehr gefreut, Ihnen in Washington den Baldrige Award zu überreichen und Sie und Bill im Lincoln-Schlafzimmer zu Gast zu haben.« Gelächter. »Und ich möchte Ihnen und Ihrer ganzen Truppe für Ihren großzügigen Beitrag zu meiner Wiederwahl danken.« Clinton blickte ins Publikum und sah in fassungslose Gesichter. »Tatsächlich möchte ich Ihnen allen für diese Spende danken, denn sie stammte aus Ihrem Rentenvorsorgeplan.« Jetzt begannen die Leute zu begreifen.

»Tom, wir sollten Präsident Clinton ein paar Minuten mit dem Team gönnen«, sagte ich. »Ich weiß, dass er gerne einige Worte sagen würde.« Clinton stand nun am Rednerpult hinter dem Präsidentensiegel und ging direkt dazu über, einen Witz nach dem anderen zu reißen. Als er eine etwas schlüpfrige Anekdote über einen bestimmten Senator erzählte, hatten es alle verstanden.

Es war der Komiker Darrell Hammond, der den Präsidenten spielte. Als diese Erkenntnis den Schock über die Anwesenheit des ersten Mannes im Staat verdrängte, wuchs die Freude der Zuschauer noch. Sie liebten diesen Gag, und sie liebten es, Teil davon zu sein: *Bill hat uns hinters Licht geführt! Und er hat Tom überlistet!* Von der Täuschung und von Hammonds Scherzen überwältigt, lachten die Zuschauer Tränen. Eine solche Reaktion hätten wir niemals in einer Telefonkonferenz oder mit einer Videoaufzeichnung auslösen können.

Ein wenig später enthüllte ich unser Ziel: 4 Milliarden Dollar bis zum Jahr 2000. Ich erklärte, warum wir das schaffen mussten – und warum es uns gelingen würde. Ich sagte unseren Mitarbeitern, dass der neuen Welt, in der wir alle arbeiteten, Kopierer, Drucker und Hochgeschwindigkeitsproduktion egal waren. Dort wimmelte es von Wissensarbeitern und Unternehmen, denen es vor allem um die optimale Nutzung der Information ging. Aber – und dieses *aber* war der Grund dafür, dass XBS wichtig war – diese Wissensarbeiter und Unternehmen wollten das nicht selbst tun. Sie wollten das Dokumentenmanagement einem Experten überlassen. Die Entscheidungen, die jedermann bei XBS von nun an fällte, unsere Kreativität und unser Engagement würden darüber entscheiden, ob wir dieser Experte sein würden und ob es uns gelingen würde, uns mit der Welt zu wandeln. Dieser Moment war unser Ground Xero. Xerox hatte es in der Vergangenheit getan, und XBS würde es erneut tun.

Im weiteren Verlauf der Veranstaltung kamen andere XBS-Manager auf die Bühne, um mich zu unterstützen, wobei unsere »Nachrichtenmoderatoren« dafür sorgten, dass das Gespräch locker blieb und die Botschaft verständlich vermittelt wurde. Ich entließ meine Zuhörer mit einem abschließenden Gedanken:

»Der Erfolg dieser Versammlung hängt nicht von dieser großartigen Show oder davon ab, wie viel Spaß wir haben. Der Erfolg hängt davon ab, was Sie in den nächsten Tagen lernen und was Sie in den nächsten Jahren daraus machen werden.« Ich machte ihnen deutlich, dass meine Aufgabe darin bestand, jedem einzelnen von ihnen mitzugeben, was er für den Erfolg benötigte. Ich konnte ihnen die Vision, die Strategie und den Plan anbieten, aber ich würde ihnen nicht über die Schulter schauen, wenn sie an ihre Arbeitsplätze zurückkehrten. Sie mussten den Erfolg selbst wollen.

»Habt ihr den Willen zu gewinnen? Kann ich auf euch zählen? Wenn ich auf euch zählen kann, gebt mir ein Zeichen.« Die Leute sprangen jubelnd auf, und es war klar: Wir hatten ihre Stimmen.

Wertschätzung

War diese Inszenierung lächerlich? War sie oberflächlich? Hatte sie irgendeine Wirkung? Es war unmöglich, die exakte Investitionsrendite der dreitägigen Konferenz zu messen. Aber diese prunkvolle Veranstaltung weckte bei allen Vertrauen und Begeisterung. Tom Dolan meinte, von Dutzenden vergangenen Motivationsveranstaltungen seien ihm kaum zehn Minuten in Erinnerung geblieben, aber an diese hier würde er sich in zehn Jahren noch erinnern.

Die Mitarbeiter kehrten mit dem Gefühl nach Hause zurück, dass ihr Unternehmen sie zu schätzen wusste und sie gut ausbilden wollte. In Anrufen und E-Mails bekannten sich die Teilnehmer zu unseren Zielen. Und sie dankten mir. Die Botschaft war nicht verwässert worden. Die Leute wussten, was sie zu tun hatten und warum sie es zu tun hatten.

In den ersten hundert Tagen nach dem Startschuss besuchte ich XBS-Niederlassungen im ganzen Land, um die Dynamik aufrechtzuerhalten und dafür zu sorgen, dass jeder Bürochef den Kontakt zu seinen Kunden suchte, um Umsätze und Gewinne zu erzielen. Je früher im Jahresverlauf wir Verträge unter Dach und Fach brachten, desto länger würde XBS von diesen stetig sprudelnden Einkommensquellen profitieren. Die Besuche bei den regionalen XBS-Teams gab mir auch die Möglichkeit, einen Eindruck zu hinterlassen. Alle sollten umtriebiger werden. Ich wollte nicht, dass die Manager hinter ihren Schreibtischen hockten und E-Mails verschickten. Ich wollte, dass sie an vorderster Front kämpften, den Kontakt zu den Entscheidungsträgern in den Kundenunternehmen suchten und ihren Teams zeigten, wie man richtig verkaufte. Ich begleitete die Leute bei Kundenbesuchen, in der Hoffnung, meine Vorgehensweise werde auch ihnen in Fleisch und Blut übergehen.

XBS kam ins Rollen. Ende des Jahres 1998 erreichte der Outsourcing-Umsatz von Xerox die Marke von 2,7 Milliarden Dollar. Das waren 35 Prozent mehr als im Vorjahr. Am Jahresende 1999 standen wir bei 3,4 Milliarden Dollar. Im Jahr 2000 machte Xerox mit seinen Outsourcing-Diensten einen Umsatz von 3,8 Milliarden Dollar. In den zwei Jahren seit Beginn der Go-4Growth-Kampagne war XBS um 90 Prozent gewachsen. Ob es mich ärgerte, dass wir den Meilenstein von 4 Milliarden Dollar nicht erreicht hatten? Keineswegs. Ein kühnes Ziel hatte auch seinen Nutzen, wenn wir eine großartige Leistung vollbrachten, ohne das angestrebte Optimum zu erreichen. Hätten wir uns kein so hohes Ziel gesteckt, so hätten wir nie so viel erreicht. Und trotzdem waren viele Leute im Unternehmen immer noch nicht überzeugt. Obwohl Xerox sich als »The Document Company« bezeichnete, wollten viele das auf Maschinen beruhende Geschäftsmodell nicht aufgeben. Für diese Leute spielte es keine Rolle, dass uns der Markt deutlich sagte, dass es Zeit für einen Kurswechsel war. Als das Jahrtausend zu Ende ging, litt ich sehr unter dieser fehlgeleiteten Loyalität.

15

Besser

Niemand wird für das geehrt, was er erhalten hat.
Geehrt wird man für das, was man gegeben hat.

CALVIN COOLIDGE

»Es gibt keine wichtigere Aufgabe als die, den Amerikanern die Chance zu geben, von einem besseren Leben zu träumen, und es gibt keinen besseren Weg zu einem besseren Leben als einen Arbeitsplatz.«
Als ich diese Worte am 20. Mai 1997 im East Room des Weißen Hauses hörte, bekam ich eine Gänsehaut. Ich war umgeben von Senatoren, Gouverneuren, Regierungsmitgliedern und Managern globaler Unternehmen. Wir waren bei Präsident Bill Clinton (dem richtigen) und Vizepräsident Al Gore zu Gast. Der Mann, der diese Worte gesagt hatte, war Eli Segal, ein angesehener Geschäftsmann, den Clinton als den »Vater« des nationalen Freiwilligendienstes AmeriCorps bezeichnete. Mittlerweile leitete er eine Gruppe von Unternehmen, die dem Präsidenten bei der Umsetzung seines neuen Sozialhilfegesetzes helfen sollte. An diesem Morgen gaben Segal und der Präsident die Einrichtung der Partnerschaft »Welfare to Work« bekannt.

Als ich die Sicherheitskontrollen am Eingang an der Pennsylvania Avenue hinter mich gebracht hatte und den in Goldtönen gehaltenen East Room betrat, stellte ich fest, dass es keine Sitzordnung gab. Die meisten Spitzenmanager drängten sich in den mittleren Reihen. *Aber Jungs, das hier ist das Weiße Haus!* Also

bahnte ich mir einen Weg zu einem freien Platz in der ersten
Reihe. Ich wollte so nahe wie möglich beim Podium sitzen.
Als Leiter des amerikanischen Bereichs von XBS war ich zum
Vertreter von Xerox im Welfare-to-Work-Programm ernannt
worden. Im Rahmen des Programms würden mehr als hundert
Unternehmen – darunter Konzerne wie United Airlines, Burger
King, Marriott sowie Dutzende kleinere, regional tätige Firmen –
Empfänger von Sozialleistungen engagieren, ausbilden und beschäftigen, um diese Menschen aus der Abhängigkeit von staat-
licher Unterstützung zu befreien. XBS war für diese Aufgabe
gerüstet. Die amerikanische Wirtschaft brummte, und die Ar-
beitslosenrate war so niedrig, dass es XBS schwer fiel, hunderte
neue Stellen an unseren wachsenden Outsourcing-Standorten zu
besetzen. Für viele dieser Tätigkeiten brauchte man keine Hoch-
schulausbildung, ja nicht einmal einen Schulabschluss. Stundenweise bezahlte Tätigkeiten in Poststellen und Kopierzentren, wo
man Tonerkassetten austauschen und die Geräte mit Papier füt-
tern musste, waren ideale Einstiegsjobs für Arbeitskräfte, die aus
der Sozialhilfe kamen.

Als mich Paul Allaire und Norm Rickard baten, Xerox im Part-
nership Board zu vertreten, fand ich anfangs vor allem den Gedanken verlockend, mit dem Präsidentenbüro zusammenzuarbeiten. In den Board-Sitzungen konnte ich dann beobachten, wie
Präsident Clinton vorging, wie er die Stimmung im Raum deutete, seinen Vorrednern zuhörte und sich Notizen auf einem
Block oder auf der Rückseite einer Aktenmappe machte. Dann
ergriff er das Wort, verknüpfte die Gedanken der anderen Teilnehmer miteinander und baute sie in seine eigenen Vorstellungen ein. Mir fiel auch auf, dass er sich darauf verstand, talentierte
Personen wie Eli Segal, die nicht nur den Kopf, sondern auch das
Herz hatten, um eine bestimmte Aufgabe zu bewältigen, mit der
Leitung seiner Initiativen zu betrauen. Von meinem Stammplatz
in der ersten Reihe aus sah ich, wie Bill Clinton uns die Richtung
vorgab, um uns anschließend freie Hand zu geben. Und so haben

wir einiges zustande gebracht. Als ich meinen Eltern später erzählte, dass ich im Weißen Haus dem Präsidenten gegenüberge-
sessen hatte, empfand ich denselben freudigen Schwindel wie an
dem Tag, als ich sie von einem Münztelefon im Bun 'n Burger
angerufen hatte, um ihnen mitzuteilen, dass ich den Job bei
Xerox bekommen hatte.

Doch als ich mich eingehender mit Welfare to Work und seinen Begünstigten beschäftigte, wich der Nervenkitzel einem
ernsteren Interesse an dem Programm.

Als Kind hatte ich gesehen, wie sehr sich mein Vater anstren-
gen musste, um seine Familie zu ernähren. Ich wusste, dass die
Welt voll von hart arbeiteten Menschen wie ihm war, die für ihren Einsatz einen geringeren Lohn erhielten als sie verdient hatten. Doch seit ich Long Island zurückgelassen und eine Karriere
bei Xerox begonnen hatte, lebte ich in einer Seifenblase. Wie in
jedem Unternehmen gab es auch bei Xerox Leute, die ihrer Arbeit ohne jede Begeisterung nachgingen, aber die meisten Mitarbeiter des Unternehmens, denen ich in New York, Puerto Rico,
Chicago und Rochester begegnete, wollten nicht nur ein ange-
nehmes Leben führen, sondern auch einen Beitrag leisten. Sie
arbeiteten hart, um etwas zu erreichen, und sie hatten die Mittel,
um ihre Ambitionen zu verwirklichen: eine gute Bildung, die
emotionale Unterstützung von Familie und Freunden sowie ein
bisschen gespartes oder geliehenes Geld.

Aber die Mitarbeit am Welfare-to-Work-Programm brachte
mich in Kontakt mit einem Segment der amerikanischen Arbei-
terschaft, dessen Angehörige durchaus das nötige Arbeitsethos
besaßen, jedoch zum Scheitern verurteilt waren, weil Umstände,
auf die sie keinen Einfluss hatten, ihre Bemühungen durchkreuz-
ten, sich einen angemessenen Lebensunterhalt zu verdienen. Ich
lernte Menschen kennen, die nicht arbeiten gehen konnten, weil
es keine erschwingliche und sichere Kinderbetreuung gab, oder
die kein zuverlässiges Transportmittel hatten, das es ihnen er-
laubt hätte, pünktlich zur Arbeit zu kommen und nach Feier-

abend wieder heimzukehren. Andere lebten in einer dysfunktionalen Beziehung, die ihnen ihr Selbstvertrauen raubte. Ich lernte eine Frau kennen, die unter allen drei Einschränkungen litt: Sie hatte kein Auto, sie hatte niemanden, der auf ihre Kinder aufpasste, und sie wurde von ihrem Partner misshandelt. Xerox half ihr, sich aus dieser Beziehung zu befreien, eine gute Betreuung für ihre Kinder zu finden und die Fahrten zum und vom Arbeitsplatz zu regeln. Die Frau stieg zur Leiterin der Xerox-Einrichtung auf, in der sie arbeitete. Wir beschäftigten auch einen alleinerziehenden Vater von zwei Kindern, der um 5 Uhr morgens das Haus verließ, um pünktlich um 7 Uhr am Arbeitsplatz zu sein; seine Kinder mussten sich selbst für die Schule fertig machen. Nach einem halben Jahr wurde er in eine Aufsichtsposition befördert.

Xerox hatte ein eigenes Welfare-to-Work-Programm namens START, das eine Vorreiterrolle in dem Bemühen spielte, Arbeitskräften mit sozialen Problemen zum beruflichen Erfolg zu verhelfen. Wir richteten Schulungs- und Beratungsprogramme ein, halfen den Teilnehmern bei der Bewältigung schwieriger persönlicher Umstände und knüpften enge Beziehungen zu gemeinnützigen Einrichtungen. Im Rahmen eines Pilotprogramms stellten wir an 17 Standorten rund 100 Personen ein, von denen wir 90 Prozent im Unternehmen halten konnten. Wir weiteten START auf 50 Standorte aus, und bis zum Jahr 2000 gelang es uns, im Rahmen des Programms 439 Personen einen Arbeitsplatz zu geben, von denen 65 Prozent bei uns blieben. Etwa ein Drittel hatte sich eine Gehaltserhöhung oder Beförderung verdient. Es war ermutigend zu sehen, wie das Welfare-to-Work-Programm das Leben von Menschen verbessern konnte.

Diese Erfahrung erweiterte meinen Horizont und machte mir bewusst, welche Verantwortung Unternehmen und ihre Manager gegenüber der Gesellschaft tragen.

»Sie sind in erster Linie als Geschäftsleute gekommen«, hatte der Präsident im East Room gesagt. »Einige von ihnen sind Republikaner, einige sind Demokraten, und einige wünschen sich vermutlich, sie wären nie einem Politiker begegnet.« Kichern im Publikum. »Aber Sie wissen alle, dass dieses Vorhaben nicht parteipolitisch motiviert ist. Es ist eine moralische Verpflichtung unserem Land gegenüber. Es ist Amerikas Angelegenheit, und daher muss es eine Angelegenheit der amerikanischen Wirtschaft sein.«

Am Ende der Sitzung stieg der Präsident vom Podium, um seinen Gästen die Hand zu schütteln. Er stützte sich auf einen Gehstock, weil er sich zwei Monate vorher bei einem Sturz über eine Treppe das Knie verletzt hatte. Clinton humpelte in meine Richtung. Als sich unsere Blicke trafen, hielt ich den Daumen hoch, und er erwiderte die Geste. Offenbar fing ein Photograph, der hinter mir stand, die Szene mit seiner Kamera ein, denn am nächsten Tag erschien auf der Titelseite der *Chicago Tribune* ein Photo des lächelnden Präsidenten, der den rechten Arm ausgestreckt und den Daumen nach oben gedreht hatte. Und daneben war der Hinterkopf von Bill McDermott. Einen stolzeren Augenblick hätte sich ein Junge aus Amityville kaum erträumen können.

Abgesehen von dem Bild in der Zeitung blieb mir die Geisteshaltung im Gedächtnis, die Präsident Clinton am Ende einer der Board-Sitzungen zum Ausdruck brachte. Er erklärte, als Amerikaner hätten wir in unserem Leben drei Möglichkeiten: Wir könnten besser werden, wir könnten uns langweilen oder wir könnten pleitegehen. Bei Welfare to Work gehe es nur darum, besser zu werden.

Besser. Was für ein geradliniges, bescheidenes Wort. Es schlug mich in seinen Bann.

Ich begann, meine Berufstätigkeit nicht mehr als eine Abfolge von Leistungen zu sehen, sondern als eine Verkettung von Augenblicken, in denen ich alles dafür tat, dass meine Teams, meine Abteilungen, meine Bezirke und ich selbst besser wurden. So sehr ich den Erfolg liebte, war die Freude über ein erreichtes Ziel normalerweise von kurzer Dauer. Ich war nie am Ziel.

Ithaka

Bevor wir nach Rochester umzogen, war ich in Chicago in das Executive Master's Program der Graduate School of Management an der Northwestern University aufgenommen worden. Ich war einer von 71 Studenten. Der Zeitpunkt war nicht ideal gewählt. Abgesehen davon, dass ich versuchte, mit XBS Xerox zu verändern, und im Welfare-to-Work-Programm mitarbeitete, wollte ich auch Zeit mit meiner Familie verbringen. Ich wollte in meiner Freizeit eigentlich nicht in einem Vorlesungssaal sitzen und Professoren zuhören, während im Hintergrund eine Wanduhr tickte. Aber sowohl Julie als auch ich sahen den Wert der Bildung.

Ich hatte bereits ein Managementprogramm der Wharton School of Business an der University of Pennsylvania absolviert. Aber Norm Rickard hatte mich gedrängt, mich an der Northwestern einzuschreiben, da er der Meinung war, dass ich dort meine Finanz- und Marketingkenntnisse weiterentwickeln könne. Er wollte dem Geschäftsmann den letzten Schliff geben. Ich dachte mir, es könne nicht schaden, ein Diplom in der Tasche zu haben, während das Fehlen eines Hochschulabschlusses eines Tages zu einem Nachteil werden konnte. Und Xerox würde die Studiengebühren bezahlen.

Die Finanzierung meines MBA-Studiums war möglicherweise auch ein Versuch des Unternehmens, meine Erziehung abzuschließen, was ein wenig sonderbar war. Ich hatte eine raue Persönlichkeit, aber einige Spitzenmanager (wenn auch nicht Norm Rickard oder Tom Dolan) waren der Meinung, ich sei zu geschniegelt. Ein Management-Coach, den Xerox für angehende Führungskräfte engagiert hatte, riet mir zu mehr Zurückhaltung. »Bill«, sagte er, »Sie saugen den Sauerstoff aus einem Raum, wenn Sie sich eleganter kleiden als Ihre Vorgesetzten. Sie sehen zu geschniegelt aus. Zu perfekt.« Er deutete an, dass sich manche Leute in meiner Gegenwart nicht wohl fühlten. Sie waren der

Ansicht, dass ich – zumindest am Casual Friday – die blauen Anzüge, Manschettenknöpfe und schwarzen Schuhe gegen Kha-
kihosen, Ralph-Lauren-Sweater und Slipper ersetzen sollte. Ich
ging ins Einkaufszentrum, besorgte mir diese Kleidungsstücke
und trug sie für kurze Zeit. Es war, als würde ich in der Haut eines
anderen stecken. Ich hätte diese Farce fortsetzen, einen Seiten-
scheitel wie andere Manager und ihre Art von Kleidung tragen
können. Aber ich entschloss mich, an meinem Stil festzuhalten,
der auch der Stil von Managern war, die ich bewunderte, von
Männern wie Barry Rand, Al Byrd und Emerson Fullwood. Wenn
ich mit diesem Stil das Gefühl hatte, ich selbst zu sein, musste ich
dabei bleiben. Auf die Bedürfnisse anderer Menschen Rücksicht
zu nehmen, bedeutete nicht, sich ihrem Verhalten anzupassen.
Und wenn ich das übliche Erscheinungsbild der anderen Topmanager übernahm, stellte sich die Frage, ob ich damit auch ihre ge-
wöhnlichen Geschäftsstrategien übernahm.

Schließlich entschloss ich mich mit Julies Unterstützung, mich
für das MBA-Studium zu bewerben. Es war eine Ehre für mich,
dass ich aufgenommen wurde. Anfangs sah ich den Nutzen der
Graduate School vor allem darin, dass sie mir Karrierechancen
eröffnen würde, aber zu meiner Überraschung genoss ich das Studium an der Kellogg Graduate School und profitierte sehr davon.
Einer meiner Studienkollegen, Amos, gab mir den Spitznamen
»Helicopter View«, weil ich bei der Beschäftigung mit komplexen
Business Cases dazu neigte, mich auf die übergeordneten Fragen
zu konzentrieren, anstatt mich mit Details aufzuhalten. Wir lernten alle voneinander.

Im Dezember 1997 schloss ich nach zwei Jahren mein MBA-
Studium an dieser renommierten Business School ab. Mein Ziel
war das Abschlusszeugnis gewesen, aber ich nahm so viel mehr
aus diesem Studium mit.

Natürlich lernte ich viel, vor allem über die Gestaltung von
Geschäftsplänen und darüber, wie man ein Unternehmen besser
führen konnte. Aber den größten Einfluss auf mich hatte keine

an der Graduate School erworbene Fähigkeit, sondern eine Idee. In einem der Kurse lernte ich das Werk des griechischen Lyrikers Konstantinos Kavafis kennen. Bis dahin hatte ich mich nicht für die Poesie interessiert, aber sein Gedicht war eine Offenbarung für mich:

ITHAKA

Brichst du auf gen Ithaka,
wünsch dir eine lange Fahrt,
voller Abenteuer und Erkenntnisse.
Die Lästrygonen und Zyklopen,
den zornigen Poseidon fürchte nicht,
solcherlei wirst du auf deiner Fahrt nie finden,
wenn dein Denken hochgespannt, wenn edle
Regung deinen Geist und Körper anrührt.
Den Lästrygonen und Zyklopen,
dem wütenden Poseidon wirst du nicht begegnen,
falls du sie nicht in deiner Seele mit dir trägst,
falls deine Seele sie nicht vor dir aufbaut.

Wünsch dir eine lange Fahrt.
Der Sommermorgen möchten viele sein,
da du, mit welcher Freude und Zufriedenheit!
in nie zuvor gesehene Häfen einfährst;
halte ein bei Handelsplätzen der Phönizier
und erwirb die schönen Waren,
Perlmutt und Korallen, Bernstein, Ebenholz
und erregende Essenzen aller Art,
so reichlich du vermagst, erregende Essenzen,
besuche viele Städte in Ägypten,
damit du von den Eingeweihten lernst und wieder lernst.

Immer halte Ithaka im Sinn.
Dort anzukommen, ist dir vorbestimmt.
Doch beeile nur nicht deine Reise.
Besser ist, sie dauere viele Jahre;
und alt geworden lege auf der Insel an,
reich an dem, was du auf deiner Fahrt gewannst,
und hoffe nicht, dass Ithaka dir Reichtum gäbe.

Ithaka gab dir die schöne Reise.
Du wärest ohne es nicht auf die Fahrt gegangen.
Nun hat es dir nicht mehr zu geben.

Auch wenn es sich dir ärmlich zeigt, Ithaka betrog dich nicht.
So weise, wie du wurdest, und in solchem Maß erfahren,
wirst du ohnedies verstanden haben, was die Ithakas bedeuten.

Großartig. *Doch beeile nur nicht deine Reise.* Ich liebte diese Zeile.
Besser ist, sie dauere viele Jahre …

Seit meiner Kindheit träumte ich davon, auf verschiedene Arten zu gewinnen. Im Basketball war gewinnen gleichbedeutend damit, mehr Körbe zu werfen als die gegnerische Mannschaft. Für den hart arbeitenden Teenager bedeutete gewinnen, seine Familie aus dem endlosen Kreislauf von harter Arbeit und Rechnungen befreien und finanzielle Freiheit zu erlangen. Als junger Verkäufer und Manager bei Xerox bedeutete gewinnen, »der Beste« zu sein und mehr als alle anderen zu verkaufen. All das waren erstrebenswerte Ziele, aber für sich genommen sagten viele Punkte und hohe Verkaufszahlen wenig über die eigentliche Bedeutung des Gewinnens.

Erfahrung, Wagnis und Reife – sowie ein griechisches Gedicht – offenbarten mir eine Wahrheit, die ich vermutlich schon immer gekannt hatte: Beim Gewinnen ging es nicht darum, ein bestimmtes Ziel zu erreichen, sondern um die Art und Weise, wie man dieses Ziel in jedem einzelnen Moment anstrebte. Das

Gewinnen war nicht das Ziel, sondern der Weg dorthin. Es war eine Reise, ein Versuch, besser zu werden: freundlicher, mitfühlender, erfolgshungriger, demütiger, wagemutiger, inspirierender, konsequenter. Das war es, was mich reizte und inspirierte. Der Weg war das Ziel.

Was sollte ich also mit meinem langjährigen Traum tun? Damals im Jahr 1983, als ich meinen ersten Job bei Xerox bekommen hatte, war es mein Ziel gewesen, einmal der Leiter dieses Unternehmens zu werden. Diesen Traum hatte ich nie aufgegeben. Aber Ende der neunziger Jahre begann ich mich zu fragen, ob ich bei Xerox das gewinnen konnte, um was es mir wirklich ging.

Der Traum wandelt sich

Mit 36 Jahren war ich ein »gemachter Mann«, als mich Xerox in das Executive Board aufnahm. Ich war das jüngste Mitglied der Geschäftsleitung in der Geschichte von Xerox. Mit dem Posten gingen ein unausgesprochener Vertrag auf Lebenszeit und Zusatzleistungen einher, die die meisten Leute davon abhalten, je wieder aus dem Unternehmen auszuscheiden. Es signalisierte auch, dass ich eines Tages zum Geschäftsführer aufsteigen konnte – und gerade jetzt dachte ich darüber nach, ob sich meine Zeit bei Xerox ihrem Ende zuneigte.

Ich hatte in meiner gesamten beruflichen Laufbahn kein anderes Unternehmen gekannt. Wie mein Vater hatte ich mich in den Dienst eines Arbeitgebers gestellt, aber mittlerweile fragte ich mich, ob der Mangel an breit gefächerten Erfahrungen meine Zukunftsaussichten beeinträchtigen konnte. Die Welt außerhalb von Xerox wandelte sich. Die vom Internet getragene New Economy brummte, und die Investoren steckten Millionen in alles, was nach Innovation roch. Jeden Tag hörte man von noch nicht Dreißigjährigen, die sich Geschäftsführer von winzigen Start-up-Unternehmen nennen durften, die an der Börse Millionen wert

waren. War Xerox ein verkalkter Großvater, der sich auf eine
Party von Jugendlichen verirrt hatte? War es dumm von mir, in
diesem Unternehmen zu bleiben? Gleichzeitig wurde ich zum globalen General Manager von
XBS ernannt. Mittlerweile entfiel rund ein Viertel des Gesamtum-
satzes von Xerox auf XBS, aber das Unternehmen schien weiterhin nicht bereit, ein auf Outsourcing und Dienstleistungen beru-
hendes Geschäftsmodell zu übernehmen. Stattdessen vertraute
Xerox darauf, dass nicht digitale Dienste, sondern digitale Maschinen sein Wachstum vorantreiben würden.

Im Herbst 1999 begannen sich die Ergebnisse von Xerox zu
verschlechtern, wozu auch andere Probleme des Unternehmens
beitrugen. Ich schaute dem Niedergang hilflos zu. Anstatt an vorderster Front die Einnahmen anzukurbeln oder strategische Gespräche über die digitale Zukunft des Unternehmens zu führen,
saß ich als Konzernmanager in fensterlosen Konferenzsälen fest,
wühlte mich durch Diagramme und debattierte über Kostensen-
kungsmaßnahmen. Ich fühlte mich, als wäre ich auf der Rückbank
eines klapprigen alten Autos angebunden, das in einer Sackgasse
einen U-Turn nach dem anderen machte.

Ich dachte an Bill Clintons Worte zurück: Wir können besser
werden, wir können uns langweilen oder wir können pleitegehen. Ich dachte auch an Ithaka und daran, dass der Weg wichtiger ist als das Ziel. Das Ziel, Geschäftsführer von Xerox zu werden, verlor an Attraktivität, als ich über den größeren Kontext
des Arbeitslebens nachdachte. *Wie vielen Menschen verhalfen wir
zu einem besseren Leben? Welche Organisationen verbesserten wir? Zu
welchen positiven Veränderungen trugen wir bei?*

Ich wollte in meinem Berufsleben am Status quo rütteln. Eine
solche Lebensgestaltung würde für mich ein Gewinn sein. Aber
mir dämmerte, dass ich ein solches Leben nur führen konnte,
wenn ich am Steuer saß. In der Vergangenheit war ich am erfolgreichsten gewesen, wenn ich selbst den Kurs hatte bestimmen
können, sei es als Inhaber meines eigenen Ladens, als Betreuer

meines eigenen Teams oder als Leiter einer Vertriebskonferenz.
Solche Gestaltungsmöglichkeiten würde ich in der Geschäftsleitung von Xerox erst in einigen Jahren erhalten – wenn überhaupt.
Von der Entwicklung der Technologie verlockt und von meiner eigenen Überzeugung ermutigt, hatte ich das Gefühl, für eine
Veränderung bereit zu sein. Und ich hatte einige Möglichkeiten.
Ich musste mich nur für die richtige entscheiden und ein Unternehmen finden, das meine Karriere nach 17 großartigen Jahren
bei Xerox nicht aus der Bahn werfen würde.

Teil 4

DONNERGROLLEN

16

Auf dem Sprung

*Habe den Mut, deinem Herzen und deiner Intuition
zu gehorchen, denn sie wissen bereits, was du wirklich
werden möchtest.*

STEVE JOBS

Es war Silvester, aber ich hatte keine Zeit, die Jahrtausendwende
zu feiern. Ich musste bis Mitternacht über das Angebot entscheiden, die Leitung einer Internetfirma namens Techies.com zu
übernehmen. Das in Minnesota ansässige Start-up-Unternehmen
stand kurz vor dem Börsengang. An der amerikanischen Börse
herrschte eine beispiellose Begeisterung für die Dotcoms. Aber
ich konnte mich nicht durchringen, das Angebot zu unterschreiben. Ich dachte: *Was ist los mit mir?* Der Dow Jones und der Nas-
daq hatten an diesem Tag, dem 31. Dezember 1999, auf neuen
Rekordständen geschlossen. Und ich hatte die Chance, am Gold-
rausch teilzuhaben – wenn ich die Vereinbarung unterzeichnete
und bis Mitternacht per Fax zurückschickte.

Was also war los mit mir?

Das Telefon klingelte. Ich wusste, dass es die Kapitalgeber von
Techies.com waren, dieselben, die mir wenige Stunden vorher
das Dokument gefaxt hatten.

»Julie, sag' ihnen, dass mein Auto in einer Schneewehe feststitzt.«
Sie ging ans Telefon und sah aus dem Fenster. Es schneite nicht.

Techies.com machte keinen Gewinn, aber das schien die Investoren nicht zu stören. Wie bei den meisten Online-Firmen,

die im Verlauf der Internethysterie entstanden waren, beruhte die Begeisterung der Anleger auch im Fall von Techies.com nicht auf nachgewiesenen Erfolgen, sondern auf Versprechen und seiner üppigen Kapitalausstattung. Ich hatte das Managementteam kennengelernt und mochte diese Leute. Das Geschäftsmodell des Start-ups war einfach: Es wollte Geld mit Stellenangeboten im Technologiesektor verdienen und eine Community von Technologieexperten aufbauen. Techies.com war drauf und dran, 22 Millionen Dollar an Startkapital einzusammeln, und im Januar sollte es seine Dokumentation für den Börsengang einreichen. Bis zum Frühjahr konnte es mich zum Milliardär machen – zumindest auf dem Papier. Warum lief ich also händeringend auf und ab? War ich noch nicht bereit, Xerox zu verlassen?

Ich rief die Investoren an und eröffnete ihnen, dass ich ihr Angebot leider nicht annehmen könne. Noch während ich die Worte hervorstammelte, wollte ein Teil von mir sie wieder zurückziehen. Die Kapitalgeber fragten mich nach dem Grund für meine Absage. Ich antwortete, ich folge meinem Herzen: Würde ich ja sagen, da war ich einigermaßen sicher, so würde ich es aus den falschen Gründen tun. »Das Einzige, was mich an Ihrem Unternehmen wirklich interessiert, ist das Geld«, gestand ich ihnen. »Und das ist der falsche Grund, für jemanden zu arbeiten.«

Als ich auflegte, war ich zwischen Erleichterung und Bedauern hin- und hergerissen. Hatte ich es versaut? »Puh, und futsch sind eine Milliarde Dollar. Frohes neues Jahr.« Julie sah mich an. Sie wirkte sehr gelassen.

»Bill«, sagte sie, »du hast nicht nein zum Geld gesagt. Du hast nein zu etwas gesagt, was dir nicht das Richtige für dich zu sein schien.«

Wie üblich hatte sie Recht. Wenn ich Xerox verließ, dann um zu einem angesehenen Unternehmen zu gehen, auf das ich stolz sein konnte. Ein Wechsel kam nur infrage, wenn ich mich für die Tätigkeit meines neuen Arbeitgebers begeistern konnte und dessen Namen auf meiner Visitenkarte haben wollte. Die meisten

Dotcoms waren Babys, nicht alt genug, um sich schon einen Namen gemacht zu haben. Die Beschäftigung mit dem Angebot von Techies.com erfüllte durchaus einen Zweck: Sie machte mir bewusst, dass ich etwas anderes brauchte. Aber so sehr ich mich nach einer neuen Erfahrung sehnte, ich musste unterscheiden zwischen dem Entschluss, mein Unternehmen zu verlassen, und der Entscheidung über mein neues Ziel. Der Wunsch, mich von Xerox zu trennen, durfte die Wahl meines neuen Arbeitgebers nicht beeinflussen. Als ich aus den Ferien zurückkehrte, ahnte ich, dass ich nicht mehr sehr lange bei Xerox sein würde.

Der Körper stößt das Organ ab

Als hätte das Unternehmen gespürt, dass meine Loyalität schwand, wurde ich befördert. Man übertrug mir die Verantwortung für die Großkunden der 4 Milliarden Dollar schweren North American Solutions Group und damit unser größtes und einträglichstes Geschäft. Das war ein wichtiger Posten. Ein notwendiger Schritt auf dem Weg zu einem Platz in der Chefetage. Ich kam voran – aber wohin würde die Reise gehen? Ich stürzte mich mit meiner gewohnten Begeisterung auf die neue Aufgabe, aber meine Vorbehalte bezüglich meiner Zukunft im Unternehmen waren nicht ausgeräumt.

Meine Aufgabe war es, das Vertriebsteam nach einer halbherzigen Umstrukturierung, die ein Jahr früher unter dem neuen Geschäftsführer Rick Thoman begonnen hatte, wieder auf Kurs zu bringen. Thoman befürwortete die richtige Wachstumsstrategie und forderte, dass Xerox statt Maschinen Lösungen verkaufte. Er hatte sein Amt mit ehrgeizigen Plänen angetreten, deren Durchführung in meinen Augen jedoch nicht vorankam, weil es ihm nicht gelang, seine persönliche Leidenschaft auf die Organisation zu übertragen, bevor er zur Tat schritt. Thoman brachte einige

seiner eigenen Führungskräfte mit, aber der neue CEO gewann
nie das volle Vertrauen der alteingesessenen Führungsriege. Die
Folge war, dass der Körper dieses neue Organ ablehnte. Möglicherweise war es auch kontraproduktiv, dass Paul Allaire als ak-
tiver Chairman im Unternehmen blieb. Allaire war kein Gegner
der Dienstleistungssparte, aber wie die Anwesenheit eines Vaters
in einer Studentenbude bremste seine Gegenwart Thoman und
erschwerte es ihm, Allaires Führungsriege für sich zu gewinnen.

Thoman war nicht schuldig an der Erbsünde von Xerox – er hatte
ein Unternehmen geerbt, das umgebaut werden musste –, aber
als Geschäftsführer hätte er substanzielle Veränderungen durchsetzen müssen.

Von meiner Warte aus beobachtete ich die Fehlfunktionen an
der Spitze und sah, wie sich die Verwirrung im gesamten Unternehmen ausbreitete. Die Entwicklung bestätigte eine wichtige
Erkenntnis: Findet eine Vision keine Unterstützung bei der Belegschaft, so können sogar die brillantesten Ideen als Glühbirnen
enden.

Wenn ich bei Xerox blieb, war zu befürchten, dass ich selbst
bei einer Beförderung auf den Chefsessel am Ende der Geschäftsführer eines Unternehmens wäre, das zu lange gezögert
hatte, sich neu zu erfinden. Oder man würde mir den Spitzenjob
nie anbieten, was bedeutete, dass ich fünf bis zehn weitere Jahre
meines Lebens damit vergeudet hätte, auf dieses Angebot zu
warten. Und was dann? Ich beschloss, mich selbst neu zu erfinden, bevor es zu spät war.

Die Lücke füllen

Mit Manuel »Manny« Fernandez setzte ich mich erstmals Mitte
der neunziger Jahre zusammen. Wir ließen uns an dem großen
ovalen Tisch in seinem Büro in Stamford nieder. Sein Unternehmen, die Gartner Group, faszinierte mich. Ich wusste, dass

Manny in Ordnung war, wie Bud O'Brien es ausgedrückt hätte. Bevor er die Leitung von Gartner übernommen hatte, hatte Fernandez eine Computerfirma gegründet und war Geschäftsführer in drei Unternehmen gewesen. Er hatte aus einem 40-Millionen-Dollar-Betrieb eine Aktiengesellschaft mit einem Umsatz von fast einer Milliarde Dollar gemacht. Aber hinter seinem fröhlichen Lächeln verbarg sich eine ehrgeizige Persönlichkeit. Nun vertraute er mir an, dass Gartner einen Plan für die Nachfolge des Geschäftsführers brauchte. Er war daran interessiert, mich in die Gruppe der Kandidaten aufzunehmen.

Die Gartner Group mit Sitz in Connecticut war ein angesehenes Forschungs- und Beratungsunternehmen, das gründliche Analysen von Unternehmen, Produkten und Dienstleistungen in der IT-Branche verkaufte. Börsenanalysten und Wagniskapitalgeber engagierten Gartner, um sich bei Anlageentscheidungen helfen zu lassen. Unternehmen kauften die Berichte von Gartner und buchten seine Analysten, um zwischen Technologieanbietern zu wählen oder Gelegenheiten für Fusionen und Übernahmen zu bewerten. Journalisten stützten sich bei der Berichterstattung über die rasanten Veränderungen im Informationstechnologiesektor auf Gartners unabhängige Analysen. Jedes IT-Unternehmen wollte einen guten Eindruck auf Gartner machen.

Follett Carter, ein ehemaliger Spitzenmanager von Xerox, war mittlerweile Gartners Marketing- und Vertriebschef. Er empfahl der Unternehmensführung, mich einzustellen. Carter war hartnäckig. In stundenlangen Telefongesprächen versuchte er, mich zu überzeugen:»Bill, Sie schulden es sich selbst und Ihrer Familie, neue Karrierechancen auszuloten. Wenn Sie Ihr Spektrum nicht erweitern, werden Sie in dieser Wirtschaft untergehen.« Dieselben Argumente hatte er schon im Jahr 1994 vorgebracht, als er erstmals versucht hatte, mich anzuwerben. Er und Fernandez hatten damals so großen Eindruck auf mich gemacht, dass ich tatsächlich bei Xerox ausgeschieden war – aber nur für zwei Wochen. Ich war mit Follett durch Europa gereist, um mich darauf vorzubereiten, dort als regionaler Vertriebschef für ihn zu arbeiten. Aber während wir von Großbritannien über Deutschland nach Italien reisten, ließen mich Barry Rand und die Xerox-Personalchefin Anne Mulcahy wissen, dass die Tür weit offen stehe, sollte ich mich entschließen, doch zurückzukehren. Mulcahy hatte Mitte der siebziger Jahre als Vertreterin für Xerox angefangen und viele Jahre Roy Haythorn unterstanden. Sie hatte meinen Aufstieg wohlwollend begleitet. Wir unterhielten uns oft, und ich betrachtete sie als Freundin und Mentorin. Da ich Anne sehr respektierte, fiel es mir nach ihrem aufrichtigen Angebot, ich könne jederzeit zu Xerox zurückkehren, noch viel schwerer, dem Unternehmen den Rücken zu kehren.

Carter hatte die Hoffnung, dass ich Xerox während unserer Europareise vergaß, aber der Auslandsaufenthalt hatte die entgegengesetzte Wirkung auf mich. Ich vermisste Xerox. Es war immer noch mein Zuhause. Ich war noch nicht soweit, weiterzuziehen.

Ich kehrte zu Xerox zurück, hatte jedoch immer das Gefühl, dass zwischen Gartner und mir noch nicht alles geklärt war. Als Carter im Jahr 2000 erneut an mich herantrat, um mir mitzuteilen, dass Gartner weiterhin an mir interessiert sei – allerdings wollten sie mich jetzt als Präsidenten, das heißt als Leiter des operativen Geschäfts –, war ich daher darauf vorbereitet, noch einmal ernsthaft darüber nachzudenken. Carter würde bei Gartner ausscheiden, aber er wusste, dass Chairman Fernandez und der neue Geschäftsführer jemanden von außen ins Unternehmen holen wollten, der das Wachstum von Gartner ankurbeln sollte, indem er den Vertrieb neu ausrichtete und die Betriebsabläufe besser gestaltete.

Ich machte mir eine Liste der Vorteile eines Wechsels zu Gartner. Der Technologiesektor durchlief einen Wandlungsprozess, den Xerox aufgrund seiner inneren Lähmung nicht für sich nutzen konnte. Die Verbindung von Desktop-Computern mit digitalen Druckern war steinzeitlich verglichen mit den EDV-Sys-

temen, in die viele Unternehmen mittlerweile investierten. Die
meisten Unternehmen führten sogenannte »Unternehmensinfor-
matik« ein, das heißt Software für die Automatisierung von Be-
triebsabläufen in Personalwesen, Buchhaltung und Logistik. Die
Informationstechnologie begann in der Wirtschaft eine strategische Rolle zu spielen: Sie diente nicht mehr einfach dazu, die
Kosten zu senken und die Prozesse zu beschleunigen, sondern
sie wurde eingesetzt, um mehr Geld zu verdienen. Technologieexperten, die einst für nachgeordnete Abläufe zuständig gewesen
waren, bekamen nun wohlklingende Titel, große Büros und
Multimillionen-Dollar-Budgets. Diese Leute brauchten Rat dabei, was sie kaufen sollten. Gartner übernahm die Rolle des Ma-
gazins *Consumer Reports* für die IT-Branche, und stand den Tech-
nologiemanagern zu Seite.

   Die Chance bei Gartner war verlockend. Indem ich das Hard-
waregeschäft durch das Geschäft mit dem Branchenwissen ersetzte, konnte ich Lücken in meinem Lebenslauf füllen und im
Gleichschritt mit der Wissensökonomie wachsen. Dazu kam,
dass dieses Unternehmen einen sehr guten Namen hatte, den ich
vorbehaltlos auf einer Visitenkarte neben meinen eigenen setzen
konnte. Anders als bei Techies.com war ich bei Gartner bereit,
zu unterschreiben.

Lebt wohl

Ich wollte diskret ausscheiden. Ich würde Tom Dolan mitteilen,
dass ich kündigte, ohne meinen neuen Arbeitgeber preiszugeben,
und mich rasch zurückziehen. Ich würde mich lediglich bei den
Personen bedanken, die meine wunderbare Karriere bei Xerox
unterstützt hatten. Kein Abschiedsessen. Keine Party. Keine feierliche Verabschiedung. Ich wollte einfach nur mein Leben fortsetzen. Ich hatte mich zum Ausstieg entschieden und hielt es
nicht für nötig, eine Litanei von Bill-Geschichten über mich er-

gehen zu lassen. Die Personen, die ich mitnehmen wollte, hatte ich bereits um mich gesammelt.

In der Nacht, bevor ich Tom Dolan eröffnete, dass ich gehen würde, rauschten wie in einem Traum 17 Jahre an mir vorüber, aber sie hatten wirklich stattgefunden. Ich sah meinen Bruder, wie er mich durch das Wasser in unserem überfluteten Haus trug, damit ich mir meinen Anzug nicht ruinierte, und ich sah Emerson Fullwood, der mir Stunden später versprach, er werde mich einstellen, sofern ich keine Straftaten begangen hätte. Ich sah Bobs fassungslosen Gesichtsausdruck, als ich an einem heißen Tag im August eine fliegende Katze hätschelte. Ich erinnerte mich daran, wie mich meine ersten Vorgesetzten allein durch Midtown Manhattan streifen ließen, und wie mir all die Türsteher ihre Lobbys geöffnet hatten. Ich sah Richard Reids freudestrahlendes Gesicht bei der Geburt seiner Tochter, und ich hörte die Stimme von David Kearns, der mir am Telefon sagte, ich solle mir keine Sorgen über seinen aufgeblasenen Nachbarn machen. Ich fühlte erneut die Dankbarkeit, die mich durchströmte, als mich Roy Haythorn ernst nahm, nachdem ich in sein Büro in Stamford hereingeplatzt war, und als sich Tom Dolan die Zeit nahm, den Menschen kennenzulernen, der in diesem Geschäftsanzug steckte. Ich hörte die Glocke, die geläutet wurde, wenn einer der fleißigen Vertreter, die im Lauf der Jahre für mich arbeiteten, einen Verkauf unter Dach und Fach brachte und ich roch die Fleischrollen in Evertons Volvo auf der Fahrt durch die Bronx. Ich wurde erneut vom Gefühl des Stolzes ergriffen, das ich im Alter von 28 Jahren empfand, als Barry Rand beim President's Club an unseren Tisch gekommen war, um meinem Team zu gratulieren. Ich lächelte beim Gedanken an Bud O'Briens Wutanfall, an Norms Vertrauen in mich, an die Kreuzritter von XBS und an Anne Mulcahys unverbrüchliche Freundschaft. Ich erinnerte mich an die Verkäufer, die in Chicago Dokumente jagten, an die Sekretärinnen, die in San Antonio Pompons schwenkten, und an die tausenden Mitarbeiter im ganzen Land, die das Wachstum von XBS vorantrieben.

Wie viele Karrieren hatte ich blühen sehen? Mit wie vielen Menschen hatte ich abgeklatscht? Ich hatte mit phantastischen, vielfältigen Teams zusammengearbeitet, die extrem hart gearbeitet hatten, um die Erwartungen zu übertreffen und ihre persönlichen Ziele zu erreichen. Am 12. Mai 2000 schickte ich einen Brief an die Leute, die mir am meisten bedeuteten:

Bevor ich mich verabschiede, möchte ich Ihnen für Ihre Beiträge zu meiner beglückenden Erfahrung und meinem Erfolg in diesem Unternehmen danken. Ihnen verdanke ich, dass es eine erfüllende, anspruchsvolle und vergnügliche Reise gewesen ist. Nur eine einmalige Gelegenheit kann mich dazu bewegen, einen der besten Jobs in der Welt aufzugeben.

Martin Luther King Jr. sagte einmal, wenn man Menschen in einem schwierigen Augenblick sehe, könne man mehr über sie lernen als in Jahren des guten Lebens. Als wir uns mit unseren jüngsten Herausforderungen auseinandersetzten, wurde mir klar, wie klug diese Beobachtung ist. Während unserer Zusammenarbeit habe ich einen noch größeren Respekt für Ihren Charakter und Ihren unbeugsamen Willen entwickelt. Ich verlasse dieses Unternehmen auf einem beruflichen Höhepunkt und empfinde es als Ehre und als Glück, dass ich mit einer so großartigen Gruppe von Gewinnern arbeiten durfte. Ich wünsche Ihnen Erfolg bei der Verwirklichung Ihrer Träume.

Obwohl ich nicht der nächste David Kearns sein würde, verließ ich Xerox mit dem Gefühl, ein Gewinner zu sein.

Ein Abschluss

Am 2. Mai 2000 gab Techies.com den geplanten Börsengang auf. Hätte ich den Posten angenommen, so hätte ich das Einzige verloren, was mich an diesem Unternehmen interessiert hatte: das Geld. Ich war dem Unheil um Haaresbreite entgangen.

Wenige Tage später, am 12. Mai, schlug ich das *Wall Street Journal* auf und las folgende Schlagzeile: »Xerox: Thoman tritt unter Druck zurück.« Die Gerüchte hatte ich schon von früheren Kollegen gehört. Jetzt war es offiziell. Paul Allaire würde zeitweilig wieder die Geschäftsleitung übernehmen. Gegenüber dem *Wall Street Journal* erklärte er, Xerox brauche »eine Führung, die mehr Xerox-Erfahrung und eine Vergangenheit im Unternehmen hat«. In dem Artikel wurden die Schwierigkeiten beschrieben: Die Xerox-Aktie hatte rund 60 Prozent ihres Werts eingebüßt, und der Konzern hatte mehrere »aufstrebende Stars« verloren; als Beispiel nannte die Zeitung mich.

Ich wusste, dass Rick Thoman kein schlechter Manager war. Nicht umsonst hatte er bei IBM große Erfolge gefeiert. Aber er passte einfach nicht zu Xerox.

Mein Herz hing immer noch an diesem Unternehmen, aber meine Entscheidung für den Ausstieg war richtig gewesen. Ich konnte nur hoffen, dass ich zu meinem neuen Arbeitgeber passen würde.

17

Verloren

Die Kämpfe, die zählen, sind nicht die um Gold-
medaillen. Entscheidend sind die inneren Kämpfe –
die unsichtbaren, unvermeidlichen Kämpfe, die jeder
von uns mit sich selbst ausfechten muss.

JESSE OWENS

Es war erst wenige Wochen her, dass ich Xerox verlassen hatte, als es mir eines Morgens bewusst wurde: Ich hatte alles aufs Spiel gesetzt. Xerox hatte mir einen Arbeitsplatz und finanzielle Sicherheit garantiert, sofern ich nicht alles verbockte. Doch nun hatte der Junge, der jeden verdienten Dollar in einem hölzernen Kruzifix über seinem Bett versteckt hatte, jegliche Sicherheit aufgegeben, um einem neuen Traum nachzujagen. Und mittlerweile hatte er selbst zwei Kinder, eine Frau und zahlreiche finanzielle Verpflichtungen. Wir hatten Ersparnisse, aber alle Zusatzleistungen, die ich mir im Lauf der Jahre bei Xerox verdient hatte, lösten sich in Luft auf, als ich die Tür hinter mir schloss. Und dasselbe galt für die vertraute Arbeitskultur.

Mir wurde rasch klar, dass Gartner ganz anders war. Nicht schlechter, aber anders. Der gegenwärtige Geschäftsführer war der frühere Finanzchef Michael Fleisher. Manny Fernandez hatte das Unternehmen verlassen, um nach Florida zu ziehen und mehr Zeit mit seinem betagten Vater zu verbringen. Ich bedauerte es, nicht direkt mit Manny zusammenarbeiten zu können, aber ich mochte Michael, der sehr erfolgshungrig war. Aber mit

35 Jahren war er noch weit von der Rente entfernt, weshalb
meine Chance, Gartners Geschäftsführer zu werden, sehr gering
war. Aber das war kein Problem für mich.

Auch der Posten als Präsident bei einem so renommierten Unternehmen war verlockend, und ich glaubte an die Marke und an
meine Fähigkeit, zu Gartners Wachstum beizutragen. Ich leitete
den laufenden Betrieb, insbesondere Forschung und Dienstleistungen, sowie die Vertriebsabteilung und Marketingveranstaltun-
gen. Ich unterstand Fleisher, der sich auf Strategie, neue Ge-
schäftsfelder und den internationalen Bereich des Unternehmens
konzentrierte. Etwa die Hälfte des Führungsteams unterstand
mir.

Da Gartner seinen Sitz in Stamford in Connecticut hatte, beschlossen Julie und ich, dass ich bis zum Ende des Schuljahrs
während der Arbeitswoche in einem Hotel wohnen und am Wochenende nach Rochester heimkehren würde. Im Frühsommer
würde die Familie dann in das Haus einziehen, das wir in einem
Vorort von Stamford gekauft hatten.

Die raue Wirklichkeit

Vom ersten Tag an spürte ich, dass mein Stil nicht recht zu dem
von Gartner passen wollte.

Sogar die hochrangigen Manager kamen die ganze Woche in
Jeans und ohne Krawatte ins Büro. Die Arbeitskultur war die eines kleinen Unternehmens, eines Unternehmens der New Economy. Ich war von einer Konzernkultur geprägt. Die Bürokratie
von Xerox hatte mich oft zur Weißglut getrieben, aber jetzt vermisste ich die Vorhersehbarkeit des Protokolls. Eine meiner Aufgaben bestand darin, den Mitarbeitern die für Großunternehmen
charakteristische Rechenschaftspflicht und Disziplin nahezubrin-
gen, und wann immer eine Besprechung aus dem Ruder lief,
lenkte ich die abschweifende Diskussion rasch zu einem Ergeb-

nis oder versuchte, aus intelligenten Menschen, die für das Nachdenken bezahlt wurden, Entscheidungen herauszupressen.
Zum Unbehagen in dieser fremden Kultur kam Traurigkeit.
Zu meiner eigenen Überraschung litt ich darunter, dass Xerox
nicht mehr Teil meines Lebens war. David Kearns sagte einmal,
seine Trennung von IBM nach 17 Jahren im Unternehmen sei so
schmerzhaft gewesen, wie er sich eine Scheidung vorstelle. Julie
und ich waren glücklich verheiratet, und daher verstand ich erst
nach meinem Abschied von Xerox die Leere, die man empfinden
kann, nachdem man Lebewohl gesagt hat – selbst wenn man
sich aus guten Gründen getrennt hat.
Aber es gab keinen Weg zurück, und ich wollte meine Zeit
nicht damit vergeuden, der Vergangenheit nachzutrauern. Die
einzige Möglichkeit für einen Optimisten wie mich bestand darin, einen Weg zu suchen, um mich in meiner neuen Arbeit zu-
rechtzufinden.

Ortswechsel

In einem monumentalen Regensturm, der die Ostküste über-
flutete, strandete ich an dem Abend, an dem Julie und die Jungen
in Connecticut eintrafen, am Flughafen von Miami. Nach einem
emotionalen Abschied von den Freunden in Rochester traf
meine Familie mit nassem Gepäck, leeren Mägen und schweren
Herzen in meinem Hotelzimmer ein, und ich war nicht da.
Um 4 Uhr morgens klopfte ich erschöpft an der Zimmertür,
und meine gleichermaßen übermüdete Frau ließ mich hinein.
Die Jungen waren auf dem ausziehbaren Bett eingeschlafen. Ich
sah meine sieben und drei Jahre alten Söhne auf den dünnen Ma-
tratzen liegen. Julie und ich waren vollkommen ausgelaugt. Wir
umarmten uns und versuchten, ein paar Stunden zu schlafen, bevor die Jungen aufwachten. Mein letzter Gedanke war: *Willkommen in Connecticut.*

Keiner von uns erwachte erwartungsfroh, als um 7 Uhr morgens der Wecker losging. Unsere Mägen knurrten, und ich schlüpfte in die Kleidung des Vortags, die noch nach Flughafen roch, und machte mich auf die Suche nach einem Frühstück. Es donnerte, als ich in einem heftigen Regenguss durch das verlassene Hotelgelände stapfte und über einen rutschigen Hang zum Parkplatz ging. Ich hatte weder einen Regenschirm noch einen Mantel, und der Regen durchnässte innerhalb kürzester Zeit meinen Anzug. Plötzlich verlor ich im nassen Gras den Halt, meine Beine flogen in die Luft und ich landete mit dem Gesicht nach unten in einer mit Kieseln gefüllten, schlammigen Pfütze. Jetzt war ich nicht nur durchnässt, sondern mit Schlamm bedeckt. Mein Hemd war an der Brust und am Ellbogen zerrissen und mit Blutspritzern übersät.

Aber ich musste etwas zum Essen besorgen. Also raffte ich mich auf, schleppte mich zum Mietwagen und stieg ein. Der Fahrersitz war genauso hart und kalt wie der Boden. Ich ließ den Motor an, schaltete die Scheibenwischer ein, bog willkürlich nach rechts in die Straße ein und hielt beim ersten Diner, das ich zu Gesicht bekam. Als ich eintrat, sah ich vermutlich aus wie Dan Aykroyd in dem Film *Trading Places*, nachdem er alles verloren hat und am Tiefpunkt angekommen ist. Ich ging zur Theke, schnappte mir eine Speisekarte und bestellte unter den neugierigen Blicken einiger Gäste ein Frühstück zum Mitnehmen. *Sie denken sicher, ich komme von einem Besäufnis.* Es wäre zum Lachen gewesen, hätte ich mich nicht so elend gefühlt.

Auf dem Weg zurück zum Hotel ging ich langsam durch den sintflutartigen Regen, um zu vermeiden, dass mir die sich langsam auflösende Papiertüte entglitt, die das Essen für meine Familie enthielt. Im Zimmer fand ich drei Welpen mit feuchten Augen vor, die auf Nahrung und den Beginn eines neuen Lebens warteten. Julie war so perplex vom Anblick ihres durchnässten, überforderten Ehemannes, dass sie in hysterisches Gelächter ausbrach, das rasch in ein hemmungsloses Weinen überging. Sie weinte nicht oft, aber jetzt hörte sie nicht mehr auf zu schluchzen. Nachdem sie sich monatelang auf den Umzug vorbereitet, von ihren Freunden Abschied genommen und den Haushalt allein zusammengehalten hatte, war sie erschöpft. Und sie war traurig. Ich ließ meinen mit Schlamm überzogenen, blutigen Körper neben ihr auf das Bett fallen und drückte meine wunderbare Frau an mich. Die Jungen sahen uns verblüfft an. Ich versprach ihnen und mir, dass unser Leben besser werden würde.

Aber im Augenblick saßen wir in diesem Hotel fest, bis die ersten Möbelstücke eintrafen, darunter ein Stutzflügel von Steinway (ich hatte endlich einen für meine Familie erstanden). Unser Haus in Rochester war noch nicht verkauft, weshalb wir die Möbel nicht ausräumen konnten. Nur die Grundausstattung war auf dem Weg, und wegen des Sturms würden wir vermutlich ein oder zwei Tage länger darauf warten müssen.

Nachdem wir mit lauwarmen Eiern und aufgeweichten Bagels unseren Hunger gestillt hatten, versuchte ich, die Familie aufzumuntern. »Also los! Wer will das Haus sehen?« Wir fuhren eine gewundene Straße entlang, und John und Michael sahen aus den Seitenfenstern.

Als wir vor dem neu gebauten Haus im Nantucket-Colonial-Stil anhielten, wusste ich, dass es ein Glück war, hier zu sein, und fragte mich, warum ich mich nicht so fühlte. Im leer stehenden Haus hallten unsere Stimmen von den Wänden wider. Ohne Nachbarn und Footballspiel auf der Straße wie in unserer Sackgasse in Rochester wirkte dieser Ort verlassen. Die Jungen hatten schon früher Umzüge mitgemacht, wenn ich aus beruflichen Gründen in eine andere Stadt wechseln musste, aber damals waren sie noch Babys gewesen. Ich war nicht sicher, ob es fair war, das von ihnen zu verlangen.

Obwohl ich privat und beruflich mit Neuem überhäuft wurde, betrat ich das Büro bei Gartner jeden Morgen mit einem Lächeln und verdrängte meine Zweifel. Ich war zum Erfolg entschlossen. »Die Lästrygonen und Zyklopen, den zornigen Poseidon fürchte nicht, solcherlei wirst du auf deiner Fahrt nie finden, wenn dein Denken hochgespannt.«

Ich bemühte mich sehr, mein Denken hochgespannt zu halten, als mich der größte Donnerschlag traf.

18

Glaube

*Glaube aber ist: Feststehen in dem, was man erhofft,
Überzeugtsein von Dingen, die man nicht sieht.*

HEBRÄER, 11,1

Eine Woche vor dem Umzug hatte Julie in Rochester die Resultate ärztlicher Untersuchungen erhalten. Die Ergebnisse waren nicht eindeutig. Mehrere Ärzte hatten auf Röntgenaufnahmen etwas Verdächtiges gesehen, andere waren der Meinung, da sei nichts. Man hatte uns geraten, die Tests in Connecticut zu wiederholen.

Wir taten es. Die Diagnose: Brustkrebs. Die Erkrankung erschütterte unser bereits turbulentes Leben, auf die große Flut folgte ein Taifun. Wir waren geschockt, verängstigt, verwirrt, allein. Wir waren emotional überfordert. Seit meiner Kindheit hatte ich keine so gewaltige Familienkrise mehr erlebt. Anders als die beruflichen Probleme konnte ich die Gesundheit meiner Familie nicht beherrschen.

Unsere einzige Möglichkeit bestand darin, dem Krebs mit Fragen zu begegnen: *Wo gibt es die besten Ärzte? Welche ist die beste Behandlungsmethode? Wann können wir mit der Therapie beginnen?* Zwei Dinge waren mir klar: Erstens musste ich bei jedem Arztbesuch und jeder Behandlung an der Seite meiner Frau sein. Zweitens war ich es Gartner schuldig, mich auch weiterhin auf meine neue Tätigkeit zu konzentrieren. Ich musste zwei hohe Hypotheken bewältigen, und bald würden Arztrechnungen da-

zukommen. Mehr denn je brauchte meine Familie Geld und eine
gute Krankenversicherung. Zum ersten Mal sah ich in meiner
Arbeit mehr als ein Mittel, um mir meine persönlichen Träume
zu erfüllen: Ich brauchte sie, um meine Familie zu erhalten.
Wenige Tage nach der Diagnose fuhren wir nach New York,
wo wir einen Termin in der besten Krebsklinik des Landes hatten.
Im Memorial Sloan Kettering Cancer Center setzten Julie und ich
uns mit den Ärzten Hiram Cody und Peter Cordeiro zusammen.
Sie waren die Besten, und ihre Prognose gab uns Zuversicht. Zum
Glück war der Krebs früh erkannt worden. Aber da die Krankheit
in Julies Familie gehäuft auftrat, entschlossen wir uns zu einem
radikalen chirurgischen Eingriff und einer sehr aggressiven sechs-
monatigen Chemotherapie. Meine Eltern kamen aus South Carolina herauf und bezogen für die nächsten Monate Quartier in
unserem halb eingerichteten Haus, um uns bei der Betreuung von
John und Michael zu helfen. Und in der ganzen Zeit war Julie
stark, positiv, verblüffend. Ich konnte den Gedanken, sie zu verlieren, nicht ertragen.

An einem Donnerstagnachmittag im Oktober wurde sie im
Rollstuhl zu ihrer ersten Operation in den OP geschoben. Nachdem ich am Empfangsschalter die Visakarte gezückt hatte, um ihr
ein Privatzimmer zu sichern, blieb ich mit den anderen nervösen
Familienmitgliedern zurück und durfte darüber nachdenken, was
alles schiefgehen konnte. Ein Priester trat an mich heran und
fragte mich nach dem Grund für unseren Krankenhausaufenthalt.
Ich erklärte ihm, warum wir da waren, und erwiderte seine Geste,
indem ich mich nach dem Grund für seinen Besuch erkundigte.
Er war gekommen, um einen befreundeten Feuerwehrmann zu
sehen. Ich sagte: »Ich bin sicher, dass es ihm viel bedeutet, dass
Sie hier sind, Pater.« Wir führten ein kurzes, aber wohltuendes
Gespräch und schüttelten einander die Hände. Dann begann ich
wieder, auf und ab zu gehen und mir Sorgen zu machen.

Viele Stunden später tauchte Dr. Cody auf und versicherte mir,
der Eingriff sei erfolgreich gewesen. Erleichtert ging ich neben

meiner betäubten Frau her, als sie in den Aufwachraum geschoben wurde, wo Krankenschwestern, die sich im Flüsterton unterhielten, über sie wachten. Ich setzte mich an ihr Bett und hielt ihre Hand. Ich liebte diese Frau so sehr. Ich hörte nichts außer ihrem Atem und dem Piepen der Geräte. Nach Monaten, ja Jahren rastloser Aktivität war dies ein seltener Augenblick der Stille. *Was war mit unserem Leben geschehen? Wie waren wir an diesen Punkt der Ungewissheit gelangt?*

Die Stimme der Krankenschwester unterbrach meine Gedanken:»Mr. McDermott, hier ist ein Priester, der Sie sehen möchte.« *Ein Priester? Haben mir die Ärzte etwas verschwiegen?*

»Warum?«, fragte ich.

»Ich weiß es nicht. Er sagt, er kennt Sie und möchte mit Ihnen sprechen.« Ich konnte nur mit dem Kopf nicken. Gelähmt vor Angst dachte ich, der Priester wolle Julie die letzte Ölung geben. Dann sah ich den weißhaarigen Mann mit dem freundlichen Gesicht, den ich einige Stunden früher kennengelernt hatte. Ohne ein Wort zu sagen, beugte er sich zu Julie hinunter, so dass sein Gesicht fast ihres berührte, und begann, mit dem Kreuz in der Hand mit sanfter Stimme Gebete zu sprechen. Wie auf ein Stichwort öffnete Julie die Augen und sah dem Geistlichen in seine strahlend blauen Augen. Er sprach weiter, und Julie saugte seine Worte auf, während sie versuchte, sich aus der Narkose zu befreien. Als er fertig war, schloss sie die Augen und kehrte in sich selbst zurück. Der Priester stand auf und bedeutete mir, ihm vor die Tür zu folgen.

»Bill, ich wollte Ihnen nur sagen, dass alles gut werden wird«, sagte er.

»Das ist großartig, Pater«, antwortete ich ungläubig. »Aber bei allem Respekt: Woher wissen Sie das?« Er hob den Blick lächelnd zur Decke. »Ich habe Verbindungen nach ganz oben, Bill.«

»Wenn Gott Ihnen gesagt hat, dass meine Frau gesund werden wird, bin ich zufrieden. Ich werde Sie beim Wort nehmen.« Wir lachten beide. Diesmal schüttelte er mir nicht die Hand, sondern umarmte mich. Dann war er fort. Ich wusste nicht einmal seinen Namen.

Einige Tage später waren Julie und ich abends allein in ihrem Krankenzimmer. Sie fühlte sich sehr viel besser. Die Prognose war ausgezeichnet. Es war Sonntag, auf dem Gang herrschte Stille. Gegen 21:30 Uhr hörten wir ein behutsames Klopfen an der Tür, und der Priester trat ein. Er begrüßte mich, trat an Julies Bett und beugte sich wie einige Tage früher auf der Intensivstation über sie, um seine tröstenden Gebete zu sprechen. Dann zog er wie ein alter Freund einen Stuhl zum Bett, setzte sich und begann mit Julie zu sprechen. Dieser Mann war so freundlich und redselig, dass wir ihm nach kurzer Zeit von unseren Söhnen erzählten und davon, wie wir uns wenige Wochen vor der Diagnose selbst den Boden unter den Füßen weggezogen hatten – neuer Arbeitsplatz, neues Haus, neue Menschen. Er erzählte uns auch von seinem Leben. Er war der Kaplan der New Yorker Feuerwehr. Seinem Freund, dem Feuerwehrmann, ging es ebenfalls besser.

Im Gespräch mit diesem Mann hatte ich das Gefühl, mich mit einem Familienmitglied zu unterhalten. Als er aufstand und sich verabschiedete, folgte ich ihm auf den Flur.

»Pater, Sie waren so freundlich zu uns. Wenn ich etwas für Sie tun kann, zögern Sie bitte nicht, sich an mich zu wenden.«

»Bill, Sie können tatsächlich etwas für mich tun.«

»Ja, Pater, was auch immer.«

»Beten Sie für mich. Ich sehe Ihre schöne junge Frau mit dieser furchtbaren Krankheit kämpfen, und spüre den Drang, etwas trinken zu gehen. Ich habe ein Problem mit dem Alkohol. Bitten Sie Gott, mir die Kraft zu geben, diesem Drang zu widerstehen.«

»Das werde ich tun.« Als er gegangen war, wurde mir klar, dass wir immer noch nicht seinen Nachnamen wussten. Wir kannten ihn nur als »Pater Mike«.

Nach dem Tod meines kleinen Bruders hatte mir meine Mutter gesagt, dass stets ein Schutzengel auf meiner Schulter sitzen werde. Und wann immer es zu Hause, im Laden oder in der

Schule schwierige Situationen gab, hatte sie mich daran erinnert: »Bill, mach dir keine Sorgen, du hast einen Schutzengel.« Ich war in diesem Glauben aufgewachsen, und im Lauf der Jahre gelangte ein Teil von mir angesichts all des Guten, das mir widerfuhr, zu der Überzeugung, dass dieser Schutzengel etwas damit zu tun hatte.

In der jetzigen Situation, in der ich für meine Familie und mein Unternehmen Stärke beweisen musste, fand ich Rückhalt im Glauben an etwas, das größer war als wir alle. Also entschloss ich mich daran zu glauben, dass Julie wieder gesund werden würde und dass unser Dasein einen Grund hatte. Ich vertraute meinem Schutzengel, und ich vertraute mir selbst.

Natürlich gibt uns der Glaube Kraft, aber er genügt nicht. Dasselbe gilt für das Glück. Ich musste mich jeden Tag bemühen, der Ehemann und Vater zu sein, den Julie und die Jungen brauchten. Unsere Kinder und unser großes, leeres Haus verlangten Aufmerksamkeit. Also würde ich das Frühstück machen, die Jungen in die Schule, zum Sport, zum Zahnarzt und zu Festen bringen, damit Julie sich ausruhen konnte. Ich würde die Weihnachtsgeschenke besorgen, mit den Jungen spielen, zu den Sprechstunden in der Schule gehen und die Handwerker anrufen. Die Pflichten waren so zahlreich und die Tage so kurz, dass es eine Verschwendung von Zeit und Kraft gewesen wäre, mir Gedanken darüber zu machen oder den Kollegen mein Leid zu klagen.

Im Alter von 38 Jahren, als ich geglaubt hatte, mein Leben im Griff zu haben, hatte ich einen Tiefschlag hinnehmen müssen. Aber ich würde nicht zu Boden gehen. Wie den Boxer Jake LaMotta in *Wie ein wilder Stier* konnte mich nichts hart genug treffen, um mich zu Boden zu zwingen. Ich war ein Träumer, aber ich war auch ein Kämpfer.

In den folgenden Wochen und Monate mischten sich Arztbesuche, Krankenhausaufenthalte, Flüge, Verkaufsgespräche, neue Gesichter, Gebete, Sitzungen, Gutenachtgeschichten und harte Arbeit zu einem undurchschaubaren Gemenge. Sieht man von den Tagen ab, an denen Julie ins Krankenhaus, zu einem Arzttermin oder zur Chemotherapie musste, so verpasste ich keinen Tag bei Gartner – bis zu meinem Abschied.

19

Eine Offenbarung

Ich habe gelernt, dass einen Lebensunterhalt zu
verdienen nicht dasselbe ist, wie ein Leben aufzubauen.

MAYA ANGELOU

Die Worte des Headhunters drangen wie ein Sonnenstrahl durch
den Nebel, der unser Leben einhüllte.

»Es gibt da eine Stelle in Kalifornien, Bill.«

Seit Julie die Diagnose bekommen hatte, flossen die Tage ineinander. Vermutlich war es unvermeidlich, dass sich die Turbulenzen in meinem Privatleben auch auf meine Erfahrung bei Gartner
auswirkten. Ich kann unmöglich wissen, wie ich mich an meinem
neuen Arbeitsplatz gefühlt hätte, wäre ich nicht so in Sorge gewesen. Gartner hatte brillante Mitarbeiter und machte große Fortschritte – der Umsatz stieg ebenso wie die Rate der Kunden- und
Mitarbeitertreue –, aber ich konnte mich nicht erinnern, irgendwann in meinem Erwachsenenleben eine ähnlich ungewisse und
quälende Zeit erlebt zu haben. Ich bemühte mich nicht, Gartner
zu verlassen, aber der Headhunter eröffnete mir einen Fluchtweg.

Es handelte sich um einen Posten als weltweiter Vertriebschef
bei Siebel Systems, einem Unternehmen mit 2 Milliarden Dollar
Jahresumsatz, das sich auf Vertrieb und Vermarktung von Software spezialisiert hatte. Sieht man von den Berichten ab, die ich
bei Gartner las, wusste ich nicht viel über Software oder die
Marktnische, in der sich Siebel mit großem Erfolg bewegte. Aber
ich war bereit zu lernen.

Auch nach dem Platzen der Dotcom-Blase investierten die
Unternehmen Millionen in Informationstechnologie, die ihnen
helfen konnte, ihre Prozesse zu automatisieren und ihren Betrieb
besser zu gestalten. Unternehmen wie SAP entwickelten Software für zahlreiche Unternehmensfunktionen, sogenannte »Sui-
tes«, während eine Gruppe kleinerer Unternehmen, zu denen
auch Siebel gehörte, »Best of Breed«-Lösungen für einzelne Arbeitsabläufe anboten. Siebel hatte sich die Vormachtstellung in
einer als »Customer Relationship Management« (CRM) bezeichneten Kategorie gesichert. Die zur Gestaltung der Kundenbeziehungen verwendete Software von Siebel versetzte Unternehmen
in die Lage, ihre Vertriebs- und Marketingabläufe einschließlich
Direktverkauf und Kundendienst zu automatisieren, zu koordinieren und nachzuverfolgen. Die Idee war, Vertreter, Call-Cen-
ter-Personal und Management mit besseren Informationen zu
versorgen, damit sie ihre Vertriebspipeline und ihren Kundenstamm besser verstehen und die Beziehungen zu den Kunden steuern konnten. Der Einsatz von CRM-Software beruhte
auf der Erkenntnis, dass Kundentreue höhere Gewinne nach sich
zog. Es gab verschiedene CRM-Produkte auf dem Markt, aber zu
jener Zeit war Siebel der Marktführer.

Tom Siebel hatte das Unternehmen im Jahr 1993 gegründet.
Dieser Computerwissenschaftler mit MBA-Diplom war eine un-
gewöhnliche Erscheinung im Silicon Valley, wo die Leute in Ba-
delatschen ins Büro gingen und das Tischtennis spielen ein fester
Bestandteil der Unternehmenskultur war. Siebel war stets gut gekleidet und diszipliniert, und er baute sein Unternehmen auf, indem er sich um die Details kümmerte. In Interviews, die ich vor
unserer Begegnung las, sprach er über seine »klassischen« Wertvorstellungen und über die Bedeutung eines angemessenen »Be-
nehmens«. Seine professionelle Einstellung gefiel mir. Wie ich
war er von der Beziehung zum Kunden besessen – gegenüber der
Harvard Business Review erklärte er, wenn sich ein Unternehmen
darauf konzentriere, »zu verstehen, was die Kunden brauchen,

und ihnen genau das zu geben«, würden eine gute Bewertung durch den Markt und höhere Einnahmen folgen. Unser erstes Gespräch fand in seinem Haus statt. Kurze Zeit später trafen wir uns in seinem Country Club im kalifornischen Woodside. Wir ließen uns an einem Tisch mit Blick auf den Golfplatz nieder, und nach einem sehr guten Gespräch hielt er auf einer Visitenkarte die Bedingungen fest, unter denen er mir einen Job anbieten konnte, und schob sie mir zu.

Abgesehen von den Zahlen, die Tom Siebel auf die Karte gekritzelt hatte, gab es zahlreiche andere Aspekte, die für mich attraktiv waren. Ich würde die Chance erhalten, mich in einen Experten für Unternehmenssoftware zu verwandeln und meine Kenntnisse auf einem Gebiet zu erweitern, das mir seit jeher am Herzen lag: der Dienst am Kunden. Noch verlockender war jedoch, dass Siebel wollte, dass ich meine Familie ebenfalls nach Kalifornien holte. Es war eine erfreuliche Aussicht, Connecticut mit seinen kalten, dunklen Wintern gegen einen warmen, sonnigen Ort zu tauschen, an dem die Innovation nie zum Stillstand kam. Julie liebte Kalifornien. Sie hatte die Chemotherapie abgeschlossen, ihr Haar wuchs nach, und die Prognose war sehr gut. Ein neuer Job an der Westküste würde nicht nur ein wichtiger Karriereschritt für mich, sondern vor allem ein Neubeginn für meine Familie sein.

Kryptonit

»Bill, das ist *er*!«, sagte Julie mit einem ungläubigen Gesichtsausdruck. Sie sah die Morgennachrichten im Fernsehen.

»Wer?«

» Pater Mike, der Priester, der uns im Krankenhaus besuchte.« Der Nachrichtensprecher hatte gerade bekanntgegeben, dass ein Seelsorger der New Yorker Feuerwehr das erste bestätigte Opfer des Einsturzes des World Trade Center war. Als wir den Namen

Mychal Judge hörten, waren wir geschockt. Wir sahen das Photo von fünf mit einer Ascheschicht überzogenen, niedergeschlagenen Feuerwehrmännern, die einen leblosen Körper durch die Trümmer des World Trade Center trugen. Die Augen des Mannes waren geschlossen und sein Gesicht starr, aber Julie und ich wussten, dass es der Priester war, der Julie Vertrauen in ihre Genesung eingehaucht hatte. Erst jetzt erfuhren wir, wem diese strahlenden blauen Augen gehört hatten. Pater Judge war in die Eingangshalle des einen Turms gelaufen, um mit seinen Männern zusammen zu sein, und dort gestorben. Wir kannten diesen guten Mann kaum, aber wir hatten das Gefühl, einen engen Freund verloren zu haben.

Wir waren in unserem neuen Haus im kalifornischen Hillsborough, als uns am frühen Morgen des 11. September 2001 ein Freund aus New York anrief und sagte: »Bill, schalte den Fernseher ein.« Entsetzt starrten wir auf den Bildschirm. Dann befreite ich mich aus dem Schockzustand und fuhr ins Büro, um mich nach den Angestellten von Siebel in Manhattan zu erkundigen. Zum Glück waren alle unsere Mitarbeiter unversehrt.

Natürlich war der Widerhall der Tragödie gewaltig. Sie zerriss die Herzen der Menschen, raubte ihnen die Zuversicht und lähmte die Wirtschaft. Mit einem Schlag verloren Unternehmen und Verbraucher die Lust, Geld auszugeben, die Wagniskapitalgeber zogen sich zurück, das Vertrauen der Investoren löste sich in Luft auf. Für die Führung eines Technologieunternehmens konnte es unter diesen Umständen kaum noch um Erfolg gehen. Es ging ums Überleben.

Während andere Technologieunternehmen aufgrund der Lähmung der Wirtschaft aufgeben mussten, verdiente Siebel weiterhin Geld, obwohl unser Umsatz im Vergleich zu den vorangegangenen Jahren schrumpfte. Niemand verdiente sein Geld leicht. Nie, weder bei Xerox noch bei Gartner und auch nicht in meinem Deli, hatte ich so hart gearbeitet wie in den Monaten nach dem 11. September bei Siebel. Ich flog rund um den Erdball, um Kunden zu treffen, die Vertriebsabteilungen anzutreiben und dafür zu sorgen, dass die Regionen ihre Quartalsziele erreichten. In jeder Zeitzone bis 4 Uhr morgens zu arbeiten, wurde für mich zur Normalität. Ich schlief kaum noch und schaffte es nur selten, am Freitagabend heimzukehren, um das Wochenende mit meiner Familie zu verbringen. Ich vermisste Julie und die Jungen, und sie vermissten mich.

Aber nicht nur die Rastlosigkeit nagte an mir.

Innerer Zauber

Als Manager versuchte ich stets, das zu nutzen, was ich als »inneren Zauber« meiner Teammitglieder bezeichnete. Um den inneren Zauber eines Mitarbeiters zu entdecken, stellte ich grundlegende Fragen. »Was wollen Sie?«, fragte ich bei unserer ersten Begegnung. »Was sind Ihre Träume?«

Aber manchmal vergaß ich, diese Fragen auch mir selbst zu stellen: Gaben mir meine Arbeit und mein Leben, was ich mir wünschte? Gelang es mir, an meinen ursprünglichen Träumen festzuhalten, während ich mich den Veränderungen in meinem Leben und in der Welt anpasste?

Eine der wenigen Gelegenheiten, bei denen ich mir diese Fragen stellte, war gekommen, als ich zum ersten Mal bei Xerox ausgeschieden und für zwei Wochen zu Gartner gegangen war. Ich war damals 31 Jahre alt. Als ich in einem Flugzeug quer durch Europa flog, bat ich eine Stewardess um ein Blatt Papier. Auf die Rückseite ihrer Vorratsliste schrieb ich: »Die wichtigsten Dinge der Welt: Bills Liste.« Meine persönlichen Ziele waren: Ich wollte Zeit mit meiner Familie verbringen. Ich wollte Julie mit derselben Begeisterung wie an unserem Hochzeitstag lieben. Ich wollte meinem Sohn (und später seinem Bruder) ermöglichen, zu einer gesunden, glücklichen und ausgeglichenen Person heranzuwachsen. Ich wollte meine Eltern, meinen Bruder und meine Schwester lieben und meine Wurzeln nie vergessen. Und ich wollte jeden Tag mit Hingabe leben.

Anschließend listete ich meine beruflichen Ambitionen auf:

1. Ein Gewinner sein.
2. Andere zur Verwirklichung ihrer Träume führen.
3. Meine Laufbahn steuern, anstatt von ihr gesteuert zu werden.
4. Vermeiden, Wichtiges mit Unwichtigem zu verwechseln.
5. Mir einen Lebensunterhalt verdienen, der meinem Talent angemessen ist, ohne mich vom Geld beherrschen zu lassen.
6. Mein Schicksal selbst bestimmen und kein Sklave eines Schicksals sein, das jemand anderer für mich vorsieht.

Bald nachdem ich diese Liste aufgestellt hatte, kehrte ich zu Xerox zurück.

Seitdem waren zehn Jahre vergangen, und ich arbeitete seit einem Jahr für Siebel. Als ich die Liste erneut hervorkramte, wurde mir eine unangenehme Wahrheit bewusst: Meine gegenwärtige berufliche Situation entsprach meinen Ambitionen nicht.

Ich begann darüber nachzudenken, wie ich an diesen Punkt gelangt war. Als Siebel sein Angebot an mich herangetragen hatte, war ich verwundbar gewesen, bereit, alles zu akzeptieren, was hoffnungsvoller schien als die düstere Ungewissheit in Connecticut und Julies Krankheit. Der Krebs war eine Schlange im Gras gewesen, die wir weder gesehen noch gehört hatten. Ich hatte meine Tage in der Angst verbracht, dass er sich an meine Familie heranschlich, um meiner Frau das Leben zu rauben. Der Krebs hatte mein Leben vergiftet, die Angst hatte mich aufgezehrt.

Was wollte ich jetzt vom Leben?

Eines Abends, ich saß zu später Stunde noch im Büro, nahm ich einen Kugelschreiber zur Hand und schrieb das Wort »Ziele«

auf ein Blatt Papier, um einmal mehr festzuhalten, was ich vom Leben erwartete:

1. Glück und Heiterkeit für meine Familie.
2. Gleichgewicht zwischen Beruf und Familie.
3. An einem Ort bleiben, bis die Kinder auf die Universität gehen.
4. Es muss ein guter Ort für Kinder sein: Schulen, Nachbarschaft, Freunde, Gesundheit.
5. Der Ort muss so erschwinglich sein, dass sich die Erwachsenen einen guten Lebensstandard leisten können, ohne finanziell auszubluten.
6. Die vorhergehenden Punkte haben Vorrang vor der Karriere.
7. Beruflich will ich Anerkennung und Raum, in dem ich mich entfalten und Einfluss auf andere nehmen kann.
8. Menschen zu höheren Zielen »führen«:»ein Anliegen«, »ein Wunsch«,»ein besseres Leben« ...
9. Stabilität für die Zukunft.
10. Eines Tages meine Geschichte erzählen ...

Als ich meine neue Liste durchging, wurde mir klar, dass sich die Themen nicht allzu sehr von den Zielen unterschieden, die ich mir vor zehn Jahren gesteckt hatte. Aber ich wurde nicht all meinen Ansprüchen gerecht, vor allem nicht dem Ziel Nummer 8. Ich wollte in einer führenden Position arbeiten, ich wünschte mir größeren Einfluss auf mein eigenes Schicksal und die Geschicke eines Unternehmens. An diesem Punkt in meiner Karriere wollte ich mehr tun als täglich Spielzüge auszuführen, die von anderen entworfen worden waren. Ich wollte selbst Spielzüge ansagen – wenn nicht für ein ganzes Unternehmen, so doch zumindest für einen beträchtlichen Teil der Organisation. Ich wollte meine Freiheit wiederhaben. Ich war bereit, die Leitung eines Unternehmens zu übernehmen.

Ich wusste, dass ich Zeit und Raum brauchte, um meinen Karriereplan einer Neubewertung zu unterziehen. Ich nahm die Liste mit nach Hause und zeigte sie Julie. Wenige Tage später schied ich bei Siebel aus, ohne einen anderen Job zu haben. Zum ersten Mal seit meiner Zeit als Zeitungsjunge war ich arbeitslos.

TEIL 5

GRUNDLAGEN DER DISZIPLIN

20

Liebenswürdigkeit

Das größte Privileg im Leben ist, sein zu dürfen,
wer man ist.

JOSEPH CAMPBELL

Hasso Plattner war mitten in einem Telefongespräch, als ich einige Minuten vor dem vereinbarten Zeitpunkt zu meinem Vorstellungsgespräch in seinem Haus im kalifornischen Portola Valley eintraf. Es war ein schöner Tag. Ich wurde in einen herrlichen Garten geführt und gebeten, auf den Hausherrn zu warten. Draußen bereitete mir ein ganz besonderer gelber Labrador einen stürmischen Empfang. Später erfuhr ich, dass sein Name Claude war. Der Hund lockte mich zu einem Football aus Schaumstoff. *Also gut,* dachte ich, *der Hund will apportieren. Kein Problem.* Ich bin Rechtshänder, weshalb ich den Ball mit der rechten Hand aufhob und auf den Rasen hinauswarf. Es war ein ordentlicher Wurf, und Claude flitzte los. Er trug den Ball zurück und legte ihn mir vor die Füße, damit ich ihn erneut werfen konnte.

Der weiche Ball war mit Claudes schimmerndem Speichel überzogen. Ich starrte den vollgesaugten Football im Gras an. Ich liebe Hunde, und normalerweise hätte mich der nasse Ball nicht gestört, aber es wäre respektlos gewesen, dem Vorstandssprecher und Mitgründer von SAP, dem drittgrößten Software-Unternehmen der Welt, eine schleimige Hand entgegenzustrecken. Selbst wenn es der Speichel seines eigenen Hundes war. Und ich würde mir die Hand nicht an meinem Anzug abwischen. *Tut mir leid Claude, das geht nicht.* Natürlich war das dem Hund vollkommen egal. Er wollte spielen. Ich konnte dieses schöne Geschöpf nicht ignorieren. *Also gut, Claude, du gewinnst.* In diesem Augenblick war Claude der Boss. Also hob ich den Ball mit der linken Hand auf und begann, einen linkshändigen Pass nach dem anderen zu werfen. Der Hund lief dem Ball ein ums andere Mal nach und brachte ihn mir zurück. Ich hatte Spaß an dem Spiel, und als nach einer Weile ein Herr mit einem dichten weißen Haarschopf in den Garten kam, hüpfte Claude ausgelassen über den Rasen, und wir waren vollkommen vertieft, so als wären wir die besten Freunde.

»Oh, Sie haben aber wirklich etwas für Hunde übrig«, sagte Hasso lächelnd, »und Claude mag Sie!« Hasso hatte etwas einnehmend Majestätisches an sich. Er war einer jener seltenen Menschen, die Aufmerksamkeit auf sich ziehen, ohne sich darum zu bemühen.

»Hallo, ich bin Bill McDermott«, sagte ich und streckte ihm eine trockene rechte Hand entgegen. Das Spiel konnte beginnen. Ich war ziemlich sicher, dass ich diesen Job haben wollte.

Geschichte

In der Woche nach meinem Ausstieg bei Siebel hatte ich mit verschiedenen Headhuntern gesprochen. Aber keine der Optionen hatte mich wirklich überzeugt. Ich war zuversichtlich, dass ein interessantes Angebot kommen würde, und gleichzeitig war ich nervös. Es fühlte sich unnatürlich an, an Wochentagen daheim zu sein und in Jeans und Turnschuhen herumzulaufen. Mehr als einmal schüttelte ich ungläubig den Kopf – *das ist so surreal* –, als ich mit unserem neuen Welpen Angel im Garten Runden drehte, damit er sein Geschäft erledigte. Ich war noch nie ohne Arbeit gewesen. Zwar mangelte es uns nicht an Geld, aber

ich musste an die Zukunft meiner Familie denken. Ich konnte es
nicht erwarten, wieder zu arbeiten – aber ich wusste, dass es die
richtige Arbeit sein musste.

Als mir ein Headhunter von Heidrick & Struggles mitteilte,
dass SAP nach einem Leiter für seinen nordamerikanischen Bereich suchte, wurde ich hellhörig. SAP hatte ausgezeichnete Produkte, darunter CRM-Software, die der von Siebel Konkurrenz
machte. Die SAP-Vertreter, mit denen die Leute von Siebel auf
dem amerikanischen Markt in Berührung kamen, hatten ein wenig Ähnlichkeit mit den Bad New Bears, dem jungen Baseball-
team im gleichnamigen Film, das in jedem Match dieselben aus-
sichtslosen Spielzüge ausführt und trotzdem erwartet, dass sich
das Ergebnis ändert. Ich war seit jeher der Meinung, dass SAP
das Zeug hatte, sich in den USA durchzusetzen, wenn seine Vertriebsabteilung nur die Kurve kriegen würde. Aber als erstes
brauchte das Unternehmen Führung. Innerhalb von sechs Jahren
hatte der nordamerikanische Bereich von SAP fünf verschiedene
Leiter gehabt. Und er hatte es geschafft, seine Ziele in 23 Quartalen am Stück zu verfehlen.

Der Headhunter wollte, dass ich ein Telefongespräch mit Leo
Apotheker führte, dem amtierenden Präsidenten des nordamerikanischen Bereichs von SAP. Offiziell stand Apotheker an der
Spitze des weltweiten Betriebs von SAP, aber er hatte vorüberge-
hend die Leitung des Geschäfts in den USA und Kanada übernommen, bis ein Nachfolger für den letzten ausgeschiedenen
Nordamerika-Chef gefunden war. Ich empfand es als Ehre, in
Erwägung gezogen zu werden, und vereinbarte einen Gesprächs-
termin.

Wir verstanden uns auf Anhieb. Ich hatte erwartet, dass es
schwierig werden würde, Apotheker zu überzeugen, aber er
stellte keine bohrenden Fragen. Er war ebenso neugierig auf mich
und meine Bedürfnisse wie ich auf SAP und die Erfordernisse seines amerikanischen Geschäfts. Das Bewerbungsgespräch verlief
eher wie eine Unterhaltung zwischen zwei Männern, die bereits

wissen, wie sie miteinander umgehen können. Apotheker wirkte authentisch auf mich.

Kurze Zeit später lernten wir einander persönlich kennen. Wir trafen uns bei einer Vertriebskonferenz von SAP in einem glanzlosen Hotel in Philadelphia, unweit des amerikanischen Sitzes des Unternehmens. Apotheker kam in Begleitung seines Beraters Marty Homlish, eines flinken, umgänglichen Mannes, der bei SAP für das globale Marketing verantwortlich war. Homlish winkte mich in einen Konferenzraum abseits der Hotellobby, weshalb ich die Vertriebskonferenz nicht verfolgen konnte. Aus dem wenigen, was ich zu Gesicht bekam, schloss ich, dass die Veranstaltung so fesselnd wie eine Konferenz über Aluminiumverkleidungen war. Aber das Gespräch mit Leo Apotheker war alles andere als langweilig. In Person war er mir noch sympathischer als am Telefon. Er war intelligent, hatte eine globale Perspektive und war davon überzeugt, dass die regionalen Niederlassungen von SAP Autonomie brauchten, um effektiver arbeiten zu können. Gemeinsam hatten Apotheker und Homlish die bruchstückhaften Marketingbemühungen des Unternehmens koordiniert, die Marke neu positioniert und einen neuen Slogan entwickelt: »Die besten E-Businesses arbeiten mit SAP.« Der Slogan gefiel mir, weil er den Wert des Unternehmens für seine Kunden in den Mittelpunkt rückte.

Zum Abschied nahm ich Apothekers Einladung an, nach Walldorf in Deutschland zu reisen und den Vorstand von SAP kennenzulernen.

Während des Flugs über den Atlantik vertiefte ich mich in die Geschichte des Unternehmens. Im Jahr 1972 hatte bei IBM Deutschland in Mannheim eine Gruppe von fünf Programmierern Computer verkauft und installiert. Einer dieser Ingenieure, Claus Wellenreuther, entwickelte ein Programm, um einem Klienten von IBM beim Management seiner Finanzen zu helfen. Gemeinsam mit seinen Kollegen Hasso Plattner und Dietmar Hopp ging Wellenreuther zum Management und bat um Erlaubnis, mit

dem Verkauf des neuen Produkts beginnen zu dürfen. IBM wies
sie in die Schranken:»Wir haben schon Abteilungen, die unsere
Software entwickeln.« Die drei Männer sollten sich darauf konzentrieren, mehr Computer zu verkaufen.
Doch sie ließen sich nicht abschrecken. Im Gegenteil: Sie kündigten und überzeugten zwei weitere Kollegen, Klaus Tschira und
Hans-Werner Hector, bei IBM auszusteigen. Gemeinsam gründe-
ten sie eine eigene Softwarefirma, die sie »Systemanalyse und
Programmentwicklung« (SAP) nannten. Sie wollten Standardsoftware für die Automatisierung und Steuerung von Unterneh-
mensabläufen entwickeln. Tagsüber besuchten die fünf Gründer
potenzielle Kunden und verkauften und installierten ihre ersten
Softwareprodukte. Hin und wieder legten sie eine Pause ein, um
eine Partie Fußball zu spielen. Die Nächte verbrachten sie damit,
für die Einrichtungen ihrer Kunden neue Software zu entwerfen
und zu testen. Das Unternehmen wuchs und entwickelte im Lauf
der Jahre Anwendungen für neue Betriebsabläufe und migrierte
seine Programme auf neue Technologieplattformen. SAP machte
sich einen Namen mit seiner integrierten »Suite«, die Anwendungen für Herstellung, Finanzen und Personalwesen beinhaltete.
Diese betriebswirtschaftliche Software half den Kunden, ihre Res-
sourcen im gesamten Unternehmen besser zu nutzen – daher der
Name der Software: »Enterprise Resource Planning« (Unterneh-
mensinformationssystem) oder kurz ERP. Im Lauf der Jahre entwickelte SAP auch Anwendungen für die Steuerung von Liefer-
ketten, Kundenbeziehungen und anderen Betriebsfunktionen.
Es war nicht übertrieben zu sagen, dass SAP rund um den Erdball die Funktionsweise von Unternehmen verändert hatte. Ich
war kein Ingenieur, aber ich teilte das Arbeitsethos der Firmen-
gründer und bewunderte sie für ihre mutige Entscheidung, ihre
Arbeitsplätze bei IBM aufzugeben, um etwas aufzubauen, an das
sie glaubten.
Mittlerweile war das Unternehmen ein Gigant. Aus seinem
letzten Jahresbericht ging hervor, dass fast 18 000 Unternehmen

in 120 Ländern mit SAP-Software arbeiteten. Unternehmen wie Coca-Cola, Colgate-Palmolive, DuPont, BMW, Burger King. Aber trotz eines Umsatzes von mehr als 7 Milliarden Euro war die Marke SAP in den Vereinigten Staaten nicht so bekannt wie in anderen Ländern.

Wenn ich wieder in der ersten Liga spielen wollte, war das zweifellos das richtige Team für mich.

Und der nordamerikanische Bereich von SAP brauchte das, was ich ihm anbieten konnte: dynamisches Wachstum. Im Jahr 2002 war der Umsatz von SAP Amerika um 5 Prozent gegenüber dem Vorjahr gesunken, was das Gesamtergebnis des Unternehmens beeinträchtigt hatte. Verschärft wurden die Probleme durch die Wirtschaftskrise in den USA und einen außergewöhnlichen Einbruch des Markts für Anwendungssoftware. Außerdem nahm die Konkurrenz zu. Trotzdem hatte SAP in meinen Augen das Potenzial, sich von einem guten in ein großartiges Unternehmen zu verwandeln.

Ich war nicht sicher, was mich erwartete, als ich beim Sitz von SAP in Walldorf eintraf. Die Weltzentrale des Unternehmens war etwa zwanzig Fahrminuten vom wunderschönen Heidelberg entfernt; das Schloss, das über der Stadt thronte, war nach sieben Jahrhunderten der Zerstörung und des Wiederaufbaus ein Symbol der Erneuerung. Inmitten von Feldern lag der gepflegte und komfortable Firmensitz von SAP, der mich an die Präzision und Eleganz der deutschen Ingenieurskunst erinnerte.

Was mich am meisten überraschte, war die Liebenswürdigkeit. Breit lächelnde Menschen. Herzliche Begrüßungen. Die Leute waren nicht einfach nett und höflich, sondern warmherzig und freundlich. Von der Empfangsdame bis zu den hochrangigen Führungskräften, Co-Geschäftsführer Henning Kagermann eingeschlossen, zeichneten sie sich allesamt durch *Liebenswürdigkeit* aus. Mir fiel kein besseres Wort ein, um es zu beschreiben. Diese Eigenschaft entsprang ihrer Neugierde und einer Unverfälschtheit, die mir in jedem Gespräch auffiel. Es machte enormen Eindruck auf mich, dass ein so großes Unternehmen, das von derart brillanten Köpfen geführt wurde, eine auf Freundlichkeit beruhende Kultur vorweisen konnte – vor allem, nachdem ich Bekanntschaft mit den übergroßen Egos gemacht hatte, die das Silicon Valley beherrschten. Ich wusste auch die Offenheit zu schätzen, mit der jedermann bei SAP die Probleme des Unternehmens ansprach, vor allem seine Schwierigkeiten auf dem amerikanischen Markt. Es war der Führungsriege sehr ernst mit dem Versuch, den amerikanischen Bereich in die richtige Richtung zu lenken.

Und da war noch etwas, das mir auffiel. Ich war an das großspurige Auftreten der Manager amerikanischer Technologieunternehmen gewöhnt. Diese Leute sprachen mit unerschütterlichem Selbstvertrauen und großer Zuversicht über ihre Unternehmen und Produkte. Dieses Selbstvertrauen konnte durchaus den Wagemut der Mitarbeiter fördern, aber die Überzeugung, mit der diese Manager über neue Technologien sprachen, beruhte nicht immer auf einer umfassenden Vision, konkreten Plänen für die Umsetzung oder markttauglichen Produkten.

Wie ich bei meinen Nachforschungen über SAP und in den Gesprächen mit den Managern des Unternehmens feststellte, dachten die Deutschen anders. Verglichen mit den USA schien in Deutschland eine gewissenhafte Produktentwicklung im Mittelpunkt der technologischen Kultur zu stehen, während die Vermittlung und Vermarktung von Neuerungen dort sehr viel weniger aggressiv waren als in den Vereinigten Staaten. In Deutschland wurde sehr viel Zeit und Mühe in die Gestaltung der Produkte investiert, bevor sich jemand Gedanken über die Vermarktung machte. Und wenn es soweit war, priesen die Leute ihr Unternehmen und ihre Produkte zurückhaltend an. Diese Demut trug in meinen Augen zu der Liebenswürdigkeit bei, die ich dort beobachtete.

Und während ich diese Gegensätze sah, dachte ich an die großen Möglichkeiten, die sich boten, wenn man das Beste dieser beiden Kulturen miteinander verband, wenn man die extrem disziplinierte Entwicklungsarbeit in Deutschland durch die kühnere Vermarktung ergänzte, die in den Vereinigten Staaten üblich war. Doch fürs Erste behielt ich diese Gedanken für mich.

Die Besprechungen verliefen so gut, dass ich eine Einladung zu einem Treffen mit Hasso Plattner erhielt, der in Kalifornien lebte. Plattner, einer der fünf Gründer von SAP, war gemeinsam mit Henning Kagermann Vorstandssprecher des Unternehmens. Mir war klar, dass es in der Hand dieses Mannes lag, ob ich den Job bekommen würde.

Eine Mission

Plattner führte mich ins Esszimmer seines Hauses, wo wir uns an einem Tisch niederließen. Trotz meines wachsenden Interesses an einer Tätigkeit für SAP stürmte ich nicht los, um die Werbetrommel für mich zu rühren. Ich wollte mir anhören, was Plattner über sein Unternehmen und den offenen Posten zu sagen hatte. Ich weiß nicht, ob es an der Erfahrung mit Julies Krankheit, an meiner Selbstprüfung oder der Summe aller meiner Erfahrungen lag, aber im Alter von 41 Jahren ging es mir weniger darum, zu beweisen, dass ich einen guten Job bekommen konnte. Es ging mir um die Frage, ob ich diesen Job aus den richtigen Gründen haben wollte.

Plattner erzählte mir von sich und seinem Unternehmen. Claude lag zu unseren Füßen, meine linke Hand war immer noch klebrig. Hasso Plattner stammte aus Berlin. Sein Vater war Arzt gewesen, sein Großvater Ingenieur. Ähnlich wie meine eigene hatte auch seine Familie Zeiten der Knappheit durchlebt. Im Alter von 24 Jahren hatte er für IBM zu arbeiten begonnen – was bedeutete, dass er anders als viele Leute im Internetzeitalter meine Geschichte bei Xerox verstand. Zwischen den Zeilen hörte ich heraus, dass ich es mit einem brillanten Verstand zu tun hatte, der die Einfachheit der Komplexität vorzog, mit einem Mann, der gerne Fragen stellte, anstatt nur Antworten zu geben. Seine Ansichten waren authentisch, und ich erkannte in ihm dieselbe Liebenswürdigkeit, die ich bei seinen Kollegen in Deutschland beobachtet hatte. Intelligenz gepaart mit Demut. Es wurde mir klar, dass es ihm nicht einfach darum ging, dass sein Unternehmen überlebte. Mit 58 Jahren war Hasso Plattner immer noch ein Visionär, der die Welt verändern wollte. Aber dazu musste SAP sein Geschäft in den Vereinigten Staaten auf eine solide Basis stellen. Und Plattner gestand offen ein, dass sein Unternehmen in den USA nicht funktionierte.

Während er das Jobprofil beschrieb, dachte ich darüber nach, wie ich diesen Underdog in einen Gewinner verwandeln konnte. Die Aufgabe, SAP Amerika aus seiner misslichen Lage zu befreien, war nicht einfach ein weiterer Job. Dies war eine Mission. Meine Mission. Dies war die Aufgabe, nach der ich mich gesehnt hatte. Auf diese Chance hatte ich gewartet.

Mir wurde bewusst, dass ich zwei Jahre früher nie und nimmer für diese Funktion in Frage gekommen wäre. Ich hätte nie die unglaubliche Chance erhalten, mich für diesen Posten zu bewerben. Zuerst hatte ich zusätzlich zu meiner Erfahrung bei Xerox bei Gartner mein Verständnis dafür erweitern müssen, wie sich IT-Systeme auf das Geschäftsergebnis auswirkten, und ich hatte mich bei Siebel mit Anwendungssoftware beschäftigen müssen. Der Nebel der Ungewissheit begann sich zu lichten, als mir klar wurde, dass auch unvollkommene Zeiten einem Zweck dienen. In mir reifte die Gewissheit, dass es meine Bestimmung war, SAP Amerika zu leiten.

Dann hatte ich vor allem eine Frage: Würde ich Autonomie haben?

Auf die Gefahr hin, zu forsch zu sein, erklärte ich Plattner respektvoll, worüber ich mit Leo Apotheker gesprochen hatte: Wenn SAP jemandem die Aufgabe anvertrauen wollte, seinen amerikanischen Bereich aus der Krise zu führen, wenn es jemanden wollte, der ein neues Drehbuch schrieb und es umsetzte, der seine Mitarbeiter zur Rechenschaft zog und seinerseits Rechenschaft ablegte, dann war ich der richtige Mann. Aber wenn sie jemanden brauchten, dem sie von der anderen Seite des Atlantiks detaillierte Anweisungen geben konnten, sollten sie sich nach jemand anderem umsehen. Meine Entscheidungen oder mein Führungsstil würden vielleicht einige Leute vor den Kopf stoßen, aber ich brauchte Freiheit, um SAP Amerika zu führen.

Der Zeitpunkt war günstig für mich – und vielleicht saß auch der Schutzengel auf meiner Schulter. Nachdem es SAP in Nordamerika mit einer Reihe erfolgloser Führungskräfte probiert hatte, schien das Unternehmen bereit, dieses Geschäft in die Hände eines Amerikaners zu legen.

Ich hoffte, dass Plattner meine Leidenschaft spüren konnte. Mit jeder Minute, die verstrich, wollte ich diesen Job mehr. Ich hatte das Gefühl, es geschafft zu haben, als er sagte:»Bill, Sie wissen natürlich, dass sie nach Newtown umziehen müssten.« Gemeint war Newtown Square bei Philadelphia, wo SAP auf einem 200 Hektar großen Gelände sein amerikanisches Hauptquartier hatte. Julie und ich liebten das kalifornische Klima. Pennsylvania war etwas ganz anderes.

Ich sah Plattner direkt an.»Hasso, ich habe das Glück, die richtige Partnerin gefunden zu haben. Julie und ich packen die Dinge immer gemeinsam an, und ich bin sicher, dass meine Frau die Entscheidung, mit der Familie umzuziehen, hundertprozentig unterstützen wird. Wenn Sie sich also dazu bekennen, mir die Leitung und den Neuaufbau des amerikanischen Geschäfts zu übertragen, kann ich mich auf der Stelle verpflichten, in die Nähe von Newtown Square zu ziehen, um bei der Belegschaft zu sein.« Etwa zwei Drittel der 6000 Mitarbeiter von SAP Amerika – das waren 20 Prozent der Beschäftigten des Unternehmens weltweit – waren in Newtown Square stationiert.»Hasso, sind wir handelseinig?«

Mit einem Handschlag besiegelten wir unser Einverständnis. Claude schlief immer noch unter dem Tisch. Ich tätschelte ihm zum Abschied den Kopf. Draußen, unter der nordkalifornischen Sonne, holte ich mein Handy hervor.

»Julie, wir ziehen nach Philadelphia.«

21
Dringlichkeit

Den Mutigen hilft das Glück.

VIRGIL

»Hallo! Wo sind denn alle?!« Ich sehe mich in der leeren Eingangshalle um. Eine der zwei Personen, die in Sichtweite sind, antwortet.

»Heute ist Freitag, Sir«, sagt der Wachmann. Als wäre das eine Erklärung. *Das kann nicht euer Ernst sein!* Das Ende des vierten Quartals ist nur noch wenige Wochen entfernt, und SAP Amerika ist auf dem besten Weg, seine Umsatzprognose wieder einmal zu verfehlen. Wir haben alle Familie, aber wenn wir die Abwärtsspirale nicht stoppen, werden wir bald keine Kunden und keine Arbeitsplätze mehr haben. Die Leute sollten in heller Aufregung sein, am Telefon hängen, in Sitzungsräumen über Strategien brüten, Verträge aufsetzen und umformulieren … Sie sollten *irgendetwas* tun.

Stattdessen herrscht Stille.

Ich sehe zu der hohen Decke der in Marmor gehaltenen Eingangshalle hinauf. Drei Stockwerke über mir beugt sich ein Mann über eine Balustrade und winkt mich hinauf. Als ich durch die verlassenen Flure zum Aufzug gehe, fühle ich mich, als läge überall Geld herum. Es gab Geld zu verdienen, aber hier schien das niemand zu wissen.

Meine wenige Wochen zurückliegende Ernennung zum Präsidenten und CEO von SAP Amerika hatte die Aufmerksamkeit

der Medien auf die Schwierigkeiten des Unternehmens gelenkt.
Richard Williams, ein Analyst von Summit Analytic Partners,
hatte gegenüber dem *Philadelphia Inquirer* erklärt, das Problem
von SAP sei, dass das Unternehmen »die Frage seiner Kunden
nach der Investitionsrendite noch nicht beantworten kann«.
AMR Research hatte geschrieben: »Es wird nicht leicht sein, in
diesem wirtschaftlichen Umfeld die Moral des Vertriebs von SAP
Amerika zu heben, aber das Unternehmen sendet zweifellos die
richtige Botschaft aus, indem es den Führungsposten mit einem
Verkaufsprofi besetzt.«
Mein erster Tag an der Spitze von SAP Amerika war der 7. Oktober 2002. Wie damals, als ich in New York aufgebrochen war,
um die Straßen zu erobern, stürzte ich mich mit Begeisterung
und Zuversicht in den neuen Job. Aber anders als zwei Jahrzehnte früher lastete diesmal eine gewaltige Verantwortung auf
meinen Schultern. In dieser Tätigkeit ging es nicht um mich, sondern um das Wohlergehen tausender Mitarbeiter. Da derart viel
auf dem Spiel stand, mischte sich meine Energie mit erhöhter
Ernsthaftigkeit, als ich mich anschickte, die drängenden Probleme in Angriff zu nehmen – angefangen bei der Niedergeschlagenheit, die mir jedes Mal entgegenschlug, wenn ich die
SAP-Zentrale in Newtown Square betrat. An diesem Tag machte
es die freitägliche Stille fast noch schlimmer.

Ich traf mich mit Rob Enslin, dem Mann, der über die Balustrade herabgeschaut hatte und für den Vertrieb in der Region
Nordosten zuständig war. Ich wusste, dass Rob seit 1991 bei SAP
war. Er war in Südafrika zum Unternehmen gestoßen und hatte
überall auf der Erde gelebt. Jetzt wohnte er wie ich in einem der
ruhigen Vororte von Philadelphia. In den vorangegangen Wochen hatte ich mich der Reihe nach mit den Führungskräften von
SAP Amerika getroffen, um ihnen zuzuhören, die Situation zu
beurteilen und erste Entscheidungen zu fällen. Ich betrat den
Konferenzraum, wo Enslin auf mich wartete.
»Hallo, ich bin Bill McDermott. Wo sind denn alle?«

»Wissen Sie, Bill …« Er seufzte und sah mich direkt an. »Das Unternehmen ist ein Chaos. Man kann es nicht anders sagen. Es gibt keine Führung. Die meisten Leute haben resigniert. Viele der besten Mitarbeiter haben uns verlassen oder sind auf dem Sprung.« Ich war ihm dankbar für seine Offenheit. Enslins Urteil deckte sich mit dem, was ich bisher gehört und gesehen hatte. Ich wusste, dass der amerikanische Bereich von SAP am Boden lag, aber obwohl ich eine Ahnung hatte, woran das lag, wäre es dumm gewesen anzunehmen, dass ich am ersten Tag herausfinden würde, wo wir ansetzen sollten. In den ersten Wochen musste ich zuhören und lernen, bevor ich beginnen konnte, zu sprechen und zu verkaufen.

Weiter zuhören, weiter lernen

Bis Julie und die Jungen von Kalifornien nach Pennsylvania umzogen, wohnte ich drei Monate in einem der im Kolonialstil gebauten Gästehäuser auf dem Firmengelände von SAP. Diese Häuser hatten ein anheimelndes Wohnzimmer und gemeinsame Küchen und Esszimmer. Sie waren sehr viel einladender als die sterilen Hotels, in denen ich seinerzeit in Connecticut die Zelte aufgeschlagen hatte. Am Morgen ging ich aus dem Gästehaus ins Büro hinüber, und wenn ich abends heimkehrte, sah ich manchmal Rehe, die zwischen den Gebäuden über die Felder strichen. Das Gelände war so weitläufig, dass die örtliche Polizei es für die Hundeausbildung nutzte. Mehr als einmal begegnete ich morgens auf dem Weg ins Büro knurrenden und bellenden Rottweilern.

Ich verließ die Zentrale nur, um auf Reisen zu gehen, um Verkaufsgespräche zu führen und Kunden zu besuchen, oder um mich mit neuen Kollegen zum Essen zu treffen. Auf dem Weg zur Arbeit, auf den Fluren und in der Cafeteria hielt ich Mitarbeiter an, stellte mich vor und fragte sie, welcher Tätigkeit sie nachgingen. (Mein Namensgedächtnis gab Anlass zu Scherzen: Marty

Homlish fragte mich oft, ob ich ein Drop-down-Menü im Kopf hätte, um die Namen sämtlicher Mitarbeiter und ihrer Kinder abrufen zu können, wenn sie mir über den Weg liefen.)

Ich las die Kommentare, die Mitarbeiter auf unserer internen Website gepostet hatten, führte persönliche Gespräche und organisierte kleine Gruppentreffen mit Programmierern und Assistenten. Als ich unsere 13 Spitzenmanager aus den gesamten Vereinigten Staaten zum ersten Mal in einem Raum versammelte, ahnte ich, dass viele von ihnen in einem Jahr nicht mehr im Unternehmen sein würden. Trotzdem wollte ich sie kennenlernen und hören, was sie zu sagen hatten. »Erzählen Sie uns von Ihrem größten Erfolg. Welches war Ihr größter Misserfolg? Was ist Ihre Geschichte? Erzählen Sie uns bitte etwas über Ihre Familie.« Als die Manager der Reihe nach zu Wort kamen, stellte ich verblüfft fest, dass sie sehr wenig voneinander zu wissen schienen. Dies war eine Führungsgruppe, aber es war kein Führungsteam.

In fast jedem Gespräch ermutigte ich die Leute, offen zu sagen, was SAP ihrer Meinung nach verbessern konnte. Aber ich fragte auch, wie sie die Probleme lösen würden, wenn sie an meiner Stelle wären. Abgesehen davon, dass es meine Neugierde befriedigte, machte dieses wiederholte Nachfragen aus einem Gespräch, das wie eine Einbahnstraße zu einer Müllhalde schien, zu einem produktiven Austausch. Die Menschen mussten beginnen, sich als Teil unserer Lösung zu fühlen und entsprechend zu handeln, anstatt nur darauf zu warten, dass ich einen Zauberstab schwang.

Ich nahm alles auf, was ich hörte und sah, und es wurde mir klar, was sich ändern musste.

Da war zum einen die Geschwindigkeit. Die Trägheit trieb mich fast zur Verzweiflung. Niemand machte Druck. Und da war ein gewisses Anspruchsdenken, das noch aus der Blütezeit von SAP Amerika in den neunziger Jahren stammte, als die Vertreter nur bei ihren Kunden anklopfen mussten und den Auftrag schon in der Tasche hatten. Manche Vertreter brüsteten sich mit Jahre zurückliegenden Millionenaufträgen, als hätten sie sie gerade erst abgeschlossen. Es gab kein Gefühl der Dringlichkeit, dafür aber eine quälende Neigung, selbst einfachste Aufgaben bis ins letzte Detail zu organisieren.

Dazu kam ein Mangel an Disziplin. Es wurde eigentlich nichts getan, um dafür zu sorgen, dass die Vertriebsziele erreicht wurden. Es wurde Geld für Dinge ausgegeben, die geringen oder überhaupt keinen Ertrag abwarfen. Es wurde zu viel Geld für zu viele Reisen von zu vielen Leuten ausgegeben. Es wurde zu viel Geld für zu viele schäbige Meetings ausgegeben, anstatt einige wenige zu veranstalten, welche die Leute wirklich motivieren konnten. Gleichzeitig luden wir den Mitarbeitern für Dinge wie Getränke unnötige Kosten auf, was die Moral untergrub.

Wir mussten auch die lähmende Kombination von Negativität und Engstirnigkeit beseitigen. Die Mitarbeiter beklagten sich über die mangelnde Effektivität dieses Vorgesetzten oder jenes Managers und über sinnlose Abläufe. Sie sprachen schlecht übereinander – einige begingen sogar den Fehler, das mir gegenüber zu tun. Das Unternehmen war derart mit sich selbst beschäftigt, dass niemand über das sprach, was unser einziges Thema hätte sein sollen: Niemand sprach über den Kunden.

Kaum ein Defizit machte mir derart große Sorgen wie das Fehlen einer leistungsorientierten Kultur, die eine spektakuläre jährliche Feier für die besten Verkäufer hätte beinhalten müssen. Diesen Mangel entdeckte ich in meinen ersten Wochen im Unternehmen, als ich fragte, wie SAP Amerika die erfolgreichsten Mitarbeiter des Jahres zu belohnen gedachte.

»Unterhalten wir uns über den Sales Club«, sagte ich in einer Besprechung. »Welche Ziele muss man erreichen, um am jährlichen Ausflug teilnehmen zu können?« Die Antwort traf mich wie ein Schlag ins Gesicht.

»Bill, so etwas haben wir nicht.« Das musste ein Witz sein. Anscheinend gab es keine Leistungsmaßstäbe. Das Unternehmen belohnte einfach die 50 erfolgreichsten Verkäufer mit einer Reise.

Ich wusste aus Erfahrung, dass es langfristig sehr nützlich war, ausgezeichnete Leistungen zu erwarten, zu messen und zu belohnen. Der Mangel an strategischer Planung war frustrierend. »Also gut«, sagte ich und holte tief Luft, »wann informieren Sie das Vertriebspersonal über die Reise, um Vorfreude zu wecken?«

»Wir haben das vor, aber es wurde noch nicht gemacht.«

»Sie nehmen mich auf den Arm, nicht wahr?«

»Nein.«

»In Ordnung, wir werden die Ankündigung heute machen. Wohin geht die Reise?«

»Es ist eine Kreuzfahrt in der Karibik.«

»Ich persönlich habe nicht viel für Kreuzfahrten übrig, aber gut. Wer sorgt für die Unterhaltung?«

»Shirley and the Shirelles.« Ich kannte den Namen. Ich hatte nichts gegen Shirley oder die Shirelles, aber ich bezweifelte, dass viele unserer jüngeren Mitarbeiter die Hits dieser Gruppe aus den frühen sechziger Jahren kennen würden. Eine Retro-Band war in Ordnung, aber waren wir vielleicht zu weit in die Vergangenheit zurückgekehrt? Würden genug Leute aufspringen und die Tanzfläche stürmen, wenn die Shirelles begannen, »Soldier Boy« zu singen?

»Das kümmert niemanden, Bill«, warf jemand ein, der mich offenbar beruhigen wollte. »Die Unterhaltung ist doch nur eine Nebenattraktion.«

Du musst ruhig bleiben. Ich lächelte, aber mein Körper lehnte das Lächeln ab. Wir mussten ambitionierter sein: Keine Versammlungen mit knapp kalkuliertem Budget mehr, bei denen in langweiligen Hotels amateurhafte audiovisuelle Präsentationen und lahme Unterhaltungsprogramme heruntergespult wurden. Diese Dinge waren wichtig.

Es war zu spät, etwas an der Reise der Spitzenverkäufer im Jahr 2002 zu ändern. Also fand ich mich mit der Situation ab. »In Ordnung, wir setzen die Leute also auf ein Schiff, wo sie sich

Shirley and the Shirelles anhören dürfen. Aber für nächstes Jahr werden wir die beste Reise planen, die es jemals bei SAP gegeben hat. Die beste aller Zeiten.«

Damit sie große Träume haben konnten, mussten die Leute große Gefühle haben. Es durfte keine Nebenattraktionen mehr geben.

Das Denken ändern

Im November 2002 drängten sich bei meiner ersten Ansprache vor der Belegschaft von Newtown Square etwa 800 Personen in einem Saal. Ich musste das Getuschel nicht hören, um zu wissen, worum es ging: Wer ist dieser Kerl? Was hat er vor? Was wird er ändern? Weiß er überhaupt, wie man Unternehmenssoftware verkauft? Wie alt ist er? Er sieht zu jung aus, zu geschniegelt. Kann man den ernst nehmen?

Ich verstand ihre Skepsis. Dies waren intelligente Menschen, die derartige Instabilität nicht verdient hatten. Sie mussten Rechnungen bezahlen und Familien ernähren. Sie hatten Hoffnungen und Träume. Fünf Geschäftsführer waren gekommen und gegangen. Warum sollte der neue Mann aus dem Silicon Valley, Amerikas gelobtem Land der Innovation, in den eiskalten Vororten von Philadelphia bei einem in die Jahre gekommenen Riesen bleiben? Mit Sicherheit schlossen die Leute Wetten darauf ab, wie viele Monate es dauern würde, bis auch dieser Chef sie im Stich ließ. Sie hatten etwas Besseres verdient.

Ich sprach diese Befürchtungen offen an und versicherte ihnen, dass ich bleiben würde, dass ich mich ihnen gegenüber verpflichtet fühlte und nichts für Unternehmen übrig hätte, denen es nicht um ihre Menschen, sondern nur um ihren Börsenwert ging. SAP sei anders und werde es auch in Zukunft sein. Wir würden unseren Aktionären dienen, indem wir unseren Kunden und unserer Belegschaft dienten.

Der Kunde: Kein Wort wiederholte ich so oft wie dieses. Der Kunde war unsere größte Verantwortung. Wenn der Kunde ein Problem hatte, mussten wir es lösen – unter allen Umständen. Alles musste sich um die Bedürfnisse des Kunden drehen. Für den Kunden mussten wir alle internen Angelegenheiten stehen und liegen lassen. Was für den Kunden richtig war, musste getan werden. Jeder im Unternehmen musste darüber nachdenken, wie sich die Tätigkeit, der er Tag für Tag nachging, auf den Kunden auswirkte. Warum? Ich zitierte Joe Wilson von Xerox: Es hängt allein von unserem Kunden ab, ob wir unsere Arbeitsplätze behalten werden oder nicht.

»Wenn jeder Einzelne von uns alles tut, was in seiner Macht steht, um unseren Kunden zum Erfolg zu verhelfen, dann wird jeder bei SAP davon profitieren«, versprach ich ihnen. Das galt nicht nur für die Leute, die im direkten Kontakt mit den Kunden Umsätze erzielten, sondern auch für die Leute im Finanzwesen, im Personalwesen, im Anlagenmanagement.

Der Kunde, der Kunde, der Kunde.

Die Wiederholung war unerlässlich. Sie festigte den Glauben.

Vorbildliches Verhalten

Viele meiner plakativ formulierten Grundsätze machten die Runde im Unternehmen: Meldet nicht Nachrichten, sondern sorgt für Nachrichten. Keiner von uns ist so klug wie wir alle zusammen. Wenn du ein Problem hast, suche Hilfe, aber hilf auch selbst bei der Lösung. Wenn du beschäftigt bist, solltest du wissen, was du bewegst. Entschuldigungen sind noch nie der Weg zum Erfolg gewesen.Slogans wie diese gingen mir leicht von der Hand. Da sie leicht zu wiederholen waren, hoffte ich, dass sie auch verstanden und befolgt würden. Aber ich musste meinen Worten Taten folgen lassen. Das Verhalten einer Führungskraft wird kopiert – zum Guten oder zum Schlechten.

Jeden Tag, auch freitags, kleidete ich mich so, als hätte ich eine Verabredung mit dem Vorstandsvorsitzenden. Ich beantwortete jede E-Mail innerhalb weniger Minuten. Wenn jemand zur Besprechung am Montagmorgen zu spät kam, wies ich ihn unmissverständlich darauf hin:»Schön, dass Sie es geschafft haben. Die Besprechung hat um 8 Uhr begonnen.« Wenn jemand eine gute Idee hatte und die anderen Beteiligten darüber zu debattieren begannen, ob dieser Vorschlag umgesetzt werden konnte, beugte ich mich vor und fragte, *wann* er umgesetzt werden konnte.

»In zwei Monaten, Bill.«

»Wie wäre es mit nächstem Montag?« Ich verlangte keine Perfektion.»Geben Sie mir nur das Beste, was Sie bis dahin schaffen können.«

Die Tür zu meinem Büro stand immer offen. Wenn jemand fragte, ob ich eine Minute Zeit für ihn habe, bat ich ihn herein. »Was gibt's? Sprechen wir darüber.« Ich war für jeden da, der mich bat, mich in Geschäftsverhandlungen einzuschalten oder einen Kunden anzurufen:»Sagen Sie mir die Nummer an – ich wähle.« Aber kam jemand nur, um sich zu beklagen oder dumm daherzuschwätzen, war das Gespräch rasch beendet. Ich hatte wenig übrig für Klatsch und Tratsch, gehaltlose Präsentationen, oberflächliches Gerede, Bürokratie, Organigramme und die Verkomplizierung von allem und jedem – und das ließ ich die Leute wissen.»Wir sind nicht hier, um Büro zu spielen«, war ein weiterer Einzeiler, der im Gebäude die Runde machte.

Wenn ich ein Problem sah, ignorierte ich es nicht, sondern machte mich auf die Suche nach den Verantwortlichen.»Warum tun wir das hier? Helfen Sie mir, es zu verstehen.« Oft stellte ich fest, dass die Abläufe nicht strategisch durchdacht worden waren. Einmal kam ich bei unserem Fitnesscenter vorbei und sah, dass dort gähnende Leere herrschte. Die Geräte wirkten ein wenig abgenutzt. Ich ging in die Personalabteilung und fragte:»Warum benutzt niemand das Fitnesscenter?«

»Die Leute wollen die hohe Mitgliedsgebühr nicht bezahlen.«

»Ist niemand auf den Gedanken gekommen, dass wir vielleicht einen zu hohen Beitrag verlangen, wenn niemand hingeht? Gebt den Leuten die Möglichkeit, sich in Form zu halten.« Wir senkten die Mitgliedsgebühr, engagierten Trainer und beschafften neue Geräte. Und raten Sie, was passierte: Die Mitarbeiter begannen, das Fitnesscenter zu nutzen. Egal zu welcher Zeit ich vorbeischaute, wimmelte es dort von Trainierenden. Mit solchen Eingriffen wollte ich kein Mikromanagement betreiben. Ich wollte, dass jedermann begann, Verantwortung zu übernehmen und den Status quo in Frage zu stellen. Die Leute sollten dort, wo sie bisher Staub und Niedergang gesehen hatten, Möglichkeiten sehen.

Ich hatte mir hundert Tage Zeit gegeben, um meine Mannschaft davon zu überzeugen, dass wir es besser konnten. Es war mir klar, dass die Veränderung Zeit brauchen würde, aber ich musste die Leute bis Januar 2003 davon überzeugen, dass es möglich war, etwas zu verändern. Wenn es mir bis dahin nicht gelang, würde ich es nie schaffen.

Ein Wendepunkt

Obwohl ich erst im Oktober, das heißt im ersten Monat des vierten Quartals, zu SAP stieß, würde ich die Verantwortung für die Ergebnisse von SAP Amerika in diesem Zeitraum übernehmen müssen. Wir waren auf dem besten Weg, unsere Ziele im 24. Quartal in Folge zu verfehlen. Die einfachste Lösung wäre gewesen, diese drei Monate zu ignorieren und mich darauf zu berufen, dass ich mich erst in meinem neuen Job zurechtfinden musste, womit meine eigentliche Aufgabe erst im Jahr 2003 beginnen würde. Aber wenn ich wollte, dass die Leute an die Möglichkeit einer anderen Zukunft glaubten, mussten sie sofort einen Beweis dafür sehen. Ich wollte mich nicht damit abfinden, das Umsatzziel zu verfehlen. Also gab es nur zwei Möglichkeiten:

Entweder wir erreichten es oder wir senkten unsere Umsatzprognose. Es war zu spät, wesentliche operative Veränderungen vorzunehmen. Wir mussten also mit dem arbeiten, was wir in der Vertriebspipeline hatten.

Ich trommelte das Führungsteam des Vertriebs zusammen und erklärte den Managern, dass wir das Umsatzziel unbedingt übertreffen mussten. Um das zu bewerkstelligen, war es nötig, genau zu wissen, wie nahe wir am Soll waren. Ich traf mich der Reihe nach mit jedem Manager, um herauszufinden, ob die Umsatzzahlen, zu denen sich sein Bereich verpflichtet hatte, auf harten Fakten beruhten oder lediglich eine aus Annahmen abgeleitete grobe Schätzung darstellten. Wenn jemand Software-Einnahmen von 10 Millionen Dollar aus einem Vertrag mit dem Unternehmen Soundso prognostiziert hatte, hakte ich nach. Meine Fragen trafen einige Manager wie ein Blitz aus heiterem Himmel.

»Wer ist bei Soundso der höchstrangige Manager, mit dem Sie gesprochen haben?«

»Bill, der IT-Leiter hat mir eine Zusage gegeben.«

»Ist der IT-Leiter befugt, einen 10-Millionen-Dollar-Auftrag zu bewilligen? Oder muss er sich an das Board wenden? Wenn ja: Hat der IT-Leiter direkten Zugang zum Board, oder müssen solche Anfragen über den CEO laufen? Im zweiten Fall: Wer bei SAP hat Kontakt zum IT-Manager, und haben wir überhaupt schon mit dem CEO gesprochen? Wenn ja: Sind sich der IT-Leiter und der CEO darin einig, dass das Produkt von SAP wichtig für ihre Geschäftsstrategie ist? Und beschreiben Sie mir bitte genau, welche spezifische Lösung wir für diese 10 Millionen Dollar anbieten. Welchen betrieblichen Nutzen verspricht sich der Kunde von der Investition in unser Produkt? Haben wir unseren Gesprächspartnern ein einseitiges Dokument vorgelegt, in dem dieser Nutzen erklärt wird, damit sie es ihrem Board vorlegen und den Auftrag erteilen können?«

Ich wusste aus Erfahrung, dass man die Wahrheit oft am ehesten von den Leuten erfuhr, die den Kunden am nächsten waren.

Also setzte ich mich ans Telefon und rief die Außendienstvertreter in Cincinnati, Chicago und Seattle an. Diese Leute hatten direkt mit den Kunden zu tun und konnten mir die benötigten Detailinformationen geben. In den Telefonkonferenzen lernte ich Männer und Frauen kennen, die in all den Jahren bei SAP nicht ein einziges Mal mit jemandem gesprochen hatten, der in der Hierarchie oberhalb ihres direkten Vorgesetzten angesiedelt war. Die Nachforschungen förderten zutage, welche Aufträge wahrscheinlich waren, welche auf der Kippe standen und welche nur Phantasiegebilde waren. Schließlich stellten wir eine Liste von etwa zehn Aufträgen zusammen, die wir mit großer Wahrscheinlichkeit unter Dach und Fach bringen konnten, wenn wir uns darum bemühten. Ich nahm an den Verhandlungen mit fast allen diesen Kunden teil, erklärte den SAP-Vertretern die Taktiken und Strategien, die ich zu Beginn meiner Karriere im Verkauf erlernt hatte, oder rief die Geschäftsführer an, wenn uns ein Gespräch zwischen Gleichgestellten weiterzubringen versprach. Ich liebte es, an der Front zu stehen. Es machte Spaß und ich lernte viel über die Produkte und den Markt von SAP. Wenn der eine Kunde ein Produkt brauchte, würden es auch Dutzende andere brauchen, und ich wollte darauf vorbereitet sein.

Ein neues Verantwortungsbewusstsein wurde erkennbar. Am Abend, bevor ein komplexer Vertrag mit dem öffentlichen Dienst unterzeichnet sein musste, damit er noch für das Quartalsergebnis zählen würde, verhinderte ein Sturm den Start des FedEx-Flugzeugs, das den Vertrag an Bord hatte, der am nächsten Tag geliefert werden sollte. Um zu garantieren, dass der Vertrag sein Ziel rechtzeitig erreichte, beauftragte der Verkaufsleiter zusätzlich DHL Express und Airborne Express, jeweils ein Exemplar des Vertrags zu befördern. Und er ging an diesem Abend nicht nach Hause, wo seine Familie und Freunde auf ihn warteten, um seinen Geburtstag mit ihm zu feiern. Stattdessen blieb er im Büro, um die Lieferung zu verfolgen und nichts dem Zufall zu überlassen. Dank seines unglaublichen Engagements traf der

Vertrag rechtzeitig ein und wurde unterzeichnet. Einige Wochen später erzählte ich die Geschichte vor den Mitarbeitern dieses Verkaufsleiters, dankte ihm für seinen Einsatz und überreichte ihm einen Scheck, damit er seine Familie zu einem verdienten Geburtstagsessen einladen konnte.

Es machte sich bezahlt, dass unsere Leute größere Sorgfalt walten ließen, und zum ersten Mal seit fünf Jahren übertraf SAP Amerika seine Umsatzprognose für das Quartal. Aus rechtlichen Gründen durften wir die genaue Zahl erst einige Wochen später preisgeben. Aber als wir es taten, füllte der Wind der Zuversicht unsere Segel, und viele im Unternehmen fühlten etwas, was sie seit langer Zeit nicht erlebt hatten: Sie hatten Hoffnung.

22

Die Anatomie des Wandels

*Wird der Horizont eines Mannes durch eine neue Idee
erweitert, so kehrt er nie wieder zu seinen ursprünglichen Dimensionen zurück.*

OLIVER WENDELL HOLMES SR.

Als ich den Vortragssaal in New Orleans betrat, fühlte ich mich
wie ein Ferrari, der in die Wüste rast. An diesem Abend begann
die Eröffnungsversammlung des Vertriebs von SAP Amerika für
das Jahr 2003. Unter spärlichem Applaus erhob ich mich von
meinem Platz in der ersten Reihe und ging auf die Bühne. Keine
Reaktion. Als ich den rund tausend Vertriebsmitarbeitern gegenüberstand, die auf ihren Sitzen hingen, sah ich nur ausdruckslose
Gesichter. Im Raum breitete sich eine beklemmende Stille aus.
Fehlte nur noch, dass ein Wüstenwind wie in einer Geisterstadt
Steppenläufer durch die Gänge blies.

Ich begann zu sprechen. Mein Gesichtsausdruck verriet nicht,
dass ich im Geist die Situation im Saal überdachte. Der gesamte
nordamerikanische Vertrieb war versammelt. Im Publikum
herrschte eine Stimmung des Zweifels. Es wurde mir klar, dass es
in den nächsten Tagen nicht darum gehen konnte, zu versuchen,
diese Leute aus ihrer Teilnahmslosigkeit zu wecken. Trotz der
Fortschritte im abgelaufenen Quartal hatten sie in den vergangenen Jahren viel durchgemacht. Ein paar Reden würden nicht genügen, um neuen Elan bei ihnen zu erzeugen. Sie brauchten
keine Inspiration, sondern überzeugtes Handeln.

Was hatte ich also zu tun? Eine Führungskraft ist dann am wirkungsvollsten, wenn es ihr gelingt, das Denken der Menschen zu ändern. Um an diesem Tag damit zu beginnen, musste ich einen positiven und zugleich dem Ernst der Lage entsprechenden Ton anschlagen. Ich wollte ihren Zweifeln mit meinen Vorhaben und mit Überzeugung begegnen. Ich war zuversichtlich, dass wir mit dem richtigen Plan SAP Amerika nicht nur stabilisieren, sondern zu einem Spitzenunternehmen machen konnten. Nie zuvor in meiner beruflichen Laufbahn hatte ich eine derart dringende Notwendigkeit verspürt, Einstellung und Verhalten meiner Mitarbeiter zu ändern. *Also an die Arbeit.*

Die gute Nachricht

»Sehen wir uns an, was an diesem Unternehmen gut ist.« Obwohl die Lage ernst war, wollte ich die Versammlung mit einer zuversichtlichen Botschaft beginnen. SAP war nicht irgendein Start-up, es war ein globaler Marktführer. Und in unserer Branche fand eine Konzentration statt: Nur wenige wichtige Anbieter hatten sich auf dem Markt behauptet, und einer dieser Anbieter waren wir. Selbst in der Internet-Wirtschaft waren unsere Größe und die Geschichte des Unternehmens keine Belastungen, sondern Wettbewerbsvorteile.

»Nach Einschätzung von Gartner ist SAP unter den Anbietern von Anwendungssoftware das Unternehmen mit den besten Zukunftsaussichten«, erklärte ich. Der Finanzdienstleister JMP Securities hatte kurz zuvor geschrieben, dass sogar die Konkurrenten von SAP der Ansicht waren, das Unternehmen verteidige sein Territorium sehr gut. Ich erinnerte die Zuhörer daran, dass unser Markt wuchs, dass wir Geld verdienten, dass wir Marktanteile zurückeroberten. Sie mussten wissen, dass SAP ein gutes Unternehmen war.

»Aber ich bin nicht hier, um gut zu sein. Sie sind nicht hier, um gut zu sein. Wir sind hier, um *großartig* zu sein. Und jetzt werden wir einen Plan entwickeln, um aus einem guten ein großartiges Unternehmen zu machen. Wir werden uns nicht auf dem Erreichten ausruhen. Wir werden uns etwas Großes vornehmen.« Und dann eröffnete ich ihnen, was ich mit etwas Großem meinte.

Ehrgeizige Vorhaben

»Unser Ziel ist es, SAP Amerika bis 2005 zu einem Unternehmen mit 3 Milliarden Dollar Umsatz zu machen.«
Wenn es möglich ist, dass Stille lauter wird, so geschah das in diesem Saal. Die Zahl hallte beinahe von den Wänden wider. Hinter mir prangten auf einer riesigen Leinwand große gelbe Buchstaben und Zahlen: 3 Mrd. $ bis 2005. »In den kommenden drei Jahren werden wir unseren Umsatz um eine Milliarde Dollar erhöhen.« Seit 1999 war der Umsatz von SAP Amerika insgesamt um gerade 100 Millionen Dollar gestiegen. Jetzt versprach ich das zehnfache Wachstum innerhalb von weniger als drei Jahren. Das war nicht einfach ein kühnes Vorhaben. Alle Anwesenden begriffen, dass wir uns mit einem Umsatz von 3 Milliarden Dollar auf dem nordamerikanischen Markt für Softwarelizenzen an die Spitze setzen würden, nachdem wir jahrelang auf dem dritten Platz stagniert hatten.
Das einzige Geräusch, das die Stille durchbrach, war das gedämpfte Kichern in den ersten Reihen. Mehrere SAP-Manager aus aller Welt waren nach New Orleans gekommen, um sich den neuen Chef von SAP Amerika genauer anzusehen. Ich war ziemlich sicher, dass einige von ihnen kicherten, anstatt zustimmend zu nicken. Ich warf einen strengen Blick in die erste Reihe: *Ihr könnt in meiner Versammlung fast alles tun, was euch in den Sinn kommt, aber ihr werdet meinen Leuten nicht ihre Träume stehlen.* Ich

rief mir diesen Gedanken im Geist so laut zu, dass ich sicher war, ihn laut ausgesprochen zu haben. Da ist sie wieder, die Schwester Jean Agnes! Die geringste Äußerung des Zweifels kann den Glauben eines Menschen an seine Möglichkeiten zerstören. Es war nichts Komisches an dem Vorhaben, einen Umsatz von 3 Milliarden Dollar zu erzielen. Die Zahl war nicht aus der Luft gegriffen. Ich hatte gründlich darüber nachgedacht.

Da SAP Amerika im Vorjahr nur 2 Milliarden Dollar umgesetzt hatte, warnte mich Finanzchef Mark White, ein Ziel von 3 Milliarden im Jahr 2005 könne die Belegschaft überfordern. Ich war für ehrliche Worte wie diese dankbar. Meine Leute konnten anderer Ansicht sein als ich, aber sie sollten ihre Meinung offen aussprechen.

»Sie sind verrückt«, sagte er.

»Ich habe Großes vor«, antwortete ich.

Dabei war ich durchaus realistisch. Whites Umsatzmodelle beruhten auf den bisherigen Vertriebsmethoden von SAP Amerika. Aber wir würden einen neuen Zugang wählen. Und indem wir uns hohe Ziele steckten, würden wir unsere Chance auf höhere Umsätze verbessern. Ich wollte lieber nach den Sternen streben und nur den Mond erreichen, als den Mond zum Ziel zu machen, um nirgendwo hinzukommen.

Ich war vollkommen davon überzeugt, dass SAP Amerika die 3-Milliarden-Marke bis 2005 erreichen konnte.

»Wir können es schaffen«, sagte ich. »Und wir werden es schaffen.«

Umsetzung

Im vorangegangenen Jahr, im Sommer 2002, hatte das ganze Land gebannt verfolgt, wie Rettungskräfte mit gewaltigem Einsatz nach 77 Stunden neun Bergleute geborgen hatten, die in einer Kohlegrube in Pennsylvania in 30 Meter Tiefe in kalten, teilweise überfluteten Schächten eingeschlossen gewesen waren. Sechs Monate später rief ich den Mitgliedern unserer Vertriebs- und Marketingabteilung in New Orleans diese verblüffende Geschichte in Erinnerung. »Diese Bergleute hätten alles füreinander getan. So groß war ihre Hingabe.« Sie teilten ihr einziges Sandwich miteinander. Sie brachten einander zum Lachen. An einem Punkt banden sich mehrere Männer aneinander, damit sie zusammen bleiben würden, falls sie sterben sollten. In der Zwischenzeit arbeiteten über der Erde mehr als hundert Menschen – Rettungskräfte, Feuerwehrmänner, Ingenieure, Ärzte, Polizisten, Seelsorger, Bauunternehmer, Eigentümer kleiner Betriebe, Manager der Bergbaugesellschaft, der Gouverneur und hilfsbereite Bürger – drei Tage und vier Nächte lang, um in einem Wettlauf mit dem Tod Luft in den Schacht zu pumpen, das Wasser abzusaugen und einen Evakuierungstunnel zu graben.

»Die Werkzeuge, die Abläufe, die Ausführung waren verblüffend«, erklärte ich. »Und es gab kritische Momente.« Als sich der fast 700 Kilo schwere Spezialbohrer, mit dem der Evakuierungstunnel gegraben wurde, aus seiner Fassung löste und im Tunnel stecken blieb, mussten die Retter einen Haken beschaffen, um ihn wieder herauszuziehen. Dieser Haken wurde von einem spezialisierten Unternehmen, das hunderte Kilometer entfernt war, eigens angefertigt. Aufgaben, die normalerweise Tage in Anspruch genommen hätten, wurden innerhalb von Stunden bewältigt. Warum? Weil alle Beteiligten an eine Sache glaubten: Sie würden Menschenleben retten.

»Die Bergleute kehrten lebend aus der Tiefe zurück. Sie sahen ihre Familien wieder. Diese Menschen schafften etwas Bemerkenswertes. Sie gaben nie auf. Sie hielten als Team zusammen – sowohl unter als auch über der Erde.«

Ich erzählte diese Geschichte, um meinen Zuhörern vor Augen zu halten, was möglich ist, wenn der Glaube an etwas Großes mit präziser Umsetzung, Kreativität und Teamarbeit einhergeht.

Auf der Leinwand in meinem Rücken war ein großes Photo von einem der Bergmänner zu sehen, der aus dem Rettungstunnel gezogen wurde. Darunter stand das Motto:

Die Umsetzung ist alles

Glaube allein genügt nie. Jeder kühne Traum muss mit der alltäglichen Gestaltung der Realität verknüpft werden. Mit Vorbereitung, Sorgfalt, Konsequenz, harter Arbeit. Mit einem Plan. Damit meine Leute glauben konnten, dass das Ziel von 3 Milliarden Dollar erreichbar war, musste ich ihnen erklären, wie wir es erreichen konnten. »Nehmen Sie einen Kugelschreiber zur Hand«, sagte ich. Die Zuhörer durchwühlten ihre Computertaschen. Der Zeitpunkt war gekommen, um über den Plan zu sprechen. Er setzte sich aus vier Teilen zusammen.

Teil 1: Erhöhung der Lizenzeinnahmen

Der Umsatz mit dem Verkauf von Lizenzen für proprietäre Software trug am meisten zum Wachstum eines Softwareunternehmens bei. Daher musste SAP Amerika seine Lizenzeinnahmen umgehend erhöhen. »Jeder leitende Kundenmanager muss im ersten Quartal mindestens ein Geschäft über eine halbe Million Dollar abschließen. Das sind 500 000 Dollar.« Das Ziel war anspruchsvoll, aber spezifisch. »Sind Sie bereit, sich dazu zu verpflichten?« Kopfnicken und kurzer Applaus. *Verschrecke sie nicht*, dachte ich. *Erkläre ihnen, wie sie diese Zusage einhalten können.*

Teil 2: Ein vielfältiger, stetiger Einnahmestrom

Damit die Vertreter in jedem Quartal die erwarteten Leistungen bringen konnten, mussten wir dafür sorgen, dass ihre Vertriebspipeline gut gefüllt war – dass ihr Nachschub an potenziellen

Abschlüssen nicht abriss. Ich legte einen Maßstab für einen steti-
gen Nachschub fest: 3X. Jeder Verkäufer sollte jederzeit das Drei-
fache seines Umsatzziels in der Pipeline haben. Da ich gerade
von ihnen verlangt hatte, sich zu Vertragsabschlüssen im Wert
von 500 000 Dollar bis zum Ende des ersten Quartals zu verpflichten, musste jeder von ihnen an jedem Tag im Januar, Februar und März potenzielle Geschäftsabschlüsse im Umfang von
1,5 Millionen Dollar in der Hinterhand haben. So würden sie jeden Ausfall ausgleichen können.

Nicht alle würden 3X schaffen. Um das zu bewältigen, war es
nötig, dass jeder Vertreter ein Kleinunternehmer voller neuer
Ideen wurde. Er musste in der Lage sein, mit zahlreichen Projekten in verschiedenen Entwicklungsstadien zu jonglieren, Risiken
einzugehen und strategisch zu denken, um immer zehn Schritte
vorauszuplanen. Für viele Mitarbeiter war 3X ein beängstigender
Maßstab.

Ich konnte diese Anforderung nicht einfach in den Raum stellen und den Leuten Glück wünschen.

Ich, die Vertriebsmanager und die gesamte Marketingabteilung
hatten die Pflicht, jedem einzelnen Verkäufer mit Coaching, fall-
spezifischer Unterstützung und gezielten Marketingkampagnen
dabei zu helfen, neue Möglichkeiten zu erschließen. Wir waren
ein Team. Im Lauf der Zeit, erklärte ich, würde SAP mehr Zeit und
Geld in den telefonischen Verkauf investieren und die Kontakte zu
Unternehmen auffrischen, mit denen wir eine Weile nichts zu tun
gehabt hatten. Wir würden auch unseren Pool potenzieller Kunden um kleine und mittlere Unternehmen erweitern, eine Gruppe,
die SAP bisher ignoriert hatte – oder von der SAP ignoriert worden
war, weil diese Unternehmen annahmen, wir seien zu groß.

Und wir würden aufhören, bei jeder Technologiemesse einen
Stand aufzubauen, in der Hoffnung, ein paar neue Kontakte zu
knüpfen. Stattdessen würde SAP Amerika beginnen, selbst erstklassige Events zu veranstalten, um jene Branchen und Regionen
ins Visier zu nehmen, in denen wir kaum präsent waren. Keine

Partys mehr mit Papptellern, Donuts und einem Fischglas für Visitenkarten. Wir würden an Vier-Sterne-Standorten gehaltvolle Veranstaltungen mit begehrten Gastrednern organisieren. Diese Events würden hochrangige Führungskräfte anlocken und uns die Chance eröffnen, Beziehungen zu Personen zu knüpfen, die Aufträge im Wert von Millionen Dollar vergeben konnten. Schließlich würden wir die 3X-Pipeline füllen, indem wir die Rabatte eindämmten. »Ich habe eine Theorie zum Verkauf«, erklärte ich. »Ich glaube, dass Verkäufer, die ihre Produkte unter Wert anbieten, nur sich selbst unter Wert verkaufen. In meinen Augen ist das Faulheit. Verkäufer gewähren Preisnachlässe, wenn sie nicht in der Lage sind, dem potenziellen Käufer zu erklären, welchen spezifischen Nutzen ihr Produkt für sein Unternehmen hat.« Von nun an würden Rabatte über einen bestimmten Betrag hinaus geprüft werden, *bevor* sie dem Kunden angeboten werden durften.

Als ich meine Argumente zur Vertriebspipeline vorgebracht hatte, saßen meine Zuhörer ein wenig aufrechter in ihren Stühlen.

Teil 3: Das Vertrauen der Partner zurückgewinnen

Wenn wir das Umsatzziel von 3 Milliarden Dollar erreichen wollten, mussten wir auch besser darin werden, unsere Software über die Geschäftspartner von SAP zu verkaufen: jene Technologie- und Beratungsfirmen, die den Unternehmen halfen, unsere Systeme zu installieren und ihren Bedürfnissen anzupassen. Diese Partner hatten es in der Hand, unsere Software ihren eigenen Firmenkunden zu empfehlen – oder eben nicht.

Leider waren die meisten unserer Partner nicht zufrieden mit SAP Amerika. Wir mussten erst ihr Vertrauen zurückgewinnen. In meinen ersten Wochen im Unternehmen hatte ich erste Schritte in diese Richtung getan, indem ich die Manager unserer verärgerten Partnerunternehmen nach Newtown Square eingeladen und mich mit ihnen zusammengesetzt hatte.

»Wir sind nicht hier, um den ›Barney Song‹ zu singen«, sagte ich zu ihnen. (Damit meinte ich die Zeile »We're a happy family« aus dem Lied des lilafarbenen Dinosauriers in der »Sesamstraße«, den jeder kannte, der Kinder hatte.) Wir waren keine glückliche Familie. Ich sagte ihnen geradeheraus, dass mir klar war, dass SAP Amerika sie im Stich gelassen hatte. Und ich versprach ihnen, dass wir entschlossen waren, die Beziehung zu kitten.

Nun gab ich unseren Verkäufern bei der Konferenz in New Orleans eine klare Anweisung:

»Die für die großen Verträge zuständigen Führungskräfte werden sich bis zur zweiten Februarwoche mit unseren Partnern treffen, um die Stärken unserer Unternehmen miteinander zu verbinden und jene zwei oder drei Dinge zu identifizieren, die wir gemeinsam tun können, um das Geschäft voranzubringen. Wir werden das schaffen.«

Teil 4: Rückbesinnung auf einen herausragenden Vertrieb

Die vierte Säule unseres Plans würde ein auf den Kunden fixiertes Denken sein. Unsere Aufgabe war es, unseren Kunden zu geben, was sie wollten. Sie wollten nicht *mehr Software* kaufen, sondern *mehr Geld* verdienen. Wir mussten beginnen, den Kunden zu zeigen, wie die Systeme von SAP ihre finanziellen Ergebnisse verbessern konnten. Um ihnen diesen Nutzen anbieten zu können, war es nötig, das Geschäft unserer Kunden besser zu verstehen. Und um das zu erreichen, war es unter anderem unumgänglich, unseren Vertrieb zu reorganisieren.

Ich erklärte meinen Zuhörern, dass wir Vertriebsspezialisten an bestimmten Standorten sammeln würden, um sie in die Nähe ihrer Kunden und der betreuten Branchen zu bringen. Diese Änderung schloss eine unangenehme Überraschung ein: Viele Vertreter würden umziehen müssen. Ich verlangte größeres Engagement von ihnen.

Nachdem ich den Plan vorgelegt hatte, versuchte ich, meine

Mannschaft zu motivieren: »Alles hängt von der Umsetzung der Vision ab«, erklärte ich. »Und wir werden sie *jetzt* umsetzen. Nicht im zweiten oder dritten Quartal, sondern *jetzt.* Ich habe dieselbe Arbeit wie Sie gemacht und weiß, was es bedeutet, Vertreter zu sein. Ich werde nicht Büro spielen und sinnlose E-Mails verschicken. Und Sie wollen das genauso wenig. Wir müssen das in Angriff nehmen. Und aus professioneller Sicht gibt es nichts, was ich lieber tun möchte, als diese Versammlung in dem Wissen zu verlassen, dass wir uns vollkommen darin einig sind, diese Ergebnisse im ersten Quartal zu liefern. Ich persönlich nehme die Herausforderung an.«

Dann stellte ich ihnen die Frage: »Nehmen *Sie* die Herausforderung an? Sind Sie mit Leib und Seele bei der Sache, spüren Sie, dass Sie das wirklich wollen? Wollen Sie es? Sie müssen es nicht tun, aber wenn ja, dann sprechen Sie mir nach: Ich … nehme … die Herausforderung … an.«

Der Klang hunderter Stimmen, die diese Worte sagten, füllte den Saal. Zum ersten Mal seit Beginn der Veranstaltung hörte sich der Beifall aufrichtig an. Es waren sogar einige Pfiffe der Begeisterung zu hören. Ich sah keine Steppenläufer mehr durch die Gänge rollen.

Vielleicht änderte sich die Denkweise meiner neuen Mitarbeiter ja schneller, als ich erwartet hatte.

23

Kunst und Wissenschaft

Eine Mission, die über die Gegenwart hinausreicht,
verleiht Personen und Teams Bedeutung. Es geht nicht
einfach darum, der Beste zu sein. Es geht darum, so
weit zu gehen, dass man etwas Bleibendes hinterlässt.

PAT RILEY

Als ich in Chicago meinen MBA gemacht hatte, wurde mir die Ehre zuteil, Gary Barnett kennenzulernen, den Trainer der Wildcats, des Footballteams der Northwestern University. Als Barnett dieses Team Mitte der neunziger Jahre übernahm, hatte es eine Niederlagenserie hinter sich, die sich über mehrere Spielzeiten erstreckte.

Einmal hielt Barnett einen Vortrag vor meiner MBA-Klasse und berichtete darüber, wie er die Wildcats zum ersten Mal seit 50 Jahre ins Finale der Hochschulmeisterschaft geführt hatte.

»Jeden Tag bei Beginn des Trainings sagte ich meinen Spielern, dass sie jeden Gegner schlagen konnten, wenn sie ihr Bestes gaben. Wir hatten ein Ritual, das wir Woche für Woche wiederholten, und unser Ziel war vollkommen klar: Wir würden es ins Finale schaffen. Nun, wir erreichten das Finale. Und was glauben Sie, was dann geschah?«

Ich wusste es.

»Wir verloren das Spiel«, sagte Barnett. »Es lag nicht daran, dass die Mannschaft nicht das Zeug gehabt hätte, dieses Spiel zu gewinnen. Ich denke, wir verloren, weil ich ihnen das falsche

Ziel vorgegeben hatte: Unser Ziel war es, das Finale zu *erreichen*,
nicht, das Finale zu *gewinnen*.« Ich habe diese Geschichte nie vergessen.

Im Jahr 2002 kannte ich den Unterschied zwischen einem Ziel
und einem Traum – und meine Definition des *Gewinnens* hatte
sich ebenfalls weiterentwickelt. Ein Ziel war eine Zahl, ein Ergebnis. Ein Traum war etwas Größeres. Etwas Dauerhaftes, Bleibendes. Beim Gewinnen ging es in Wahrheit nicht darum, ein
bestimmtes Ziel zu erreichen, sondern darum, wie man dieses
Ziel erreichte. Die Reise war der Traum.

Werte sind wichtig

Ein Ziel zu erreichen, hat in meinen Augen keine Bedeutung,
wenn man auf dem Weg zu diesem Ziel nicht die Menschen aufbaut.

Zu Beginn des Jahrtausends, als einige der größten Firmens-
kandale der Geschichte aufgedeckt wurden, mussten viele Menschen schwere Rückschläge hinnehmen. Beschäftigte, Investoren und Konsumenten wurden misstrauisch gegenüber dem Big
Business. Ich war nicht vollkommen, aber ich versuchte stets, auf
eine Art und Weise zu führen und zu gewinnen, auf die ich,
meine Familie und alle, mit denen ich arbeitete, stolz sein konnten. Ich hatte einen aggressiven Arbeitsstil, aber ich verhielt mich
dabei stets anständig.

Als ich zu SAP Amerika stieß, gab es dort keine unumstöß-
lichen Werte – jedenfalls nicht mehr. Auf der Eröffnungskonferenz in New Orleans beschrieb ich fünf Werte, an denen sich alle
Mitglieder von SAP Amerika in ihrer Arbeit orientieren sollten:

Erfolg.   Teamarbeit.
Rechenschaftspflicht.   Leidenschaft.
Professionalismus.

Ich hatte mir diese Werte nicht allein ausgedacht. Ich hatte die Aufgabe auch nicht der Personalabteilung oder den PR-Experten übertragen. Ich hatte einen beratenden Ausschuss eingerichtet, der gemeinsam mit mir, dem Führungsteam und den Mitarbeitern definieren sollte, was für ein Unternehmen SAP Amerika werden wollte.

Auf der Eröffnungskonferenz fand jeder Teilnehmer in seinem Begrüßungspaket eine kleine »Werte-Karte« vor. Ich forderte die Teilnehmer auf, sich diese Karte anzusehen und in ihrer Brieftasche aufzubewahren. Sie sollten diese Werte verinnerlichen. Anders als andere Unternehmen, die ihre Werte auf eine Wand in der Eingangshalle schrieben, würden wir unsere Werte leben und jene belohnen, denen das besonders gut gelang.

Auf dem Papier mochten die fünf Worte ein wenig nichtssagend wirken, aber für mich hatten sie Bedeutung. Als ich auf dem Podium stand und eines nach dem anderen erklärte, musste ich nicht auf den Monitor schauen. Wie ein Trainer, der entschlossen ist, mit seiner Mannschaft die Meisterschaft zu gewinnen, war ich fest von meinen Worten überzeugt:

Sprechen wir über den Erfolg. Wir sind erfolgreich, wenn unsere Kunden erfolgreich sind. Nichts anderes als das! Wir müssen unseren Kunden zu Erfolg auf dem Markt verhelfen. Wir müssen all unsere Energie und Leidenschaft in den Dienst unserer Kunden stellen.

Rechenschaftspflicht. Reichen Sie die Verantwortung nicht weiter. Ich bin mir meiner Verantwortung für SAP Amerika bewusst und akzeptiere sie. Ich will diese Verantwortung tragen. Und wissen Sie was? Dasselbe erwarte ich von Ihnen. Jede einzelne Person in diesem Raum muss unabhängig von ihrer Tätigkeit Rechenschaft für ihre Ergebnisse ablegen. Und wir, das Führungsteam, werden jenen, die beständige Leistungen bringen, Anerkennung zollen und sie belohnen.

Professionalismus. Professionelle Menschen sind gut vorbereitet. Sie wissen immer, was sie erwartet. Sie kommen nicht auf den Gedanken, einem Kunden gegenüberzutreten, ohne sich vorher ein genaues Bild von seiner Situation zu machen und die Mühe auf sich zu nehmen, sich gründlich auf das Gespräch vorzubereiten, eine erstklassige Präsentation abzuliefern und bei allem, was sie tun, herausragende Leistungen zu bringen. Unsere Geschäfte müssen den höchsten Ansprüchen genügen. Wir besitzen Integrität –

Wie auf ein Signal läutete irgendwo im Saal ein Handy. Ich ignorierte die Störung nicht, sondern nutzte sie, um zu verdeutlichen, worum es mir ging.»Wir besitzen Integrität … aber wir besitzen auch Handys. Wir sollten in Geschäftsbesprechungen unser Handy ausschalten.« Dies war nicht das einzige Mal im Verlauf der Konferenz, dass ich auf unprofessionelles Verhalten hinweisen musste. In den Vormittagssitzungen blieben Plätze leer, was ich darauf zurückführte, dass einige unserer Leute den Versuchungen der berüchtigten Bourbon Street nicht hatten widerstehen können.

Ich ließ keinen Zweifel daran, was ich von den Schwänzern hielt:»Ich bitte Sie, all jenen, die nicht aus dem Bett gekommen sind, mitzuteilen, wie sehr ich zu schätzen weiß, dass Sie die professionelle Höflichkeit aufgebracht haben, heute Morgen mit den Lerchen aufzustehen, nachdem Sie vergangene Nacht mit den Eulen herumgehangen haben. Sagen Sie bitte den Kollegen, die es nicht zu unserer Versammlung geschafft haben, dass ich ihnen ein solches Verhalten kein zweites Mal durchgehen lassen werde. Ich registriere alles.«

Zurück zu den Werten:

Teamarbeit. Alles wirklich Wichtige im Leben geschieht, weil ein Team von Personen beschließt, dass es geschehen sollte. Das betrifft nicht nur den Vertrieb. Es betrifft den Erfolg von SAP Amerika. Sämtliche Abteilungen müssen für das Wohl des Kunden an einem Strang ziehen.

Leidenschaft. Leidenschaft macht den Unterschied zwischen mittelmäßigen, guten und großartigen Leistungen. Leidenschaft bedeutet, dass man alles Nötige tun wird, um höheren Ansprüchen zu genügen und Ergebnisse zu erzielen. Wir bauen eine Kultur des Gewinnens auf. Die Latte liegt jetzt höher, und die Erwartungen sind höher. Mittelmäßige Ergebnisse interessieren uns nicht.

Ich wiederholte diese Werte in jeder Ansprache, die ich bei SAP hielt. Zyniker betrachten Werte mit Geringschätzung, denn sie sehen oberflächliche Managementphrasen darin. In meinen Augen sind Werte ein unverzichtbarer Bestandteil der Kunst des Managements. Sie sind die Linse, durch die wir das harte Alltagsgeschäft betrachten. Sie sind der eigentliche Kern der Managementwissenschaft.

Wiederholbare Methoden

Beim Basketballspielen mit meinem Vater lernte ich, wie wichtig Übung und Vorbereitung sind. Man muss die grundlegenden Spielzüge verinnerlichen, bevor das Spiel beginnt. Selbst die begabtesten Spieler, erklärte mir mein Vater, müssten die Spielzüge kennen und die Regeln befolgen. Talent und Charme würden ab einem bestimmten Punkt nicht mehr genügen.

Diese Philosophie teilte mein Vater mit John Wooden, einem der besten Basketballtrainer der Geschichte. Wooden gewann mit seinen Hochschulmannschaften an der University of California in Los Angeles zehn Meistertitel, sieben davon in Folge. In den dreißiger Jahren hatte er mit meinem Großvater zusammengespielt.

Ich lud Coach Wooden ein, bei einer Tagung von SAP eine Rede zu halten. Beim Abendessen unterhielten wir uns über seine Philosophie als Trainer und darüber, wie er die Aufmerk-

samkeit seines Teams auf die kleinsten Details des Spiels lenkte.
Bei der Umsetzung des Spielplans auf dem Platz ging es nicht um
Kreativität, sondern um die richtige Orchestrierung.
Wooden entwickelte Rituale, die seiner Mannschaft dabei halfen, das Grundlegende zu verinnerlichen. Das reichte von der
Analyse der Schwachpunkte des Gegners bis zum richtigen
Schnüren der Schuhe, denn ein gelöstes Schuhband konnte in
einem kritischen Augenblick die Konzentration des Spielers beeinträchtigen. Wooden sorgte dafür, dass sein Team beim Anpfiff
so perfekt vorbereitet war, dass sich die Spieler von da an vollkommen auf die Kunst des Spiels konzentrieren konnten.

In meiner beruflichen Laufbahn habe ich immer wieder beobachtet, dass erfolgreiche Personen einen tiefen Respekt für die
Grundlagen des Spiels hegen und bestimmte Verhaltensweisen
praktizieren, die die Grundlage ihres andauernden Erfolgs sind.
Diese Verhaltensweisen sind von Spieler zu Spieler unterschiedlich, aber wie alle Rituale sorgen auch diese insbesondere in chaotischen Situationen für Beständigkeit. Diese »wiederholbaren
Methoden«, wie ich sie nenne, erleichtern die Konzentration. Improvisation ist nötig, aber diese erfolgreichen Menschen reagieren nicht emotional auf wechselnde Umstände, sondern handeln
klug. Die Panik hat keine Chance gegen das eingeübte Verfahren.

Value Engineering

In meinen ersten Wochen bei SAP erhielt ich an einem Freitagabend einen Anruf von einem Manager, der in Panik geraten
war: SAP würde einen großen CRM-Auftrag an einen Konkurrenten verlieren. Der Manager hatte aufgegeben. Aber der Vertrag war noch nicht unterschrieben. In meinen Augen hatten wir
also noch Zeit, das Ruder herumzureißen.

Ich vereinbarte für den folgenden Montag ein Treffen mit dem
Geschäftsführer des Kundenunternehmens. Dann rief ich Chakib

Bouhdary an, der die Kundenberatung von SAP Amerika leitete und erst vor einem halben Jahr zum Unternehmen gestoßen war. Als ich mich vor wenigen Wochen erstmals mit Bouhdary getroffen hatte, trug er sein Kündigungsschreiben in der Tasche. Er hatte kein Blatt vor den Mund genommen: »Ich schlage mich seit Monaten mit internen Richtlinien herum und sehe die Leute wie Zombies umherlaufen. Sie glauben, unsere Probleme seien mit einer weiteren Umstrukturierung zu lösen.« Wir führten ein offenes Gespräch. Wir waren uns darin einig, dass sich der Softwaremarkt verändert hatte. Die Unternehmen waren von der Technologie enttäuscht und hatten ihre Budgets kürzen müssen. Anstatt über die Funktionsvielfalt unserer Software zu sprechen, mussten sie erklären, wie sie dem Kunden helfen konnte, mehr Geld zu verdienen und wettbewerbsfähiger zu werden. Aber wir wussten beide, dass der Vertrieb von SAP Amerika nicht imstande war, den Kunden diesen Nutzen verständlich zu machen. Stattdessen begingen wir einen für Technologieunternehmen typischen Fehler: Wir nahmen an, Produktvorführungen und hohe Preisnachlässe würden genügen, um mehr Software abzusetzen. Die SAP-Verkäufer erzählten die Geschichte von der *Technologie*. Aber wir mussten die Geschichte vom *Geschäft* erzählen.

Ich fragte Bouhdary, wie er das Problem lösen wolle. Er schlug ein Experiment vor, um zu beweisen, dass SAP mehr Software verkaufen konnte, wenn wir den geschäftlichen Nutzen unserer Technologie besser vermittelten. Ich war einverstanden.

»Chakib, was brauchen Sie von mir?« Er wollte lediglich die Unterstützung seines Geschäftsführers und die Freiheit, sein Team selbst zusammenzustellen und den in seinen Augen besten Weg einzuschlagen.

»Abgemacht. Schicken Sie mir bitte einen Vorschlag.« Anstatt mir sein Kündigungsschreiben in die Hand zu drücken, schüttelte er mir die Hand.

Eine Woche später hatte ich seinen Vorschlag auf dem Tisch. Ein neues »Value Engineering Team« sollte unsere besten Bran-

chenexperten in ausgewählte Kundenunternehmen schicken, um
sich ein genaueres Bild von ihren Geschäftsmodellen, Betriebsab-
läufen und Problemen zu machen als bei SAP üblich. Das Team
würde verschiedene Aspekte der Performance dieser Unternehmen – zum Beispiel Gewinnmargen und Lagerumschlag – mit
denen ihrer Konkurrenten vergleichen und Benchmarks entwickeln. Seine Erkenntnisse würde es mit Spezialisten überall im
Unternehmen teilen, um gemeinsam mit ihnen zu untersuchen,
welche Kombination von Produkten dem Kunden helfen konnte,
seine geschäftlichen Ziele zu erreichen – nicht seine technologischen Ziele. Anschließend würde das Team den Kunden über die
Ergebnisse informieren. Die Analyse wäre für die Kundenunternehmen kostenlos. SAP würde von einem wertbezogenen Zugang zum Vertrieb profitieren. Bis auf weiteres war es ein Experiment.

Doch diese experimentelle Methode fand schneller als erwartet ihren Weg in die Praxis.

»Wir müssen das bis Montag auf die Beine stellen«, sagte ich,
als ich Chakib an jenem Freitagabend anrief, damit er mir half,
den Verlust des CRM-Auftrags abzuwenden. Er war gerade dabei,
das Büro zu verlassen, um das Wochenende mit seiner Frau Kathleen und seinen drei Kindern zu verbringen. Nun öffnete er seine
Aktentasche wieder und rief seine Frau an, um ihr mitzuteilen,
dass er nicht zum Abendessen kommen würde. Dann trommelte
er ein halbes Dutzend Kollegen aus dem ganzen Unternehmen
zusammen und zog sich mit ihnen in ein Konferenzzimmer zurück. In den folgenden 48 Stunden verzichteten sie auf ihr Privatleben, um die Betriebsabläufe des Unternehmens zu sezieren, das
wir als Kunden gewinnen wollten. Eine derart intensive Zusammenarbeit war bei SAP Amerika nicht üblich. Am Montagmorgen legte mir das Team einen verblüffenden Vorschlag vor, den
ich zur Besprechung mit dem Leiter des Kundenunternehmens
mitnahm. SAP erhielt den CRM-Auftrag.

Wir hatten mehr erreicht als einen Geschäftsabschluss. Dieser

Moment war ein Wendepunkt. Das Value Engineering war eine
ausgezeichnete Idee, wenn wir herausfinden konnten, wie sich
diese Kooperationserfahrung wiederholen und auf verschiedene
Bereiche anwenden ließ und wie wir den kundenbezogenen Ver-
triebsansatz zur Grundlage unserer Tätigkeit machen konnten.

Ich ließ das Value-Engineering-Team von der Leine. Sie holten
Strategieexperten von den führenden Beratungsfirmen McKin-
sey und Booz Allen an Bord, deren Fachgebiet nicht die Technologie, sondern die Lösung komplexer betrieblicher Probleme
war. Diese Leute sprachen die Sprache der Geschäftsführer, anstatt sich in technischen Details zu verlieren. Das Value-
Engineering-Team ergänzte unsere Marketingabteilung und
brachte unseren technologisch geschulten Kundenbetreuern und
Vertretern bei, wie Geschäftsleute zu denken.

Um seine Erkenntnisse übertragbar zu machen, schulte das
Team Mitarbeiter in einem wiederholbaren Analyseverfahren.
Es brachte ihnen bei, welche Fragen sie stellen, welche finanziellen Kennzahlen sie untersuchen und welche Betriebsabläufe eines Unternehmens sie mit denen seiner Konkurrenten in derselben Branche vergleichen sollten.

Nicht jeder Verkäufer war imstande oder willens, sich von einem Vertreter, der Merkmale und Funktionen erläuterte, in einen
Werterzeuger zu verwandeln. Diejenigen, die den Sprung nicht
schafften, blieben nicht lange im Unternehmen.

Mitte des Jahres 2003 begann das Value Engineering unsere
Verkaufsmethode zu verändern. Als sich das Verfahren durch-
setzte, stellten sich verblüffende Resultate ein: SAP Amerika sicherte sich 90 Prozent der Aufträge, um die es sich unter Einsatz
der Value-Engineering-Methode bemühte. Der Schlüssel zum
Erfolg war nicht einfach die Stoßrichtung der Methode, sondern
ihre Institutionalisierung. Sie begann unsere Arbeitskultur zu
durchdringen.

Mikromanagement der Realität

Die Philosophie des Basketballtrainers John Wooden – die Konzentration auf die Grundlagen – sicherte seinen Mannschaften im entscheidenden Moment einen Vorteil, wenn die Uhr ablief und sein Team punkten musste. Solange noch Zeit war, egal, ob es zehn Minuten oder zehn Sekunden waren, bestand die Möglichkeit, sich einen neuen Spielzug einfallen zu lassen, mit dem man das Spiel gewinnen konnte – vorausgesetzt, dass niemand Zeit damit vergeudete, seine Schuhe zuzubinden.

Wenn wir uns bei SAP ebenfalls die Fähigkeit zur Improvisation aneignen wollten, mussten wir den Vertriebsprozess disziplinierter und transparenter gestalten. Die 3X-Regel sorgte dafür, dass unsere Verkäufer »ihre Schuhe stets fest geschnürt hatten«, so dass sie nicht mitten im Quartal Zeit für die grundlegende Aufgabe benötigten, neue potenzielle Kunden zu finden. Aber nur wenn mein Führungsteam und ich zwei Monate oder zwei Tage vor Ende des Quartals wussten, ob wir 3 Millionen oder 300 000 Dollar von unserem Umsatzziel entfernt waren, hatten wir eine Chance, die Lücke zu schließen.

Paradox war, dass wir unsere eigene CRM-Software nicht verwendeten, obwohl wir ihren Wert kannten. Es ist wahr! Unsere Leute verfolgten ihren Umsatzstatus anhand von Formularen, die als Burger-King-Kalkulationsblatt bezeichnet wurden, weil jeder eine andere, »auf seine Art« angeordnete Tabelle verwendete. Man hätte darüber lachen können, wäre das Verfahren nicht so unproduktiv gewesen. Wir waren des Schusters barfüßige Kinder! Wir mussten beginnen, unser eigenes CRM-Produkt zu benutzen, um die verschiedenen Stadien des Vertriebszyklus verfolgen und aktualisieren und unsere Kundenetats koordinieren zu können. Wir mussten unser Verhalten ändern.

Wir führten einen wöchentlichen Prozess ein, der als »Top 20 Call« bekannt wurde. Dieses Verfahren hatte Ähnlichkeit mit der Analyse der Geschäfte im vierten Quartal 2002. Jede Woche ermittelte unser Vertriebsleiter die 20 größten Aufträge, die in Arbeit waren, und alle daran beteiligten Mitarbeiter – vom regionalen Manager bis zu den Vertretern – nahmen an einer Besprechung teil, sei es in einem Raum mit mir oder per Konferenzschaltung. Ich erwartete von den Teilnehmern, dass sie alle Probleme auf den Tisch legten, die sie mit dem jeweiligen Kunden hatten, damit wir gemeinsam die Knoten entwirren konnten. Mehr als hundert Mitarbeiter aus den Vereinigten Staaten und Kanada wohnten den Sitzungen bei; bei Bedarf stießen auch die Leiter unserer anderen Abteilungen dazu.

Sobald alle versammelt waren, hob sich der Vorhang, und in den folgenden 90 Minuten befragten einige Bereichsleiter und ich die für die Aufträge verantwortlichen Mitarbeiter und beurteilten den Status der Schlüsselkunden und der wichtigsten Aufträge, um herauszufinden, wo Fallen lauerten, ob ein Projekt in eine Sackgasse zu geraten drohte oder ob ein erfolgreicher Geschäftsabschluss wahrscheinlich war.

Anfangs empfanden die Beteiligten den Top 20 Call als Strafmaßnahme. Ich musste ihnen erst klarmachen, dass wir herausfinden wollten, wie SAP einem Unternehmen helfen und es auf diese Art als Kunden gewinnen konnte. Darum ging es, selbst wenn die Diskussion hart sein konnte. Dass diese Versammlungen so produktiv waren, lag nicht zuletzt daran, dass ich sie mit Optimismus in Angriff nahm: Die Top-20-Besprechungen dienten nicht dazu, herauszufinden, wie SAP eine Niederlage vermeiden konnte. Wir wollten herausfinden, wie SAP das Gewinnen möglich machen konnte.

Das bedeutete nicht, dass uns die Besprechungen leicht fielen. Die schonungslose Prüfung setzte die Leute unter Druck, denn mein freundliches Wesen verdeckte manchmal, wie prozessbezogen und diszipliniert ich war. »Wie sieht der Business Case aus? Haben wir ihn dem Geschäftsführer des Kundenunternehmens vorgelegt? Für wann ist das nächste Treffen vereinbart? Wie bitte? Der Kunde kann den Vertrag nicht unterzeichnen, weil der

Beschaffungsleiter in Urlaub ist? Wie werden Sie die Umsatzein-
buße wettmachen?«

Wenn jemand nicht wusste, wie sein nächster Schritt aussehen
sollte, machte er seinen Job nicht richtig. Wenn jemand seinem
Kunden nicht zeigen konnte, wie sich die Investition in unser
Produkt rentieren würde, machte er seinen Job nicht richtig. Wir
hakten solange nach, bis uns klar wurde, was als Nächstes zu tun
war und wer dafür verantwortlich sein würde.»Der Kunde hat
Schwierigkeiten mit seiner Kreditlinie? Arrangieren wir noch
heute ein Telefongespräch zwischen seinem Finanzchef und unserer Bank, damit unser Kunde die Finanzierung bekommt.« –
»Sie warten auf eine Antwort unseres Beratungsteams? Das können wir gleich erledigen. Susan, setzen Sie sich im Anschluss an
die Besprechung mit Steves Team zusammen und regeln Sie
das.« Oder mussten wir jemanden mit mehr Erfahrung oder einen hochrangigen Manager einschalten, um das Geschäft unter
Dach und Fach zu bringen, weil die Verhandlungen mittlerweile
mit dem Führungsteam eines Kundenunternehmens geführt
wurden? Das Verkaufen ist ein Mannschaftssport. Der Vertreter
mochte der Quarterback sein, aber er brauchte die Unterstützung der übrigen Mannschaft, um den entscheidenden Pass spielen zu können.

Wenn jemand seine Sache gut gemacht hatte, ließ ich es ihn
wissen:»Ausgezeichnete Arbeit, Jason.« »Sie sind die Beste, Jen-
nifer.« »Gute Idee, David. Bringen Sie Ihren Vorschlag bitte in
Umlauf, damit alle daraus lernen können.« Wenn jemand keine
gute Antwort geben konnte, hielt ich mit meiner Enttäuschung
nicht hinter dem Berg:»Mit dieser Antwort werden Sie keinen
Intelligenztest bestehen.« Einmal verkündete ein Vertreter am
letzten Tag des vierten Quartals, er habe seine Quote erfüllt, womit seine Arbeit »getan« sei. Ich stellte klar, was ich von seiner
Einstellung hielt:»Nein, ist sie nicht. Die Arbeit ist nie getan.«
Ich konnte unverblümt sein, aber ich spie keine Galle. Das Talent
unserer Teams, das Bemühen um gute Leistungen und der

Wunsch, belohnt zu werden, waren motivierender als die Furcht vor dem Versagen, und ich hatte kein Interesse daran, Angst zu schüren oder Gefühle zu verletzen. Der Top 20 Call erfüllte noch einen weiteren Zweck. Die lebhaften und produktiven wöchentlichen Besprechungen boten Gelegenheit zum praxisbezogenen Lernen, vor allem zu Beginn. Das hätten wir mit jährlichen Schulungsseminaren nie erreicht. Meine besten Vertriebsmanager und ich konnten unmöglich wie damals in New York mit jedem Vertreter ins Auto springen und in jedem Bezirk die Kunden besuchen. Zwar nahm ich ein Flugzeug, wann immer ich gebraucht wurde, um einen wichtigen Auftrag in trockene Tücher zu bringen, aber es war unmöglich, das für hunderte Mitarbeiter zu tun. Die Freitagsbesprechung half uns dabei, effektive Verkaufsmethoden im Unternehmen zu verbreiten.

Das Value Engineering und der Top 20 Call ermöglichten uns, die Vertriebskultur des ganzen Unternehmens im Gleichschritt zu entwickeln. Sie sorgten für einen fließenden Rhythmus von Vorbereitung und Sorgfalt. Jetzt brauchten wir nur noch Führungskräfte, die tanzen konnten.

24

Große Athleten

Wenn deine Taten andere inspirieren, mehr zu träumen,
mehr zu lernen, mehr zu tun und mehr zu werden,
dann bist du ein Führer.

JOHN QUINCY ADAMS

Der Aufbau eines neuen Führungsteams begann mit einer Bestandsaufnahme. Ich lud jeden einzelnen Spitzenmanager von SAP Amerika zu einem persönlichen Frühstück ein. Nach einer Weile erfuhr ich, dass diese Besprechungen im Unternehmen als »Famous Breakfast« bezeichnet wurden.

Vor jedem Arbeitsfrühstück spielte ich im Geist seinen möglichen Verlauf durch. Selbst wenn ich das Gefühl hatte, dass jemand nicht zum Unternehmen passte, blieb ich offen für die Möglichkeit, dass er mich eines Besseren belehrte. Und jedermann hatte ein respektvolles Gespräch verdient. Manche Manager hatten die schlechte Angewohnheit, sich um schonungslose Gespräche zu drücken, weil es ihnen an dem Temperament mangelte, das Voraussetzung für Aufrichtigkeit ist. Aber unabhängig davon, ob jemand dazu bestimmt war, zu bleiben oder zu gehen, versuchte ich immer, seine oder ihre Würde nicht zu verletzen.

Das Gespräch begann oft so: »Wie schätzen Sie das Unternehmen und den Markt ein? Wie sollten wir Ihrer Meinung nach vorgehen?« Ich stellte diese Fragen, weil ich wirklich wissen wollte, was die Leute dachten. Dann war ich ganz Ohr und lernte dazu, um schließlich meine Lieblingsfrage zu stellen: »Was wollen Sie?« Diese unerwartete Frage, auf die es keine einfache Antwort gab, machte mein Gegenüber nachdenklich. Ich wollte nicht nur herausfinden, was die Leidenschaft dieser Person weckte, sondern auch, ob sie sich ihrer Wünsche bewusst war. Ich wollte, dass sie mir genauso Fragen stellte wie ich ihr, und war beeindruckt, wenn mir mein Gesprächspartner sagte, was er brauchte, um erfolgreich zu sein.

Ich wusste, dass die beste Wahl für einen Posten der Kandidat sein würde, dessen Bestrebungen und Leidenschaften zu dieser Tätigkeit passten. Aber ich musste mir ein Bild von seinen Fähigkeiten machen. So sehr ich mir wünschte, dass die Mitarbeiter von SAP glücklich waren: Ihr Erfolg würde nicht von dem abhängen, was die Mission unseres Unternehmens zu ihrem Glück beitrug, sondern von dem, was sie zur Mission beitragen konnten.

Einige der Manager, mit denen ich mich traf, hielten die von mir durchgeführten Veränderungen für zu radikal. Meine Antwort war:»Es wäre radikal zu denken, wir könnten ein anderes Geschäftsergebnis erzielen, indem wir so weitermachen wie bisher.« Wenn jemand diesen Standpunkt einnahm, war zumindest in meinen Augen offensichtlich, dass es ihm an Leidenschaft mangelte. Andere beantworteten meine Fragen mit unverhohlener Klarheit:»Bill, ich will nicht, was Sie wollen.« Oder:»Bill, ich sitze in diesem Job fest. Es war nie die richtige Arbeit für mich. Ich wollte eigentlich etwas anderes tun.« Derartige Aufrichtigkeit war eine Gabe! Je früher wir diese Personen von ihrem Posten wegholten und mit der Funktion betrauten, die sie sich wünschten, desto besser für sie und für SAP Amerika.

Einige wenige wollten unbedingt in der neuen Mannschaft spielen, waren jedoch noch nicht soweit. Aber ich hatte nicht vor, ihren Geist zu brechen.»Helfen Sie mir, meine Wissenslücken zu füllen«, sagte ich.»Aufgrund dessen, was ich gesehen habe und was Sie mir sagen, kann ich noch nicht erkennen, worin Sie am besten sind.« Oder:»Sie haben noch nicht erklärt, was Sie wollen.« Manchmal musste jemand nicht zum Gehen bewegt, sondern zu einer guten Lösung geführt werden. »Sind Sie nach einer gründlichen Selbstbeurteilung zu dem Schluss gelangt, dass dieser Posten und dieses Unternehmen zu Ihnen passen? Warum schlafen Sie nicht darüber, besprechen sich mit Ihrer Familie, und wenn Sie morgen zu mir kommen und mir sagen, dass dies nicht der richtige Ort für Sie ist, wird es keinen Groll geben. Aber wenn Sie bleiben wollen, können Sie nicht so weitermachen wie bisher und erwarten, dass es funktioniert.«

Wenn man den Leuten Zeit zum Nachdenken gab, gelang es ihnen oft, ihre widersprüchliche Einstellung zu ihrer Karriere zu klären. Unsere Gespräche gaben den Anstoß zu einer erforderlichen Selbstreflektion und verhinderten auf diese Art einen unvermeidlichen Absturz. Das Ergebnis, so meine Hoffnung, war keine erniedrigende Erfahrung, sondern eine, die den Leuten neue Kraft gab. Selbst wenn sie SAP verließen, taten sie dies im Bewusstsein ihrer Möglichkeiten. Bei diesen Frühstücksbesprechungen wurde kein Blut vergossen. Niemand sprang wütend auf und stürmte hinaus. Im Gegenteil: Viele Mitarbeiter dankten mir, manche umarmten mich sogar.

Etwa 85 Prozent des Führungsteams, das ich übernommen hatte, gingen ihrer Wege. Ich hielt am Finanzchef Mark White fest, der nicht gezögert hatte, mir Dinge zu sagen, die ich nicht hatte hören wollen, und sogar meine Ambitionen kritisiert hatte. Ed Lange verstand es wie kaum ein anderer, Großaufträge an Land zu ziehen. Die Leute mochten Ed und vertrauten ihm, und als ich ihn kennenlernte, verstand ich warum. Wir sprachen über seine Frau Sharon und seine kleinen Kinder und darüber, wie er SAP im Jahr 1999 verlassen hatte, um sich einem Internet-Start-up anzuschließen. Nachdem dieses Dotcom pleite gegangen war, kehrte er zu SAP zurück. Da er zu den Veteranen zählte, war er in der Erwartung zu unserem Frühstück gekommen, dass seine Tage im Unternehmen gezählt seien, und hatte mit seiner Meinung nicht hinter dem Berg gehalten. Er blieb.

Außerhalb der Gruppe direkter Untergebener wollte ich Rob

Enslin im Unternehmen halten, den ich an jenem Freitagabend im Büro kennengelernt hatte. Unsere Vertriebs- und Marketingabteilung brauchte seine Produktkenntnis und seine Einsatzbereitschaft. Meiner Meinung nach besaß er großes Führungspotential. Der Justiziar von SAP Amerika, Brad Burbaker, hatte sich während meiner Vertragsverhandlungen sehr anständig verhalten und machte seine Arbeit außergewöhnlich sorgfältig. Und da es schwierig gewesen wäre, derart integere Menschen wie Rob und Brad zu ersetzen, versuchte ich es erst gar nicht.

Um frei gewordene Posten zu besetzen, sah ich mich zuerst innerhalb des Unternehmens nach geeigneten Personen um, aber wenn wir intern niemanden mit den benötigten Fähigkeiten fanden, suchte ich außerhalb. Ich brauchte Führungskräfte, die bereit waren, den Kunden in den Mittelpunkt zu rücken und diese Einstellung im Unternehmen zu verbreiten. Ich war nicht so naiv zu glauben, dass jedermann bei SAP meine neue Philosophie auf Anhieb übernehmen würde. Und manch einer würde es nie tun. Aber die beste Methode, um die Zweifler in Schach zu halten, bestand darin, loyale Gefolgsleute zu finden. Außerdem wollte ich Mitarbeiter, die nicht nur die nötige Leidenschaft und Beharrlichkeit für ausgezeichnete Leistungen, sondern auch die Neugierde und Demut mitbrachten, um unentwegt Neues zu lernen und sich weiterzuentwickeln. Und da kein Einzelner je so klug sein konnte wie wir alle zusammen, brauchte SAP Amerika ein Team, in dem die Stärken des einen die Schwächen des anderen ausglichen. Auch ich selbst war darauf angewiesen, dass meine Schwächen ausgeglichen wurden.

Ich suchte zudem nach Führungskräften, welche die Entwicklung neuer Führungskräfte fördern konnten, indem sie Befugnisse verteilten, anstatt sie zu horten. Ich brauchte Manager, welche die Entscheidungsfindung beschleunigten, indem sie ihren Mitarbeitern Freiraum für eigene Entscheidungen gaben. Unsichere Menschen behielten die Macht lieber für sich und umgaben sich mit Personen, die ihnen das Gefühl der intellektuellen

Überlegenheit gaben. Aber ich wollte mich mit Personen umgeben, die auf ihren Fachgebieten versierter waren als ich es je werden konnte. Mein Dream Team bestand nicht aus Führungskräften, die mich bestätigten, sondern aus Managern, die den Mut und die Überzeugung besaßen, aufzustehen und zu sagen: »Bill, der Kaiser trägt keine Kleider.« Ich wollte Leute, denen ich vertrauen konnte.

Zu den wichtigsten Personalentscheidungen gehörte die über die neue Assistenz der Geschäftsführung. Ich war immer der Meinung gewesen, dass die Assistenz viel über die Qualität einer Führungskraft sagte. Einen Geschäftsführer zu unterstützen, war eine aufwendige, komplizierte Aufgabe, die eine Kombination von herausragenden organisatorischen, zwischenmenschlichen und geschäftlichen Fähigkeiten bei einer Person voraussetzte, welche die strategische Mission des Unternehmens verstand und Prioritäten zu setzen wusste. Ein großes Ego oder eine Neigung zu Machtspielen waren unvereinbar mit dieser Position. Meine Assistenz musste auch Stenographie für Diktate beherrschen. Diese Fähigkeit starb langsam aus, aber da ich ein Vielredner war, brauchte ich jemanden, der die aus meinem Mund sprudelnden Ideen und Anweisungen festhalten konnte. Ich wies den Headhunter an, die beste Assistenz in den Vereinigten Staaten zu finden.

Barbara Rendina arbeitete für den Chairman und Präsidenten einer großen Finanzfirma und hatte einen ausgezeichneten Lebenslauf. Und sie beherrschte Stenographie. Wir trafen uns zum Mittagessen in einem italienischen Restaurant in Newtown Square. Barb besaß Eleganz, Klasse, Professionalität und Präsenz und zeichnete sich durch eine dezente Zurückhaltung aus. Ich vertraute dieser Frau auf Anhieb. Wir saßen noch keine zehn Minuten zusammen, als ich Barb eröffnete, dass sie engagiert war. Ich wusste, dass sie die Richtige war.

Das plötzliche Stellenangebot überraschte sie. Sie kannte mich kaum und brauchte ein sicheres Einkommen, da sie zum Unterhalt einer Familie beitrug. Sie brauchte die Sicherheit, die sie in ihrem gegenwärtigen Job genoss. Also tat ich einen unorthodoxen Schritt und versprach ihr einen Beschäftigungsvertrag. Selbst wenn wir nicht miteinander zurechtkommen würden – was ich nicht glaubte –, würden Barb und ihre Familie für einen längeren Zeitraum abgesichert sein. Bingo. Wir waren im Geschäft. Nicht alle neuen Mitarbeiter erfüllten sämtliche Kriterien, aber alle brachten für das Team wertvolle Fähigkeiten mit. Als ich mich mit Terry Laudal auf einen Kaffee traf, um herauszufinden, ob er ein guter Personalchef sein würde, stellte ich fest, dass er zurückhaltender war als andere Kandidaten, die ich kennengelernt hatte. Aber Mark White war fest davon überzeugt, dass Laudal der Beste auf seinem Gebiet war, und so sehr SAP einen Energieschub brauchte, waren wir auch auf Disziplin angewiesen, vor allem im Personalwesen. Ich wollte jemanden, der die menschliche Seite des Personalwesens berücksichtigte und verstand, was Menschen motivierte, ohne jedoch vor den schonungslosen Gesprächen zurückzuschrecken, die er in dieser Funktion zwangsläufig führen musste. Mit Terry Laudal kam ich genauso leicht ins Gespräch wie mit Barbara Rendina, und ich hatte das Gefühl, dass er ein wertvoller Vertrauter werden konnte. Terry wurde unser neuer Personalchef.

So wie ich versuchte, niemanden hinauszudrängen, konnte ich auch niemanden zwingen, sich uns anzuschließen. Ich versuchte, die Leute mitzureißen, aber damit jemand in einem Job reüssieren konnte, musste er ihn wirklich wollen – vielleicht noch mehr, als ich diese Person für den Posten wollte. Wir brauchten zwei Monate, um einen Vertriebschef zu finden. Niemand wäre auf die Idee gekommen, dass wir John Nugent von unserem größten Konkurrenten abwerben würden, aber SAP brauchte eine Injektion neuester Kenntnisse aus dem Silicon Valley, und Nugents Prozessorientierung befreite mich von der Aufgabe, mich um sämtliche Details des Vertriebsprozesses zu kümmern. Er war auch selbstbewusst genug, um an Entscheidungen festzuhalten, die von allen Seiten kritisiert wurden. Aufgrund meiner eigenen Erfahrung konnte ich nachvollziehen, dass John zögerte, seinen Arbeitgeber nach 17 Jahren zu verlassen. Wenige Tage nach unserem ersten Treffen rief ich ihn an. »John, ich weiß, dass dies eine schwierige Entscheidung für Sie ist«, sagte ich. »Wie fühlen Sie sich?« Ich erzählte ihm, dass es für mich teilweise quälend gewesen war, Xerox zu verlassen, obwohl es die richtige Entscheidung gewesen war. Dies war ein Wendepunkt in Nugents Leben: Wenn er den Sprung jetzt nicht wagte, unterzeichnete er im Grunde einen Vertrag auf Lebenszeit bei seinem gegenwärtigen Arbeitgeber. »Ist es das, was Sie wollen, John?« Ich fragte ihn, was seine Frau Marilyn von einem Umzug in den Großraum Philadelphia hielt. Insgesamt führten wir wohl ein halbes Dutzend Gespräche. Schließlich schloss er sich uns an.

Ich nutzte auch mein Netzwerk. Frühere Kollegen bei Xerox, Gartner oder Siebel wandten sich an mich und äußerten den Wunsch, die Zusammenarbeit mit mir bei SAP zu wiederholen. Ich fühlte mich geehrt, achtete jedoch darauf, nicht nur Personen zu engagieren, mit denen ich mich gut verstand.

Im Lauf der Zeit stießen einige Personen, mit denen ich in der Vergangenheit zusammengearbeitet hatte, zu SAP. Unter anderen stellte ich Greg McStravick ein, der bei Xerox als Verkäufer für mich gearbeitet hatte. In den 15 Jahren, die seitdem vergangen waren, hatte mein ehemaliger Musterschüler sein Potenzial ausgeschöpft und war mir zu Gartner gefolgt. Ich bedauerte nicht ein einziges Mal, dass ich ihm vertraut hatte. Greg stützte sich immer noch auf die grundlegenden Kenntnisse, die er zu Beginn seiner Laufbahn erworben hatte. Und er wusste, wie er sie weitergeben konnte. Jetzt übertrug ich ihm die Leitung des Vertriebsmarketings von SAP Amerika, das Aufträge in die Pipeline pumpen und dafür sorgen würde, dass wir stets die 3X-Reserve halten konnten.

Ich umgab mich mit Personen, die solide Kenntnisse, Selbstvertrauen und Ehrgeiz besaßen. Die meisten von ihnen machten ihre Arbeit seit langer Zeit gut. Meine Aufgabe war es, dafür zu sorgen, dass sie zufrieden und produktiv blieben und sich weiterentwickelten. Andernfalls würde SAP diese Menschen verlieren.

Vertrauen und Rechenschaftspflicht

Ich lernte den Vier-Sterne-General und ehemaligen Außenminister Colin Powell bei einer Veranstaltung von SAP Amerika kennen. Ich stellte ihm eine Frage, mit der ich Führungskräfte oft konfrontierte:»Würden Sie mir einen der größten Augenblicke in Ihrer Karriere beschreiben?«

General Powell erzählte mir von einem Erlebnis im Jahr 1988. Er war damals nationaler Sicherheitsberater von Präsident Ronald Reagan gewesen. An jenem Tag saß er im Oval Office dem Präsidenten gegenüber, der in einem Sessel mit Blick auf den Rosengarten Platz genommen hatte. Powell beschrieb dem Präsidenten eine Auseinandersetzung zwischen verschiedenen Ministerien und hob ein Problem hervor, das noch am selben Tag gelöst werden musste. Während er sprach, sah Reagan die ganze Zeit geistesabwesend in den Garten hinaus. Die Situation war Powell ein wenig unangenehm. Schließlich stand der Präsident auf und unterbrach ihn.

»Colin, sehen Sie sich das an! Die Eichhörnchen haben sich die Nüsse geholt, die ich am Morgen für sie hingelegt habe!« Dann ließ sich Reagan wieder nieder und sah Powell an, der zu dem Schluss gelangte, die Besprechung sei beendet, und in sein Büro zurückkehrte.

»Waren Sie gekränkt oder besorgt?«, fragte ich. Anscheinend hatte Präsident Reagan einen seiner wichtigsten Berater ignoriert; er war seiner Funktion nicht gerecht geworden und hatte sich geweigert, sich mit Powells Anliegen zu beschäftigen.

»Nein Bill«, antwortete Powell.»Er gab mir eine sehr wertvolle Lektion.«Reagan war der Präsident, und als Leiter des Nationalen Sicherheitsrats war Powell für die Regelung der Details verantwortlich. In seiner verbleibenden Amtszeit versuchte Powell nie wieder, ein Problem nach oben zu delegieren. Stattdessen lösten er und sein Team die Probleme, für die sie zuständig waren. Ich deutete die Episode so: Führungskräfte müssen darauf vertrauen, dass die Personen, an die sie Verantwortung abgeben, ihre Aufgaben erfüllen.

Als Manager verließ ich mich darauf, dass meine Mitarbeiter höchsten Ansprüchen gerecht wurden, auch ohne dass ich sie ständig kontrollierte. Ich sprang durchaus in die Bresche, wenn ich den Eindruck hatte, dass jemand Hilfe brauchte, aber ich hatte kein Interesse am Mikromanagement talentierter Menschen. Hätte ich zu viele Lösungen vorgegeben, hätte ich lediglich die Intelligenz meiner Leute beleidigt und ihr Potenzial eingeschränkt. Also zog ich mich zurück und erlaubte meinen Managern, Entscheidungen zu fällen, wenn sie überzeugt waren, das Richtige zu tun.

Ich zog meine Leute auch für ihre Ergebnisse und für ihr Verhalten zur Rechenschaft. Ich wollte, dass jedermann eigenständig Leistungen brachte, aber ich war auch dafür verantwortlich, dafür zu sorgen, dass es keine chronischen Underperformer gab.

Mehr als einmal musste ich zu jemandem sagen: »Aus Ihrem Verhalten schließe ich, dass Sie aus dem Unternehmen ausscheiden möchten.« Zu kündigen bedeutete nicht immer, dass man ein Schreiben aufsetzte und das Gebäude verließ. Wenn jemand zur Arbeit erschien, sich jedoch geistig und emotional verabschiedet hatte, dann war er aus dem Programm ausgestiegen. Dabei konnte es nicht bleiben. Ich urteilte nie aufgrund eines einzigen Quartals oder Jahrs über einen Mitarbeiter. Auch die begabtesten Personen haben hin und wieder eine Durststrecke. Daher betrachtete ich bei der Leistungsbeurteilung das größere Bild sowie die äußeren Umstände. Grundsätzlich stand ich an der Seite meiner Mitarbeiter, ich war nie ihr Gegner.

Aber hätte ich unzureichende Leistungen oder schlechtes Verhalten und eine negative Einstellung zugelassen, so wäre dies auf Kosten all derer gegangen, die hart arbeiteten. Als Leiter des Teams musste ich alle an denselben Leistungsmaßstäben messen, auch wenn ich die Menschen abhängig von ihrer Persönlichkeit, ihren Stärken und Schwächen und ihren persönlichen Umständen unterschiedlich behandelte.

Widersprüchliche Prioritäten in Einklang bringen

Ich musste meine Mitarbeiter an der Heimatfront unterstützen. Ich erwartete von ihnen, dass sie jede E-Mail sofort beantworteten und bereit waren, eine Geburtstagsfeier zu verpassen, wenn ein wichtiges Vorhaben abgeschlossen werden sollte. Gleichzeitig wusste ich, dass die Work-Life-Balance und eine stabile persönliche Situation wichtig waren. Aber Balance war nicht einfach eine Frage der Zeiteinteilung. Alle Mitglieder des Teams hatten unterschiedliche Prioritäten, was ihre persönlichen Bedürfnisse und die ihrer Familien anbelangte, und wenn ich mir die Zeit nahm, nachzufragen und zuzuhören, konnte ich bei jedem Mitarbeiter herausfinden, wo der Schuh drückte. Ich wusste, wessen Frau ungehalten wurde, wenn ihr Ehemann zu viel durch das Land reiste. Ich wusste, wessen Kinder besondere gesundheitliche Bedürfnisse hatten, wessen Eltern krank waren, wessen Tochter ein Studium aufnehmen wollte und eine Empfehlung brauchen konnte. Und ich selbst? Ich wollte die Wochenenden mit meiner Familie verbringen. Ich dachte über diese Dinge nach und tat, was in meiner Macht stand, um meinen Leuten dabei zu helfen, widersprüchliche Prioritäten miteinander in Einklang zu bringen: »Alan, es ist nicht nötig, dass Sie jede Woche an die Westküste fliegen. Eine Telefonkonferenz tut es auch.«

Die Produktivität war nicht mein einziger Antrieb. So wie es meine Mutter genossen hatte, unsere Kunden im Deli kennenzulernen, während sie ihnen ihren Eiersalat auftischte oder Kaffee nachschenkte, war auch ich an den Menschen interessiert, an deren Seite ich arbeitete. Im Arbeitsalltag war oft keine Zeit für ausführliche Gespräche, aber eine gewisse Nähe und manchmal sogar eine Freundschaft zu den Kollegen verliehen dem Einsatz und den Erfolgen wirklichen Wert.

Manche Manager zeigten kein Interesse am Privatleben ihrer Mitarbeiter. Sie konnten nicht einmal Anteilnahme vortäuschen, weil sie fürchteten, in ein Gespräch über ein Fußballspiel der Kinder oder, was noch schlimmer war, über eine familiäre Tragödie verwickelt zu werden. Aber für mich war es wichtig, am Glück und Unglück der Menschen teilzuhaben, mit denen ich zusammenarbeitete. Hätte ich das nicht getan, so wäre meine Reise sinnlos und einsam gewesen.

Manchmal verdiente eine bestimmte Beziehung mehr als nur ein Gespräch. Ich war gerade mit John Nugent auf dem Weg zu einem Kunden an der Westküste, als Terry Laudals Vater starb. Als wir davon erfuhren, änderte ich unsere Reiseroute, und wir nahmen ein Flugzeug nach Grand Forks in North Dakota, von wo aus wir mit einem Mietwagen etwa 150 Kilometer in den Norden von Minnesota fuhren, um in Terrys Heimatstadt an der Beerdigung teilnehmen zu können. Heftige Regenfälle bremsten uns, aber wir trafen noch vor dem Ende des Trauergottesdienstes in der Kirche ein. Nach dem Begräbnis schloss ich Terry in die Arme, sah mir mit ihm Photos von seinem Vater an, der in der Armee gedient hatte, und sprach mit seiner Mutter und seinem Bruder, bevor wir uns wieder auf den Weg machten. Der Ausdruck in Terrys Augen beim Abschied bewies mir, dass sich der Umweg gelohnt hatte. Er würde es mir nicht vergessen, dass ich diese Mühe auf mich genommen hatte.

Die Dynamik feiern

Bis Ende des Jahres 2003 hatten der ehrgeizige Plan, den wir in New Orleans vorgelegt hatten, die kühnen Ankündigungen sowie die Produktivitätssteigerungen, die seit der Eröffnungskonferenz zu greifen begonnen hatten, die Belegschaft mit neuer Energie erfüllt. Ich konnte förmlich spüren, wie überall in Newtown Square und in unseren Niederlassungen das Tempo erhöht wurde. Es herrschte ein Gefühl der Dringlichkeit. Die Dynamik wurde überall erkennbar. Wir verkauften den Wert unserer »Suite« und überzeugten im ganzen Land und in zahlreichen Branchen neue Kunden: Der Lebensmittelkonzern H.J. Heinz begann ebenso mit uns zusammenzuarbeiten wie der Medizingerätehersteller Medtronic. Dazu kamen viele kleinere Kunden wie die Supermarktkette in Texas und der Aufzugbauer in Iowa. Branchenanalysten, die vor nicht allzu langer Zeit den Niedergang von SAP Amerika prophezeit hatten, mussten einräumen, dass wir wieder Marktanteile gewannen. Auf unseren spektakulären Veranstaltungen drängten sich die Gäste, und globale und lokale Marketingkampagnen lenkten die Aufmerksamkeit auf SAP, das auf dem amerikanischen Markt mittlerweile als vertrauenswürdige Alternative wahrgenommen wurde. Wir blieben auch dabei, die Preisnachlässe in Grenzen zu halten. SAP Amerika wurde auf neuen Märkten aktiv, drang mit einer eigens für kleine und mittlere Unternehmen entwickelten neuen Software namens »Business One« in diesen Sektor vor und erhielt weitere Hinweise auf potenzielle Kunden, indem es die Beziehungen zu den Vertriebspartnern und anderen Wiederverkäufern festigte. Und während wir wuchsen, verstrickten sich unsere verwirrten Konkurrenten in feindliche Übernahmen.

Die Konzentration auf den Kunden verknüpfte alles miteinander. Im Frühjahr 2003 erklärte ich gegenüber dem Magazin *Info-World*: »Alle in diesem Unternehmen, von den Spitzenmanagern bis zu den Produktlinienmanagern und ihren Mitarbeitern, ver-

bringen so viel Zeit mit den Kunden wie nur irgend möglich. Wir
sind ein vollkommen auf seine Kunden fixiertes Unternehmen.«

Bis Mitte 2003 hatten wir derart große Fortschritte gemacht,
dass Leo Apotheker bei einem Treffen mit Börsenanalysten in
New York erklären konnte:»Unser amerikanischer Bereich ist
über den Berg.«

Ganz so weit waren wir noch nicht. Aber wir waren auf dem
richtigen Weg.

Die Arbeit war hart, aber erfüllend. Mit einem neuen Vergü-
tungsplan und einem neuen Bonussystem wurde der Verdienst
an die Arbeitsresultate und an die Kundenzufriedenheit gekoppelt. Alle Mitarbeiter einschließlich jener, die keine Umsätze erzielten, bekamen die Möglichkeit, ihr Einkommen zu erhöhen.
Die Leistungsstärksten konnten sehr viel Geld verdienen und bekamen eine Chance, am Jahresende richtig zu feiern.

Die Feier für die besten Mitarbeiter am Jahresende 2003 sollte
etwas ganz Besonderes werden. Ich hatte mir dafür die Bezeichnung»Winners' Circle« ausgedacht. Die Leute hatten ein Danke-
schön verdient, das sie nicht vergessen würden. Ich hatte sie gebeten, mir zu vertrauen, sich nach der Decke zu strecken, auf Zeit
mit ihren Familien zu verzichten und so hart zu arbeiten wie seit
langem nicht mehr. Ihr Glaube und ihr Einsatz verdienten Anerkennung. Also peppte ich die Veranstaltung auf und suchte einen
besonderen Ort aus: Die Ferienanlage in Hawaii war ebenso
spektakulär wie teuer, aber die Botschaft, die wir mit dem Winners' Circle aussandten, war unbezahlbar: Ihr habt das Zeug, Großes zu leisten, auch wenn wir noch nicht großartig sind. Unsere
Ergebnisse wurden besser und die Dynamik war unübersehbar.
Wir hatten große Träume, und große Träume können sich nicht
in einem kleinen Rahmen entfalten. So wie sich Muhammad Ali
als den Größten bezeichnete, lange bevor er es war, zeigten wir
mit dem Winners' Circle, wie groß wir werden konnten.

Die Feier sollte nicht nur glänzend, sondern auch ein Riesen-
spaß werden. An einem Abend schmissen wir eine Retro-Disco-

Party. Ich buchte eine meiner Lieblingsgruppen aus den siebziger Jahren, KC and the Sunshine Band. Sie waren nicht die Rolling Stones, aber die Shirelles waren sie auch nicht. Die Band sollte unsere Leute in ein Jahrzehnt zurückbringen, an das sie sich erinnern konnten, in eine persönliche Blütezeit, in der sie sich entfaltet hatten. Die Hits »Get Down Tonight« und »(Shake Shake Shake) Shake Your Booty« versetzten das Publikum in eine andere Zeit zurück. Alle Welt tanzte. Und als John Nugent und ich in weißen Anzügen im Stil von *Saturday Night Fever* samt offenen Hemden und Goldkettchen auftauchten, flippten die Leute aus. Der Saal explodierte förmlich vor Freude, so dass man hätte meinen können, jene apathischen Zuschauer aus New Orleans hätten sich einer umgekehrten Lobotomie unterzogen.

Der für mich schönste Augenblick kam, als ich vor meinen Leuten stand und ihnen für ihren ungeheuren Einsatz dankte. Es wurde still im Saal. Dieser Moment war nicht nur bedeutsam, weil er das Ende von etwas Großem markierte, sondern weil er den Beginn einer Reise zum Erfolg ankündigte.

Die Kultur, die Werte, die Disziplin, die Menschen, die Methoden, die seit Beginn des Jahres 2003 unsere Tätigkeit bestimmten, gaben uns Halt auf dem Weg zum Jahr 2005. Wir hatten eine Grundlage geschaffen.

Wachstum

Der Umsatz von SAP Amerika im Jahr 2005 lag rund 200 Millionen Dollar über dem angepeilten Ziel von 3 Milliarden Dollar. Zum ersten Mal in der Geschichte des Unternehmens übertraf der amerikanische Bereich allein mit den Einnahmen aus Softwarelizenzen den Wert von 1 Milliarde Dollar. Ich war begeistert, aber vor allem erfüllte es mich mit Demut zu sehen, was Männer und Frauen, die sich zu einer Mission bekennen, erreichen können.

Der Wandel, den wir auf dem Weg zu unserem Ziel erlebten, blieb nicht unbemerkt. »Die Bemühungen von SAP, seinen schwächelnden amerikanischen Bereich rundzuerneuern, machen sich offenbar bezahlt«, schrieb das *Wall Street Journal* im Juli 2004. Ein Finanzanalyst der HVB Group brachte es gegenüber der *Financial Times* auf den Punkt: »SAP gewinnt Marktanteile, und das auch in den USA, wo es Platzhirschen wie Siebel und Oracle das Revier streitig macht.«

In diesem Jahr wurde ich zum Leiter eines neuen regionalen Bereichs ernannt, der das nordamerikanische und das lateinamerikanische Geschäft umfasste. Bald darauf kamen auch Indien, China und Japan zu meiner Region dazu.

In den Jahren 2004 und 2005 wuchsen SAP und ich persönlich mit atemberaubender Geschwindigkeit. Mittlerweile fühlte ich mich in den Vororten von Philadelphia zu Hause. So sehr ich das Gewimmel in Manhattan und die kalifornische Sonne liebte, kam ich in Philadelphia doch den Zielen näher, die ich kurz vor meinem Ausscheiden bei Siebel zu Papier gebracht hatte. Ich bewahrte diesen Zettel in einer Schublade in meinem Nachttisch auf. Meine Familie lebte in einer für die Kinder gesunden Umgebung, die so erschwinglich war, dass wir einen Lebensstil genießen konnten, der verglichen mit unserer Jugend als Arbeiterkinder üppig war, obwohl wir nicht in übermäßigem Luxus schwelgten. Ich hatte sogar in der Nähe eine Wohnung für meine Eltern gekauft, damit sie uns für ausgedehnte Zeiträume besuchen konnten, wenn sie sich nicht in Myrtle Beach aufhielten. Zwischen den Geschäftsreisen trainierte ich die Basketballmannschaften meiner Söhne John und Michael, während Julie ihrem Job als Geschäftsführerin des Team McDermott nachging und sich um den Haushalt, die Jungen und mich kümmerte.

SAP war viel mehr als ein Arbeitgeber für mich. Das Unternehmen war zu einem festen Bestandteil unseres Lebens geworden. Ich hatte nach der Trennung von Xerox wieder eine berufliche Familie gefunden. Julie und ich öffneten unser Haus für meine Kollegen, die wir zu Abendessen und Partys einluden. Meine Frau und meine Eltern versäumten kein Weihnachtsfest der Firma.

SAP gab mir mehr Möglichkeiten zur Selbstverwirklichung als jedes andere Unternehmen. Meine Entwicklung war noch nicht abgeschlossen, und ich lernte weiter aus meinen Fehlern und von den talentierten Menschen, die mich umgaben. Dabei blieb ich im Kern dieselbe Person wie immer.

Genau 20 Jahre nach meinem Studienabschluss erhielt ich eine Einladung nach Long Island. Das Dowling College hatte mich zum Ehemaligen des Jahres gekürt und bot mir einen Platz im Kuratorium der Hochschule an. Ich war sprachlos. Das war eine große Ehre. Ich flog mit Julie und den Jungen nach New York zum feierlichen Empfang, zu dem der Präsident und der Dekan von Dowling eingeladen hatten. Julie trug ein elegantes ärmelloses schwarzes Kleid, und Michael und John machten eine gute Figur im Anzug. Meine Mutter stieß ebenfalls zu uns. Auf ihren bedingungslosen Rückhalt konnte ich mich immer verlassen, und dass ich es soweit gebracht hatte, verdankte ich nicht zuletzt ihrem Einfluss.

Mark Harrington, ein Journalist der in Long Island erscheinenden Lokalzeitung *Newsday*, befragte mich zu der Auszeichnung. Ich erzählte ihm von meiner Kindheit in Amityville und davon, wie ich das Deli aufgebaut hatte. Auf die Frage, wie ich es geschafft hatte, auf einem schrumpfenden Markt die Ergebnisse von SAP Amerika zu verbessern, antwortete ich, das sei gelungen, indem wir den Kunden gegeben hätten, was sie wollten. Harrington schloss seinen Artikel mit folgender Bemerkung ab: »Diese Formel hat sich nicht geändert, seit er am South Shore Sandwiches verkaufte.«

Teil 6

WAGEMUT

25

Eine Krise ist eine Chance

Alles scheint unmöglich, bis es getan ist.

NELSON MANDELA

Die Finanzkrise kam so plötzlich und zerstörerisch wie ein Hausbrand. Am 14. September 2008 brach die Investmentbank Lehman Brothers zusammen. Die Schockwelle lief mit rasender Geschwindigkeit um den Erdball. Die Unternehmenskunden von SAP gerieten in Panik – und dann fielen sie in Schockstarre. Zahlreiche Aufträge, deren Unterzeichnung kurz bevorstand, wurden zurückgezogen oder verschoben. Im dritten Quartal jenes Jahres lösten sich potenzielle Umsätze von 1 Milliarde Dollar, die in unserer Pipeline warteten, in Luft auf.

In den folgenden Monaten begannen die verunsicherten Unternehmen liquide Mittel zu horten, anstatt ihr Geld in Technologie zu investieren. Mehr denn je verlangten die Kunden eine konkrete betriebswirtschaftliche Rechtfertigung für jede Investition. Und sie wollten rasch Erträge sehen.

In jenem Herbst war ich als Leiter des globalen Kundendienstes gerade in den neunköpfigen Vorstand von SAP berufen worden. Der Vorstand war rechenschaftspflichtig gegenüber dem Aufsichtsrat, in dem der Mitgründer Hasso Plattner als Vorsitzender neben Personalvertretern und gewählten externen Mitgliedern saß. Leo Apotheker leitete seit April 2008 an der Seite des angesehen Henning Kagermann als Vorstandssprecher die Geschäfte.

Bevor SAP von der Rezession getroffen wurde, hatten wir in diesem Jahr ausgezeichnete Resultate eingefahren. Das Unternehmen war auf dem Weg zum besten Jahresergebnis in seiner Geschichte. Im August stieg die SAP-Aktie an der New Yorker Börse auf 58 Dollar, womit sie nicht mehr weit von ihrem 52-Wochen-Hoch entfernt war. Aber die Finanzkrise änderte alles.

»Nie zuvor ist SAP mit einem derart schwierigen Umfeld konfrontiert gewesen«, erklärte Leo Apotheker gegenüber den Börsianern in der telefonischen Umsatzmitteilung am Jahresende 2008. »In meinen Augen wäre es unbedacht zu erwarten, dass sich der makroökonomische Horizont im Jahr 2009 aufhellen wird.«

Die Reaktion von SAP bestand darin, im folgenden Jahr zu versuchen, den Absatz unserer vorhandenen Produkte zu erhöhen. Aber der Umsatz sank in jedem Quartal im Jahresvergleich. Um unsere Gewinnmarge zu erhalten, senkten wir die Kosten. Einige Ausgaben mussten gekürzt werden, und als das Unternehmen die schmerzhafte Entscheidung fällte, zum ersten Mal in seiner fast 40-jährigen Geschichte Arbeitsplätze abzubauen, sank die ohnehin schon schlechte Moral auf einen Tiefpunkt. Im Mai 2009 trat Henning Kagermann zurück, womit Leo Apotheker alleiniger Vorstandsvorsitzender war. Im September förderte eine Umfrage zutage, dass die Mitarbeiter das Vertrauen in die Unternehmensführung verloren, der auch ich angehörte. Da ich nicht dazu neigte, Probleme aus dem Weg zu gehen, betrachtete ich es als meine Pflicht, mich der Herausforderung zu stellen.

Was es auch kostet: Aufbruch im vierten Quartal

Die letzten drei Monate eines Geschäftsjahres waren seit jeher die einträglichsten für SAP. Zwischen Oktober und Dezember zogen wir die meisten Aufträge an Land, darunter normalerweise einige der größten. Aber in Anbetracht der Ausgabenzurückhaltung auf dem Markt waren viele im Unternehmen der Meinung, wir würden ein Wunder brauchen, um auch im Jahr 2009 ein gutes Ergebnis im vierten Quartal zu erzielen. Aber da ich ein unerschütterlicher Optimist war und mich in der Rolle des Underdogs wohlfühlte, sah ich diese Herausforderung als Chance. Und ich war nicht der Einzige, der glaubte, dass man mit der richtigen Strategie und einem disziplinierten Vorgehen jede Krise bewältigen konnte, solange die Uhr noch nicht abgelaufen war.

Jim Hagemann Snabe leitete die Produktentwicklung bei SAP und war wie ich seit kurzem Mitglied des Vorstands. Er genoss großes Ansehen im Unternehmen wegen seiner Intelligenz und seiner Einsatzbereitschaft. Bis zu diesem Zeitpunkt hatte ich mich mit ihm gut verstanden, ohne jedoch viel mit ihm zusammenzuarbeiten. Wir hatten die Gesellschaft des anderen immer genossen und angenehme Unterhaltungen geführt. Jim stammte aus Dänemark und hatte seine Jugend in Grönland verbracht. Sein Vater hatte Kampf- und Rettungshubschrauber geflogen. Jim hatte Mathematik studiert und sprach mehrere Sprachen. Obwohl sich unsere Lebensgeschichten unterschieden, wurde uns rasch klar, dass wir in den Bereichen, auf die es ankam, Berührungspunkte hatten. Eines Abends im Restaurant des Hotels Villa Kennedy in Frankfurt erzählte mir Jim eine Geschichte aus seiner Jugend.

Einmal hatte ein Trainer zu ihm gesagt: »Jim, das Spiel dreht sich nicht um dich, sondern um das Team, das du rund um dich aufbaust. Das macht eine starke Führungspersönlichkeit aus.« Jim erklärte mir, was dieser Ratschlag für ihn bedeutete.

»Bill«, sagte er, »früher dachte ich, meine mathematische Ausbildung mache mich intellektuell überlegen, aber irgendwann begriff ich, dass dieser Trainer Recht gehabt hatte.« Ich erzählte ihm, dass mein Vater mir auf dem Basketballplatz dasselbe über die Teamarbeit beigebracht hatte. »So etwas kann man sich nicht ausdenken«, sagte ich immer wieder, als wir beim Abendessen weitere Geschichten aus unserer Vergangenheit verglichen. Wir

lachten so laut, dass schließlich jemand an unseren Tisch kam,
um uns zu bitten, die Stimmen zu senken.

Zu unseren Gemeinsamkeiten zählten auch die Konzentration
auf den Kunden in unseren jeweiligen Fachgebieten sowie die
Überzeugung, dass SAP die Krise im vierten Quartal des sehr
schwierigen Jahres 2009 um jeden Preis bewältigen musste.
Wir hatten beide für Oktober Besprechungen mit unseren
Führungsteams angesetzt. Nun entschlossen wir uns, diese Sitzungen zusammenzulegen und in Newtown Square abzuhalten.
Mein Stabschef Rick Knowles, ein gewissenhafter Umsetzungs-
experte und Stratege, der seit meiner Ankunft bei SAP Amerika
ein loyaler Mitarbeiter war, organisierte rasch eine zweitägige
Konferenz der wichtigsten Entscheidungsträger des Unternehmens aus den Bereichen Vertrieb und Produktentwicklung. Unser Ziel: Wir wollten SAP auf den richtigen Weg bringen, um bis
zum 31. Dezember 2009 einen Umsatz von 1 Milliarde Euro zu
erzielen. Dies war eine weitere Chance auf ein *Milagro*.

Bei der zweitätigen Sitzung drängten sich etwa 75 Personen in
einem Konferenzzimmer. Die Gruppe schien gemessen an unserem Vorhaben klein. Da aber nicht Inspiration, sondern Umsetzung unser Ziel war, war ich der Meinung, dass eine kleinere
Gruppe mehr schaffen würde als ein Heer von Managern.

Die Vertriebsmanager beschrieben die Lage auf den Märkten
und die Herausforderungen, von denen ihre Kunden berichteten,
darunter die Ungewissheit bezüglich der Wirtschaftsentwicklung
und die branchenspezifischen Softwareerfordernisse der Unternehmen. Anschließend kamen Jim Snabes beste Produktentwickler zu Wort. Sie beschrieben verschiedene Softwarelösungen
von SAP, die sich in der Entwicklungsphase befanden oder bereits einsatzbereit waren – darunter einige Produkte, über die
viele unserer Vertriebsleute wenig oder gar nichts wussten. Es
schien unglaublich, aber wir verfügten über Technologie, die wir
nicht aktiv vermarkteten, und die Kunden verlangten Produkte,
die wir nicht aktiv entwickelten.

Die mangelhafte Kommunikation zwischen dem Unternehmen und seinem Markt war inakzeptabel, aber sie war auch verständlich. SAP bot mehr als tausend branchenspezifische Softwarelösungen an. Da konnte es leicht passieren, dass neue, kleinere Produkte auf dem Weg zum Markt verloren gingen. Umgekehrt wurden die Bedürfnisse unserer Kunden nicht immer an unsere Entwicklungsteams weitergeleitet. Im Lauf des Tages sahen Jim und ich uns immer wieder kopfschüttelnd an, als uns klar wurde, dass unsere Wertschöpfungskette gebrochen war. Aber deshalb waren wir ja hier: Wir wollten sie wieder zusammensetzen, und zwar nicht nur für das vierte Quartal.

Als Nächstes wurden die Konferenzteilnehmer kleinen Teams zugeteilt, die Pläne entwickeln sollten, um die Beziehung zum Markt wiederherzustellen. Die Zusammenarbeit hob die Stimmung. Die Vertriebsmanager erfuhren von Produkten, die ihre Vertreter sofort den Kunden anbieten konnten. Die Entwickler fanden Abnehmer für ihre Innovationen und konnten dazu übergehen, sich mit neuen Projekten zu beschäftigen.

Eine weitere Anweisung erging an den Vertrieb: Jeder Vertreter musste seinem Manager einen Plan dafür vorlegen, wie er seine individuellen Ziele zu erreichen gedachte. Ich bezeichnete diese Sitzungen als »Boxenstopps«. Wie beim Reifenwechsel in einem Autorennen diente der Boxenstopp dazu, die Manager einzubinden und dafür zu sorgen, dass jeder Verkäufer dafür gerüstet war, das Rennen zu gewinnen. Ich erinnerte alle Beteiligten daran, dass es sich beim Verkaufen um einen Mannschaftssport handelte.

Die Kooperation endete nicht in Newtown Square. In den folgenden Wochen begleiteten Produktentwickler die Vertreter bei ihren Kundenbesuchen und erläuterten ihre Lösungen. In aller Welt fanden Boxenstopps statt. Alle legten sich ins Zeug. Jim und ich führten ebenfalls Verkaufsgespräche. Jeden Tag verkaufte SAP mehr an seine bestehenden Kunden und gewann neue dazu, schloss große und kleine Geschäfte ab und erhöhte den Umsatz mit Software. Dieses Potenzial hätten wir nicht nutzen können, hätten sich nicht 75 Personen zusammengesetzt, um zu tun, was getan werden musste.

Schließlich übertrafen wir unsere eigenen Erwartungen und setzten in jenem schicksalhaften letzten Quartal mehr als 1 Milliarde Euro mit Software um. Es war das erste Mal seit 2001, dass SAP in einem Quartal die Schwelle von 1 Milliarde Euro überwunden hatte. Wenn man bedenkt, dass sich die Weltwirtschaft gerade erst von der Finanzkrise zu erholen begann, war das eine unglaubliche Leistung. Und obwohl der Gesamtumsatz immer noch geringer ausfiel als im Vorjahr, hatten wir ein Ergebnis erzielt, das unerreichbar gewesen wäre, hätten sich unsere Vertriebs- und Entwicklungsmanager nicht zusammengeschlossen, um an einem Strang zu ziehen.

Die Erfahrung schweißte uns zusammen. Wir hatten bewiesen, dass SAP die Erwartungen übertreffen und geschlossen auf ein gemeinsames Ziel hinarbeiten konnte. Die Initiative festigte auch den gegenseitigen Respekt zwischen Jim Snabe und mir. Weder bei der Konferenz noch in den folgenden Wochen versuchte einer von uns, dem anderen die Schau zu stehlen. Gemeinsam hatten wir ein kleines, aber bedeutsames Wunder bewirkt und konnten das Jahr 2010 in der Hoffnung beginnen, diese Dynamik aufrechtzuerhalten.

26

Das Chefbüro

Um Erfolg zu haben, muss man etwas tun, während man auf den Erfolg wartet.

THOMAS EDISON

In einem winzigen Hotelzimmer in Phoenix sammelten Julie und ich hastig unsere Sachen zusammen, um zum Flughafen zu eilen und die Maschine nach Hawaii zu erwischen, wo ich den Winners' Circle eröffnen würde. John und Michael, die mittlerweile Teenager waren, begleiteten uns. Meine Eltern waren ebenfalls auf dem Weg. Auf mein Drängen hatte SAP die Teilnahme am Winners' Circle auf die Kinder und andere Familienmitglieder der prämierten Mitarbeiter ausgeweitet. Ich war der Meinung, dass auch die Angehörigen unserer Mitarbeiter dafür gefeiert werden sollten, dass sie SAP das ganze Jahr lang unterstützten. Unsere Leute mussten für jeden Gast außer ihrem Lebensgefährten bezahlen, aber das taten sie bereitwillig. Und jedes Jahr schien es, dass sich mehr junge Menschen an den Pools und Stränden tummelten. Es war wunderbar.

Ich wollte gerade meinen Koffer schließen, als mein Handy klingelte. Ich war zu sehr in Eile, um abzuheben. Am Vortag hatte unser Flug von Philadelphia nach Phoenix derart viel Verspätung gehabt, dass wir den Anschlussflug nach Maui verpasst hatten. Die Morgenmaschine mussten wir einfach erwischen. Ich warf einen kurzen Blick auf das Display. Es war Hasso Plattner. Ich meldete mich.

»Hallo, hier ist Bill.«

»Bill, hallo. Hasso am Apparat.«

Er hatte Neuigkeiten für mich. Ich saß auf der Bettkante und hörte zu. Der Aufsichtsrat von SAP hatte beschlossen, Leo Apothekers Vertrag als Vorstandsvorsitzenden nicht zu verlängern. Ich wusste, dass seine Amtszeit im Dezember endete. Wir schrieben den 6. Februar 2010. Für mich bedeutete das, dass Apotheker mit sofortiger Wirkung nicht mehr Geschäftsführer von SAP war. Hasso bestätigte, dass Apotheker sein Amt zur Verfügung gestellt hatte.

Ich hatte gemischte Gefühle. Leo hatte mich zu SAP geholt und meinen Aufstieg in einem Unternehmen gefördert, das mittlerweile wie eine zweite Familie für mich war. Jetzt verlor diese Familie eines ihrer Mitglieder.

Hasso sagte, das Unternehmen sei vom richtigen Weg abgekommen. Er glaubte, wir müssten uns wieder auf wirkliche Innovationen konzentrieren, anstatt uns auf die Weiterentwicklung vorhandener Produkte zu beschränken. Es war ihm klar, dass sich die Welt verändert hatte, und er begriff, dass SAP zu hierarchisch geworden war und das von seiner Führung verspielte Vertrauen der Kunden und der eigenen Mitarbeiter wiedergewinnen musste. Er gab niemandem die Schuld, aber um SAP erneut auf den Wachstumspfad zu führen, erklärte er, müssten wir wieder ein glückliches Unternehmen werden. Ich antwortete kurz auf jede seiner Äußerungen. Julie sah mich fragend an. Sie wusste, dass es um etwas Wichtiges ging.

Bei Hassos nächsten Worten hatte ich das Gefühl, dass sich meine Bestimmung erfüllte.

»Bill, der Aufsichtsrat hat einstimmig beschlossen, Sie zum Co-Vorstandssprecher von SAP zu ernennen.« Ein Wirbelwind von Gedanken und Gefühlen erfasste mich, während meine Gedanken in die Vergangenheit zurückkehrten.

»Bill, was ist Ihr Traum?«, hatte Emerson Fullwood in dem Bewerbungsgespräch bei Xerox gefragt.

»Ich möchte eines Tages Geschäftsführer werden«, hatte ich
geantwortet.

Hasso fragte mich, ob ich die Ernennung annähme. Ich zögerte keinen Augenblick. Ich spürte keinen Anflug von Angst.
»Ja, Hasso.« Ich dankte ihm für sein Vertrauen. Ich hatte nur
noch eine weitere Frage. »Wer ist der andere Vorstandssprecher?«
»Jim Hagemann Snabe«, antwortete er. *Perfekt.*
Als wir den Sicherheitscheck am Flughafen hinter uns hatten,
rief ich Jim an. Ich vermutete, dass er das Amt ebenfalls angenommen hatte. Jim war daheim bei seiner Frau Birgitte und seinen beiden Kindern.

»Bill!« Ich konnte sein Lächeln fast am Telefon hören. Wir
würden Partner sein.

Unser Gespräch war eine Mischung aus Arbeitsbesprechung
und Blind Date. Andere hatten entschieden, uns zusammenzuspannen, aber wir wussten längst, dass wir zusammenpassten. Jim
freute sich genauso wie ich, und wir waren uns einig, dass wir
beide nicht mit derselben Überzeugung ja gesagt hätten, wenn
der zweite Vorstandschef eine andere Person gewesen wäre. An
diesem Tag sprachen wir nicht über organisatorische Fragen, sondern nur davon, was wir für das Unternehmen zu leisten hofften.

Von Dankbarkeit erfüllt, dachte ich während des langen Flugs
nach Hawaii über die Möglichkeiten von SAP nach. Im Flugzeug
saßen zahlreiche SAP-Familien, die wie wir auf dem Weg nach
Hawaii waren, und die Neuigkeit sollte erst am folgenden Tag
bekanntgegeben werden. Daher senkte ich die Stimme, als ich
mit Julie darüber sprach, was ich für ein Glück hatte, mit Jim
Snabe zusammenarbeiten zu können.

Eine auf zwei Personen aufgeteilte Geschäftsführung wäre bei
anderen Unternehmen eine Anomalie gewesen, aber bei SAP
hatte sie Tradition. Die Geschichte der gemeinsamen Führung
durch einander ergänzende Manager hatte mit den Gründern des
Unternehmens begonnen. Die Kultur von SAP stützte sich auf
den Machtausgleich und darauf, die Fähigkeiten von zwei Ge-

schäftsführern und des gesamten Vorstands optimal zu nutzen. Und angesichts dessen, was Jim und ich im vierten Quartal erlebt hatten – die Kluft zwischen Vertrieb und Produktentwicklung und unsere Möglichkeiten, diese Kluft zu überbrücken – bot es sich an, uns zusammenzuspannen. Unsere Fähigkeiten ergänzten einander. Wir hatten bewiesen, dass wir unter Druck kooperieren und unsere Mitarbeiter dazu bringen konnten, auf ein gemeinsames Ziel hinzuarbeiten. Und wir gehörten beide nicht zu der Sorte Manager, die sich in einem Chefbüro einigeln und Büro spielen. Wir zogen es vor, hinauszugehen und uns unter unsere Mitarbeiter und unsere Kunden zu mischen.

Hinzu kam, dass wir einander wirklich mochten. Ich bewunderte Jims Geduld, sein ruhiges Auftreten und seine Fähigkeit, komplexe Themen und mögliche Lösungen in anschaulichen Diagrammen darzustellen. Und unsere Verschiedenartigkeit würde eine Garantie für ausgewogene Kompetenz sein.

Die Zeit schien stillzustehen, aber nach sechs Stunden landete das Flugzeug auf Maui, und mein Leben als frischgebackener Vorstandssprecher begann mit hektischer Aktivität. Im Hotel eingetroffen, scharte ich sofort meine Familie um mich und informierte einige enge Vertraute über meine Ernennung. *Lasst die Sektkorken knallen!* Im Raum brach Jubel aus. Meine Familie bei mir zu haben, machte den Augenblick vollkommen.

Hasso Plattner wollte unsere Ernennung am Sonntag in Walldorf bekanntgeben. Jim und ich sollten an einer Live-Übertragung teilnehmen, zu der die Niederlassungen des Unternehmens in aller Welt zugeschaltet würden. Ich konnte nur über Satellit teilnehmen, aber da es in der Nähe keinen transkontinentalen Satellitenzugang gab, musste ich am Samstagabend eine Maschine nach Honolulu nehmen, wo ich vor die Kamera treten konnte.

Ich ließ meine Familie zurück und brach nach Honolulu auf, wo ich mitten in der Nacht zu einem fensterlosen Betongebäude gebracht wurde. Eine kleine Kameracrew beschloss, mich draußen im Dunkeln aufzunehmen, an der Rückseite des Gebäudes. *Also gut, bringen wir es hinter uns!* Sie bauten die Kamera unweit von zwei überdimensionierten Müllcontainern auf. Als die Crew die riesigen Scheinwerfer einschaltete, sah ich einen Schwarm großer Bienen, die vom grellen Licht angelockt wurden. Es herrschte völlige Stille, als die Live-Übertragung begann. Ich behielt die Bienen im Auge, während Hasso der Belegschaft von SAP eröffnete, dass Jim und ich ihre neuen Chefs waren. Von zwei verschiedenen Kontinenten aus bedankten wir uns und versicherten den Mitarbeitern, dass wir zuversichtlich in die Zukunft des Unternehmens blickten.

Zurück auf Maui, berief ich am nächsten Morgen eine Versammlung meiner engsten Mitarbeiter ein, um die Neuigkeit mit ihnen zu teilen.

»Bill, was genau sagten Sie zu Hasso, als er Sie anrief?«, fragte jemand.

»Ich sagte ihm, dass ich mein ganzes Leben für diesen Augenblick gearbeitet habe.«

Die Lästrygonen und die Zyklopen

Die Reaktionen auf unsere Ernennung waren gemischt.

Der Leiter einer unabhängigen Organisation, die tausende Kunden und Partner von SAP vertrat, war erfreut darüber, dass die neuen Geschäftsführer aus dem Unternehmen stammten. Nicht alle waren derselben Ansicht. Ein Analyst von Forrester Research, das wie Gartner Technologieunternehmen beobachtete, glaubte nicht, dass »SAP-Insider« eine Wende im Unternehmen herbeiführen konnten. »Ein Außenstehender könnte sich fragen, ob man McDermott gratulieren oder ihn bedauern sollte«, kommentierte ein Reporter mit Blick auf das schwierige letzte Geschäftsjahr auf einer in Philadelphia ansässigen Website. Es gab noch kritischere Stimmen. »Die Bemühungen des Unternehmens, verlorenen Boden gutzumachen, sind möglicherweise unzureichend und kommen zu spät«, erklärte ein Finanzanalyst gegenüber Bloomberg News. Ein weiterer Analyst sagte der Zeitschrift *PCWorld*, SAP müsse »immer noch zahlreiche Fragen zur Ausrichtung der zukünftigen Produkte und zu seiner Strategie beantworten«.

Ich nahm die Prognosen durchaus ernst, aber hätte ich der Kritik eine zu große Aufmerksamkeit geschenkt oder zugelassen, dass das Lob der anderen mein Ego aufblähte, so hätte ich das Einzige aus den Augen verloren, was wirklich wichtig war: den Erfolg des Unternehmens.

Jim und ich hatten unseren ersten Auftritt als gemeinsame Vorstandschefs bei der CeBIT in Hannover. Die *WirtschaftsWoche* erklärte unter dem Titel »Reden statt Bellen bei SAPs neuem Führungsduo«, dass »der Auftritt der beiden SAP-Chefs nicht arrogant [wirkt]«.

Unser Ziel an jenem Abend war es, Zuversicht und Vertrauen in unsere Führung zu wecken. Wenn Führungskräfte selbst nicht an ihren Erfolg glauben, wie soll es dann jemand anderer tun? Im Verlauf des Abendessens, zu dem SAP Pressevertreter ins Restaurant Pier 51 am Ufer des Maschsees eingeladen hatte, hatten wir uns unter die Journalisten gemischt, die an Weingläsern nippten und Häppchen probierten. Wir kündigten an, neue Produkte auf den Markt zu bringen und SAP wieder zu einem zweistelligen Umsatzwachstum zu verhelfen. Wir hofften, es wieder zu einem glücklichen Unternehmen zu machen. Die Details unserer Pläne gaben wir nicht preis. Noch nicht.

27

Luftunterstützung für die Bodentruppen

*Es ist an der Zeit, dass eine neue Generation von
Führern neue Herausforderungen bewältigt und neue
Chancen ergreift, denn es gilt, eine neue Welt zu erobern.*

JOHN F. KENNEDY

Ein gequälter Ausdruck huschte über die Gesichter einiger Spitzenmanager von SAP, als sie erfuhren, dass sie am folgenden Tag um 8 Uhr morgens einer Gruppe von Mitarbeitern, denen sie noch nie begegnet waren, die neue Strategie des Unternehmens erklären sollten. Es war Mitte April 2010, und die rund 250 Köpfe zählende globale Führung des Unternehmens hatte sich in der Unternehmenszentrale in Walldorf in der Kantine, die zu einem Sitzungssaal umfunktioniert worden war, versammelt, damit Jim Snabe und ich ihnen die neue Strategie von SAP erklären konnten. Und jetzt verlangten wir von ihnen, diese Strategie anderen zu erklären – und zwar am nächsten Tag.

Am Morgen schwärmten die Manager paarweise im Gebäude aus, um vor Dutzende kleiner Gruppen zu treten. Sie bestanden aus Walldorfer Mitarbeitern aller Abteilungen, die sich in sogenannten »Kaffeeecken« versammelt hatten. In jeder dieser Kaffeeecken begegneten zwei Spitzenmanager einer Gruppe, der sie die neue Strategie des Unternehmens mit ihren eigenen Worten erläutern mussten.

Es war ein riskantes Unterfangen. Bei SAP hielten die Ma-

nager selten improvisierte Vorträge, und noch seltener über eine
Materie, mit der sie selbst gerade erst Bekanntschaft gemacht
hatten. Aber wie wir ihnen erklärt hatten, mussten wir dringend
den Kurs ändern.

»SAP ist heute in einer schlechteren Marktposition als vor der
Wirtschaftskrise«, hatten wir ihnen eröffnet. »Während unsere
Konkurrenten das Spielfeld verlagern, tritt SAP auf der Stelle.«

Die globale Wirtschaftskrise hatte vielen Technologieunternehmen den Garaus gemacht, aber einige Konkurrenten hatten
sich erholt und bliesen zum Angriff auf SAP. Unser lange Zeit ein-
trägliches Geschäftsmodell zeigte Alterungserscheinungen, und
unsere Abwehrkräfte waren geschwächt. Es war eine schmerzhafte Wahrheit. Wir mussten etwas tun.

Neugierde und Mut

Eine Führungskraft hat die Aufgabe, ihren Truppen Luftunterstützung zu geben, und die erste Form von Luftunterstützung ist
eine kugelsichere Strategie.

Es war eine aufregende Erfahrung, eine neue Strategie für SAP
zu entwickeln. Nachdem ich jahrelang die Pläne anderer Führungskräfte ausgeführt hatte, konnte ich endlich direkten Einfluss
darauf nehmen, auf welchen Märkten sich unser Unternehmen
bewegen und wie es das tun würde. Ich hatte viel gelernt, indem
ich hinter den Kulissen beobachtet hatte, wie andere das gemacht hatten.

Eine gute Strategie musste leicht verständlich sein. Manche
Leute verwechselten Komplexität mit einer guten Strategie und
setzten umfangreiche Ausführungen mit Intelligenz gleich. Zum
Beispiel war meine Strategie für das Deli ganz einfach gewesen:
Ich bot den Kunden einen außergewöhnlichen Service an. Eine
Strategie musste auch der Kernkompetenz einer Firma entspre-
chen, was bei meinem Deli ebenfalls der Fall gewesen war.

Jetzt hatte SAP die Chance, seine eigene Strategie zu überdenken, ja sogar sein Geschäftsmodell neu zu erfinden. Aber bevor man die Dinge anders machen kann, muss man sie mit anderen Augen betrachten. Daher hatten wir uns im Vorstand von SAP einige einfache, aber weitreichende Fragen gestellt.

Erstens: *Sind wir wichtig?* War der Kern des Angebots von SAP – unsere ERP-Systeme, unsere Unternehmensanwendungen und unsere Analyselösungen – immer noch wichtig für den Markt? Seit 1972 war die Unternehmenssoftware das Kerngeschäft von SAP, und auch im April 2010 steuerte unsere Software immer noch das Zentralnervensystem tausender Unternehmen. Unsere Lösungen wurden rund um den Erdball von 35 Millionen Menschen in 24 Branchen genutzt. General Motors betrieb seine gesamte Lieferkette mit SAP-Software. Die Bank of America brauchte unsere Lösungen, um die Interaktion mit ihren Kunden zu vereinfachen. Und Pepsi verwendete SAP-Software, um seine Lieferkette sowie seine Promotionskampagnen zu steuern. Nach unseren Schätzungen kamen 65 Prozent aller Transaktionen in der Welt auf die eine oder andere Art mit einem SAP-System in Berührung. Dazu kam, dass das SAP-Ökosystem hunderttausende Arbeitsplätze umfasste – von unseren eigenen 47 000 Mitarbeitern bis zu den Fachleuten, die unsere Systeme bei Klienten, Partnern und Lieferanten betreuten. Alles in allem hatte der globale Markt für »On-Premise«-Unternehmenssoftware, für die der Kunde die Lizenz erwirbt und dann auf seinen Geräten selbst verwaltet, einen Umfang von 110 Milliarden Dollar.

Die Antwort auf unsere erste Frage lautete daher: Ja, das Kernangebot von SAP war immer noch wichtig.

Nächste Frage: *Wird unser Kernangebot auch in Zukunft wichtig sein?* Die Antwort darauf war weniger erfreulich.

Der 110-Milliarden-Dollar-Markt für On-Premise-Software war gesättigt und wuchs nur noch einstellig. Also konnte SAP allein mit dem Verkauf seines Kernprodukts nicht weiter zweistellige Wachstumsraten erzielen, zumindest nicht in seiner gegenwärtigen Form. Ich war überzeugt von unserem Kernangebot, aber ich wollte mich nicht verhalten wie einige in der Führung von Xerox in den neunziger Jahren: Ihnen war es schwergefallen zu akzeptieren, dass sich auch ihr Unternehmen ändern musste, als sich der Markt änderte. Jetzt akzeptierte ich, dass SAP mit seinen Produkten in ihrer gegenwärtigen Form nicht wachsen konnte. Wir würden unser Kerngeschäft ausbauen, aber wir mussten unsere Lösungsansätze erweitern.

Wenn wir wollten, dass SAP auch in Zukunft wichtig blieb, mussten wir unser Kernangebot ergänzen, ohne jedoch zu weit davon abzuschweifen. Zum Beispiel war es nicht ratsam, dass wir auf dem Markt für Konsumentensoftware in Wettbewerb zu Microsoft traten. Auch wäre es nicht klug gewesen, Hardware anzubieten und mit IBM oder Hewlett-Packard zu konkurrieren.

Unser Hauptangebot, die Unternehmenssoftware, musste unser Hauptangebot bleiben. Daher wollten wir unsere Führungsposition auf dem Markt für On-Premise-Software festigen, indem wir zusätzliche Geschäftschancen erschlossen, insbesondere in Branchen und in Regionen mit hohen Wachstumsraten. Das wollten wir erreichen, indem wir unser Angebot besser auf kleinere Unternehmen zuschnitten und uns auf unsere erfolgreichsten Produkte konzentrierten.

Um herauszufinden, welche Märkte für SAP lohnend waren, stellten wir uns dieselbe Frage, die ich mir vor Jahren im Deli gestellt hatte: *Wer genau sind unsere Kunden? Wer bildet unseren Kundenstamm?*

Im April 2010 hatte unser Vorstand »10 feste Überzeugungen« aufgelistet. Die erste lautete, dass der gegenwärtige Kundenstamm von 95 000 Unternehmen zu den wertvollsten Assets von SAP zählte. Wie immer musste sich alles um die Kunden drehen. Und die Kunden veränderten sich. Anstatt lediglich Software an EDV-Abteilungen zu vertreiben, waren wir im Lauf der Jahre dazu übergegangen, mit IT- und Technologieleitern und schließlich Geschäftsführern Verträge zu schließen. Immer öfter verkauften wir unsere Produkte an die Leiter ganzer Unternehmensbereiche, etwa Personalchefs. Auch die Zahl und Vielfalt der Mitarbeiter, die in den Unternehmen unsere Software verwendeten, wuchs. Ursprünglich hatten ausschließlich IT-Experten mit den SAP-Systemen gearbeitet, aber mittlerweile wurden sie von Mitarbeitern in verschiedensten Bereichen benutzt: von Spitzenmanagern in Anzügen über Angestellte in Arbeitskitteln in der Werkshalle bis zu Praktikanten in Jeans. Diese breite Anwenderbasis stellte hohe Anforderungen an jede Technologie. Immer mehr Menschen waren im Alltag darauf angewiesen, und sie erwarteten, dass sämtliche Bildschirmanzeigen und Geräte, mit denen sie am Arbeitsplatz oder zu Hause zu tun hatten, leicht verständlich und attraktiv gestaltet waren und dass ihre Anwendung Spaß machte. Diese Generation von Benutzern hatte sich an Facebook und Google gewöhnt.

Für keine Bevölkerungsgruppe war die Benutzerfreundlichkeit wichtiger als für die Millennials, jene rund 1,6 Milliarden Menschen, die zwischen 1982 und 1993 geboren und im digitalen Zeitalter aufgewachsen waren. Bis 2025 würde dieser Teil der Menschheit 75 Prozent der globalen Erwerbsbevölkerung stellen. Der zukünftige Erfolg jedes Unternehmens hing davon ab, ob es ihm gelingen würde, den Bedürfnissen dieser Gruppe von Beschäftigten und Konsumenten nachzukommen. Das durfte nicht auf Kosten der übrigen Weltbevölkerung gehen, aber es war nicht möglich, die Millennials zu ignorieren. So wie die Jugendlichen, die ich einst in meinen Laden hatte locken wollen, verdiente auch diese Gruppe Respekt.

Die Software von SAP war nicht unbedingt für Benutzerfreundlichkeit bekannt, sondern eher für ihre etwas schwerfällige Benutzeroberfläche. Unsere Produkte mussten für den Konsumenten zugänglicher werden. Es gefiel mir, dass sich die Technologie so entwickelte. Als Führungskraft wurde ich von dem Wunsch angetrieben, die Bedürfnisse der Menschen zu verstehen und zu erfüllen.

Nachdem wir uns darüber klar waren, welches unsere Kundschaft war – von den Spitzenmanagern bis zu allen möglichen anderen Endbenutzern der Technologie –, gingen wir auf der Suche nach einer neuen Strategie für das Unternehmen zur nächsten Frage über: *Was wollen diese Kunden?*

Abgesehen davon, dass sie ihre digitale Erfahrung genießen wollten, wünschten sich unsere Kunden von jedem beliebigen Gerät und von jedem Ort aus Zugang zu ihrer Arbeit und zur Welt. Das Smartphone hatte sich in das Schweizer Messer der Weltwirtschaft verwandelt. Und als ich Apples neues iPad vor der offiziellen Markteinführung im Frühjahr 2010 ausprobieren durfte, konnte ich mir vorstellen, dass sich das Tablet in den neuen Desktop-Computer verwandeln würde. Die Mobilität stellte die Geschäftswelt auf den Kopf. Es war anzunehmen, dass bis 2017 ein Drittel der Weltbevölkerung ein Smartphone besitzen würde. Die Mobilität vergrößerte den Markt von SAP, was bedeutete, dass wir unsere Software mit zahlreichen mobilen Geräten kompatibel machen mussten. Die Mobilität würde also sehr wichtig für SAP werden.

Was wollen die Kunden sonst noch?

Eine weitere Veränderung, die wir bei unserer Kundschaft beobachteten, betraf die Softwarenutzung und die Art und Weise, wie die Unternehmen auf die Software zugreifen wollten, die ihre Betriebsabläufe steuerte. Die Chefs kürzten immer noch ihre Budgets, weshalb die wenigsten von ihnen einen strategischen Sinn darin sahen, in weitere Computerhardware zu investieren. Ein Unternehmen konnte seine Betriebsabläufe nicht verbessern, indem es morgen zehn neue Server kaufte, auf denen zusätzliche Software laufen würde. Die Innovation fand bei der Software statt. Die Betriebe wollten keine Software auf ihren Computern speichern und selbst die Wartung auf sich nehmen, sondern suchten nach billigeren Wegen, um auf die Programme zuzugreifen.

Das Cloud Computing versetzte Unternehmen in die Lage,

gegen eine Gebühr Software zu nutzen, die auf dem Server des Anbieters lag oder in der »Cloud« bereitgestellt wurde. Für die Unternehmenskunden von SAP war es verlockend, Software als Service aus der Cloud zu nutzen oder bei Bedarf abzurufen, anstatt sie zu kaufen und im Voraus dafür zu bezahlen.

Leider hatte SAP bisher nur halbherzige Anstrengungen unternommen, um den Markt für »On-Demand«-Software zu erobern. Das Cloud-Modell unterschied sich vom traditionellen Geschäftsmodell von SAP. Wenn wir Nutzungsgebühren kassierten, anstatt unsere Software zu verkaufen, würden unsere Einnahmen zumindest kurzfristig langsamer fließen als gewohnt. Diese Aussicht gefiel einigen in der Unternehmensführung nicht. Aber je länger ich den Wandel des Marktes beobachtete, desto überzeugter wurde ich, dass uns keine andere Wahl blieb, als in die Cloud zu gehen. Wenn wir die Augen vor dieser Veränderung verschlossen, würde SAP irgendwann bedeutungslos werden. Der Vorstand gelangte zu der Überzeugung, dass SAP rasch in den Markt für Cloud-Software vordringen musste. Aber es würde nicht genügen, ins Cloud-Geschäft einzusteigen: Unsere Wolke würde auch besser sein müssen als die unserer Konkurrenten.

Die entscheidende Erkenntnis: Große wie kleine Unternehmen wollten die Wahl haben. Sie wollten zwischen On-Premise-Software und On-Demand-Software wählen, und sie wollten ihre Programme auf einer Vielzahl von Geräten verwenden. Wenn SAP seinen Kunden nicht gab, was sie wollten, und zwar in der Form, die sie wollten, würde es jemand anderes tun.

Die Antworten auf so allgemeine, ergebnisoffene Fragen, die übermäßig einfach scheinen mögen, können zu großen Chancen führen. In ihrer Gesamtheit eröffneten diese drei Märkte – der für On-Premise-Lösungen, der für Cloud-Software und der für mobile Anwendungen – SAP die Möglichkeit, seine Kundschaft erheblich zu vergrößern und unseren potenziellen Markt von 110 auf 220 Milliarden Dollar zu verdoppeln. Unsere Strategie für SAP war klar. Im April 2010 waren wir soweit, sie umzusetzen.

Alles, was wert ist, vermittelt zu werden, wird fast immer zu wenig vermittelt

Zurück nach Walldorf. Dort hatten wir gerade unsere 250 Topmanager in den Plan eingeweiht. Zuerst gingen wir ihn im Detail durch. Anschließend teilten sich die Manager in kleinere Gruppen auf, um zu klären, was der neue Plan für sie bedeutete und wie ihre eigenen Geschäftseinheiten und Teams ihn umsetzen konnten. Beim Abendessen ermutigten wir die Manager, Jim Snabe, mir und den anderen Vorstandsmitgliedern Fragen zu stellen.

Jim und ich gingen auf die Bühne und führten vor, wie man die Strategie vermitteln konnte. Keiner von uns hatte sich Notizen gemacht. Wir versuchten, die Botschaft in unsere eigenen Worte zu fassen.

Ich spürte dabei Begeisterung in mir aufsteigen, aber nachdem ich in den vergangenen Jahren so viel Zeit in Deutschland verbracht hatte, wusste ich, dass sie insbesondere in unserer Zentrale in Walldorf auf manche Leute befremdlich wirkte.

Im Lauf der Jahre hatten meine deutschen Kollegen meine überschäumende Energie zu schätzen gelernt. Aber die meisten von ihnen waren nicht an einen solchen Enthusiasmus gewöhnt. Es sprach mich nie jemand direkt darauf an und riet mir, mich ein wenig zu bremsen, aber ich konnte die Atmosphäre im Raum durchaus deuten. Kennzeichnend für das Verhalten der deutschen Manager war eine ruhige Weltklugheit – sowohl innerhalb des Unternehmens als auch auf dem Markt. Ich lernte, die Vorzüge dieses Verhaltens schätzen, und da sich ein wirksamer Kommunikator dem Stil und der Kultur seines Publikums anpassen muss, schraubte ich meine Begeisterung gegebenenfalls ein wenig zurück.

Aber jetzt war der Zeitpunkt gekommen, da wir alle unsere Begeisterung anfachen mussten. Wir mussten nicht das forscheste Unternehmen auf dem Markt werden, aber wir konnten es uns nicht leisten, passiv zu sein. Wir mussten unsere Botschaft besser hinüberbringen, und wir mussten deutlicher und zuversichtlicher als bisher sagen, wer wir waren und warum unsere Kunden uns brauchten.

Obwohl Jim und ich die Botschaft jeweils in unsere eigenen Worte fassten, hoben wir beide einen Punkt hervor: SAP würde sich auf drei Bereiche konzentrieren: On-Premise (unser Kerngeschäft), On-Demand (Cloud) und On-Device (mobil). Auf diese Art würden wir unseren Markt verdoppeln und die Tür zu zweistelligen Wachstumsraten aufstoßen. Indem SAP die Verbindungen zwischen diesen drei Märkten nutzte, konnte es bis 2015 seinen Jahresumsatz auf 20 Milliarden Dollar und die Gewinnmarge auf 35 Prozent erhöhen sowie eine Milliarde Menschen erreichen, die auf die eine oder andere Art mit unserer Software in Berührung kommen würden.

»Wir wollen die Schlagzeilen für 2015 gemeinsam neu schreiben«, sagte ich. »Wir wollen, dass SAP sofort zu einer Reise aufbricht, die uns in das ungeheuer wachstumsstarke Unternehmen verwandeln wird, das wir sein können.« Jim erklärte: »Wir haben das Glück, in einer Industrie tätig zu sein, in der sich die Spielregeln rasch ändern. Das eröffnet uns eine große Chance. Aber um diese Chance zu nutzen, genügt es nicht, groß zu sein. Wir müssen auch schnell sein.«

Die Manager fühlten sich offenkundig nicht wohl in ihrer Haut, als sie die neue Strategie mit ihren eigenen Worten beschreiben sollten. SAP war ein Technologieunternehmen, und viele seiner Manager kommunizierten über die Technologie. E-Mails, Texte, PowerPoint-Präsentationen. Ich hatte in Vorstandssitzungen gesessen, in denen hochrangige Manager ihre Stellungnahmen absatzweise und Zeile für Zeile vom Papier ablasen, anstatt ein Gespräch mit ihren Kollegen zu führen. Ein solches Verhalten konnte das Vertrauen untergraben: Wenn ein Manager selbst nicht sicher war, dass er ohne Notizen das Richtige sagen konnte, wie sollten ihm dann andere vertrauen?

So sehr ich die Technologie liebte, insbesondere jene, die der Mobilität diente, war unübersehbar, dass viele unserer Manager keine Übung mehr darin hatten, persönlich miteinander zu kommunizieren. Es gibt keinen Ersatz für die direkte zwischenmenschliche Kommunikation.

Bevor wir die Manager in die ihnen zugewiesenen Kaffeeecken entließen, gaben wir ihnen die Chance zu scheitern. »Es ist in Ordnung, nicht alle Antworten zu wissen«, sagten wir. »Aber wir wollen, dass Sie gut vorbereitet in Ihre Büros zurückkehren, um Ihren Teams die neue Strategie leicht verständlich zu erklären, so dass Ihre Mitarbeiter ihrerseits die Information für ihre eigenen Leute übersetzen können, damit jedermann weiß, was zu tun ist.« In den Kaffeeecken würden sie die Chance haben, ihre Fehler zu korrigieren, bevor sie wirklich gefordert waren, die Strategie zu vermitteln.

Jim und ich gingen getrennt eine Runde durch die Büros, um uns ein Bild davon zu machen, wie die Kaffeeecken funktionierten. Etwa die Hälfte der Treffen, bei denen wir vorbeischauten, lief sehr gut. Wir hörten die Aufregung in den Stimmen der Leute, als sie erklärten, wie sich der Markt veränderte und wie sich SAP verändern würde. Wir spürten die Neugierde der Mitarbeiter, die sich ein wenig auf ihren Stühlen aufrichteten oder sich gespannt vorbeugten, um zuzuhören und Fragen zu stellen.

Aber wie nicht anders zu erwarten, verliefen einige der Treffen katastrophal. Obwohl die Manager allesamt intelligente Menschen waren, stolperten manche durch die Erklärungen oder schafften es nicht, die neue Strategie gut zu verkaufen. Einige wenige erschienen gar nicht erst, sei es, weil unser Plan sie nicht überzeugte oder weil sie einfach zu nervös waren. Aber abgesehen von dem einen oder anderen Ausfall machten mich die Kaffeeecken sehr stolz. Es war richtig gewesen, mit der Tradition zu brechen und die Führungskräfte ohne Skript hinauszuschicken.

Später am Vormittag versammelten wir uns wieder in der Kantine, und die Manager berichteten uns, dass sie in den Geсprä-

chen mit Mitarbeitern aus verschiedenen Bereichen neue Ein-
sichten gewonnen hatten. Wir hörten uns das Feedback an und
erfuhren mehr darüber, wie die Belegschaft die neue Strategie
aufnahm. Die Transparenz der Kommunikationsmaßnahme half
uns auch, ein wenig des verlorenen Vertrauens zurückzugewinnen – nicht, weil die Manager alle Antworten auf die Fragen
nach der Zukunft von SAP gewusst hätten, sondern weil wir unseren Mitarbeitern erklärten, welche Beweggründe wir für unsere Reise hatten, und sie auf diese Art in die Neuausrichtung des
Unternehmens einbanden.

Aber das Wichtigste war, dass die Manager Gelegenheit gehabt hatten, das Erklären der Strategie zu üben. Als während unseres Gipfeltreffens ein Vulkan auf Island ausbrach und die dabei
entstehende Aschewolke die Europäer zur Schließung großer
Teile ihres Luftraums zwang, konnten viele der in Walldorf versammelten Manager die Heimreise nicht wie geplant antreten.
Daher hatten wir zwei weitere Tage Zeit, um zu diskutieren und
zu üben. Wenn es je einen günstigen Zeitpunkt gegeben hatte,
um an einem Ort festzusitzen, dann war es dieser. Als die rund
250 Manager schließlich in ihre Niederlassungen zurückkehrten,
konnten sie die neue Strategie von SAP besser und überzeugender
beschreiben.

Nach dem firmeninternen Gipfel war der Zeitpunkt gekommen, den nötigen Mut für die Umsetzung aufzubringen.

Eine zweite Familie

An dem Tag, als SAP ein Picknick für die Mitarbeiter der Zentrale und ihre Familien veranstaltete, verwandelte sich das Gelände in Walldorf in einen farbenfrohen Kirmesplatz mit Karus-
sells und Tieren – und leider auch mit Regen.

Aber das Wunderbare war, dass sich niemand daran zu stören
schien: Es kamen 22 000 Menschen, darunter 7000 Kinder, und

viele blieben bis in die frühen Morgenstunden. Jim und ich servierten an einem Stand Limonade und Bier. (Erst im Nachhinein klärte mich jemand darüber auf, dass ich jedem, der ein Bier bestellt hatte, irrtümlich ein Radler serviert hatte. Aus Freundlichkeit wies mich keiner der Mitarbeiter auf meinen Fehler hin.) Veranstaltungen wie diese bedeuteten mir viel. Jede persönliche Begegnung mit unseren deutschen Mitarbeitern bot mir eine Gelegenheit, die Sorge zu zerstreuen, dass sich ein amerikanischer Manager möglicherweise nicht in der deutschen Unternehmenskultur zurechtfinden würde. Wenn es mir gelang, eine persönliche Beziehung zu den Menschen herzustellen, würden sie sehen, wie sehr mir diese Mission, seine Mitarbeiter und unsere gemeinsame Mission am Herzen lagen. Ich war überzeugt, dass, wie damals im Xerox-Bezirk Puerto Rico, auch bei SAP die gemeinsame Leidenschaft die kulturellen Unterschiede in den Hintergrund drängen würde.

Das Problem war, dass ich als Vorstandssprecher nicht genug Zeit hatte, um diese persönlichen Beziehungen zu den Mitarbeitern zu pflegen. Ich versuchte auf verschiedenste Art, mein Bekenntnis zu dieser Gemeinschaft unter Beweis zu stellen. Ich traf mich mit kleinen Mitarbeitergruppen zum Mittagessen oder erschien im Trikot der deutschen Fußballnationalmannschaft zur Arbeit – eine so einfache Geste konnte die kulturellen Barrieren niederreißen und zeigte Kameradschaft, ohne dass ein Wort nötig gewesen wäre.

Beim Betriebspicknick mischte ich mich mit Julie und den Jungen unter die Feiernden – vorsichtig, um nicht auf dem vom Regen aufgeweichten Boden auszurutschen –, schüttelte Hände, unterhielt mich mit Mitarbeitern und lernte ihre Familien kennen. Den ganzen Tag begegnete ich derselben Herzlichkeit, die ich im Jahr 2002 kennengelernt hatte, und spürte die freudige Erregung der Leute bei der Begegnung mit dem neuen Co-Chef.

Und ich spürte den Stolz der Deutschen, der mir mittlerweile so vertraut war. Die Leute liebten ihr Unternehmen wirklich, sie kannten seine Geschichte und empfanden tiefen Respekt für seine Leistungen. Die meisten schilderten nicht nur ihren eigenen Werdegang bei SAP – wie sie dort angefangen und in welchen Bereichen sie im Lauf der Jahre gearbeitet hatten –, sondern waren auch mit der Vergangenheit des Unternehmens vertraut. In den Vereinigten Staaten war ich nicht vielen Beschäftigten begegnet, die wussten, wie ihr Unternehmen vor Jahrzehnten produziert hatte. In Deutschland war die Loyalität der Mitarbeiter gegenüber ihrem Arbeitgeber sehr ausgeprägt.

Am Tag dieses Picknicks und an den meisten anderen Tagen fühlte ich den Rückhalt meiner Kollegen, selbst wenn es regnete und ich ihr Bier mit Limonade mischte.

28

Vertrauen ist immer noch die wertvollste Währung

Will man etwas verändern, so muss man seine gesamte Energie auf den Aufbau des Neuen richten, anstatt sie der Zerstörung des Alten zu widmen.

DAN MILLMAN

Ich war hingerissen. Ich saß im Fond eines Wagens, der mich zu einer Messe brachte, und hatte gerade eine neue App auf meinem nagelneuen iPad ausprobiert. Apple hatte sein neues Tablet noch nicht offiziell vorgestellt, aber SAP arbeitete gemeinsam mit der auf Datenbanken und Mobiltechnologie spezialisierten Firma Sybase an einer neuen mobilen CRM-Software, die auf diesem Gerät laufen würde. Mehrere Kunden waren so beeindruckt von dem Produkt, dass sie es bereits bestellt hatten. Nun wurde mir klar, woran das lag. Die Benutzeroberfläche war so schön, die Handhabung so einfach wie bei keinem der Produkte, die SAP bis dahin auf den Markt gebracht hatte. Ich hätte diese Anwendung geliebt, als ich seinerzeit als Vertreter von Tür zu Tür gegangen war. Sie war genau das Richtige für SAP und seine Kunden.

Ich rief John Chen an, den Chef von Sybase. Wir kannten einander seit Jahren.

»John, hier ist Bill. Haben Sie den Prototypen schon gesehen? Haben Sie gesehen, wie gut dieses Ding ist?« Ich konnte kaum still sitzen. Chen stimmte mir zu, dass das Produkt sehr gut gelungen sei.

»John, wir müssen reden«, sagte ich. »SAP möchte eine engere Beziehung zu Sybase.«

»In Ordnung, Bill«, antwortete er. »Was schwebt Ihnen vor? Eine Marketing- oder Vertriebskooperation?«

»Nein, nein. Enger.«

»Sie wollen den Wiederverkauf übernehmen?«

»Nein, enger.« Ich hörte John leise lachen.

»Will SAP in Sybase investieren?«, fragte er.

»Nein. Enger als das.« Er schwieg. Wir wussten beide, dass es nur eine Möglichkeit gab, die Zusammenarbeit noch enger zu gestalten.

Während der Umsetzung unserer Strategie hatte ich darüber nachgedacht, in welchen Bereichen SAP organisch wachsen konnte und in welchen nicht. Um in die identifizierten Märkte vorstoßen zu können, brauchten wir bestimmte Kenntnisse, Infrastrukturen und Größenvorteile, die wir außerhalb unseres eigenen Unternehmens suchen mussten. Sybase zum Beispiel verfügte über Assets, die uns fehlten, darunter eine phantastische »drahtlose« Technologieplattform, die Sybase Unwired Platform. Sie würde es SAP erlauben, seine vorhandene Software für mobile Geräte tauglich zu machen. Wir konnten weiterhin in einer Partnerschaft mit Sybase zusammenarbeiten, aber das würde nicht genügen. Insbesondere im Bereich der mobilen Technologie stand zu viel auf dem Spiel. Ich war überzeugt, dass SAP die gesamte Wertschöpfungskette von der Innovation über die Durchführung bis zur Anwendererfahrung kontrollieren musste.

Aber bei einer Fusion oder Übernahme mussten wir der Führung des anderen Unternehmens vertrauen können. Es genügte nicht, von seiner Technologie begeistert zu sein. Ich musste seinem Management so vertrauen wie die Lieferanten meines Delis mir vertraut hatten, als sie meine leeren Regale in der Gewissheit, dass ich meine Schulden später begleichen würde, ohne Bezahlung gefüllt hatten.

»Es gibt Zeiten, in denen man nur miteinander ausgehen

sollte«, sagte ich zu John, »und es gibt Zeiten, in denen man heiraten sollte.« Ich schlug ihm vor, was ich mit Jim und dem Vorstand von SAP besprochen hatte. »Wir sollten darüber nachdenken zu heiraten. Wie fänden Sie es, wenn SAP Sybase kaufen würde?« Ich begann im Geist zu zählen: *einundzwanzig, zweiundzwanzig* ...

Schließlich fragte ich: »John, sind Sie noch dran?«

»Ich finde den Gedanken interessant«, sagte er. »Aber im Augenblick ist mir nicht ganz klar, was ich davon halten soll.«

Sybase stand nicht zum Verkauf. Das Unternehmen verdiente Geld, und eine Reihe von Chens Initiativen begannen erste Früchte zu tragen. Ich wusste, wie sehr er es genoss, sein Unternehmen zu führen. Er hatte die Leitung von Sybase im Jahr 1997 übernommen und aus einem Verlierer einen Gewinner gemacht. Chen war auch geradeheraus und pragmatisch. Ich kannte seine persönliche Geschichte. Seine Familie hatte wie meine einige schwierige Zeiten überstanden, und das Ergebnis war, dass John das Leben mit unerschütterlichem Optimismus und einem ausgeprägten Arbeitsethos in Angriff nahm.

»John, ich sage Ihnen in aller Freundschaft und mit der gebotenen Demut, dass das hier eine wirklich große Sache ist.«

Neben seiner Unwired Platform verfügte Sybase über ein weniger offenkundiges, aber ebenso wertvolles Asset: 1600 Datenbankingenieure sowie einen Vertrieb, der sich mit Datenbanken auskannte. Diese Truppe würde SAP beim Vorstoß auf den Markt für Datenbanken helfen, der für unsere Strategie einen unverzichtbaren Baustein darstellte. SAP würde seine Sachkenntnis in diesem Bereich früher und rascher ausweiten müssen als vielen Leuten bewusst war.

»Lassen Sie mich darüber nachdenken, mein Freund«, sagte John. »Lassen Sie uns nach dem Quartal darüber sprechen.«

Nachdem Sybase im April ein ausgezeichnetes Quartalsergebnis gemeldet hatte, rief ich Chen erneut an. Schließlich bot SAP einen Kaufpreis an, den Chen seinem Board vorlegte.

Die Transaktion musste schnell und in aller Stille über die Bühne gehen. Das war nur möglich, weil John Chen und ich einander vertrauten. Ich war sicher, dass keine wesentlichen Probleme auftauchen würden, wenn wir uns erst einmal handelseinig waren. Chen seinerseits verließ sich darauf, dass ich dafür sorgen würde, dass SAP den Kauf auch durchzog. Für Sybase bestand die Gefahr, dass weitere Bieter auf den Plan treten würden, sollte bekannt werden, dass das Unternehmen von SAP umworben wurde. Die mögliche Folge wäre eine lange Zeit schädlicher Ungewissheit, die das Vertrauen seiner Kunden und die Moral seiner Mitarbeiter erschüttern konnte. Das wiederum konnte sich auf die Ergebnisse und den Börsenwert von Sybase auswirken. John Chen nahm nicht leichtfertig Verhandlungen mit uns auf.

Auch wir nahmen die Übernahme nicht auf die leichte Schulter. Seit seiner Gründung hatte SAP erst einmal ein milliardenschweres Unternehmen übernommen. Aber ich war überzeugt, dass der Schritt richtig war, und wir standen dazu.

Wie ich versprochen hatte, führte die Leitung von SAP die Übernahmegespräche mit großer Diskretion, um zu vermeiden, dass das Geschäft durchsickerte. Anfang Mai, als die Börsen und der Euro aufgrund der Sorge um eine Ausbreitung der griechischen Schuldenkrise abstürzten, wurde in Chens Umgebung die Vermutung geäußert, SAP werde sein Kaufangebot senken oder sich zurückziehen. Wir taten weder das eine noch das andere, sondern hielten an unserem ursprünglichen Angebot fest. Und als John mir zusicherte, dass er mindestens zwei Jahre bei SAP bleiben würde, um uns zu helfen, Sybase in unser Unternehmen zu integrieren und den größten möglichen Nutzen aus der Übernahme zu ziehen, hatte ich keinen Zweifel daran, dass er zu dieser Zusage stehen würde, obwohl er keinen Beschäftigungsvertrag unterschreiben wollte.

Am 12. Mai 2010, keine zwei Monate nach jenem ersten Anruf bei John Chen, gab SAP bekannt, dass es Sybase für 5,8 Milliarden Dollar übernehmen würde.

Der Schritt sorgte für großes Aufsehen.

»Es herrscht eine gewisse Skepsis auf dem Markt«, sagte die CNBC-Moderatorin Melissa Lee in einem Live-Interview. »Handelt SAP aus Verzweiflung, wie einige Analysten an der Wall Street angedeutet haben?«

»Dies ist ein spannender Vorstoß!«, antwortete ich lächelnd, um anschließend zu erklären, warum Sybase ein Vermögenswert war, den wir einfach besitzen mussten.

»Plant SAP weitere Übernahmen, Mr. McDermott?«, warf ein weiterer CNBC-Gast ein. »Ist das Ihre Wachstumsstrategie?«

»Wir sind im Grunde ein Unternehmen, das organisches Wachstum anstrebt«, antwortete ich, »aber die Welt verändert sich sehr schnell.« Es war nicht der richtige Zeitpunkt, um preiszugeben, was wir sonst noch im Sinn hatten.

Es würde immer Zweifler geben, die diese Strategie oder jene Taktik für falsch hielten. Aber da ich felsenfest von unserem Kurs überzeugt war, sah ich in diesem Störfeuer keinen Anlass, unseren Plan in Frage zu stellen. Ich sah die Risiken durchaus, aber wir gingen kalkulierte Risiken ein, indem wir Unternehmen kauften, auf deren Fähigkeiten wir vertrauten.

Kühne Vorstöße weckten die Neinsager, aber solche Vorstöße waren auch notwendig, um die Phantasie der Menschen anzuregen. Kühne Vorstöße gaben den Menschen einen Anstoß, über sich hinauszuwachsen. Und ich war sicher, dass die Welt mehr Nachsicht mit SAP zeigen würde, wenn wir einen Fehler begingen, anstatt überhaupt nicht zu versuchen, etwas zu wagen. Und ich selbst würde mir einen Fehler eher verzeihen als Untätigkeit.

Der beste Teil von mir

An einem Samstagabend im Oktober 2010 hatten Julie und ich gerade das Haus eines Nachbarn betreten, der uns zu einer Party eingeladen hatte, als ich plötzlich das Bedürfnis verspürte, nach

meiner Mutter zu sehen. Sie und mein Vater hielten sich gerade
in Pennsylvania auf. Als ich bei ihrer nahegelegenen Wohnung
eintraf, öffnete mir mein Vater. Er fragte mich, ob alles in Ordnung sei. Ich antwortete: »Ja, aber ich wollte Mom sehen.« Er
nickte. Er verstand. Ich folgte ihm ins Schlafzimmer.
»Hallo Mom«, flüsterte ich ihr zu. Sie öffnete die Augen und
griff nach meiner Hand. Wir saßen eine Stunde lang im Dunkeln
und unterhielten uns. Ich erzählte ihr, wie gut es John und Michael in der Schule ging, und sagte ihr, dass ich in der folgenden
Woche nach New York reisen und in der Radio City Music Hall
bei einer Wirtschaftskonferenz einen Vortrag halten würde. Wir
plauderten über Weihnachten und darüber, wie viel Spaß wir mit
der Show des Entertainers Tony Bennett haben würden. Bei dem
Gedanken an diesen Familienabend huschte ein hoffnungsvolles
Lächeln über ihr Gesicht.

Mitten in der Nacht bewies meine Mutter die Klarheit, den
Humor und die Warmherzigkeit aus ihrer besten Zeit. Es war wie
Zauberei, denn mir war bewusst, dass dies alles andere als ihre
beste Zeit war. Es war jetzt drei Jahre her, dass bei ihr Krebs dia-
gnostiziert worden war. Verblüffenderweise hatte sie sich von einer schwierigen Operation, von der Bestrahlung und der Chemotherapie gut erholt. Aber in den letzten Monaten hatte sich
ihr Zustand verschlechtert.

Sie schlief wieder ein, und ich legte ihre Hand aufs Bett.

Am folgenden Tag waren die Klarheit und Gelöstheit der vergangenen Nacht verflogen. Am Montag musste meine Mutter mit
Atemproblemen in ein Krankenhaus in Philadelphia gebracht
werden. Ich war im Büro, als ich den Anruf erhielt. Ich bat Barb,
meine Termine für den Nachmittag abzusagen, und eilte ins Krankenhaus. Meine Mutter lag in der Notaufnahme, wo sie warten
musste, bis auf der Intensivstation ein Bett frei wurde. Ich zog den
dünnen weißen Vorhang weg, der ihr Bett von den anderen
trennte. In ihrem Arm steckte ein Schlauch. Sie lächelte mich an,
aber sie wirkte zerbrechlich. In den folgenden acht Stunden ka-

men und gingen Krankenschwestern, die ihr Nadeln in den Arm stachen, Blut abnahmen und die Patientenakte aktualisierten, bis sie am späten Abend endlich auf die Intensivstation verlegt wurde. Gemeinsam mit meinem Vater, meinem Bruder Kevin und meiner Schwester Gennifer saß ich an ihrem Bett, als sie immer wieder aus dem Schlaf auftauchte und wieder eindöste. Ich konnte mir nicht vorstellen, mich von ihr verabschieden zu müssen.

Ich sah auf meine Uhr. In sieben Stunden sollte ich in der Radio City Music Hall auf das Podium steigen, um vor einem Publikum von Managern zu sprechen. Vor der Rede war für 7 Uhr ein Interview mit einem Bloomberg-Reporter angesetzt, und nach mir würde der ehemalige GE-Chef Jack Welch sprechen. In der Nähe des Krankenhauses wartete ein Wagen, der mich ins 150 Kilometer entfernte Manhattan bringen sollte.

»Mom, ich werde nicht hinfahren«, sagte ich. Und ich meinte es. Ich wollte dieses Krankenhaus nicht verlassen.

Sie bestand darauf, dass ich fuhr.

Draußen begann ich zu laufen. An meinem ersten Tag im Kindergarten hatte mich meine Mutter bei der Schule abgesetzt, und ich erinnerte mich noch daran, wie ich im Klassenzimmer in meiner Verzweiflung auf die Fensterbank geklettert war und meine Finger zwischen die dicken Lamellen des Rollos gesteckt hatte, um hinauszuschauen und sie zurückzurufen. Sie kehrte um und umarmte mich noch einmal. Wenn ich in der Grundschule eine schlechte Prüfung schrieb oder niedergeschlagen war, richtete es mich jedes Mal auf, zu meiner Mutter heimzukommen. »Rappel dich auf. Du wirst darüber hinwegkommen. Du bist immer noch du.« In ihrer Gegenwart war der Himmel blau und grenzenlos. Mein Leben lang hatte meine Mutter aus Gewöhnlichem etwas Besonderes gemacht; ihre Gegenwart hatte alles, was bereits besonders war – meine Hochzeit, die Geburten meiner Söhne, Beförderungen, Urlaube – noch schöner werden lassen. Ihre Gegenwart verwandelte diese sterile Krankenhausumgebung in ein Zuhause.

Ich dachte an den wartenden Wagen und die Show, die in den Augen meiner Mutter immer weitergehen musste, sogar in den schwierigsten Augenblicken.

Um halb 2 Uhr morgens ließ ich mich auf die Rückbank der Limousine fallen, und der Fahrer gab Gas. Wir fuhren schweigend. Ich sollte nicht in diesem Wagen sein. Ich wollte auf einem Stuhl vor der Intensivstation sitzen. Ich wollte ihre Hand halten, selbst wenn ihr meine Anwesenheit nicht bewusst war. Stattdessen traf ich um 3 Uhr morgens in einem Hotel in Manhattan ein.

Um halb 4 Uhr klingelte das Telefon. Mein Vater sagte, meine Mutter sei intubiert worden.

»Ich komme heim«, sagte ich. Ich wusste, dass sie sich gegen den Beatmungsschlauch wehren würde. Sie hatte nie lebenserhaltende Maßnahmen gewollt. Jemand im Krankenhaus musste sie überredet haben. »Dad, ich komme ins Krankenhaus.«

»Bill, du weißt, dass deine Mutter möchte, dass du diese Rede hältst.« *Ja, ich weiß es.* Ich fragte mich, ob sie wusste, dass sie im Sterben lag. Sie wusste es wohl, und deshalb wollte sie, dass ich weit weg war.

Ohne geschlafen zu haben, duschte ich, zog mich an und fuhr einige Stunden später in die Radio City Music Hall, um meine Pflicht zu erledigen, damit ich ans Sterbebett meiner Mutter zurückkehren konnte. Ich wollte kein Mitgefühl und erwähnte nicht, in welcher Lage ich mich befand. Um 7 Uhr beantwortete ich die Fragen eines Bloomberg-Reporters über SAP, Technologie und die Wirtschaftslage. Um halb 8 Uhr plauderte ich mit Jack Welch und einem Redakteur des *Wall Street Journal* hinter der Bühne. Ich wurde angekündigt, ging hinaus und sprach vor einem vollen Saal über Führung und die Verwirklichung der eigenen Träume. Um 2 Uhr nachmittags war ich wieder an ihrem Bett. Sie konnte nicht mehr sprechen.

Drei Tage später, am Morgen des 8. Oktober 2010, starb meine Mutter. Diesmal würde sie nicht zurückkommen, so fest ich mich auch an ein Fenster klammerte und nach ihr rief. Ich hatte meine

Mutter viel zu früh verloren. Sie war erst 67 Jahre alt. Aber ich weiß, dass der Glanz ihres Lächelns für immer meine Träume mit Farbe erfüllen und meine Tage aufhellen wird.

In den folgenden Wochen versank ich in einer Traurigkeit, wie ich sie nie zuvor erlebt hatte.

Teamarbeit der Spielertrainer

In den Tagen nach dem Tod meiner Mutter bewies Jim Snabe einmal mehr, dass er der beste Partner war, den man sich wünschen konnte. Und er erwies sich als wahrer Freund. Er zeigte nicht nur Mitgefühl und Respekt, sondern sprang auch bei einer Sitzung des globalen Führungsteams für mich ein, damit ich mich ein paar Tage meiner Familie widmen konnte. Ich blieb der Arbeit jedoch nicht lange fern, um die Dynamik nicht zu bremsen. Meine Mutter hätte gewollt, dass ich wieder an die Arbeit ging.

Die Zusammenarbeit mit Jim funktionierte, weil wir nichts von dem, was wir seit unserer Ernennung zu Vorstandssprechern getan hatten, auf uns persönlich bezogen. Wir einigten uns darauf, auf Eifersüchtelei und Machtspiele zu verzichten und unsere Energie vollkommen in den Dienst von SAP zu stellen. Wir stellten sogar einige klare Regeln auf und schworen uns, einander stets mit Respekt zu begegnen, auch wenn der andere außer Hörweite war. Wir versprachen, nicht zuzulassen, dass man uns gegeneinander ausspielte. Wir vereinbarten, die Entscheidungen des anderen zu respektieren, denn wir würden nicht alles gemeinsam entscheiden können. Wir verpflichteten uns, stets offen miteinander zu sprechen und Probleme direkt zu diskutieren. Wenn wir debattierten – und es gab viele Debatten –, taten wir es unter vier Augen.

Wir fanden einen Rhythmus. Wir arbeiteten gemeinsam an grundlegenden Dingen wie der Strategie des Unternehmens, aber Jim konzentrierte sich auf die Verbesserung der Produktentwicklung und auf die Verkürzung unserer Innovationszyklen und sorgte von seinem Heimatstandort in Walldorf dafür, dass der Betrieb geordnet ablief und dass unsere Mitarbeiter zufrieden waren. Ich konzentrierte mich auf den Außendienst, auf Vertrieb, Marketing und Kundendienst, auf unsere Marke und das Ökosystem. Von meinem Heimatstützpunkt in Newtown Square aus sorgte ich dafür, dass unsere Kunden in aller Welt zufrieden waren. Wir überbrückten die geographische Distanz, indem wir ein gemeinsames Büro unterhielten. Mein langjähriger Stabschef Rick Knowles arbeitete jetzt für uns beide und stimmte unsere Vorhaben und Termine ab. Wir kommunizierten beide lieber zu viel als zu wenig. Zu Beginn unserer Zusammenarbeit leiteten wir einander sämtliche E-Mails weiter und sprachen täglich miteinander. Jim rief mich an, wenn der Arbeitstag in Europa endete. Wir brachten einander auf den neuesten Stand und gingen die Vorhaben des nächsten Tages durch. Aber nach einer Weile einigten wir uns auf einen wöchentlichen Anruf am Freitag.

Produktiver als die geplanten Telefongespräche waren jedoch unsere spontanen Unterhaltungen, die zur Kenntnisnahme weitergeleiteten E-Mails, die gemeinsamen Abendessen, wenn wir in derselben Stadt waren. Bei diesen informellen Begegnungen sprachen wir über Berufliches, tauschten uns aber auch über persönliche Dinge aus. Wir waren beide Väter, die versuchten, die beruflichen Anforderungen mit dem Familienleben in Einklang zu bringen – Jim hatte einen Sohn und eine Tochter, die nur wenige Jahre jünger waren als John und Michael. Während wir über unternehmerische Fragen diskutierten, entwickelte sich eine tiefere Freundschaft zwischen uns.

Die Belegschaft von SAP reagierte positiv auf unsere geteilte Führung, was in meinen Augen vor allem daran lag, dass wir Respekt füreinander zeigten. Jims Ausgeglichenheit war ein Gegengewicht zu meinem überschäumenden Enthusiasmus. Alles in allem war das Modell mit zwei Geschäftsführern sehr gut geeignet für diese Phase in der Entwicklung von SAP. Das Unternehmen brauchte unsere unterschiedlichen Eigenschaften. Gleichzeitig ähnelten wir einander in den Eigenschaften, die wichtig waren, damit zwei Personen nebeneinander existieren und gemeinsam führen konnten: Beide maßen wir der Kommunikation große Bedeutung bei, beide respektierten wir die Verschiedenartigkeit des anderen und beide hatten wir ähnliche Wertvorstellungen.

Eine gute Sache

An einem kühlen, sonnigen Tag in Camden im Bundesstaat New Jersey bemalten Dutzende Kinder und Erwachsene Wände und setzten große grün-orangene Bauteile zusammen. Sie errichteten einen Spielplatz. Unter den Freiwilligen waren Mitarbeiter von SAP und der Rockstar Jon Bon Jovi in Lederjacke und mit rotem Schal. Seine Soul Foundation unterstützt überall in den Vereinigten Staaten Gemeindeprojekte.

»Als wir die Kinder aufforderten, ihren idealen Spielplatz zu entwerfen«, erklärte der Musiker den anderen Freiwilligen, »überhäuften sie uns mit Ideen, von Schaukeln bis zu Raumschiffen. Es war wichtig, sie in die Planung einzubeziehen, denn Träume können nur wahr werden, wenn man sie sich ausmalt. Wer weiß, wo ich gelandet wäre, wenn ich nicht davon geträumt hätte, eines Tages als Star auf der Bühne zu stehen.«

Dies war nur ein Spielplatz, aber den Kindern der Rafael Cordero Molina School genügte er.

In einem Unternehmen, das so groß war wie SAP, das so viele Menschen erreichte, hatte ich mehr Möglichkeiten als je zuvor, auf der Weltbühne etwas Positives zu bewirken. Die Unternehmensführung teilte meine Überzeugung, dass SAP noch mehr gesellschaftliche Verantwortung übernehmen musste.

Einer unserer ersten Schritte bestand darin, eine umfassendere Vision zu gestalten: »Zu einer besseren Welt beitragen und das Leben der Menschen verbessern.« Diese Aussage beinhaltete zum einen den bereits vorhandenen Nutzen unserer Produkte für unsere Unternehmenskunden. Zum anderen würden wir von nun an mehr von unserer Software, unserem Talent und unseren Mitteln in den Dienst von Schulen, Bibliotheken und wohltätigen Einrichtungen stellen. Und wir würden weitere wichtige Anliegen unterstützen. Um sich an der Vorbeugung und Behandlung von Aids, Tuberkulose und Malaria zu beteiligen, würde SAP in Zusammenarbeit mit dem Musiker Bono Technologie sowie finanzielle Unterstützung für Bonos Organisation (RED) und den Global Fund bereitstellen. Nach dem verheerenden Erdbeben, das im Jahr 2010 Haiti verwüstet hatte, arbeitete SAP mit einem örtlichen Netz sozialer Unternehmen zusammen, um hilfsbedürftige Kleinunternehmer zu unterstützen. Und in den Vereinigten Staaten spendeten wir Geld und Technologie für Einrichtungen, die sich für die Gesundheit und das Wohlergehen von Kindern einsetzten.

Aber angesichts der komplexen Herausforderungen, mit denen die Welt konfrontiert war, war es mit Spenden nicht getan. Wir mussten Innovation betreiben. Da SAP auf den Markt für mobile Technologie vordrang, konnten wir abgespeckte Versionen unserer Unternehmensanwendungen in abgelegene Winkel der Welt bringen, an Orte, wo die Mobiltelefonie die einzige für breite Bevölkerungsgruppen zugängliche Technologie war. In Entwicklungsländern nutzten unabhängige Kleinunternehmer bereits das Mobile Banking. SAP konnte und würde eine mobile Anwendung entwickeln, mit der zum Beispiel eine Ladenbesitzerin im ländlichen Südafrika von ihrem Handy aus eine Ladung Mais bestellen konnte, anstatt ihren Laden einen Tag lang schließen und ein Taxi bezahlen zu müssen, um ihren Lieferanten im nächsten größeren Ort aufzusuchen, festzustellen, ob er genug Säcke Mais auf Lager hielt, und ihre Bestellung aufzugeben. Um Unternehmer in Schwellenländern zu unterstützen, würden wir unsere Mitarbeiter ermutigen, ein »soziales Sabbatjahr« zu nehmen und sich längere Zeit aus ihrem Alltagsjob zurückzuziehen, um ihre spezifischen Kenntnisse mit Kleinunternehmern zu teilen. Intern nahmen wir uns vor, die direkten und indirekten CO_2-Emissionen des Unternehmens und den Ausstoß anderer Treibhausgase bis zum Jahr 2020 um 51 Prozent zu verringern, womit SAP zum Emissionsniveau des Jahres 2000 zurückkehren würde. Als wir dieses Ziel bekanntgaben, meldeten sich begeisterte Mitarbeiter aus dem ganzen Unternehmen freiwillig, um uns bei der Verwirklichung des Vorhabens zu helfen.

Wir intensivierten auch unser ehrenamtliches Engagement an unseren Standorten. SAP hatte im Jahr 2005 begonnen, Freiwilligeneinsätze seiner Mitarbeiter in Nordamerika zu koordinieren. Bis zum Jahr 2010 war daraus ein globaler »Month of Service« geworden. Unsere Hoffnung war, dass unsere Mitarbeiter am Ende mehr als eine Million Stunden pro Jahr in Freiwilligendienste in Gemeinden in aller Welt investieren würden, um Schulen anzustreichen, Kindern Nachhilfe zu geben und Unternehmensgründern unter die Arme zu greifen. Sie sollten überall anpacken, wo Hilfe gebraucht wurde – zum Beispiel beim Bau eines Spielplatzes.

Eine gute Sache darf kein Slogan, kein Motivationswerkzeug und keine Rekrutierungstechnik sein. Eine gute Sache ist etwas, das dem Dasein einen Sinn gibt. Sie bringt Pflichten mit sich, die alle Unternehmen ungeachtet ihres Standorts oder ihrer Branche respektieren müssen. Der gesamte Vorstand von SAP wollte dafür sorgen, dass das Unternehmen nicht nur sich selbst, seinen Kunden und seinen Aktionären diente, sondern seine Reichweite und seine Innovationen nutzte, um das Leben von Menschen zu verbessern.

Ein Blick zurück, ein Blick nach vorn

Das Jahr 2010 war für mich ein Jahr großer Freude und großen Leids. Der Tod meiner Mutter war schmerzhaft, aber ich hatte einen Traumjob. Und SAP entwickelte sich gut. Im vierten Quartal 2010 verkaufte das Unternehmen Software im Wert von 1,5 Milliarden Euro, mehr als je zuvor in seiner 38-jährigen Geschichte. Wir schlossen nicht nur große Geschäfte ab, sondern erhöhten auch ihre Anzahl. Natürlich kam uns zugute, dass die Unternehmen wieder aus den Höhlen hervorkamen, in denen sie sich während der Rezession verkrochen hatten, und erneut begannen, in Technologie zu investieren. Und wir verkürzten unsere Produktentwicklungszyklen. Unsere aufregendste Innovation war ein Geheimprojekt, das wir intern als T-Rex bezeichneten. Eine Probeversion des Produkts wurde im November 2010 fristgerecht an 50 Kunden geliefert, die begeistert waren. In den nächsten Jahren sollte T-Rex ein Trumpf von SAP werden. Wie unsere früheren Innovationen hatte T-Rex das Potenzial, nicht nur zu verändern, wie Unternehmen ihre Geschäfte führten, sondern auch, was für Geschäfte sie betrieben.

29

Große Ideen

Die Zukunft gehört dem, der heute eine Zukunftsvision hat.

ROBERT H. SCHULLER

Ich war zwei, als im Jahr 1963 mein Großvater starb. Er war erst 49 Jahre alt. Mir war viel Gutes widerfahren, aber zu den großen Enttäuschungen in meinem Leben zählte, dass ich ihn nie kennengelernt hatte. Um sein Andenken zu ehren, setzten mein Vater und ich uns dafür ein, dass er den ihm zustehenden Platz in der Basketball Hall of Fame in Springfield bekam. Im Jahr 1988, als Bobby McDermott endlich in die Ruhmeshalle aufgenommen wurde, nahm mein Vater die Ehrung in seinem Namen entgegen.

»Die größte Stärke meines Vaters war sein Wettbewerbsgeist«, erklärte mein Vater vor den Mitgliedern unserer Familie und den Basketballgrößen, die sich in einem Festsaal versammelt hatten. »Fans, Spieler, Trainer, Mannschaftskollegen und Gegner – vor allem die Gegner – erinnern sich gut an ihn. Er gab nie auf. Er gab immer 100 Prozent.«

Mein Vater versuchte, einer festen Überzeugung Ausdruck zu geben: Das eigentlich Wichtige am Sport war nicht das Gewinnen an sich, sondern die Freude, großen Spielern dabei zuzusehen, wie sie ihren Traum lebten.

Im Jahr 2013 verschmolz die Vergangenheit mit der Gegenwart. Ich nahm auf der Sapphire-Now-Konferenz von SAP, einer riesigen Veranstaltung, die jedes Jahr im Frühling tausende Kunden und Partnerunternehmen nach Orlando in Florida lockte, an einem Diskussionsforum teil. Mit mir auf dem Podium saßen drei Manager, die ich bewunderte: Jed York, der Eigentümer und Geschäftsführer des Footballteams der San Francisco 49ers, Kevin Plank, der visionäre Gründer und Leiter des Sportbekleidungsherstellers Under Armour, in dessen Board ich saß, und Adam Silver, der stellvertretende Leiter der National Basketball Association (NBA), der kurze Zeit später zum Leiter befördert werden sollte. Die von diesen Männern geführten Organisationen waren Klienten von SAP, und sie nahmen an Sapphire teil, weil sie viel von den Überschneidungen zwischen Sport und Technologie verstanden.

Meiner Vorliebe für eine gute Show gehorchend, hatte ich auf der Bühne einen Moderatorentisch aufbauen lassen und den reaktionsschnellen James Brown, der die CBS-Sendung »The NFL Today« moderierte, als Leiter der Gesprächsrunde engagiert. Mit dieser Inszenierung wollte ich die technologielastige Konferenz, bei der die neuesten Produkte von SAP vorgeführt wurden, ein wenig verspielter gestalten.

Aber bevor die Diskussion begann, überraschte mich Adam Silver.

»Viele von Ihnen werden nicht wissen, dass Bill McDermotts Großvater einer der größten Basketballer aller Zeiten war.« Mit diesen Worten erhob sich Silver von seinem Platz und überreichte mir einen kleinen flachen Gegenstand. »Bill, ich habe in unserem Archiv eine der Originalsammelkarten mit dem Bild Ihres Großvaters gefunden.« Ich konnte es nicht glauben. Da war er, Bobby McDermott, 1,80 Meter groß. Ich war tief gerührt.

Ich kannte Silver seit einer Weile und wusste zu schätzen, dass er wie mein Vater verstanden hatte, dass es im Sport nicht nur darum ging, Siegerteams aufzubauen. Es ging auch darum, den Fans eine besondere Erfahrung zu bescheren. Als ich Silver und dem damaligen NBA-Chef David Stern zum ersten Mal begegnet war, hatten sie mir über ein Problem der NBA berichtet: Die Liga besaß offizielle Statistiken, die bis in die Frühzeit der Liga zurückreichten, aber viele ihrer Daten waren selbst für die Trainer und Teams unzugänglich. Auch die Fans kamen an viele Statistiken nicht heran. David, Adam und ich waren selbst Anhänger dieses Sports und wussten, dass der Liga damit eine große Chance entging.

Die NBA wollte, dass ihre Fans die Statistiken nutzen konnten, sei es im Stadion, daheim vor dem Fernseher oder am Strand von einem mobilen Gerät aus. SAP war offiziell nicht in der Sportbranche tätig, aber bald würden wir es sein. Die NBA und wir dachten gemeinsam über eine Lösung nach und kamen auf eine ausgezeichnete Idee.

Diese Lösung erklärte Adam Silver jetzt auf der Bühne: Jeder Fan konnte von nun an mit jedem beliebigen mobilen Gerät Basketballdaten aus 66 Jahren abrufen und verwerten. Jederzeit. Überall. Wenn meine Söhne die Karrierestatistiken der Hall-of-Fame-Spieler Chris Mullin und Dominique Wilkins vergleichen wollten, mussten sie sich nur bei NBA.com einloggen. Mit dem Einsatz einer Technologie, die es der NBA erlaubte, mit ihren Fans zu interagieren, änderte die Liga die Spielregeln: Hatte die Technologie bis dahin das Geschäft unterstützt, so *war* die Technologie von nun an das Geschäft.

»Wir wollen den Fans mit der Software neue Möglichkeiten eröffnen, damit sie uns neue Wege zeigen können, unsere Daten zu nutzen«, sagte Silver. Auch darin erkannte ich eine grundlegende Wahrheit wieder, die mir seit meiner Jugend bekannt war.

Empathie und Ökosysteme

Am folgenden Morgen hallte am zweiten Tag von Sapphire der Song »We Will Rock You« von Queen durch die große Ausstellungshalle des Orange County Convention Center in Orlando.

Der riesige Saal war abgedunkelt worden, die Lichtkegel von Scheinwerfern hüpften über die Sitzreihen. Die dröhnende Musik täuschte über die frühe Stunde hinweg. Die Zuschauer jonglierten mit Kaffeebechern und Laptops, um beide Hände frei zu haben, damit sie dem Mitgründer und Aufsichtsratsvorsitzenden Hasso Plattner applaudieren konnten. Plattner, der eher ein Gelehrter als ein Entertainer war, kam sofort zur Sache. »Nachdem wir vier Jahre lang HANA gepredigt haben, denke ich, dass wir einen relativen Höhepunkt erreicht haben. Es geht nicht mehr um HANA, sondern über die Anwendungen für HANA.«

Jim Snabe und ich waren nun seit zwei Jahren Vorstandssprecher und hatten in elf Quartalen in Serie ein zweistelliges Umsatzwachstum mit Software vorzuweisen. Wir saßen in der ersten Reihe und wussten, dass Plattner über die Innovation sprechen würde, mit der SAP die Spielregeln ändern wollte: T-Rex.

Hasso hatte die Entwicklung einer revolutionären Datenanalyseplattform vorangetrieben, die von einer Gruppe von Doktoranden am Hasso-Plattner-Institut in Potsdam in Kooperation mit SAPs angesehenem Technologiechef Vishal Sikka und unseren brillanten Ingenieuren entwickelt wurde. Die Technologie trug die Bezeichnung »High-Performance Analytic Appliance« (HANA), und ermöglichte die Speicherung und Verarbeitung großer Datenmengen im Arbeitsspeicher eines Computers (In-Memory-Technologie). Sie konnten 10 000 Mal schneller abgerufen werden als auf der Festplatte gespeicherte Daten.

HANA würde die Spielregeln ändern. Dank der Verbreitung von Daten sammelnden Geräten verdoppelte sich die weltweit verfügbare Datenmenge alle 18 Monate. Mit Supermarktkassen, RFID-Transpondern zur Etikettierung von Kleidung, Ampelsensoren und Websites sammelten Unternehmen mehr Informationen als je zuvor über die Verbraucher, ihre Kunden und über ihre eigenen Betriebsabläufe. Das Überangebot an Daten überforderte viele Kunden von SAP, die riesige Mengen von »dunklen

Daten« ungenutzt ließen. Mit HANA würde SAP zu einer Macht im Datenbankgeschäft werden. Und da HANA auch in der Cloud funktionierte, würde es dazu beitragen, unser On-Demand-Angebot, das ein zentraler Bestandteil unserer neuen Strategie war, von dem der Konkurrenten abzuheben.

Aber HANA war mehr als eine Software. Es war eine Plattform, auf der die Software von SAP sowie neue Anwendungen von Drittanbietern oder auch Konkurrenten laufen konnten. Dies war eine Innovation, die weitere Innovationen hervorbrachte. HANA beflügelte die Phantasie. Mehr als 450 Start-up-Unternehmen, die teilweise von SAP gegründet worden waren, sowie Milliardenkonzerne entwickelten neue Anwendungen ausschließlich für HANA. Eine dieser Apps diente zur Echtzeitanalyse des menschlichen Genoms. Eine andere wies Autofahrer auf Dienstleistungen in der näheren Umgebung, auf Sonderangebote und sogar auf freie Parkplätze hin.

Mir war seit langem bewusst, wie wichtig die Ökosysteme für das Wachstum eines Unternehmens waren. Von den Lieferanten meines Delis bis zu den Sekretärinnen und Türstehern, die mir Zutritt zu den Büros in Midtown Manhattan gegeben hatten: Solche Unterstützer waren ebenso relevant wie die eigentlichen Kunden. Das Ökosystem der HANA-Entwickler hatte eine ähnliche Macht wie jene Unternehmen, die hunderttausende Produkte für den App Store von Apple entwickelten. Das Entwickler-Ökosystem von SAP, von den Start-ups bis zu den Großunternehmen, konnte HANA größer machen als SAP je vermocht hätte. Die Ökosysteme ermöglichten Innovation im Zeitraffer.

Grundlage für die Entwicklung von HANA war die Konzentration auf den Kunden. Die Entwicklungsteams wählten einen beliebten Problemlösungsansatz, der als »Design Thinking« bezeichnet wird. Ein zentraler Bestandteil dieser Methode ist die Empathie. Es lohnt sich nur, eine Idee zu verfolgen, wenn die Entwickler eines Produkts drei Fragen mit ja beantworten können:

- *Ist die Idee wünschenswert? Will jemand diese Lösung?*
- *Ist sie machbar? Kann man sie in ein funktionierendes Produkt verwandeln?*
- *Ist die Idee geschäftlich nutzbar? Werden die Leute dafür bezahlen?*

Wenn alle drei Fragen mit ja beantwortet werden, kann eine Erfindung mehr werden als nur eine Idee. Sie kann ein Produkt und ein ausgezeichnetes Geschäft für ein Unternehmen werden. Auf HANA traf das zu.

»Hatten Sie Spaß?«, fragte Hasso Plattner die zwölf Doktoranden, die er bei Sapphire auf die Bühne gebeten hatte, damit sie sich den verdienten Beifall für ihre Arbeit abholen konnten. »Hatten Sie Spaß an der Entwicklung dieser Anwendungen?«

Wie konnte jemand Hassos Begeisterungsfähigkeit nicht lieben? Er war immer noch so, wie ich ihn damals nach dem Spiel mit seinem Hund kennengelernt hatte: aufrichtig, neugierig, leidenschaftlich.

Die meisten Menschen sind wie ich keine Erfinder. Ich hege großen Respekt für jene, die Dinge erfinden können. Ich bin fasziniert von der Funktionsweise ihres Verstands. Weder kann ich Programmcodes schreiben noch Software entwickeln, nichtsdestotrotz liebe ich es, mir vorzustellen, wie die von den Erfindern entwickelte Technologie Kunden begeistert und ein Unternehmen groß macht. Ich werde mir wohl nie eine geniale neue Erfindung ausdenken. Aber ich erkenne, in welche Richtung sich der Markt bewegt. Und ich verfolge mit Leidenschaft das Ziel, eine Kultur des Gewinnens aufzubauen, und zum Wachstum eines Unternehmens beizutragen, das Millionen einer genialen Erfindung verkaufen und die nächste und übernächste geniale Erfindung entwickeln kann.

Ich stand in jedem Job auf den Schultern von Giganten. Ohne die Innovationen anderer hätte ich keine Ideen verpacken und keine Teams inspirieren können. Ich hätte keine Möglichkeit gehabt, ein Gewinner zu sein. Unternehmen brauchen Menschen, die Produkte erfinden, und sie brauchen Menschen, die ein Geschäft daraus machen können. Und diese Menschen brauchen einander.

30

Was Träume bewirken können

*Wer zuversichtlich seinen Träumen folgt, das Leben lebt
und sich bemüht, so zu leben, wie er es sich vorgestellt
hat, der wird unerwartet von Erfolg gekrönt.*

HENRY DAVID THOREAU

Alles, was ich in meinem Leben erlebt habe, begann mit einem
»Winning Dream«.

Ein Winning Dream ist ein Idealzustand, den sich ein Mensch
für sich selbst ausmalt. Ein so großartiges Ziel, dass die Leidenschaft für diesen Traum sein Herz erfüllt und ihm das nötige
Selbstvertrauen gibt, um zu glauben, dass er seine Ziele nicht nur
erreichen kann, sondern erreichen muss, gleichgültig, auf welche
Hindernisse er stößt. Mangel an Geld. Eine bescheidene Herkunft. Unternehmenshierarchien. Eine Geschichte voller Nieder-
lagen. Ein widriges Wirtschaftsumfeld. Krankheit, Tod, Zweifel.
Keine dieser Hürden hatte mich daran gehindert, meinen Winning Dream zu leben. Die Hindernisse weckten bei mir nur noch
größere Leidenschaft.

Aber eine Führungskraft hat nicht nur die Aufgabe zu träumen. Sie muss die Träume auch verwirklichen.

Nachdem sie Visionen entwickelt und Motivationsreden gehalten hat, muss sich eine Führungskraft an die Arbeit machen
und die Vorhaben mit Präzision umsetzen. Während das Träumen Optimismus, Wagemut und Empathie voraussetzt, ist die
Verwirklichung der Träume ein konkretes Unterfangen, das harte

Arbeit, Disziplin, Teamarbeit, Kommunikation und Mut erfordert.

Harte Arbeit: An sieben Tagen der Woche, rund um die Uhr

Viele meiner Arbeitsgewohnheiten hatten sich im Lauf der Jahre kaum geändert. Ich war so erfolgshungrig und fleißig wie eh und je. Ich hielt es immer noch für entscheidend, nicht Produkte, sondern Werte zu verkaufen, ich war immer noch gerne draußen, um das Gespräch mit den Kunden zu suchen, und ich kontrollierte die Vertriebspipelines von SAP täglich – nur tat ich das jetzt von meinem iPad aus. SAP arbeitete mittlerweile mit HANA, weshalb ich jegliche Information, die ich benötigte, von meinem Tablet aus abrufen konnte, während ich um die Welt reiste. Ich drängte weiterhin auf einen disziplinierten Vertriebsprozess und auf die Messung der Leistungen, ich hielt an meinen wiederholbaren Methoden fest und entwickelte weiter, was funktionierte, anstatt immer alles neu zu erfinden.

Und ich glaubte immer noch, dass das Gewinnen gefeiert werden sollte. Der jährliche Winners' Circle hatte sich in eine begehrte Belohnung verwandelt, die tausende Verkäufer anspornte, für das Unternehmen Wunder zu vollbringen.

Ich brachte jede Woche eine Arbeitsleistung, die einem Einsatz rund um die Uhr entsprach, versuchte dabei jedoch weiterhin, die Wochenenden mit meiner Familie zu verbringen. Aber auch am Samstag und am Sonntag beantwortete ich die meisten E-Mails innerhalb weniger Minuten, obwohl ich mittlerweile auch geschäftlich Kurznachrichten verschickte und hier ebenfalls ziemlich schnell reagierte.

An den meisten Wochentagen jagte ein Termin den anderen. Zum Beispiel eilte ich während der Sapphire-Konferenz an einem Tag von der Gesprächsrunde über die Sportapps in einen

Raum hinüber, in dem mich 17 asiatische Journalisten erwarteten, mit denen ich über einen Dolmetscher sprach. Anschließend lief ich zu einer Live-Pressekonferenz, und dann empfing ich in einem Raum zwei Stunden lang Besucher, die mir ihre Anliegen vorbrachten. Als mich ein australischer Analyst fragte, wie es möglich war, dass Jim Snabe und ich so harmonisch zusammenarbeiteten, erklärte ich ihm, dass wir eine Kultur des Vertrauens pflegten. »Ohne Vertrauen kein Gespräch. Deshalb gibt es in einer guten Arbeitskultur Strategie schon zum Frühstück.« Er kritzelte meine Antwort in sein Notizbuch. Als einer unserer Klienten an mich herantrat, um mir mitzuteilen, dass die Implementierung bei ihm zu langsam vorankam, hörte ich ihm zu und antwortete: »Es ist mir egal, bei wem der Fehler liegt. Ich will nur wissen, wie wir das korrigieren können. Was kann ich tun?« Er antwortete, der Projektleiter von SAP sei »zu nett« und müsse unser Partnerunternehmen dazu anhalten, die Fristen einzuhalten. Ich wandte mich an Barb und bat sie, den entsprechenden Personen E-Mails zu schicken. »Erledigt«, sagte ich zum Klienten, der sich zufrieden verabschiedete. Dann kam ein halbes Dutzend auf die Technologiebranche spezialisierte Analysten herein, die ihre Laptops aufklappten und eine halbe Stunde lang eifrig in die Tasten hauten, während ich ihre Fragen beantwortete. Einer von ihnen wollte wissen, wie SAP talentierte Mitarbeiter davon abhielt, zur Konkurrenz abzuwandern. »Der Mitarbeiter verlässt nicht sein Unternehmen, er verlässt seinen Manager«, antwortete ich. »Ich habe wenig Geduld mit Managern, die ihre Leute nicht gut behandeln.« Ein anderer fragte mich, wie SAP all die wendigen Start-ups in Schach halten wolle, die in die Cloud strömten. Ich beugte mich vor und sagte fast im Flüsterton: »Co-Innovation.«

»Was ist mit SAPs Kernkompetenz?«, wollte ein anderer Analyst wissen.

»Wir sind immer noch die einzigen, die tun, was wir tun, und es gibt weiterhin niemanden, der es so tut wie wir«, sagte ich. »Und machen Sie sich keine Sorgen, wir bauen vor, um unser

Unternehmen zu schützen.« Damit spielte ich auf die Möglichkeit weiterer Übernahmen an. Als die Zeit abgelaufen war, klappten die Analysten ihre Laptops zu und brachen auf, um ihre Berichte zu schreiben, während ich ins Hotel zurückkehrte, um mich für das abendliche Unterhaltungsprogramm umzuziehen.

Doch bei aller Beständigkeit hatte ich meine Fähigkeit weiterentwickelt, meinen Stil verschiedenen Kulturen und Umgebungen anzupassen. Ich hatte größere Wertschätzung für ihre Vielfältigkeit entwickelt. Ich war in den Job hineingewachsen. Das Betriebsmodell von SAP sorgte für einen Machtausgleich zwischen Vorstand und Aufsichtsrat – anders als die auf Befehl und Kontrolle beruhende Unternehmensstruktur, die in den Vereinigten Staaten üblich ist. Außerdem hatte ich versucht, mir eine »Mentalität des Überflusses« anzueignen, die auf der Vorstellung beruhte, dass jede Person am Tisch etwas Sinnvolles beitragen konnte. Kluge Führungskräfte nehmen die Anregungen ihrer Kollegen auf und achten darauf, dass die Firma von den funktionsübergreifenden Kompetenzen des Teams profitiert.

Ich war auch zu der Überzeugung gelangt, dass Führung nicht bedeutete, sämtliche Antworten zu kennen, sondern nach den nächsten Fragen zu suchen und sie zu stellen.

Verkaufe Ihnen das Gekauftwerden

Bei einem Rundgang durch das Bürogebäude von SuccessFactors im Silicon Valley bemerkte ich durch die Glaswände den Unternehmensgründer Lars Dalgaard und lächelte ihm zu. Er lächelte zurück. Dalgaard war ein brillanter Unternehmer, der in dem Ruf stand, knallhart zu sein. Vermutlich ahnte er, warum einer seiner Konkurrenten zu Besuch gekommen war, obwohl ich ihm bei der Terminvereinbarung nicht verraten hatte, dass ich kam, um zu entscheiden, ob sein Unternehmen, das Cloud-Software für das Personalwesen entwickelte, für SAP interessant war.

Bei unseren Versuchen, das Wachstum von SAP zu erhöhen und in neue Märkte vorzudringen, mussten wir immer von neuem die Frage beantworten, ob wir organisch oder durch Fusionen und Übernahmen wachsen sollten. Das Cloud Computing wurde zu einem Teil der neuen DNA des Unternehmens, und es wurde uns klar, dass es nötig war, einen großen Teil dieser DNA zu kaufen. In den vergangenen zwei Jahren hatten Jim Snabe und ich dem Vorstand klargemacht, dass wir uns nicht allein auf das organische Wachstum verlassen konnten. Wir hatten das Arsenal von SAP durch die Übernahme mehrerer Unternehmen erweitert, deren Technologie, Marktposition und Talent uns in Bereichen vorwärtsbrachte, in denen wir uns allein nicht rasch oder nicht weit genug entwickeln konnten. Wie im Fall von Sybase kauften wir Unternehmen nicht wegen ihres Umsatzes oder ihres Gewinns, sondern weil ihre DNA unsere eigene entweder gut ergänzte oder ersetzte. Nicht alle im Unternehmen waren mit dieser Methode einverstanden, und bei jeder Übernahme musste ich verschiedene Personen im Unternehmen erst überzeugen, dass dies der richtige Schritt war.

Nun setzten Lars Dalgaard und ich uns in einem Konferenzzimmer zusammen und begannen ein freundliches Gespräch. Er wirkte charismatisch auf mich und hatte eine Persönlichkeit, die so klar war wie sein gläsernes Bürogebäude. Nach wenigen Minuten war ich sicher, dass eine Ehe für beide Unternehmen gut wäre. Aber ich hatte das Gefühl, dass Dalgaard nicht an einem Verkauf interessiert sein würde.

Schließlich legte ich meine Karten auf den Tisch. Dalgaard hatte Bedenken. SuccessFactors war sein unternehmerisches Lieblingskind. Ich versprach ihm, dass SAP die Identität und Kultur seines Unternehmens nicht zerstören würde. So wie Sybase konnte sich SuccessFactors mit SAP zusammentun und halbautonom arbeiten; seine Marke würde nicht angetastet. Ich erklärte Dalgaard auch, dass er SAP die Tür zum Cloud-Markt öffnen sollte.

»Sie können die Schlüssel des Ferrari haben«, sagte ich. »Sie nehmen ihn, Sie fahren ihn, Sie parken ihn.«

»Ich verstehe nicht ganz«, sagte er. »Ich habe bereits die Schlüssel.« Als Chef seines eigenen Unternehmens hatte er sie gewiss. Aber wir konnten darüber sprechen, wie SAP eine schnellere Autobahn für ihn eröffnen konnte.

Einmal mehr schockte SAP die Börse, als wir für 3,4 Milliarden Dollar SuccessFactors kauften. Wir übernahmen das Unternehmen nicht, um einen Konkurrenten auszuschalten oder seine Gewinne einzustreichen, sondern um eine Führungsposition im lukrativen Cloud Computing einzunehmen. Gegenüber dem Magazin *Fortune* erklärte ich unseren Schritt so: »Wir versuchen, ›Kronjuwelen‹ zu kaufen, deren Merkmale uns entweder für sich genommen oder in Kombination mit denen von SAP eine Führungsposition in einem Bereich sichern werden.«

Dasselbe taten wir mit dem Kauf von Ariba für 4,3 Milliarden Dollar. Ariba war ein Unternehmensnetzwerk, das in der Cloud 730 000 Lieferanten mit Millionen potenziellen Käufern verband, ein hoch entwickelter Markt, der ein ähnliches Potenzial wie die sozialen Netzwerke hatte, Beziehungen zu knüpfen und zu pflegen. Ariba erhöhte unseren Wert sehr und öffnete uns die Tür zu neuen Märkten. Außerdem kannte ich den Geschäftsführer Bob Calderoni seit mehr als einem Jahrzehnt. Wir konnten ihm vertrauen.

Alle Übernahmen wurden erst mit Personen vereinbart, bevor wir einen Vertrag unterschrieben. Sie beruhten auf Vertrauen. Die meisten Manager, deren Unternehmen SAP übernehmen wollte, waren anfangs nicht bereit zu verkaufen. Im Gespräch mit ihnen hörte ich zu und passte mich ihrem Rhythmus an. Wie ein galanter Tänzer achtete ich darauf, ihnen nicht auf die Zehen zu steigen, indem ich sie mit den Absichten von SAP konfrontierte. Ich konnte überzeugend und hartnäckig sein, aber ich wollte auch, dass die Leiter eines Unternehmens, das wir kauften, ihre eigenen Entscheidungen fällten. Unternehmensgründer fühlten sich ihrer Schöpfung verbunden, und das respektierte ich.

Als ich Ariel Luedi, den Geschäftsführer des schweizerischen Unternehmens Hybris, und Carsten Thoma, den Mitgründer und Leiter des operativen Geschäfts, zum zweiten Mal traf, waren sie gerade nach einer zermürbenden 16-stündigen Reise aus München in Philadelphia eingetroffen. Ein Sturm hatte sie aufgehalten, und sie hatten einen Zug, ein Flugzeug, einen Hubschrauber und ein Auto nehmen müssen, um zu unserem Treffpunkt zu gelangen. Als sie in dem Restaurant eintrafen, in dem wir drei Stunden früher verabredet gewesen waren, wartete ich immer noch dort. Arlen Shenkman, die bei SAP für Fusionen und Übernahmen verantwortlich war, leistete mir Gesellschaft. Als Luedi und Thoma schließlich durch die Tür kamen, waren sie vollkommen erschöpft.

»Ariel! Carsten!«, begrüßte ich sie. »Kommen Sie, ruhen Sie sich ein wenig aus. Es tut mir leid, dass Ihre Reise so mühsam gewesen ist. Bestellen wir etwas zu trinken und etwas Gutes zu essen.«

Langsam schüttelten sie den Stress der Reise ab, und wir genossen den Abend. Carsten Thoma war ein Sportfan, wir sprachen über Fußball und Basketball. Teamarbeit und Loyalität waren wichtig für ihn und ein fester Bestandteil der Kultur seines Unternehmens. Ariel Luedi erzählte mir von ihrem Vorhaben, Hybris in einigen Monaten an die Börse zu bringen, eine Möglichkeit, die ihn offensichtlich sehr reizte. Wer war ich, sie zurückzuhalten? Aber ich wollte ebenfalls offen über meine Absichten sprechen. Ich wollte keinen Zweifel daran lassen, wie wichtig ihr Unternehmen für SAP war. Hybris entwickelte Software für den mehrgleisigen Vertrieb, die es Unternehmen ermöglichte, mit den Konsumenten über alle gegenwärtig verfügbaren Vertriebskanäle zu interagieren: Online, im Handel, im Fernsehen, auf mobilen Geräten ... Das »Multichannel Retailing« war genau, was SAP brauchte, um sich vom Konzept Business-to-Business zu lösen und seine Geschäftsbeziehungen auf den Konsumenten zu erweitern: Business-to-Business-*to-Consumer*.

»Natürlich müssen Sie Ihrem Herzen folgen«, sagte ich. »Aber selbst wenn Ihr Börsengang ein Erfolg wird, werde ich nicht aufgeben!« Dann erläuterte ich den beiden einige meiner Ideen für eine Übernahme, die die Integrität des von ihnen aufgebauten Unternehmens unangetastet lassen würde.

Als SAP im Herbst 2013 Hybris übernahm, wurden Ariel Luedi, Carsten Thoma und die Mitarbeiter des Unternehmens Teil der SAP-Familie.

Mir war klar, dass viele der Geschäftsführer, deren Unternehmen SAP bereicherten, nicht ewig bei uns bleiben würden, da sie von Natur aus Entrepreneure waren. Ich hoffte, dass uns diese Unternehmenschefs erhalten bleiben würden, aber ich rechnete damit, dass sie irgendwann auf die eine oder andere verlockende Gelegenheit stoßen würden, wieder unternehmerisch aktiv zu werden. In den Jahren der Zusammenarbeit versuchte ich, ihr Talent kurz- und langfristig für SAP zu nutzen.

Die Märkte sollten sehen, dass SAP solche kühnen Vorstöße wagte. In der Geschichte wimmelte es von Unternehmen, denen es nicht rechtzeitig gelungen war, sich organisch oder auf andere Art neu zu erfinden. Als Geschäftsführer mussten Jim und ich die richtigen Unternehmen dazu bewegen, sich SAP anzuschließen.

Der Erfolg hat viele Väter

Obwohl Fusionen und Übernahmen unverzichtbar waren, um unsere neue Strategie erfolgreich umzusetzen, waren keine einzelne Taktik und kein einzelner Bereich des Unternehmens für die Verwandlung allein verantwortlich. Vertrieb und Entwicklung speisten einander gegenseitig. Unsere Entwicklungsabteilung mit ihren 20 000 Mitarbeitern trieb die Innovation rascher voran als je zuvor, was vor allem Jim Snabe, der die Zeit bis zur Marktreife neuer Lösungen verkürzte und die Effizienz insgesamt erhöhte, und unserem Technologiechef Vishal Sikka zu verdanken war, der insbesondere bei HANA bahnbrechende Neuerungen einführte. Unsere Einnahmen flossen aus einer Vielzahl von Quellen. Wir hatten einen Teil unserer Standardsoftware zu spezifischen, vereinfachten Lösungen gebündelt, die leichter zu verkaufen und einfacher in der Anwendung waren und dem Kunden rascher einen Ertrag brachten. Vor allem in wirtschaftlichen Krisenzeiten stürzten sich die Kunden auf diese Lösungen. Zusätzlich zu unseren On-Premise-ERP-Systemen und HANA erzeugten und verkauften wir auch Software, die die Software anderer Unternehmen antrieb. Auch unser Ökosystem erwies sich als produktiv: Auf die Partnerunternehmen, die vor einigen Jahren noch schlecht auf uns zu sprechen gewesen waren, entfiel jetzt mehr als ein Drittel unseres Umsatzes, fast das Doppelte dessen, was sie im Jahr 2009 beigetragen hatten. Am wichtigsten für das neue Geschäftsmodell war, dass sich auch der riesige Kundendienst von SAP, deren Experten für die Wartung unserer Technologie und die Beziehungen zu den Kunden zuständig waren, wandelte und einen höherwertigen Service anbot als in der Vergangenheit, was ebenfalls zum Umsatzwachstum beitrug.

Wir erhöhten auch unsere geographische Reichweite. SAP wurde in den Schwellenländern aktiv und setzte auf die wirtschaftliche Entwicklung Chinas, Russlands und des Nahen Ostens. Wir drangen auch in neue Branchen vor, in denen wir bis dahin keine nennenswerte Präsenz gehabt hatten, darunter Bankwesen, Gesundheitswesen, Sport und Unterhaltung. Und SAP wurde eine weltweit bekannte Marke.

Die Verwandlung einer Business-to-Business-Marke in eine Business-to-Business-to-Consumer-Marke war unumgänglich. Cloud-Technologien und mobile Geräte erfreuten sich wachsender Beliebtheit, womit Technologieprodukte für eine wachsende Zahl von Personen interessant wurden, die keine IT-Profis waren. Diese neuen Kunden – von Personalchefs bis zu den Leitern kleinerer Vertriebsabteilungen – mussten den Namen SAP kennen und dieser Marke vertrauen.

Ich drängte darauf, die Markenerkennung über unser Heimatterritorium hinaus auszuweiten. Besonders freute ich mich darüber, dass der Sport sich zum 25. Wirtschaftszweig von SAP etablierte. Jetzt zählten auch Profiklubs, Ligen und Sportanlagen zu unseren Kunden. Noch wichtiger war jedoch, dass auch die Fans zu unseren Kunden gehörten! Unsere ERP-Produkte halfen Sportorganisationen, ihre Abläufe im Eintrittskartenverkauf, im Getränke- und Essensverkauf, und sogar in der Rekrutierung von Spielern zu verbessern. Noch aufregender war, dass unsere mobilen Anwendungen zur Spielanalyse von Millionen begeisterter Fans benutzt wurden. Und indem wir bei wichtigen Sportereignissen wie dem Super Bowl und an Veranstaltungsorten wie dem Madison Square Garden Werbung betrieben, sicherten wir der Marke SAP mehr Aufmerksamkeit als je zuvor.

Wenn SAP nicht nur IT-Experten, sondern auch Endverbraucher erreichen wollte, musste es auch in den Metropolen, die besondere Anziehungskraft auf Entscheidungsträger und talentierte junge Arbeitskräfte ausübten, ein markanteres Profil zeigen. SAP war jetzt eine globale Marke. Es hing viel davon ab, wie sich das Unternehmen rund um den Erdball präsentierte.

In Manhattan, wo die Markennamen so groß wie die Wolkenkratzer waren, hatte sich SAP lange Zeit mit einem Büro im ruhigen Greenwich Village begnügt. Das Büro, das wie ein Loft wirkte, war ein angenehmer Ort, aber seine Unauffälligkeit entsprach dem globalen Status von SAP nicht mehr. Es war an der Zeit, nach Uptown Manhattan umzuziehen.

Im Jahr 2012 sah ich mich in Hudson Yards um, einem weitläufigen Areal von 11 Hektar Größe, wo eine Anlage gebaut wurde, die der West Side ein neues Gesicht geben würde. Bei meinem Rundgang wurde mir klar, was der weitsichtige Bauunternehmer Steve Ross im Sinn hatte: Ihm schwebte eine dynamische Stadt

im Herzen einer bereits faszinierenden Stadt vor, eine Stadt, in
die Millionen Menschen strömen würden, um dort zu essen, einzukaufen, zu spielen und zu arbeiten. Ich war überzeugt, dass SAP
ein Teil dieses neuen New York sein musste, und sagte Steve Ross
zu, dass SAP einer seiner ersten Mieter werden würde. Wir besiegelten die Vereinbarung mit einem Handschlag. Im April 2013
schloss SAP einen Mietvertrag für die obersten Stockwerke des
spektakulären South Tower ab. Unser neuer Firmensitz würde es
uns leichter machen, talentierte Mitarbeiter anzulocken und jene
Aufmerksamkeit auf uns zu lenken, die der Marke SAP zustand.

SAP hatte es aus vielen Gründen verdient, dass sich die Wahr-
nehmung seiner Marke änderte, denn wir gaben unserem Unternehmen eine neue Mission und definierten neu, was wir für wen
tun konnten. »SAP hat den Glauben an sich wiedergewonnen«,
hatte ein Analyst von Morgan Stanley erklärt. »Dank der gemeinsamen Geschäftsführer Jim Snabe und Bill McDermott hat
SAP unter dem Einfluss von Hasso Plattner die Innovation wie-
derentdeckt.« Seine Produkte, seine Kunden, seine Märkte machten SAP zu jenem Wachstumsunternehmen, das Jim und ich im
Sinn gehabt hatten, als wir unsere Zusammenarbeit begannen.

Ein Ende und ein Neuanfang

Fast 4000 Meilen von Manhattan entfernt saßen Jim Snabe und
ich im mit Kies gedeckten Innenhof des Restaurants »Europäi-
scher Hof« am Neckarufer in Heidelberg unter einem weißen
Sonnenschirm an einem kleinen runden Tisch. Es war kurz vor
Mitternacht an einem warmen Abend. Wir hatten mehrere
Stunden damit verbracht, uns an dreieinhalb gemeinsame Jahre
an der Spitze des Unternehmens zu erinnern.

Als das Essen abgetragen wurde, brachte der Kellner zur Feier
des Tages ein Dessert für Jim. An diesem Abend zelebrierten wir
eine phantastische Zeit als gemeinsame Vorstandssprecher von

SAP, obwohl diese Zeit noch nicht zu Ende war. Im Jahr darauf, im Mai 2014, würde Jim als Vorstandssprecher zurücktreten, um die nächste Phase seiner Karriere in Angriff zu nehmen. Es tauchte das lächerliche Gerücht auf, er sei aus dem Amt gedrängt worden oder es sei zu Reibereien zwischen uns gekommen, aber derartige Behauptungen waren vollkommen haltlos. Jim hatte sich entschieden, seinen Posten in der Geschäftsführung aufzugeben, weil er sich nach mehr als 20 Jahren bei SAP über die IT-Branche hinaus betätigen und mehr Zeit mit seiner Familie verbringen wollte, solange seine Kinder noch daheim wohnten.

Deshalb war dieser schöne Abend bittersüß für uns beide. Ich verlor den Partner, der in der täglichen Arbeit an meiner Seite gestanden hatte, und er gab die Leitung des Alltagsgeschäfts von SAP auf.

»Bill«, sagte er, »ich habe nur Bedenken, weil du alles allein bewältigen musst.« Aber ich hatte keineswegs das Gefühl, als würde Jim mich oder SAP im Stich lassen. Die gemeinsamen Jahre hatten mich viel gelehrt, und wir hatten SAP in eine neue Richtung gelenkt.

Tatsächlich zog er sich in einem Augenblick der Stärke zurück. Die Transformation der Industrie, die wir vorausgesagt und auf die wir das Unternehmen vorbereitet hatten, war in vollem Gang, und SAP war gut gerüstet. Umsatz und Gewinn stiegen, und besonders befriedigend für uns war, dass wir das Vertrauen unserer Mitarbeiter gewonnen hatten. Im Jahr 2013 veröffentlichte Glassdoor, eine Karrierewebsite, die Millionen Unternehmensanalysen sammelte, eine auf Mitarbeiter-Feedback beruhende Rangliste der 50 angesehensten Firmenchefs im Technologiesektor, von Amazon bis Xerox. SAP war eines von nur zwei Unternehmen, dessen Mitarbeiter vollkommen mit ihrem Geschäftsführer (in diesem Fall ihren beiden Geschäftsführern) einverstanden waren.

Aber vor mir lagen neue Herausforderungen. Ich wusste, dass die Strategie von SAP schon bald erneut neu ausgerichtet werden musste. Der Markt würde es verlangen. Ich fühlte mich gewappnet und hatte bereits ein paar Ideen.

Zum Glück ging Jim Snabe nicht in den Ruhestand. Auch kehrte er SAP nicht den Rücken. Er wechselte lediglich vom Vorstand in den Aufsichtsrat. Das Unternehmen und ich würden weiterhin von seiner Sachkenntnis und seinen Führungsqualitäten profitieren. Aber für mich zählte es, dass er vollkommen sicher war, seine Entscheidung nicht eines Tages zu bereuen. Wenn er nicht voller Überzeugung dahinter stand, sollte er sie lieber rückgängig machen, selbst wenn sein Rückzug bereits bekanntgegeben worden war.

»Jim, es gibt kein Gesetz, das dir verbieten würde, deine Meinung zu ändern. Wenn du Zweifel hast, werde ich dir helfen, die Entscheidung rückgängig zu machen.« Er war sicher, dass der Mai des nächsten Jahres der richtige Zeitpunkt für seinen Rückzug darstellte. Was wir uns gemeinsam vorgenommen hatten, war erreicht.

Als Jim und ich die Leitung von SAP übernommen hatten, hatte sich das Unternehmen in einem chaotischen Zustand befunden. Gemeinsam hatten wir Ordnung in das Gewirr gebracht, die Einstellung der Mitarbeiter geändert und ein ganzes Ökosystem für unsere Strategie gewonnen. Wir hatten SAP dazu inspiriert, auf Märkte vorzudringen, die nach Ansicht vieler für uns unzugänglich waren. Der Geist des Unternehmens erwachte wieder und wir erlangten die Marktführerschaft, weil wir wagemutig und entschlossen handelten. Dieser Wagemut war entscheidend.

Das Vermächtnis

Die Qualität einer Führungspersönlichkeit wird nicht nur an dem gemessen, was sie während ihrer Amtszeit erreicht, sondern auch an den Gefühlen und Erinnerungen, die nach ihrem Ausscheiden zurückbleiben. Eine bedeutende Führungskraft ist jemand, der das Leben anderer Menschen tiefgreifend verändert, weil die Menschen ihm Vertrauen und Respekt entgegenbringen und von ihm lernen, weil er sie inspiriert und ihnen die Kraft gibt, großartige Leistungen zu vollbringen.

Als ich im Februar 2011 erfuhr, dass eines meiner beruflichen Idole, der frühere Xerox-Chef David Kearns, gestorben war, flog ich von der Westküste nach Rochester im Staat New York, um an seiner Beerdigung teilzunehmen. Nach seiner Familie war ich einer der ersten, der zur Totenwache kam. Ich war dort, weil ich Kearns für seine Integrität und sein Bekenntnis zur Vortrefflichkeit bewunderte, seit ich das erste Mal etwas über ihn gelesen hatte. Ich war dort, weil ich ihn einst in New York von einem Münztelefon aus angerufen hatte, um mich dafür zu entschuldigen, dass ich einen wütenden Manager beleidigt hatte, der zufällig sein Nachbar war – und Kearns hatte lediglich geantwortet, ich solle meine Arbeit weiter so machen wie bisher. Ich war dort, weil David mich angerufen hatte, nachdem ich ihn im Jahr 2003 in einem von *USA Today* veröffentlichten Profil von mir als eines meiner Vorbilder bezeichnet hatte. Seine Pflegerin hatte ihm den Artikel vorgelesen, denn er war aufgrund eines Krebsleidens erblindet. Er rief mich an, um *mir* dafür zu danken, dass ich *ihn* nicht vergessen hatte. Unglaublich.

Ich war nach Rochester gekommen, um einer jener seltenen Führungspersönlichkeiten Respekt zu zollen, deren Demut und Wagemut mich noch zwei Jahrzehnte nach seinem Rückzug aus dem Berufsleben inspirierten. Ich versuchte jeden Tag – selbst wenn ich unter Druck stand oder frustriert war –, positiven Einfluss auf andere Menschen zu nehmen, so wie David Kearns mein Leben positiv beeinflusst hatte.

Die Zahlen sind ein Maßstab für den Erfolg von Führungskräften. Aber Umsatzwachstum, Aktienkurs und Gewinn pro Aktie erzählen nie die wahre Geschichte, zumindest nicht die wichtigste. Wichtiger für mich sind Dinge wie jene E-Mail, die ich am 6. Mai 2013 von Sean McGee erhielt, der vor langer Zeit, im Jahr

1987, ein vielversprechender Xerox-Trainee gewesen war, als ich ihn überzeugt hatte, sich meinem Vertriebsteam anzuschließen, dem Team F. Sean war im Jahr 1995 bei Xerox ausgeschieden, um sich einem Finanzdienstleister anzuschließen. Wir hatten seit Jahren keinen Kontakt mehr gehabt.

Lieber Bill,

ich bin an einem Punkt in meiner Karriere an der Wall Street angelangt, an dem mir klar wird, dass ich den nächsten Schritt tun muss. Ich empfinde keine Leidenschaft mehr für meine Tätigkeit. Sich bewusst zu machen, dass man die Leidenschaft für etwas verloren hat, ist leicht, aber herauszufinden, was man stattdessen tun möchte, erfordert eine genaue Selbstanalyse. Dabei ist mir klar geworden, dass ich mich danach sehne, wieder Teil eines Siegerteams zu sein.

Ich bringe die besten Leistungen und bin am wertvollsten für meine Kollegen, wenn ich zu einem Team gehöre, an dessen Mission und vor allem an dessen Trainer und Spieler ich glaube.

Bill, Sie kennen mich. Ich würde dem, was ich im Team F gelernt habe, einen schlechten Dienst erweisen, wenn ich Sie nicht um Aufnahme in Ihr Team bäte. Das mag ein wenig ungewöhnlich klingen, da nicht klar ist, welche spezielle Rolle ich spielen könnte, aber ich weiß, dass ich unter Ihrer Führung wertvolle Beiträge leisten würde.

Bill, ich bitte um die Chance, zu SAP zu kommen und meine Fähigkeiten und meine Erfahrung in den Dienst Ihres Unternehmens zu stellen.

Es ist mir bewusst, dass Sie sehr beschäftigt sind. Ich stehe Ihnen jederzeit für weitere Gespräche zur Verfügung.

Mit besten Wünschen,

Sean

Seans McGees Schreiben versetzte mich zurück ins Jahr 1987, als ich eine Bezirksmanagerin von Xerox gebeten hatte, mir den Posten eines Vertriebsmanagers zu übertragen. Sie hatte es getan, und als ich wenige Wochen später mein Verkaufsteam zu-

sammengestellt hatte, hatte ich Sean gebeten, dem Team F eine
Chance zu geben. Er hatte zugestimmt und mit seinem Arbeitsethos und seinem Talent dazu beigetragen, dass Team F zur Nummer eins aufstieg. Doch selbst als einer der beiden SAP-Chefs lag
es nicht in meiner Macht, Sean eine Führungsposition im Unternehmen zu übertragen. Aber ich konnte ihm eine Chance eröffnen. Ich stellte einen Kontakt mit der Personalabteilung von SAP
her.

Im August teilte mir Sean in einer E-Mail mit, dass ihm SAP
den Posten eines Kundenbetreuers im Bereich Finanzdienstleistungen angeboten hatte. Er hatte das Angebot angenommen.
»Ich muss noch viel lernen«, schrieb er mir, »aber ich kann es
nicht erwarten, einen Beitrag zu leisten. Ich danke Ihnen für die
Chance und für Ihre Freundschaft.«

Hätte es in meinem Büro immer noch eine Glocke gegeben,
so wäre ich hinübergegangen, um sie zu läuten.

31

Die Reise

Die Mission bleibt, die Hoffnung lebt weiter,
und der Traum wird nie sterben.

SENATOR EDWARD »TED« KENNEDY

Der Arbeitstag begann bei Dunkelheit.

Um halb 6 Uhr an einem eisigen Februarmorgen im Jahr 2014 verließ ich in Begleitung von vier Mitarbeitern ein malerisches Hotel in Heidelberg, um zur SAP-Zentrale in Walldorf zu fahren. Auf der A5 rasten die Scheinwerfer frühmorgendlicher Pendler an uns vorüber, während wir auf der Rückbank des SUV den letzten Entwurf der Gewinn- und Verlustrechnung durchgingen, die Aufschluss über das Ergebnis von SAP im Geschäftsjahr 2013 gab.

Wir hatten im vierten Jahr in Folge ein zweistelliges Umsatzwachstum erzielt, was uns in der Überzeugung bestärkte, die richtige Strategie gewählt zu haben. Wir waren auf dem Weg in die Cloud und bauten unser Kerngeschäft aus. SAP hatte mittlerweile 35 Millionen Benutzer in der Wolke, und mehr als 3000 Kunden arbeiteten mit HANA, darunter Unternehmen wie Levi Strauss, Pepsi, Bosch und Siemens. Das HANA-Ökosystem umfasste 1200 Startups, die auf der Plattform ihre eigenen Lösungen entwickelten.

Dazu kam, dass SAP zu Jahresbeginn 2014 eine Marktkapitalisierung von rund 92 Milliarden Dollar hatte, was einem Zuwachs von 75 Prozent in den vier Jahren seit dem Amtsantritt von Jim Snabe und mir entsprach. Und seit damals war der Gesamtumsatz von SAP um 57 Prozent gestiegen: von 10,7 Milliarden Euro im Jahr 2009 auf 16,8 Milliarden Euro im Jahr 2013.

Wir waren zuversichtlich, dass es SAP gelingen würde, das Umsatzziel von 20 Milliarden Euro im Jahr 2015 zu erreichen, und wir hoben das Wachstumsziel für 2017 auf 22 Milliarden Euro an.

Die einzige Nachricht, die uns zu denken gab, betraf unsere Gewinnmargen: Sie wuchsen nicht im gewünschten Maß. Die Folge war, dass der Vorstand von SAP beschloss, das Ziel einer Gewinnmarge von 35 Prozent auf 2017 zu verschieben. Die kurzfristig denkenden Märkte konnten diesen Schritt als Eingeständnis deuten, dass wir unser Ziel verfehlt hatten, aber im Vorstand war uns klar, dass unser Wechsel in die Cloud dringend vorangetrieben werden sollte und gleichzeitig Geduld erforderte: Die Entwicklung musste ihren Lauf nehmen, und wenn sie einmal ins Rollen kam, würden sich die Ergebnisse explosionsartig verbessern. Wir hielten an jenem Tag an unserer Strategie fest. Wenn sich die Führung vor jedem Schluckauf fürchtete, würden es auch alle anderen tun.

Um 10 Uhr vormittags begann die Live-Pressekonferenz.

»Wir sind stolz auf unsere Entwicklung«, sagte ich, »aber noch wichtiger scheint mir, dass wir den Mut aufbringen, den man braucht, um sich zu ändern, obwohl man stark ist, und dass wir das, woran wir glauben, mit ganzer Kraft in Angriff nehmen. Genau das tun wir gerade. Wir glauben, dass es an der Zeit ist, den nächsten Schritt zu tun, um unsere Strategie zu verwirklichen.«

Die Macht der Einfachheit

Auch eine ausgezeichnete Strategie kann man immer noch verbessern. Wie die tektonischen Platten unter der Erdoberfläche sind auch die Grundlagen der Wirtschaftswelt ständig in Bewegung. Zeitweise finden diese Verschiebungen in kleinen Schritten statt, manchmal verändert ein großer Bruch anscheinend über Nacht alles. Die Geschwindigkeit des Wandels lehrt jeden Manager Demut. Kein Unternehmen wird je der endgültige Gewinner sein. In jedem Quartal wurde ich daran erinnert und erinnerte andere daran, dass das Gewinnen kein Ziel, sondern ein Prozess war. Das Gewinnen ist eine Geisteshaltung. SAP musste unentwegt nach neuen Ideen suchen und sich anpassen, um zu gewinnen. Und am Tag nach einem Sieg musste es sich von neuem auf die Suche machen.

An Tagen, an denen SAP seine Gewinne bekanntgab, blickten wir gleichzeitig in die Vergangenheit und in die Zukunft. An jenem Tag in Walldorf war jede Minute verplant: Auf Treffen mit Analysten folgten Interviews mit Journalisten und ein Besuch bei einer Versammlung von SAP-Mitarbeitern. Ich hatte kaum Zeit, um Kraft zu tanken. Um halb 4 Uhr nachmittags machte ich eine kleine Pause und öffnete einen Becher Joghurt mit der Ecke. Ich schlang ein paar Löffel hinunter, bevor ich mich zur Betriebsversammlung in die Kantine begab. Ich nahm an Jim Snabes Seite auf einem niedrigen Podium Platz und fand mich mindestens tausend Mitarbeitern gegenüber, die auf roten und schwarzen Stühlen saßen. Tausende weitere Mitarbeiter waren online zugeschaltet. Ich war freudig erregt.

Es gibt viele verschiedene Typen von Führungspersönlichkeiten, aber ich bin stets der Meinung gewesen, dass alle guten Führungskräfte zwei Merkmale aufweisen: Erstens führen sie andere zu Orten, an denen bis dahin noch niemand gewesen ist. Zweitens gewinnen sie eine Anhängerschaft. Ohne eine Vision und ohne Unterstützung gibt es keine Führung, sondern nur Worte. Abgesehen davon, dass ich mich nach dieser Unterstützung sehnte, würde die neueste Strategie von SAP ohne sie nicht funktionieren. Eine Finanzfirma kommentierte zutreffend: »Der Plan von SAP bis zum Jahr 2017 ist gut durchdacht. Jetzt kommt der schwierige Teil: Die Umsetzung.« Sie hatten Recht. Der Zyklus von Innovation, Strategieentwicklung und Umsetzung endet nie.

Mein neuer Stabschef Alex Atzberger, ein langjähriger SAP-Mitarbeiter, dessen zwischenmenschliche Fähigkeiten seinem geschäftlichen Scharfsinn in nichts nachstanden, eröffnete die Betriebsversammlung. »Ich persönlich mag die jährliche Vollversammlung besonders, weil wir hier zwei Dinge tun«, sagte er. »Wir sehen uns an, was wir im abgelaufenen Jahr geleistet haben, aber wir denken auch über die Zukunft und darüber nach, in welche Richtung wir uns bewegen.«

Dann war Jim Snabe an der Reihe, der zum letzten Mal als Vorstandssprecher an einer Betriebsversammlung teilnahm. »Sie alle werden sich daran erinnern, dass wir im Jahr 2010 einige große Neuerungen ankündigten. Wirklichkeit geworden ist unser Traum nicht dank der Strategie an sich, sondern dank der harten Arbeit, die jeder Einzelne von Ihnen geleistet hat, dank Ihres Vertrauens in die Strategie und dank Ihrer Bereitschaft, als Team zu arbeiten.« Nachdem Jim die Vergangenheit analysiert hatte, sprach ich über die Zukunft.

»Jim hat gut daran getan, Ihnen den Verdienst zuzusprechen. Sie verdienen die Anerkennung«, sagte ich. »Die Freude am Feiern ist ein fester Bestandteil meiner DNA, aber ich muss auch ein wenig Nüchternheit predigen, denn wir können uns nicht darauf beschränken zu feiern. Wir müssen SAP neu erfinden. Zu viele Unternehmen hören in einem Augenblick der Stärke auf, sich zu verändern. Wir werden nicht zu diesen Unternehmen gehören.«

Sei es im Deli oder bei SAP, ich fragte mich immer, was als Nächstes kommen würde, und diese Neugierde brachte zwangsläufig eine neue Geschäftsstrategie hervor. Und während meine Teams noch damit beschäftigt waren, den letzten Plan umzusetzen, beobachtete ich unablässig die Veränderungen auf den Märkten, hörte den Kunden zu, analysierte mein eigenes Unternehmen, sprach mit Kollegen und setzte die Puzzleteile zusammen, bis ich schließlich den nächsten strategischen Zug vor Augen hatte.

Seit mehreren Monaten wurden meine Gedanken von einem Grundsatz beherrscht: *Einfachheit.* Es war eine trügerisch einfache Idee.

Ob es mir bewusst war oder nicht, ich hatte mich in allen Führungsfunktionen um Einfachheit bemüht – nicht weil ich die Komplexität fürchtete oder ihr nicht gewachsen war, sondern weil sich andere angesichts von Komplexität so leicht zurückzogen. Wenn eine Führungskraft will, dass ihr Team einen Plan umsetzt, muss die Vision so klar, so präzise und so einleuchtend sein, dass jedermann sie verstehen kann.

Manager flüchten sich allzu oft in große Worte und eine überfrachtete Sprache, in dem Glauben, das lasse sie klug oder klüger als andere wirken. Ich halte das für einen Fehler. Einfachheit bedeutet nicht, geistig beschränkt oder oberflächlich zu sein. Im Gegenteil: Einfachheit ist reifes Denken in eleganter Kleidung. Einfachheit zeigt uns, was Vorrang hat. Vereinfachte Ideen beziehen jedermann ein und ermöglichen es den Menschen, die Welt gemeinsam durch eine schärfere Linse zu betrachten.

Komplexität hingegen kann einschüchternd und verwirrend wirken. Eine verschachtelte Sprache und vielschichtige Strategien ziehen Unentschlossenheit nach sich. Das Für und Wider einer Entscheidung zu diskutieren, ist wichtig und kann befruchtend sein, solange es die Entscheidungsfindung nicht übermäßig kompliziert macht. Eine gesunde Debatte bringt entschlossenes Handeln hervor. Endlose Diskussionen können ein Unternehmen zerstören.

In den Gesprächen mit Hasso Plattner war mir klar geworden, dass er ebenfalls an die positive Wirkung der Einfachheit glaubte, insbesondere wenn es um die Innovation ging. »Wer sein Ziel und seine Absicht nicht in einer einfachen Form beschreiben kann«, sagte er, »dem wird es schwerfallen, etwas Sinnvolles und Wirksames zu entwickeln.« Derselbe Grundsatz musste in meinen Augen auch für den Aufbau und die Entwicklung eines Unternehmens gelten.

SAP musste sich in seiner Entwicklung auf verschiedenen Ebenen um Einfachheit bemühen.

Das galt erstens für unsere internen Abläufe. »Bei SAP ist alles zu komplex, zu schwierig«, erklärte ich in der Kantine. Das war niemandem neu. Eine der häufigsten Klagen, die wir in unserer letzten Mitarbeiterbefragung zu hören bekommen hatten, betraf ineffiziente interne Abläufe. Wir alle waren dafür verantwortlich, das in Ordnung zu bringen. »Sie werden belohnt werden – tatsächlich werden Sie belobigt und befördert werden –, wenn Sie uns dabei helfen, SAP zu vereinfachen. Denken Sie nicht, dass zuerst das Management ein Programm entwickeln muss; jeder kleine Schritt ist wichtig.« Wir alle sollten uns an der Problemlösung beteiligen.

Zweitens musste SAP seinen Kunden Einfachheit verkaufen, denn Einfachheit war, was unsere Kunden wollten. »Die Unternehmenschefs in aller Welt wollen die Komplexität in ihren Organisationsstrukturen beseitigen, um wachsen zu können«, sagte ich. »Sie fühlen sich gefangen. Sie arbeiten mit fragmentierter Hardware und nicht zusammenpassenden Anwendungen. Wir müssen die Innovationen, die wir unseren Kunden anbieten, und unsere Technologie vereinfachen. Wirkliche Führung bedeutet, die Komplexität zu beseitigen, und es ist an der Zeit, dass wir zu führen beginnen.«

Deshalb war es für SAP in diesem Moment so wichtig, sich auf HANA und das Cloud Computing zu konzentrieren. Die Software hinter HANA erleichterte den Zugang zur Information. Indem wir HANA in der Cloud bereitstellten, konnten wir das Gewirr an technologischer Infrastruktur beseitigen, das so viele Unternehmen überforderte.

»Unsere Zukunft, meine Damen und Herren, könnte nicht klarer sein: Gestützt auf HANA müssen wir uns in *das* Cloud-Unternehmen verwandeln.«

SAP auf dieses neue Geschäftsmodell umzustellen, war eine beängstigende Aufgabe. Die Vision, die wir verfolgen wollten,

durfte nicht beängstigend sein. Schließlich war mir klar geworden, dass *Einfachheit die Vision war.*
»Wir müssen alles einfach machen, damit unsere Kunden einfach alles machen können«, lautete mein neues Motto. »Run simple« wurde die Vision für SAP und unser gesamtes Ökosystem:

Run simple
Die Mitarbeiter werden Einfachheit praktizieren.
Die Kunden werden sie fordern.
Die Entwickler werden sie verinnerlichen.
Die Partner werden sie anwenden.
Die Einflussreichen werden sie verbreiten.
Die Anleger werden sie zu schätzen wissen.

Run simple konnte das Denken verändern.

Neue Nachbarn

Schließlich war der Zeitpunkt für den Teil der Betriebsversammlung gekommen, der mir am meisten Spaß machte: Fragen und
Antworten. In der nächsten halben Stunde stellten wir uns den
Fragen der in Walldorf anwesenden Mitarbeiter sowie jener, die
online an der Versammlung teilnahmen. Keine Frage wurde aus-
gesiebt. Die Mitarbeiter fragten, was der Vorstand tat, um die
Qualität von HANA zu gewährleisten, wie wir bei der Rekrutierung talentierter Mitarbeiter die Diversität erhöhen und die In-
klusion vorantreiben wollten und welche Auswirkungen das
wachsende Cloud-Geschäft auf unseren schwergewichtigen Kundendienst haben würde. Jim und ich gaben ehrliche Antworten.
    Dann erhob sich in einer der vorderen Reihen ein Mann, der
eine Brille und ein grünes Sakko über einem blaugrün karierten
Hemd trug. Er stellte sich als Uwe Riegler vor und wandte sich
lächelnd mit einer Frage an mich.

»Ich bin jetzt seit 21 Jahren bei SAP Deutschland. Ich stamme
aus Heidelberg und heiße Sie in unserer Stadt willkommen.« Damit bezog er sich auf meinen bevorstehenden Umzug nach
Deutschland; Julie und ich suchten nach einem Haus. »Hier in
Heidelberg lieben wir das Wachstum. Vielleicht könnten Sie uns
etwas über das Wachstum in zwei Bereichen sagen: das zuneh-
mende Alter der SAP-Angestellten und das Einkommenswachs-
tum der Mitarbeiter, zum Beispiel im zweistelligen Bereich«
     Die Frage gefiel mir. Sie war direkt, kühn und wichtig. Abgese-
hen von seinen Worten machte auch die Reaktion seiner Kollegen Eindruck auf mich: Beifall und zustimmendes Gelächter.
Dies war das erste Mal seit Beginn der Versammlung, dass die
Leute lachten. Es war, als würden sie sich endlich entspannen.
Auf einmal war es kein Raum voller Angestellter mehr, sondern
ein Raum voller Menschen.
     »Zunächst einmal lade ich Sie förmlich zu einem Frühstück,
einem Mittagessen oder einem Abendessen in meinem Haus ein,
sobald ich umgezogen bin, und zwar nicht nur, weil Sie mein
neuer Nachbar sein werden, sondern weil Sie ein Mensch von
dem Schlag sind, wie er mir gefällt. Sind Sie einverstanden?« Er
nickte, und seine überraschten Kollegen applaudierten erneut.
»Ich möchte Ihnen eine kleine Geschichte dazu erzählen, wie ich
über das Alter denke. Zunächst einmal wird Hasso Plattner heute
70 Jahre alt. Kennt irgendjemand einen jüngeren Mann als ihn?
Ich kenne keinen. Er hat so viel Energie wie mein 17-jähriger
Sohn.« Dann erinnerte ich mich an etwas, was Frank Sinatra einmal über das Alter gesagt hatte: Es ist nur eine Zahl. »Es ist mir
egal, ob Sie 17 oder 70 Jahre alt sind. Wenn Sie ein Siegertyp sind,
wenn Sie intellektuell wach und neugierig bleiben und in Ihrer
Arbeit jeden Tag Ihr Bestes geben, dann wollen wir Sie bei SAP
haben.«
     Dann erzählte ich eine Geschichte. Vor nicht allzu langer Zeit
war das leitende Board-Mitglied von Under Armour, in dessen
Führungsgremium auch ich saß, 75 Jahre alt geworden. Gemäß

den Regeln des Unternehmens war dies das Höchstalter eines Board-Mitglieds. »Als Vorsitzender des Führungs- und Nominierungskomitees von Under Armour«, erklärte ich, »war es meine Aufgabe, diese Regel zu ändern oder ein neues Board für ihn zu finden. Er machte seine Arbeit ausgezeichnet. Wir wollten ihn nicht verlieren. Also änderten wir die Regel. Jetzt wissen Sie, wie ich über das Alter denke, wenn es ums Talent geht.«

Zur Frage der Bonuszahlungen an die Mitarbeiter erklärte ich, dass der Vorstand alles tue, um die Mitarbeiterboni zu erhalten, damit es den Mitarbeitern gut gehe, wenn es dem Unternehmen gut gehe.

»Zum Schluss will ich noch etwas über die Geldbörsen der Mitarbeiter sagen«, fuhr ich fort. »Können wir dank unseres gegenwärtigen Innovationszyklus und des Einsatzes von 67 000 engagierten Mitarbeitern nächstes Jahr ein besseres Ergebnis erzielen? Ja, es liegt in unserer Hand. Aber alle müssen dieselbe Einsatzbereitschaft zeigen. Dann werden Sie ein zweistelliges prozentuales Plus in Ihrer Geldbörse sehen. Ich schwöre, dass mich nichts glücklicher machen würde – denn dann können *Sie mich* zum Essen einladen«, sagte ich an den Fragesteller gewandt. »Ist das ein gutes Geschäft?« Uwe Riegler nickte lächelnd und nahm unter dem Applaus seiner Kollegen wieder Platz.

Wir wandten uns der nächsten Frage zu, aber die Atmosphäre hatte sich verändert. Die Stimmung in dem riesigen Saal war gelöster nach diesem freundlichen, einfachen Gespräch. Es war kein Gespräch zwischen einem Mitarbeiter und seinem Chef oder zwischen einem Deutschen und einem Amerikaner gewesen. Zwei Männer hatten sich über das Älterwerden, über das Geldverdienen und über eine Einladung zum Essen unterhalten.

Etwa zehn Minuten später, ich beantwortete gerade die letzte Frage, stand Uwe auf und kam auf mich zu. Er stieg auf die Bühne und reichte mir seine Visitenkarte. Vermutlich wollte er sichergehen, dass ich nicht vergaß, wen ich zum Essen eingeladen hatte.

Großartig. Ich warf einen Blick auf die Karte: Uwe Riegler, *Sales Operations Manager*. Ich lächelte.

»Da ich Sie langsam besser kennenlerne, nehme ich an, dass es wohl ein Abendessen mit einem Glas Wein sein sollte«, sagte ich.

»Sie sind ein guter Mann! Vielen Dank.«

Auch dieser Wortwechsel war kurz und einfach, aber er war bedeutsam. Nicht lange nach der Betriebsversammlung erhielt ich eine E-Mail von einer weiteren Mitarbeiterin. Ihr Name war Rita Marini:

Lieber Bill,

ich möchte mich bei ihnen für Ihre offenen Worte bei der Betriebsversammlung und dafür bedanken, dass Sie uns die Möglichkeit gegeben haben, Sie als Führungskraft und als Menschen besser kennenzulernen. Nachdem ich die Botschaft gehört habe, die Sie und Jim für uns hatten, bin ich noch stolzer darauf, diesem Unternehmen anzugehören.

Vor vier Jahren nahmen Sie sich bei Ihrem Besuch in Peking die Zeit, unsere Hände zu schütteln und uns für unsere ausgezeichnete Arbeit zu danken. Es mag sein, dass dies reine Höflichkeit war, aber in meinen Augen zeigten Sie Aufrichtigkeit und echtes Interesse. Das beeindruckte mich. Mich persönlich spornte diese einfache Geste wirklich zu vollem Einsatz an.

Ich danke Ihnen.

Mit besten Grüßen,

Rita

Schreiben wie diese bedeuteten mir viel. Mehr als der Aktienkurs von SAP, mehr als jede Schlagzeile in den Medien, mehr als jeder Analystenbericht und jede Beurteilung meiner Leistungen durch den Vorstand bestärkten mich ihre Worte in der Überzeugung, dass die Reise, zu der SAP als Mannschaft aufgebrochen war – und die Reise, die ich persönlich fortsetzte – in die richtige Richtung führte.

Vergiss nie, woher du kommst

Das Geschichtenerzählen zählt zu meinen bevorzugten Methoden, um Dinge einfach und verständlich zu vermitteln. Deshalb nutze ich jede Gelegenheit, mir meine Tage in meinem kleinen Laden oder auf den Straßen von New York in Erinnerung zu rufen. Die Klarheit meiner damaligen Ziele und meine Konzentration auf den Kunden im Deli und beim Verkauf von Tür zu Tür kann man auf alle Industrien und Kulturen anwenden. Diese Geschichten scheinen ganz verschiedenen Menschen in verschiedenen Lebensphasen, von Unternehmensleitern bis zu Studenten, etwas zu sagen.

Als ich in der Howard University in Washington eintraf, wo ich eine Rede halten sollte, wurde ich von Dr. Barron H. Harvey in Empfang genommen, dem Dekan der betriebswirtschaftlichen Fakultät. Begegnungen mit Lehrkräften und Studenten an Hochschulen und mit der Jugend im Allgemeinen sind sehr wichtig für mich. In jüngster Zeit hatte ich am University College London und an der Capital University of Economics and Business in Peking Vorträge gehalten. Einige Monate später sollte ich an der Harvard University MBA-Studenten treffen, die eine Fallstudie über die neue Strategie von SAP durchführten.

SAP unterhält Ausbildungs- und Rekrutierungsbeziehungen zu Universitäten in aller Welt. Wir stellen ihnen unsere Technologie zur Verfügung, damit sich die Studenten damit vertraut machen können, so dass sie bessere Aussichten auf Arbeitsplätze haben, für die SAP-Kenntnisse verlangt werden. Ein weiterer Grund dafür, dass ich gerne Universitäten besuche: SAP ist immer auf der Suche nach den talentiertesten jungen Menschen. Die Präsenz auf einem Campus ist eine Garantie dafür, dass brillante, ehrgeizige Absolventen uns auf dem Radar haben. Außerdem habe ich es mir zum Ziel gemacht, Schlüsselpositionen bei SAP mit Millennials zu besetzen, die einem Vorstandsmitglied unterstehen sollen. Gegenwärtig sind sämtliche Mitglieder meines Büros –

Deepak Krishnamurthy, Nick Tzitzon, Anke Otto-Jungkind, Corina Lam und Hannah Datz – weniger als 35 Jahre alt.

Drittens erhalte ich jedes Mal, wenn ich vor Studenten *spreche*, anschließend Gelegenheit, *ihnen zuzuhören*, und um die jüngeren Generationen besser verstehen zu können, muss ich wissen, was ihnen wichtig ist. Die jungen Menschen von heute wollen ihre große Neugierde befriedigen, möchten aber auch ein Ziel anstreben, das über das bloße Geldverdienen hinausgeht. Fast jeder Student, den ich heute kennenlerne, will so wie die leistungsfähigen Unter-30-Jährigen bei SAP (und meine eigenen Söhne) etwas Positives in der Welt bewirken. Und diese jungen Leute sind bereit, hart dafür zu arbeiten.

Die Studenten, denen ich an der Howard University begegnete, waren nicht anders. Ihr Professionalismus und ihr Erfolgshunger waren spürbar. Jeder Einzelne der 200 Zuhörer im Saal, von Studienanfängern bis zu Lehrkräften, war geschäftsmäßig gekleidet: Anzüge und Krawatten. Röcke und Westen. Gut frisiert und aufmerksam, saßen die Studenten aufrecht auf ihren Stühlen und hatten ihre Tablets und Notepads zur Hand. *Das waren junge Leute von Format!*

Ich begann mit der Geschichte des Delis und schloss meinen Vortrag mit einigen Worten über das, was SAP in der Gegenwart erreichen wollte. Die Zuhörer schienen jedem Thema dieselbe Aufmerksamkeit zu schenken, so als suchten sie nach Hinweisen. Am Ende erklärte ich ihnen, dass das Geheimnis des Erfolgs gar nicht so kompliziert sei: »Sie müssen es einfach mehr wollen als die anderen.« Als ich um Fragen bat, schossen fast alle Hände in die Höhe. Eine junge Frau erklärte, sie wolle eines Tages ein Unternehmen leiten, und bat mich um einen Rat. *Was für ein Ehrgeiz!* »Sie müssen stolz auf das Unternehmen sein, für das Sie arbeiten«, antwortete ich. »Sie müssen alles in dieses Unternehmen stecken, was in Ihnen steckt, und Sie dürfen nicht zulassen, dass jemand anderer als Sie selbst Ihre Zukunft gestaltet.« Sie sah mir direkt in die Augen, und ich erwiderte ihren resoluten Blick. »Ihre

Entschlossenheit zeigt mir, dass Sie erreichen werden, was Sie anstreben. Ich habe keinen Zweifel daran.«

Nach weiteren Fragen und meinen abschließenden Bemerkungen nahmen die Studenten in einer langen Reihe Aufstellung, um einzeln mit mir zu sprechen.

Ich glaubte, die Erfahrung könne nicht mehr berührender werden, als eine junge Frau in marineblauem Anzug und weißer Bluse vortrat.»Hallo«, sagte sie,»ich komme aus Amityville auf Long Island.« Verblüffend, und doch wieder nicht. Die Vergangenheit eines Menschen löst sich nie in Nichts auf, und das sollte sie auch nicht. Meine Erinnerungen daran, wie wir den überschwemmten Boden unseres Hauses trocken legten, wie ich Zeitungen austrug, Erde schaufelte, Tische abwischte, Böden wachste, Kunden bediente und in der Sommerhitze von Manhattan eine Kopiermaschine über eine Treppe hinauf schleppte, sind immer präsent. Ich bleibe in meiner Geschichte verwurzelt, während ich mich weiterentwickle.

Natürlich kannte ich die Geschichte dieser jungen Frau nicht, aber ich wusste, dass diese Geschichte gerade erst begonnen hatte.

Wir posierten für ein gemeinsames Photo. Später an diesem Tag verschickte ich es mit einem Tweet:

Zwei Kinder aus Amityville in Long Island,
die ihren Winning Dream leben.

Hier endet die Geschichte … fürs Erste.

Nachwort an meine deutschen Leser

Kurze Zeit, nachdem ich zum alleinigen Vorstandssprecher von SAP ernannt worden war, zogen Julie und ich in ein reizendes Haus in Heidelberg, nicht weit entfernt von der SAP-Zentrale in Walldorf.

Unsere erste Woche in unserer bezaubernden neuen Heimatstadt war aus mehreren Gründen denkwürdig.

Am Tag, an dem wir in unserem Haus einzogen, am 8. Juli 2014, gewann die deutsche Mannschaft das Halbfinalspiel bei der Fußballweltmeisterschaft in Brasilien mit 7:1 gegen das Team des Gastgeberlands. Es war ein phantastisches Spiel.

Am Mittwoch und Donnerstag nahm ich an Sitzungen des Aufsichtsrats teil, der sich mit den ausgezeichneten Zukunftsaussichten des Unternehmens beschäftigte. Ich arbeitete mittlerweile seit Jahren in Walldorf und hatte an zahlreichen Aufsichtsratssitzungen teilgenommen. Aber an diesen beiden Tagen und bei dem Essen, das ich am Abend in meinem Haus für die Aufsichtsratsmitglieder gab, stellte ich fest, dass ich mich mehr denn je bei SAP und in Deutschland zu Hause fühlte.

Am Freitag wurde dieses familiäre Gefühl noch stärker. An diesem Tag veranstaltete das Unternehmen sein jährliches Belegschaftspicknick. 30 000 Menschen, darunter 10 000 Kinder, trafen sich, um das gemeinsame Essen, Unterhaltungsprogramme, Aktivitäten und die Gesellschaft der Kollegen zu genießen. Das Picknick hatte mehr Gäste angelockt als jede andere Veranstaltung in der Geschichte von SAP, und als ich die Runde machte und mich mit Mitarbeitern unterhielt, spürte ich ihre große Verbundenheit mit ihrem Unternehmen. Ich sah sie im Lächeln der Menschen und in ihre leuchtenden Augen beim Feuerwerk am Abend.

Es gab so viele Dinge, auf die unsere Leute in diesen Tagen stolz sein konnten: In den vergangenen Jahren hatten sie Mut und Entschlossenheit bewiesen, als sie mit der Aufgabe konfrontiert worden waren, SAP in eine neue strategische Richtung zu lenken. Und nur zwei Tage später, am 11. Juli, besiegte Deutschland im Finale Argentinien. Einmal mehr brach im ganzen Land Jubel aus. Eine solche landesweite Feier hatte ich in den Vereinigten Staaten nie erlebt, und die Welle der Begeisterung erfasste auch die Büros von SAP.

Es war ein unglaubliches Erlebnis, in diesen Tagen in Deutschland zu sein, das nun mein zweites Zuhause war. Das war der Moment, in dem ich wusste: *Das ist genau der Ort, an dem ich sein will.*

Danksagungen

Die Entscheidung, meine Geschichte zu erzählen, entsprang dem Wunsch, andere zu inspirieren, ebenfalls ihren Winning Dream zu leben und ihre Ziele mit Entschlossenheit und Leidenschaft anzustreben. Eine Reihe von Personen ermutigte mich, ein Buch zu schreiben, und ich machte mich daran, meine Lebenserfahrung weiterzugeben. Gleichzeitig gab mir diese Autobiographie die Möglichkeit, all den Menschen Anerkennung zu zollen, die dazu beitrugen, dass ich meinen Winning Dream verwirklichen konnte.

Von Kindheit an bin ich von Menschen umgeben gewesen, die an das Leben glauben. Ihnen bin ich ewig dankbar für ihre Unterstützung in all den Jahren und dafür, dass sie mir geholfen haben, meine Geschichte zu schreiben.

Da ist vor allem meine Familie. Meine Mutter Kathleen bleibt die Seele und die Inspiration meines Lebens. Ohne das strahlende Licht, das sie von Anfang an in mein Leben brachte, ohne ihren Winning Dream wäre all das nicht möglich gewesen. Mom, ich werde dich nie vergessen ... An meinen Dad Bill: Du bist mein Vater, mein Trainer, mein Freund. Ich danke dir für alles, was du für unsere Familie getan hast und tust und dass du der beste Vater bist, den man sich vorstellen kann.

Mein höchstes Ziel war immer, ein guter Ehemann und Vater zu werden, und das ist weiterhin meine große Leidenschaft. An meine Frau Julie: Vom Augenblick unserer ersten Begegnung an haben deine Gegenwart und Liebe meinen Traum möglich gemacht. Du bist das Herz und die Seele unserer Familie und eine wunderbare Mutter. Dich zu heiraten, war die beste aller meiner Entscheidungen. Ich bin dir unendlich dankbar für deine partnerschaftliche Unterstützung im Leben und bei der Arbeit an diesem Buch. Wir haben so viel von dieser Geschichte gemeinsam erlebt, und bei der Durchsicht des Manuskripts gelang es dir, das große Bild zu sehen und die Details abzuschleifen. Dein kluger Rat hat jede Seite des Buchs besser gemacht. Ich liebe dich, Julie.

An meine unglaublichen Söhne Michael und John, die meine größte Leistung und mein wichtigstes Vermächtnis sind: Ich könnte nicht stolzer auf euch sein. Eure Entschlossenheit, eure Begabungen und eure Leistungen werden noch beeindruckender durch eure Großzügigkeit, eure Liebenswürdigkeit gegenüber anderen Menschen und euren Respekt für die Menschlichkeit. Ich empfinde es als Gnade, an eurem Leben teilzuhaben und freue mich darauf, dass ihr euren Winning Dream verwirklicht, und zwar nach euren Vorstellungen.

An meinen Bruder Kevin: Von unserer Kindheit bis zum heutigen Tag bist du viel mehr gewesen als ein Bruder: Du bist mein Freund, mein Vertrauter und immer mein bester Gefährte. Ich kenne niemanden, der ein größeres Herz hat als du, und empfinde tiefen Respekt für dich. Gennifer, du bist eine Schwester und eine Seelenverwandte. Als Mom krank war, gabst du ihr Halt und hast sie gepflegt. Es bedeutete ihr und uns allen so viel, dass du durch dick und dünn mit ihr gingst. Ich bewundere deine Güte und die Festigkeit deines Charakters. Du bist eine Heldin. Unsere besondere Bindung wird immer bestehen.

Ich möchte mich auch bei meinen Tanten, Onkeln und Cousins bedanken. Mein Onkel Jack zeigte mir Kalifornien und die Welt jenseits der vertrauten Ostküste, an der ich aufgewachsen war. Onkel Gene brachte mich erstmals mit der Geschäftswelt in Kontakt. Ich möchte meinem Schulfreund Eddie Kubacz, der mit nur 34 Jahren an den Folgen einer Lupus-Erkrankung starb, für all die schönen Zeiten danken, vor allem dafür, dass er unser Hochzeitsessen bezahlte. Gott segne dich, Eddie.

Am Ende bin ich, wer ich bin, dank meiner Familie und der Freunde, die an mich glaubten. Einige Personen fragten sich anfangs, ob ich »echt war« und begannen erst im Lauf der Zeit, an mich zu glauben. Das macht unsere heutige Beziehung nur noch wertvoller.

Die Darstellung meines Lebens in diesem Leben ist eine Reise für sich gewesen. Der Rückblick auf meine vergangenen Erfahrungen half mir, die Zukunft ins Auge zu fassen, und verbesserte meine Fähigkeit, in der Gegenwart Menschen zu führen. Meine Mitautorin Joanne Gordon trug wesentlich zur Entwicklung des Buchs bei. Sie entdeckte meine Stimme im geschriebenen Wort und half mir, meine Geschichte auf eine Art zu Papier zu bringen, die es mir erlaubte, den Anforderungen der Leitung eines globalen Unternehmens gerecht zu werden. Ich hätte mir keine bessere Autorin und Freundin wünschen können. Nick Tzitzon setzt sich weiterhin mit aller Kraft für SAP ein. Und Barbara Rendina ist nach all den gemeinsamen Jahren viel mehr als eine phantastische Chefsekretärin: Sie ist auch eine Vertraute. Barb, ich danke Ihnen für alles, was Sie Tag für Tag leisten.

An das ganze Team von CAA: Euer Glaube an den Wert meiner Geschichte gab den Startschuss zu dieser Reise. Neben Richard Lovett, Michael Levine, Paul Danforth, Rob Slocum, Zach Nadler, Michelle Kydd Lee und Jeff Jacobs möchte ich insbesondere Simon Green danken, dessen Enthusiasmus und Sachkenntnis das Buch in die richtige Richtung lenkten. Bei Simon & Schuster fand meine Geschichte das ideale Heim. Jonathan Karp teilte unsere Vision von Anfang an, und während des gesamten Prozesses machte es Ben Loehnen als Lektor möglich, die Geschichte den Bedürfnissen des Lesers anzupassen, ohne ihre Authentizität zu beeinträchtigen. Mein Dank geht auch an Brit Hvide, Lance Fitzgerald, Jackie Seow, Richard Rhorer, Elina Vaysbeyn, Seth Russo, Tim Murphy, Phillip Bashe, Joel Breuklander und Irene Kheradi für ihr Engagement, für ihre Kreativität und dafür, dass sie das Buch Lesern in aller Welt zugänglich gemacht haben. Chris Gorley danke ich für ihre Präzision und Professionalität bei der Transkription. Ich danke Heidi Peiper für die sorgfältige Überprüfung der Fakten, sowie dem talentierten Photographen Blake Little und seiner außergewöhnlichen Crew.

Um meine eigenen Erinnerungen zu vervollständigen, nahmen sich mehr als 50 Personen die Zeit, ihre Erinnerungen an gemeinsame Erlebnisse in meiner Jugend in Amityville und meinen ersten Jahren bei Xerox beizusteuern. Als wir uns unsere gemeinsame Zeit ins Gedächtnis riefen, fühlte ich mich wie bei einem fröhlichen Familientreffen. Jede beteiligte Person bereicherte das Buch, vor allem aber mein Leben. Ich danke euch allen.

Ich habe das Glück, bei SAP an jedem Tag umgeben von zehntausenden talentierten, engagierten Menschen arbeiten zu dürfen. Ich kann sie unmöglich alle auf wenigen Seiten erwähnen, aber mein besonderer Dank geht an Hasso Plattner, der während unserer gesamten Reise an mich geglaubt hat, sowie an Jim Hagemann Snabe, der ein großartiger Co-Vorstandssprecher war und ein wunderbarer Freund ist. Ich möchte auch den Mitgliedern des Vorstands von SAP für ihre unerschütterliche Unterstützung danken: Werner Brandt, Rob Enslin, Bernd Leukert, Gerd Oswald und Luka Mucic. SAP und dieses Buch haben sehr von der Sachkenntnis von Deepak Krishnamurthy, Alex Atzberger, Richard Knowles, Brad Brubaker, Melissa Lea und Courtney Robinson profitiert. Ein besonderer Dank geht auch an Greg McStravick, der seit 25 Jahren ein verlässlicher Kollege und ein enger Freund ist.

Meine Mitautorin Joanne Gordon möchte ihrem Literaturagenten Stuart Krichevsky, ihren engen Freunden und ihrer Familie danken: David und Virginia Gordon, Susan Newman, und vor allem ihr außergewöhnlicher Sohn Theo geben ihr die Freiheit und Unterstützung, die sie braucht, um ihre Träume zu verwirklichen.

Schließlich bedanke ich mich bei meinen Lesern. Ich danke Ihnen dafür, dass Sie mich auf meiner Reise begleitet haben. Mein Wunsch war es, durch die Schilderung meiner authentischen Erfahrungen eine emotionale Beziehung zu Ihnen herzustellen. Ich hege die demütige Hoffnung, dass mein Buch Ihnen dabei helfen wird, Ihren eigenen Traum zu verwirklichen. Warum? Weil Ihr Winning Dream der Kern Ihres Daseins ist. Er ist Ihre Macht, Ihre Stärke. Ihr Traum ist Ausdruck Ihres Hungers, Ihres inneren Zaubers, Ihrer Fähigkeit zu Empathie und Ihres Vermögens zur Umsetzung Ihrer Vorhaben. Ihr Winning Dream flößt Ihnen die Kühnheit ein, die Sie brauchen werden, um Rückschläge wegzustecken und für sich selbst und die Menschen in Ihrer Umgebung in den Kampf zu ziehen. Machen Sie sich Ihren Traum bewusst, halten Sie daran fest und lassen Sie sich davon inspirieren. Ihr Winning Dream ist Ihre Reise zu Ihrem wahren Selbst und zu einem authentischen Leben.

Mit tief empfundener Hochachtung,
Bill McDermott

Register